广西古建筑地图

中国古代建筑知识普及与传承系列丛书·中国古建筑地图
HISTORICAL ARCHITECTURAL MAP OF GUANGXI

李海霞 谢小英
唐丽 奥京 编著

清华大学出版社
北京

版权所有，侵权必究。举报：010-62782989，beiqinquan@tup.tsinghua.edu.cn。

图书在版编目（CIP）数据

广西古建筑地图/李海霞等编著.—北京：清华大学出版社，2023.7
（中国古代建筑知识普及与传承系列丛书.中国古建筑地图）
ISBN 978-7-302-62324-3

Ⅰ.①广…　Ⅱ.①李…　Ⅲ.①古建筑—介绍—广西　Ⅳ.① K928.716.7

中国版本图书馆 CIP 数据核字（2022）第 253146 号

责任编辑：孙元元
装帧设计：谢晓翠
责任校对：王荣静
责任印制：杨　艳

出版发行：清华大学出版社
　　　　网　　址：http://www.tup.com.cn，http://www.wqbook.com
　　　　地　　址：北京清华大学学研大厦 A 座　　邮　　编：100084
　　　　社 总 机：010-83470000　　　　　　　　邮　　购：010-62786544
　　　　投稿与读者服务：010-62776969，c-service@tup.tsinghua.edu.cn
　　　　质量反馈：010-62772015，zhiliang@tup.tsinghua.edu.cn
印 装 者：小森印刷（北京）有限公司
经　　销：全国新华书店
开　　本：180mm×260mm　　　印　张：31　　　字　数：1069 千字
版　　次：2023 年 7 月第 1 版　　印　次：2023 年 7 月第 1 次印刷
定　　价：259.00 元

产品编号：092495-01

献给关注中国古代建筑文化的人们

策　划：华润雪花啤酒（中国）有限公司
统　筹：清华大学建筑学院
主　持：王　群　朱文一
执　行：王贵祥　曾申平
资　助：清华大学建筑学院
　　　　华润雪花啤酒（中国）有限公司

参赞：
廖慧农　李　菁　马冬梅　张　弦
刘　敏　毕朝娇　张　巍　韩晓菲
刘　旭　张宜坤

总序一

2008年年初，我们总算和清华大学完成了谈判，召开了一个小小的新闻发布会。面对一脸茫然的记者和不着边际的提问，我心里想，和清华大学的这项合作，真是很有必要。

在"大国""崛起"街谈巷议的背后，中国人不乏智慧、不乏决心、不乏激情，甚至不乏财力。但关键的是，我们缺少一点"独立性"，不论是我们的"产品"，还是我们的"思想"。没有"独立性"，就不会有"独特性"；没有"独特性"，连"识别"都无法建立。

我们最独特的东西，就是自己的文化了。学术界有一句话："建筑是一个民族文化的结晶。"梁思成先生说得稍客气一些："雄峙已数百年的古建筑，充沛艺术趣味的街市，为一民族文化之显著表现者。"当然我是在"断章取义"，把逗号改成了句号。这句话的结尾是："亦常在'改善'的旗帜之下完全牺牲。"

我们的初衷，是想为中国古建筑知识的普及做一点事情。通过专家给大众写书的方式，使中国古建筑知识得以普及和传承。当我们开始行动时，由我们自己的无知产生了两个惊奇：一是在这片天地里，有这么多的前辈和新秀在努力并富有成果地工作着；二是这个领域的研究经费是如此的窘迫，令我们瞠目结舌。

希望"中国古代建筑知识普及与传承系列丛书"的出版，能为中国古建筑知识的普及贡献一点力量；能让从事中国古建筑研究的前辈、新秀们的研究成果得到更多的宣扬；能为读者了解和认识中国古建筑提供一点工具；能为我们的"独立性"添砖加瓦。

王群
华润雪花啤酒（中国）有限公司总经理
2009年1月1日于北京

总序二

  2008年的一天，王贵祥教授告知有一项大合作正在谈判之中。华润雪花啤酒（中国）有限公司准备资助清华大学开展中国建筑研究与普及。资助总经费达1000万元之巨！这对于像中国传统建筑研究这样的纯理论领域而言，无异于天文数字。身为院长的我不敢怠慢，随即跟着王教授奔赴雪花总部，在公司的大会议室见到了王群总经理。他留给我的印象是慈眉善目，始终面带微笑。

  从知道这项合作那天起，我就一直在琢磨一个问题：中国传统建筑还能与源自西方的啤酒产生关联？王总的微笑似乎给出了答案：建筑与啤酒之间似乎并无关联，但在雪花与清华联手之后，情况将会发生改变，中国传统建筑研究领域将会带有雪花啤酒深深的印记。

  其后不久，签约仪式在清华大学隆重举行，我有机会再次见到王总。有一个场景令我记忆至今，王总在象征合作的揭幕牌上按下印章后，发现印上的墨色较浅，当即遗憾地一声叹息。我刹那间感悟到王总的性格。这是一位做事一丝不苟、追求完美的人。

  对自己有严格要求的人，代表的是一个锐意进取的企业。这样一个企业，必然对合作者有同样严格的要求。而他的合作者也是这样的一个集体。清华大学建筑学院建筑历史与文物保护研究所，这个不大的集体，其背后的积累却可以一直追溯到80年前，在爱国志士朱启钤先生资助下创办的"中国营造学社"。60年前，梁思成先生把这份事业带到清华，第一次系统地写出了中国人自己的建筑史。而今天，在王贵祥教授和他的年长或年轻的同事们，以及整个建筑史界的同人们的辛勤耕耘下，中国传统建筑研究领域硕果累累。又一股强大的力量！强强联合一定能出精品！

  王群总经理与王贵祥教授，企业家与建筑家十指紧扣，成就了一次企业与文化的成功联姻，一次企业与教育的无间合作。今天这次联手，一定能开创中国传统建筑研究与普及的新局面！

朱文一
清华大学建筑学院院长
2009年1月22日凌晨于清华园

总序三

　　清华大学建筑学院与华润雪花啤酒（中国）有限公司在中国古代建筑普及与传承方面的合作，已经进入了第二个阶段。在第一个阶段的合作中，在华润雪花的大力支持下，清华大学建筑学院建筑历史与文物保护研究所的教师与研究生，投入了极大的努力，先后完成了《北京古建筑五书》（2009 年）、《中国民居五书》（2010 年）、《中国古建筑装饰五书》（2011 年）、《中国古都五书》（2012 年）和《中国园林五书》（2013 年）等，共 5 个系列 25 部中国古代建筑普及性读物。这其实只是有关中国古代建筑知识普及与传承工作的开始，按照这样一种模式，很可能还会有《中国古代宫殿建筑五书》《中国古代佛教建筑五书》《中国古代军事防卫建筑五书》，如此等等，因为延续了 5000 年之久的中国古代建筑，是一个十分庞大复杂的体系。关于古代建筑的知识，类似普及性读物的写作与出版，还可以继续许多年。然而，这又是一个几乎难以完成的目标，因为，随着研究的深入，相关的知识，还会处在一个不断增加的过程之中。正是在这样一种成功与困惑的两难之中，清华大学建筑学院与华润雪花啤酒（中国）有限公司，开启了双方合作进行中国古代建筑普及与传承出版工作的第二阶段。

　　第二阶段的工作应该如何开展，究竟怎样才能既最有效，又最全面地向社会普及中国古代建筑的基本知识。华润雪花针对这个问题，做了大量的市场调查与分析，在充分的市场第一手数据的支持下，华润雪花的决策者们提出了一个全新的思路，即为全国范围，包括港、澳、台地区的古代建筑遗存，做一个全面而系统的梳理，完成一套以各省、自治区、直辖市及港、澳、台为单位的中国古建筑地图集。把我们的老祖宗留给我们的那些古建筑家底，做一个系统的梳理，并以简单、明快、便捷的语言与图形模式，做出既具学术性，又通俗易懂的说明。这其实既是一套科普性读物，同时也是一套实用性的工具书。

　　这确实是一个有魄力的决定，同时也是一个庞大、复杂的系统工程。为了完成这样一套具有全面覆盖性的中国古建筑通俗性、工具性读物，不仅需要有能够覆盖全国尚存古代建筑的详细资料与相应建筑史知识体系，而且要对这些建筑所在的准确位置，保存状况，交通信息，联系信息等读者可能需要的资料，一一搜集、梳理，并以一种适当的方式在书中表达出来，以方便读者学习或前往参观、考察。

既然是一本古建筑地图集，就不仅要有翔实而准确的古代建筑知识，以及这些古代建筑遗存的相关信息，还要有直观、明了的地图表达模式。这同样是一个十分复杂的工程。我们地图集的作者们，不仅要仔细斟酌每一座古建筑的历史、艺术诸方面的价值，要认真整理、提炼与这座古建筑相关的种种信息，而且，还有搜集并提供与这些建筑直接相关的图片资料，此外，更重要的，是要将每一座古建筑的空间定位，准确地表达在一张清晰而简练的地图上。

　　这就需要我们这些参与写作的古建筑专家们，不仅要仔细而缜密地以一种恰当方式，来描绘每一个省、自治区、直辖市、地级市、区县的地图，而且，要在这些地图上，将这些古建筑准确地标识出来。这样一个烦琐而细密的工作，其中包含了多少具体而微的繁杂文字、图形与数据性工作，又有多少细致而准确的科学定位工作，是可以想见的。这对于那些本来主要是从事古代建筑历史研究与保护的古建筑学者们来说，是一个不小的挑战。

　　困难是现实的，工作内容是庞杂而繁细的，但既然社会有这样一个需求，既然华润雪花啤酒（中国）有限公司的领导们，从民族文化与大众需求的角度，向我们提出了这个要求，我们的老师和博士、硕士研究生们，就必须迎难而上，必须实实在在，一丝不苟地为读者们打造出一套合格的中国古代建筑地图集，这不仅是华润雪花啤酒（中国）有限公司对中国古代建筑研究与教学多方位支持的一个回报，更是向社会大众普及中华民族传统建筑文化的责任所在。

　　这是一个需要连续五年的漫长工作周期，每一年都需要完成5部，覆盖五个省、自治区、直辖市或地区的重要古代建筑地图集。随着每年5本地图集的问世，一套简略、快速而概要地学习与了解中国古代建筑历史知识的丛书，就会展现在我们读者们的面前，希望我们的读者，无论是为了学习古代建筑知识，抑或是为了休闲旅游的实用功能，都能够喜欢这套丛书，很好地利用这套丛书，同时，在阅读与使用中，如果发现我们的丛书中，还有哪些不尽如人意之处，也希望有识方家与广大读者不吝赐教，及时给我们提出来，我们将认真对待每一位读者的意见和建议，不仅要在后续的地图集编写工作中，汲取大家的意见，而且还会在今后可能的再版中加以修正与完善。

王贵祥
于清华大学建筑学院

作者简介

李海霞
Li Haixia

清华大学建筑学院建筑历史与理论专业博士,主要从事中国近代建筑的研究与保护。2014年在清华大学城乡规划流动站从事博士后工作,研究方向为历史名城保护。曾发表《中外二战纪念建筑初探》《自贡盐业近代化进程相关建筑研究》《学科背景下的文化遗产保护研究动态》等文章,并参与《中国传统建筑解析与传承(北京卷)》《安徽古村落巡礼——呈坎》《山东古建筑地图》等著作的编写。

谢小英
Xie Xiaoying

广西大学土木建筑工程学院副教授,华南理工大学建筑历史与理论专业博士。师从吴庆洲教授,从事中国传统建筑、东南亚宗教建筑等方面的研究,对广西传统建筑及东南亚宗教建筑怀有深厚情感。曾撰写《广西古建筑》(上下册)、《神灵的故事——东南亚宗教建筑》等书,主持国家自然科学基金课题《广西湘江—漓江—桂江流域传统建筑大木构架及谱系研究》《广西祠堂建筑形制及工艺研究》等,并发表相关论文。

唐丽
Tang Li

清华大学建筑学本科及硕士毕业,现从事建筑设计类工作。喜爱传统文化,爱好古建筑摄影与手绘,对其中的巧与美充满好奇,希望更多了解前人的智慧与情怀。另参与本系列丛书中湖南、山东、辽吉黑分册部分文稿与插图绘制工作。

奥京
Ao Jing

本科就读于华中科技大学,2016年于清华大学取得建筑学硕士学位,现工作于北京市建筑设计研究院有限公司。对中国古建筑有着浓厚的兴趣,积极参与古建筑的研究工作,希望为古建筑的保护贡献一分力量。

前言　广西历史地理与建筑文化概说

先秦时期——广西建筑之始

广西地处中国地势第二阶梯中的云贵高原东南边缘、两广丘陵西部，南临北部湾海面，总体地形呈西北高、东南低，西北向东南倾斜的态势，背靠山岭、面向大海，呈既封闭又开放的自然地理格局。广西总体是山地丘陵性盆地地貌，盆地中部被两列弧形山脉分割，外弧形成以柳州为中心的桂中盆地，内弧形成右江、武鸣、南宁、玉林等众多中小盆地。四周多被山地、高原环绕，山体庞大、山岭连绵、岭谷相间，中部和南部多丘陵平地。由于广西境内山地、丘陵广布，因此素有"八山一水一分田"之说，山地、河流的分割使广西形成了许多大小不同的自然区域，这些区域在广西历史早期始终处于相对独立发展的状态，没有形成统一的社会与文化，其聚落总体表现为"大分散，小聚合"的区域分布格局，与中原"小分散，大聚合"的聚落分布模式相反[1]。据已刊出的考古发掘报告及相关的研究，广西一带的古人类极有可能缘自云南元谋人及百色远古人类。百色旧石器通过西江流域由西向东流布，在桂南一线留下许多台地、贝丘遗址，在桂东一线则遗存许多洞穴遗址。其中位于广西资源县的晓锦遗址，位于海拔600米的阶地边缘土丘和边坡上，相对高度约30米。根据考古发掘报告记载，该遗址出土了大量柱洞、灰坑、水沟，共发现近10座房址，展现了广西新石器时代聚落遗址的风貌。遗迹显示，当时的房址平面为不规则的圆形、方形，面积较小（直径3米左右），地面较平整，未发现明显生活痕迹，说明很可能是已经抬高的干阑式或半干阑式房屋[2]。（图1）

进入青铜器时代以后，"大分散，小聚合"的区域分布格局逐渐合并为东、西两大部分——西瓯与骆越，西瓯核心区就是今桂江流域一带，范围大致包括广西东部、广东西部、海南等地区；骆越核心区就是今广西左、右江一带，其范围大致包括广

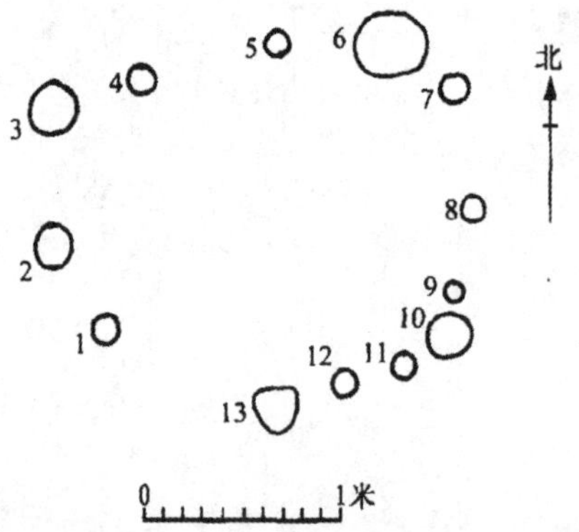

图1　资源县的晓锦遗址F12平面图（《广西资源县晓锦新石器时代遗址发掘简报》）

---

1. 曹劲.先秦两汉岭南建筑研究[M].北京：科学出版社，2009：32.
2. 广西壮族自治区文物工作队，等.广西资源县晓锦新石器时代遗址发掘简报[J].考古，2004（3）：199-222.

西西南部、贵州西南部、越南的红河三角洲地区等。西瓯、骆越是广西的土著时期，尚处于国家文明的起始阶段，并未形成具有较大范围控制力的王国[3]。这些处于土著时期的王国、部族以农业为生，过着定居生活，城市和建筑的发展仍处于较原始的水平，但他们却通过各种方式、渠道与其他地域沟通、交往，成为中原与华南、西南文化往来、交汇之所。据文献记载及考古证明，早在商周时期，西瓯、骆越人就与中原地区有过交往，至战国时期，对外交通相对顺畅的西瓯一带就被纳入战国诸侯的控制范围。据马端临《文献通考·舆地考》记载，今桂林漓江一带"战国时楚国及越之交……自荔浦以北为楚，以南为越"，受行政区划的影响，其文化自然有楚文化的特点。因此，西瓯、骆越文化呈现多元混合的状态，既有浓郁的土著文化的一面，也有受外来文化影响的一面。例如恭城出土的春秋时期的墓葬，其编钟、鼎、戈等器物的形制与纹饰与同时期中原出土的同类器物基本一致，但兽钮铜柱形器、提梁鼎、蛇蛙纹尊、靴形钺等则具有浓郁的地方特色[4]。（图2）

图2 恭城县加会墓兽面纹铜甬钟（左）、龟蛇纹铜尊（右）（《瓯骆遗粹》）

秦汉时期——广西建筑初步发展、融合

公元前223年，秦始皇势力开始进入岭南。据记载，秦国大将王翦在这一年率60万大军伐灭楚国，进而"因南征百越之君"[5]，发动了对岭南的统一战争。公元前217年，秦始皇命令监御史史禄开凿灵渠，以支持这次军事行动。公元前214年，秦始皇派任嚣、赵佗两员大将对岭南发动新的进攻，最终击溃了西瓯、骆越，统一了岭南，设置了桂林、南海、象郡三郡[6]。秦代划分郡界基本依照"山川形便"[7]的原

3.《汉书》记载："蛮夷中，西有西瓯，其众半羸，南面称王。"
4. 中国国家博物馆，广西壮族自治区博物馆.瓯骆遗粹[M]. 北京：中国社会科学出版社，2006：14-29.
5. 司马迁. 白起王翦列传[M]//司马迁. 史记. 北京：中华书局，1982.
6. 司马迁. 秦始皇本纪[M]//司马迁. 史记. 北京：中华书局，1982.
7. "山川形便"就是以天然山川作为行政区划的边界，使行政区划与地理区划相一致。

则，这使岭南能保持大致完整的自然区域；而县治的出现，就岭南三郡而言，更多的是为巩固新开疆土而设立，而非该地开发已臻成熟、为人口相对聚集而设。因此，秦代虽在岭南设立三郡，但对岭南的开发并未有进一步的举措，因此岭南大部分仍处于人口少、发展较落后的土著部落阶段，而且以旧有土邦小国为基础，任用地方首领管理相应地域。

秦代国祚时间极短，秦灭亡后，其大将赵佗雄踞岭南，建立南越国，控制了桂林、南海、象郡三郡，推行"和辑百越"的民族政策，一方面提倡汉人与土著人通婚，"与越人杂处"[8]，另一方面"以诗礼化其民"[9]。在此过程中，汉族、土著民族的文化、习俗、工艺交流日增，进一步融合。如今贵港市罗泊湾一号汉墓，墓主人很可能是南越国的高级官吏，其出土的器物大多与黄河、长江流域同时期墓葬所出相同，但盘口鼎、附耳铜桶、筒形钟等则具有浓厚的地方特色（图3）。再如西林普驮铜鼓墓，墓主人可能是句町古国的统治者，其出土的器物有明显的滇文化特点，但也有一些中原汉式器物[10]。

公元前114年，汉武帝通过武力平定南越，在故秦三郡基础上设立象郡、南海、苍梧、郁林、合浦五郡，所辖县的数量进一步增多。昭帝元凤六年（前75年）罢象郡，命其地分属郁林、牂牁，但最为基础的县级治所大多没有变化。汉统一天下后"令天下县邑城"[11]，因此该时期县级及以上的城市在全国各地纷纷建立，广西也不例外。据统计，今广西境内，汉代设立的县级及以上的城市共20余座，除此之外还有一些筑有城垣的屯兵之所[12]。这些城市及屯兵之所主要分布于今浔江、桂江、柳江、黔江、郁江、邕江沿岸的西瓯、骆越旧地，随之而来的是来治所戍边及地方管理的中原汉人。他们带来了先进的生产技术和文化，促进了当时广西少部分城市的发展，但广西大部分地区因山高林茂、人口稀少而罕有朝廷势力深入，不得不"以其故俗治"[13]。

秦汉时期，广西最为繁华的城市主要分布在今广西的东北部以及东南部。前者是因为有湘桂走廊和潇贺古道与中原相连接，便于秦、汉中央的政令、物资、人员等进入和流动；后者是因为地处当时海上丝绸之路的起点，海上贸易兴盛，促进了当地社会、经济的发展。这些城池以政治为核心，同时逐步发展其经济、文化功能，城池的形制、布局、建筑等得到不断改善。如桂林市兴安县七里圩的秦城遗址，城址平面呈长方形，南北宽156米，东西长246米，城墙高约3米，宽约10米，城墙四角设向外凸出的角楼，城墙外有宽10至20米的护城河，其形制及筑城方法符合汉代城址的建筑特点。城内有建筑基址5处，其中最大的一处保存着厚达1米的夯土台基，南北宽约52米，东西长约94米。据发掘人员分析，秦城遗址的形式、规模、建筑风格、筒瓦等都与湖南等地的汉代县治基本一致[14]（图4）。此外，广西保存较好的汉代城址还有：今全州县的洮阳城址、建安城址，今灌阳县的观阳城址，今兴安县的城子山城址，今贺州市的临贺城址、高寨城址，今武宣县的勒马城址，今宾阳县的领方县城址，今北流县的增劲塘古城址。这些城市的选址分两种：一种在大

---

8. 司马迁. 淮南王列传[M]//司马迁. 史记. 北京：中华书局，1982.
9. 黎崱. 安南志略.
10. 中国国家博物馆，广西壮族自治区博物馆. 瓯骆遗粹[M]. 北京：中国社会科学出版社，2006：56-119.
11. 班固. 高帝纪下[M]//班固. 汉书. 北京：中华书局，1962.
12. 广西壮族自治区文物工作队，等. 广西兴安县秦城遗址七里圩王城城址的勘探与发掘[J]. 考古，1998（11）；覃彩玉. 广西汉代城址初探[A]. 广西壮族自治区博物馆. 广西博物馆文集（第二集）[C]. 南宁：广西人民出版社，2005.
13. 班固. 食货志下[M]//班固. 汉书. 北京：中华书局，1962.
14. 李珍. 兴安秦城城址的考古发现与研究[A]. 广西壮族自治区博物馆. 广西考古文集[C]. 北京：文物出版社，2004.

河之滨的平地上，一种在离河流较近的山岭上。前者城址较大、城形规整，如临贺城（图5）；后者依山而筑，城址较小，城形不太规整，城内地势高低不平，如观阳城。这些城址的城墙均用版筑法夯土砌筑，城内部分采用高台建筑，房屋建筑材料以陶制的板瓦、筒瓦片为主，有少量瓦当、铺地砖、水管以及铁钉等建筑构件[15]。

此外，广西的汉墓中还出土了大量建筑类明器，这些明器最早出现于西汉后期，最晚到东汉后期，主要为陶质（少部分铜质），种类有楼、屋、井亭、仓、厕等。这些明器一方面生动地呈现了当时的建筑风格、建筑类型和建筑特点，另一方面也体现和印证了当时广西土、汉相融合的多元文化格局。此期出土的建筑类明器广泛分布于平乐、贵县、合浦、梧州、兴安、钟山、贺州等地，从外形上大体分为两类：干阑式陶屋与地居式陶屋。

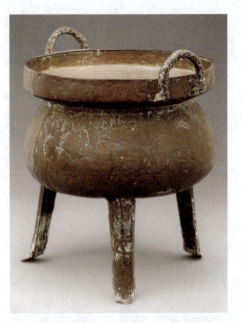

图3　贵港市罗泊湾一号汉墓盘口鼎（《瓯骆遗粹》）

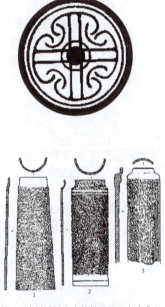

图4　秦城遗址出土的筒瓦及瓦当（《兴安秦城城址的考古发现与研究》）

图5　临贺故城城墙

---

15. 广西大百科全书编纂委员会.广西大百科全书（历史卷）[M].北京：中国大百科全书出版社，2009：97.

（1）干阑式陶屋。干阑式建筑由巢居演变而来，与南方湿热气候相适应。干阑式建筑明器在汉代广西的贵县、合浦、梧州、平乐、钟山、贺州、兴安等地的墓葬都有出土，总计12件。广西干阑式陶屋多出现于西汉时期的墓葬，到东汉时期逐渐被地居合院式陶屋取代，仅偶有出现[16]。广西干阑式陶屋结构分上、下两层，均为悬山顶，平面有长方形式、"L"式，外形有柱支撑、矮墙支撑两种。

第一类，柱支撑干阑明器，其特点是一层立柱搭建平台（立柱可高可矮），其上建屋，屋的支撑柱与一层立柱不对位，如合浦县望牛岭1号墓出土的西汉独栋干阑式铜屋（图6）。

第二类，矮墙支撑干阑陶屋。此类陶屋占比较大，通常一层围砌矮墙，设牲畜进出的窦口，平面有长方形式、"L"式两种。长方形式如贵县火车站11号墓出土的悬山顶干阑式陶屋（图7）；"L"式如合浦县廉州镇母猪岭M1汉墓出土的带圈干阑式建筑（图8）。

（2）地居式陶屋。即一层不架空、不圈养牲畜而是住人的陶屋，展现了上人下畜的居住模式向人畜分开居住模式的转变，也反映了由开放的单体布局向内向的合院式布局的转变。此种陶屋按高度可分为多层的陶堡、地居合院式陶楼、地居带圈"L"形陶楼，以及仅有一层的地居平房式陶屋。

第一类，多层的陶堡。汉代庄园经济发达，大量地主拥有自己的私人武装来保护自己的人身及财产安全，陶堡突出的防御功能就是对这一社会现实的力证。贵县铁路新村出土陶堡明器一件，通高12厘米、底长24.8厘米、宽12厘米，总平面呈正方形，以高墙围合，前后壁辟门，门顶处各有一望楼，围墙的四隅也各设有一角楼。望楼前后壁均开门，角楼外墙部分有镂空小孔，无门无窗，具有很强的防御性，望楼与角楼均为庑殿顶。城内左右两侧各有一座陶屋，一座为二层楼阁式建筑，另一座为单层房屋，皆为庑殿顶，饰瓦垄。（图9）

第二类，地居合院式陶楼。其平面多为四合院、三合院式，由门屋、厢房（两侧或一侧）、正房、院落组成。通常正房高两层，多用庑殿顶；门屋、厢房高一层（门屋略高于厢房），用悬山顶，整体错落有致，是广西装饰最复杂、器形最精美的建筑类明器，如平乐县银山岭124号墓出土的四合院式庑殿顶陶楼（图10）。也有个别地居合院式陶楼用悬山顶，如合浦县罐头厂出土的M1A东汉院落式陶屋，由门屋、院落、双层栅居式正房组成，门屋与正房都用悬山顶，其中门屋正脊两端起翘，房屋墙体向下收分（图11）。

第三类，地居带圈"L"形陶楼。总平面呈正方形，主屋与厢房两层，呈"L"形相交，两屋后墙用矮墙相连，形成猪圈，矮墙顶部基本带屋檐，墙身设直横窗，带窦洞。这类陶屋还常有劳作的陶俑，因此很有可能是杂房，如贵港市文化馆出土的一件"L"形陶屋。

第四类，地居平房式陶屋。地居平房式陶屋均高一层，悬山顶，按平面形式可分为三合院式、二合院式、独栋式三种。其中三合院式陶屋，如贵县高中工地4号墓出土的六俑陶屋（图12）；二合院式陶屋，如梧州市云盖山5号墓出土的五俑带圈陶屋；独栋式，如贵县南斗村8号墓出土的镂空悬山顶陶屋。

上人下畜、单体布局的干阑式明器体现了土著先民的建筑特征，人畜分开、内向合院式布局的明器体现了中原汉族建筑的特色；广西汉代建筑类明器由干阑式向地居合院式的发展，展现了中原汉族建筑文化对广西土著建筑的影响。但值得注意的是，在这个"汉化"过程中，由于日照、温度、湿度等都不同于中原地区，广西此时期的建筑在中原地居合院式建筑的基础上做了主动的调整：将北方汉代建筑类明器中宽敞的庭院改成了狭窄的天井，以适应广西湿热的气候。

---

16. 仅梧州东汉墓葬出土1件。

XIII

图6 合浦县望牛岭1号墓出土的西汉独栋干阑式铜屋（《瓯骆遗粹》）

图7 贵县火车站11号墓出土的悬山顶干阑式陶屋（《瓯骆遗粹》）

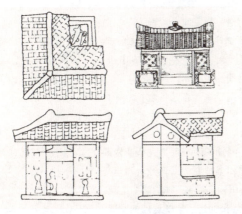

图8 合浦县廉州镇母猪岭M1汉墓出土的带圈干阑式建筑（《广西贵港市孔屋岭东汉墓》）

图9 贵县铁路新村四角六楼陶堡（网络）

图10 平乐县银山岭124号墓出土的四合院式庑殿顶陶楼（《瓯骆遗粹》）

图11 合浦县罐头厂出土的M1A东汉院落式陶屋（合浦汉代文化博物馆之百科数字博物馆）

图12 贵县高中工地4号墓出土的六俑陶屋（《瓯骆遗粹》）

六朝至宋元时期——广西建筑稳步发展、超越

六朝包括以南方为中心的孙吴、东晋，以及宋、齐、梁、陈等六个王朝。在今广西境内，行政区划随着朝代的更迭而频繁变动，至陈末，政区在今广西境内共10州、39郡、101县，其数量较汉代有了很大增长。谭其骧先生曾指出："县乃历代地方行政区划之基本单位。州郡置县，分并无常，境界盈缩不恒，县则大致与时俱增，置后少有罢并，比较稳定……。一地方至于创建县治，大致即可以表示该地区开发已臻成熟。"[17] 置县数的大量增加，说明六朝时广西较汉代有了更大开发和发展。其原因是中原战乱频仍，南方相对和平，大批中原世家大族为避战祸举族南迁，包括纷乱之外的五岭之南。中原和江南的移民带来了比较先进的文化和生产技术，使广西文化和农耕技术渐次得到综合性提高，并形成较为显著的二元交融特色。

隋唐统一中国后，划全国为十五道，两广地域称岭南道，懿宗时分岭南为东、西两道，正式设岭南西道于邕州（今南宁），是广西成为独立一级行政区建制之始。唐代的地方行政区划为道、州、县三级建制，岭南西道下辖桂州、柳州、邕州等26个州，为加强边防、强化政权，唐朝还在岭南西道下设桂管经略使（治桂州，今桂林）、容管经略使（治容州，今容县）、邕管经略使（治邕州，今南宁），直辖各州县，并在桂州设总管府。同时，唐朝还在广西设50个羁縻州、51个羁縻县以管理桂西南、桂西、桂西北少数民族聚居区，开启广西"一域两制"的历程。

唐代是广西社会、经济、文化发展的重要时期，这一时期广西交通进入全新发展阶段，形成了南北向贯穿广西的桂州道，北可经永州、衡州至长安，南可经邕州至交州；灵渠也得到多次疏浚，从而保证了航运通畅，利于两岸田地的灌溉；开凿桂柳运河，使桂江和洛清江相通，使桂中与桂东北地区联系更快捷、便利，促进了桂中地区的发展。广西农业也继续发展，牛耕已经在桂东地区普遍使用。据记载，唐中宗景龙三年，王晙任桂州都督时"开屯田数千顷"；唐德宗贞元年间，李云思任容州刺史"开置屯田五百余顷，以足军食"[18]。这一时期，广西文化发展也上了一个新台阶，各地兴建府学、州学、县学，并允许尚未设置官学的羁縻州县的土著先民子弟进入官学接受教育，汉文化得到进一步传播。另外，唐代有很多著名文人、官宦被流放到桂东北、桂中、桂东南地区，他们的到来有力地引导了广西文学、艺术的发展，并为广西地方建设提供了助力。唐代广西佛教兴盛，道弘、鉴真、慧能等高僧来桂传法，增建佛寺40余座，至唐中晚期，桂林佛教已知名于天下。

经五代十国之乱，广西进入中古后期的宋元时期，岭南政区格局发生重大改变。宋太祖统一全国后，推行路、州、县的建制，今广西称广南西路，简称广西路，"广西"之名依此而来。广西路治桂州（今桂林），下置桂、柳、邕、容、象等25州[19]。到南宋时并为20州，并把桂州升为静江府，宜州升为庆远府，由州府直辖各县。与此同时，在少数民族地区设置羁縻州。有宋一代，广西政区面积为全国之最，人口有所增加，壮族形成，侗族、仫佬族、毛南族等土著民族开始为外人所认识，有了单一的族称，瑶族、苗族等民族开始规模性地进入广西北部，加上宋室南迁、狄青镇压侬智高起义等，大量汉族移民由北而来，广西呈现多民族汇聚、融合的局面，农业、文教、文艺等也都在唐代的基础上进一步提升，交通也进一步发展。

---

17. 谭其骧. 浙江省历代行政区划——兼论浙江各地区的开发过程[M]//谭其骧. 长水集（上册）. 北京：人民出版社，1987.
18. 覃雪源. 唐宋至明清时期广西的屯田制度[J]. 史林，2000（1）：24.
19. 广南西路的政区范围，除今广西之外，还包括雷州半岛和海南岛一带。此外，全州一带属荆湖南路管辖。

至元代，改广南西路为广西两江道宣慰使司，隶属湖广行中书省，后因湖广地域宽广，为加强统治，在湖广南部设广西行中书省（治靖江路临桂县，今桂林市），简称广西省。在广西省下设置靖江路、柳州路、南宁路、梧州路、浔州路和平乐府、郁林州、容州、象州、宾州、横州、融州、滕州、贺州、贵州、太平路、思明路、镇安路，以及庆远南丹溪洞军民安抚司、田州路军民总管府、来安路军民总管府、龙州万户府等，分别统辖各县和羁縻州[20]。为削弱反元势力，广西还被一分为三，内陆的左右江宣慰司、广西道宣府司，与近海的海北海南道截然分开，导致广西的航海业、交通运输业、对外贸易等受挫，极大改变了广西的经济格局。此外，元代广西居民被划分成最下等的"南人"，到元中后期才恢复开科取士，官学也较宋代减少，文学艺术大为倒退。此期伊斯兰教传入广西，并在桂林穿山脚下建立了广西最早的清真寺。

六朝至宋元时期是广西城市发展的重要阶段，路、州、县的城郭得以大规模兴建。在唐代，桂州、宜州、柳州、贺州、容州、邕州、钦州等重要城镇崛起，如今遗存的唐代城址有上林县的智城城址，阳朔县的归义故城遗址、乐州故城遗址，容县的容州故城遗址，北流市的铜州故城遗址等，文献记载的唐代城池有桂州城（今桂林）、龙水县城（今宜州）、邕州城（今南宁）等。从考古发掘遗址以及文献记载来看，广西唐代的城池已经开始推行子城制度，但仅限于州城，如桂管所在地的桂州城和容管所在地的容州城。其中桂州城分别于武德四年(621年)、大中年间和光启年间，修建子城、外城和夹城。子城为官府衙署所在地，有四门，"周长三里十有八步，高一丈二尺"[21]；外城周长三十里，高三丈二尺，共开八个城门[22]；夹城位于外城之北，"周回六七里"[23]。但其他州城及考古发掘和文献记载的广西唐代城池并未建罗城。城墙材料大体分成两类，一类是荆竹编制，"节皆有刺，数十茎为丛。南夷种以为城，猝不可攻"[24]；一类是夯土而成，如桂州城子城、罗城的城墙都是夯土城墙。

到宋元时期，府、州、县一级城郭多在唐代的基础上扩建或兴建，但发展很不均衡，有的城防系统较为完备，如桂林府城（图13），子城、罗城两城相套，设瓮城，其外还有羊马城、护城河，城墙均以石块砌筑，城"高二丈有奇，广三丈，延袤三千七百余丈，周回一十余里，起于东北宝积山连风洞，因山为城增卑益，高筑女墙，建睥睨各数十余丈，……城门皆建楼阁，设闉阇，其最大者为逍遥楼"[25]。再如南宁府城（图14），也由子城和罗城组成，"周二千五百三十二步，高三丈五尺，下广六丈，上广二丈六尺，环之以屋，三面为壕，而西因长江（今之邕江）焉。子城在其内，其制为称"[26]。淳祐八年（1248年），对城墙进行包砖。"总创团楼四座，马面楼三十六座，瓮城楼五十四间，敌楼二座……又筑南壕坝三十五丈，浚东城壕五百余丈"[27]，军事防御设施已十分完备。有的城防体系较简单，如庆远府、梧州府城、平乐府的城池，这些城池仅有一重城墙，外有护城河或三面环江，城墙在宋代或元代时改砖石砌筑，增加其防御性，城墙建马面、敌楼。有的城防体系较薄弱，除以上所提及的府城外，其余府

---

20. 全州、灌阳、资源一带仍属湖广行省管辖。此外，将原属广西省的雷州半岛和海南岛一带划出来，成立海北海南道宣慰司（今属广东、海南地域）。
21. [明] 林富，黄佐. 广西通志（嘉靖）[M]. 卷三十二，兵防·城池. 四库全书存目丛书·史部一八七地理类. 济南：齐鲁书社，1998.
22. [明] 陈琏. 桂林郡志[M]. 卷二，城池. 明景泰元年（1450）吴惠重刻增补宣德本.
23. [唐] 莫休符. 桂林风土记[M]. 夹城. 北京：中华书局，1985：5.
24. [唐] 段成式. 酉阳杂俎[M]. 北京：中华书局，1981：120.
25. 修桂州城图记[A]. [清]谢启昆. 广西通志[M]. 卷二百二十七，金石略·宋. 南宁：广西人民出版社点校本，1988：5856.
26. 杜春和. 南宁府志[M]. 城郭. 张国淦文集四编——永乐大典方志辑本[M]. 北京：燕京出版社，2006：1428.
27. 杜春和. 南宁府志[M]. 城郭. 张国淦文集四编——永乐大典方志辑本[M]. 北京：燕京出版社，2006：1429.

图 13　南宋静江府修筑城池图

图 14　南宁"晋城""唐城""宋城"地理位置示意图（谷云黎.南宁城市建设史研究[D].广州：华南理工大学，2009：25）

城的城池只有一重城墙，而且城墙多以土夯筑，无雉堞，无马面，鲜有敌楼，城防设施极不完备。有的甚至无城池，如思明府、思恩府和太平府三府，迟至明代才开始修建城墙[28]。由上可知，宋元时期虽兴建了许多城郭，但府一级城郭的防御体系还很脆弱。只有一些县城的城防相对还较好，如郁林州、容县设置子城、罗城、城壕，郁林州城还"盖串楼三百二十七间"[29]。宋元时期城墙材料有三类：

（1）以木、竹为栅，如兴业县"旧以木栅为城"[30]；

（2）以土夯筑，如雒容县，"旧县土城，在洛清乡"[31]；

（3）砖石砌筑，如博白县，"元至正十三年以砖包砌，周二百二十丈，立东南二门"[32]。从文献资料统计来看，此期城墙夯土筑城的最多，砖石砌筑的少，甚至还有以木栅为城的，反映出广西宋元时期城池在防御上较为薄弱。

在建筑上，六朝至宋元时期广西没有任何木构建筑遗存，仅余极少量的石桥，如融水蔡邕桥、临桂于公桥、灵川五圈桥、兴安社山桥、兴安玉溪桥等。古代文献中对于此期建筑的记载也是凤毛麟角，如：

《隋书》卷三十一志第二十六"俚人则质直尚信，诸蛮则勇敢自立，皆重贿轻死，唯富为雄，巢居崖处，尽力农事"，俚人即今桂东、桂南、越南北部的土著民族，"巢居"是对南方土著民族住屋的泛指，并非专指现代意义的"巢居"，也非专指干阑建筑，其具体建筑形式不清。

《旧唐书·南蛮西南蛮传》记载："南平僚者，东与智州，南与渝州，西与涪州接，部落四千余户。土气多瘴疠，山有毒草及沙虱蝮蛇。人并楼居，登梯而上，号为干阑……"智州即今玉林市境内，干阑即底层架空的木构楼居建筑。

宋代范大成《桂海虞衡志》引《文献考·四裔考七》卷三三〇记载：西原蛮"民居苦茅，为两重棚，谓之麻阑，上以自处，下蓄牛豕。棚上编竹为栈，但有一牛皮为袵席。牛豕之秽，升闻栈罅，习惯之。亦以其地多虎狼。不尔，人畜俱不安。深广居

---

28. [明]林富，黄佐. 广西通志（嘉靖）[M]. 卷三十一，城池. 四库全书存目丛书·史部一八七地理类. 济南：齐鲁书社，1998.
29. [清]谢启昆，胡虔纂. 广西通志[M]. 卷一百二十六，建置略. 南宁：广西人民出版社，1989.
30. [明]谢君惠，黄尚贤.梧州府志[M]. 城池志，广西区图书馆据崇祯四年（1631）抄本.
31. [清]谢启昆，胡虔纂. 广西通志[M]. 卷一百二十六，建置略·城池. 南宁：广西人民出版社，1989.
32. [清]谢启昆，胡虔纂. 广西通志[M]. 卷一百二十六，建置略·城池. 南宁：广西人民出版社，1989.

民亦多如此"。西原蛮是今壮族先民之一,分布于今广西左、右江流域及云南文山一带,居住"麻阑",即干阑。

《太平寰宇记·岭南道五》卷一六一载:贺州"多构木巢,以避瘴气","木巢"具体形式不明,但可以确定的是,这种以木构筑的、离地而居的建筑,可能是巢居,也可能是干阑。

南宋周去非《岭外代答·风土门》载:"深广之民,结栅以居,上施茅屋,下豢牛豕,栅上编竹为栈,不施桌椅床榻,唯有一牛皮为裀席,寝食于斯。牛豕之秽,升闻于栈罅之间,不可向迩,彼皆习惯,莫之闻也。考其所以然,盖地多虎狼。不如是,则人畜皆不得安。无乃上古巢居之意欤!"

以上这些记载反映的是六朝至宋元时期广西少数民族居住建筑的情况,其建筑名称有"巢居""干阑""麻阑""木巢"等,所涉及的使用人群有"俚人""南平僚""西原蛮"等,根据这些古文献的描述"巢居崖处""人并楼居,登梯而上""两重棚……上以自处,下蓄牛豕""构木巢,以避瘴气""上设茅屋,下豢牛豕"等,可知其建筑特点与今广西干阑建筑基本相近或一致(图15)。

此外,在汉族相对集中的城池中,考古发掘出一些六朝至宋元时期的砖瓦窑,如桂林上窑村的唐代窑址里就出土了板瓦、筒瓦、瓦当、长方形砖,其中板瓦长24厘米、宽15至18厘米、厚1.3厘米,筒瓦长22厘米、宽9厘米、厚1.7厘米,有的前部有1.5厘米的孔,卯一只金翅鸟。瓦当圆形,直径8.2至10.5厘米,饰莲瓣八片[33],可见广西唐代的建筑已使用砖、瓦。到了宋代,广西的砖瓦窑遗址数量更多,范围主要集中在宋代桂州、梧州、容州、郁林州、廉州等汉族人口较集中的桂东北、桂东、桂东南地区,说明宋代这些地区砖瓦使用量较前期进一步增大。

明清时期——广西建筑全面开花

明太祖朱元璋推行司、府、县(州)政区制,全国分为十三个布政使司,广西布政使司是其中之一,改靖江路为桂林府、布政司治所。其下辖桂林府、平乐府、柳州

图15 那坡县达文屯干阑民居

---

33. 桂林市博物馆. 广西桂州窑遗址[J]. 考古学报, 1994 (4): 499–526.

府、梧州府、得州府、庆远府、南宁府、思恩府、太平府、镇安府、思明府等，分别管辖五十个县、四十八土州和四个长官司。此外，明洪武二十七年（1394年）将原属湖广的永州府所辖全州、灌阳一带划拨广西桂林府管辖。为了统一指挥，抵抗日本倭寇对沿海地区的侵犯，将原属广西的钦州、廉州一带划拨广东管辖[34]。这样，广西彻底成为一内陆省份，对外贸易被广东垄断，经济下滑，与广东的差距拉大。从人口分布看，明代广西东部为汉族与少数民族杂居的状态，以桂林府、梧州府汉人较多，辐射范围也较大，呈块状分布，两府中部分地区的汉族移民人口甚至超过土著人口（如临桂县等），导致了区域性、小范围的文化移殖，其标志便是桂柳话的形成、粤语区的扩大，以及湘赣建筑、广府建筑的传入、传播。东部其他地域的汉人依然以点状分布为主，周围瑶民环绕，如平乐府"境内傜僮十居七八"[35]（图16）。桂中地区汉族移民绝对数量不大，少于当地土著人口，汉族人口在桂中一带呈零星岛状分布，明方志中描述"民二壮八""民三壮七"之类，这使得汉族移民的影响仅限于驻地周围，对土著文化的冲击很弱，建筑影响甚微，如宾州万历年间仍是"土旷人稀，民夷杂处"[36]。包括奉议、田州、南丹、思恩在内的桂西地区，在明代大部分为土官所辖，依然是土著少数民族人口占绝对优势，其中瑶、壮占多数[37]，汉族移民势微，这不仅使汉族文化对土著文化的影响、同化无从谈起，反而使迁入当地的汉民"涵化"，如汉族移民修建少数民族式的干阑建筑居住等。总体而言，明代"广西之境，大约俍人半之，瑶、僮三之，民居二之"[38]，汉族人口依然较少。

清顺治七年（1650年），清兵南下围攻桂林，平定南明桂王政权，统一全国，改广西承宣布政使司为广西省，省会驻桂林。经过多次调整，至清后期，广西省下设置桂林府、平乐府、柳州府、梧州府、庆远府、思恩府、浔州府、南宁府、泗城府、镇安府、太平府，以及郁林直隶州、归顺直隶州、上思直隶厅、百色直隶厅、龙胜厅等，总共统辖49个县、24个土州、4个土县、10个土司、3个长官司。土州、土县、土司、长官司的地域，由土官世袭治理，流官佐之。至清代后期，广西的土州、土县、土司陆续进行改土归流，到清末民初，改土归流基本完成[39]。从人口数量及分布来看，清代较明代有显著变化：

（1）清代全国人口激增，由于广西开发较晚，人少地多，成为移民的热土，愈来愈多的汉人入桂。据统计，由清初至嘉庆、道光的190年间，湖南、广东、福建各省农民陆续移入广西，其中以湖南、广东两省为最多，福建次之。到鸦片战争前夕，广西人口数量发展到9 340 018人，比明万历六年（1578年）人口增加了6倍[40]；

（2）从分布看，广东、福建移民继续填补桂东、桂东南隙地，湖南、江西移民继续填补桂东北隙地，使整个桂东北、桂东、桂东南的汉族人口成为主流，整个区域尊

---

34. 同时，将海北海南道（雷州半岛、海南岛一带）复归广西，不久，又重拨广东。
35. （清）全文炳. 平乐府志卷29. 光绪十年刻本.
36. 郭棐. 宾州志[M]: 卷二.
37. 明代中期，有人曾对广西各族所占的比例进行过估计："广西岭徼荒服，大率一省狼人半之，瑶壮三之，居民二之。"（《世宗实录》卷三一二，嘉靖二十五年六月丁亥。顾祖禹在《读史方舆纪要》中也持这种观点。）柳州府虽连桂林，但"郭外以外，绕地瑶壮矣"，故"风气与中州异"，男子耕田，妇人不事蚕作，以绩麻织布为业。庆远府在桂西北，"环绕土夷"，"民之家一而瑶壮之穴九"，其人"以岩穴为居止，常持兵以事战争"。平乐府也是瑶壮聚居之处，"自昔号瘴乡"，"民居多茅茨竹户"。梧州府与广东接壤，众水环绕，气候多变，其"力田务本，不诱末作"。浔州府"地广山深，瑶狼错杂"，瘴气严重，民以"力耕为业"。南宁府"为粤西壮郡，虽丛错三十六峒……盖诸郡独夷旷，屯可容数万人"，"人性轻悍，俗惟种田"[（明）杨芳:《殿粤要纂》卷三；《大明一统志》卷七八]。其他府州多为瑶、壮生活之处，少数民族更占多数。
38. （清）顾祖禹, 贺次君, 施和金. 读史方舆纪要（卷106）：广西方舆纪要序[M]. 北京：中华书局，2005：4788.
39. 莫凤欣. 广西历史沿革述略[J]. 广西地方志，1998（5）：29-33.
40. 黄海云. 清代广西的移民垦殖与人口状况研究[J]. 广西社会科学，2006（3）：115-119.

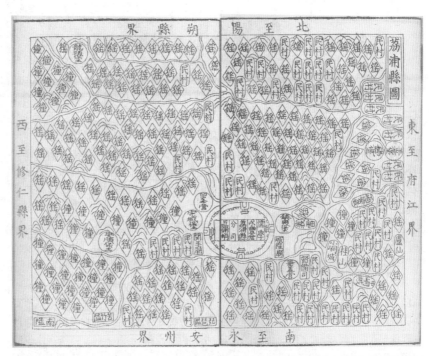

图16 明《殿粤要纂》中的平乐府荔浦县图

崇汉文化;桂中黔江流域的盆地、谷地成为外来汉族移民的又一热点,这些移民往往以市镇为据点向四周扩散,将成熟的手工艺技术、耕作技术以及强势的汉文化带到周边的少数民族村落,使"蛮"逐渐转化成"民",汉族比例增多、影响力扩大,桂中逐步成为以汉文化为主导、少数民族文化为辅的区域;桂西、桂西南也有部分汉族移民迁入,但这些汉移民仅占桂西、桂西南人口的少数,少数民族人口依然是桂西、桂西南的主流,汉移民亦主动融入少数民族文化。至此,广西汉族人从点状分布演变成连片的块状分布,一改以往以少数民族人口为主的分布结构,在桂北、桂东北、桂东、桂东南形成汉族人口为主的大聚居区,这些地方的少数民族要么被迫西迁,要么接受中原文化的教化,逐步"汉化"。在桂中、桂南,汉族人呈带状分布,文化辐射力度较以前增强数倍,深刻影响着周边的少数民族民众。在桂西地区,依然是少数民族聚居区,汉人主动融入少数民族文化,而被"涵化"。

正是在明末清初这一相对集中的时期内,汉族移民入桂的规模巨大,再加上政治、经济、文化上的强势,使迁出地建筑文化得以较完整的保留,并形成强大的潜流,改写了广西建筑文化的分布格局,外来建筑文化最终在广西东部成为主流,并导致广西东部建筑格局逐步迈向民系化[41]。其中清桂林府、平乐府自明初开始,湖南、江西人即多以"降附"身份随军迁入广西。洪武末年以后,明政府频频出兵镇压广西境内的少数民族起义,大量湖广、江西等地卫所的士兵随之进入桂东北,散居各卫所,这样桂东北地区自明代中期开始即成为湖广移民分布最集中的地区。明末清初,桂东北是南明政权与清军的主要战场,人口损失大,土地荒芜。康熙以后,清政府对广西实行招民垦荒政策,大量湖南移民被吸引至桂东北务农、经商、从事手工业等[42]。

---

41. 谢小英. 广西古建筑[M]. 北京:中国建筑工业出版社,2015.
42. 何林夏,范玉春. 湖南移民徙居桂东北的历史考察[J]. 广西民族学院学报(哲学社会科学版),2000(1):122.

全州、兴安、灌阳、灵川、桂林、阳朔等地的湖南会馆都建于清道光以前，从另一个侧面说明湖南人在桂东北地区有相当广的分布，并从清早期开始对桂东北的社会、文化、工艺产生相当大的影响。因明洪武年间"江西填湖广"运动，明代以来，湖南文化中有很多江西文化的成分，再加上明代以来有相当数量的江西籍移民进入桂东北，因此桂东北的文化、习俗、建筑风格等与湘赣建筑一脉相承，显现许多湘赣式建筑的特点。其中桂林府城镇及乡村的公共建筑及民居，平乐府平乐、荔浦、恭城、富川等县城镇及乡村的公共建筑及民居，桂中象州县以北城镇的公共建筑和民居都为湘赣式建筑，这些区域属于湘赣式建筑的核心区；而平乐府昭平县、永安州、钟山县等城镇的建筑多采用湘赣与广府相融合的形制，桂中象州县以南各县城镇及乡村的建筑多采用湘赣式建筑与其他民族或民系建筑相融合的形制，这些区域属于湘赣式建筑的次生区。（图17—图21）

　　明代，桂东、桂东南地区以广东军事移民为主，特别是自成化以后，梧州成为两广总督军门驻扎地，万余名广东士卒云集，常年更番戍守，加上商业往来，聚集了大批来自广东地区的移民。清代迁入桂东南地区的广东移民以商业型移民为主，主要居住在浔江、郁江、黔江等流域的梧州府、浔州府、今钦海防一带（清代这一地区属广东省管辖），以及平乐府的贺州、昭平。到清中后期，粤商沿江向广西腹地深入，分布在清代广西的12个府（州）50多个县份[43]，涵盖了除桂林府等少数地方外的整个广西，形成了广西街镇"无东不成市"的商业发展格局。其经济地位决定了粤商在这些地区街镇的话语权和文化辐射主体身份，其语言、文化成为这些街镇的主导，其做工精湛、装饰精美的会馆、民居成为广府商人的标识，是各地争相借鉴、模仿的对象。因此，梧州府、浔州府以及今钦海防一带是广府人分布的核心区，这一区的民众操粤语，受广府文化浸染很深，建筑也采用广府式风格，甚至直接延请广府师傅来桂建宅。清平乐府的贺州、昭平、永安州，南宁府，以及柳州府以南的城镇、左右江的城镇是广府文化及广府建筑的次生区，这些区域在街镇上说粤语，公共建筑多为广府式建筑或融入很多广府式建筑的符号，如山墙、屋脊、彩绘、葫

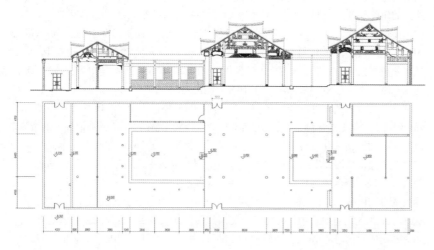

图17　全州县绍水镇水头村乐耕公祠

---

43. 侯宣杰. 清代以来广西城镇会馆分布考析[J]. 中国地方志，2005（7）.

图18 灵川县江头村爱莲家祠

图19 灵川县长岗岭村民居天井

图20 富川县朝东镇福溪村古建筑

图21 昭平县黄姚古镇古民居

芦形瓜柱等。《来宾县志》中记载:"凡绘画丹漆暨雕刻结构,稍涉于钩心斗角者,如屏窗几榻之属,皆桂平、贵县或广东、湖南外来之匠为之。"[44] 武宣县"木匠独雇粤工"[45]……街镇民居则表现为广府建筑与本土建筑相融合的态势,而街镇之外依然讲地方语言,建筑也多用其他风格的建筑形制,所以这些地区属于广府式建筑的次生区。(图22—图25)

图22 灵山县大芦村

---

44. 翟富文,等. 食货二. 农工商业//来宾县志下篇. 民国二十六年铅印本.
45. 庞赓辛. 经济//武宣县志第四编. 民国二十三年铅印本.

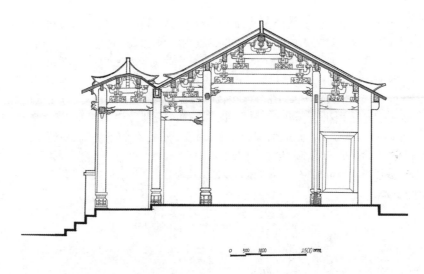

图 23　灵山县大芦村三达堂官厅剖面图

图 24　灵山县苏村古民居

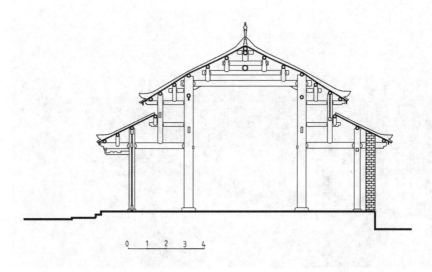

图 25　玉林文庙大成殿剖面图

此外，客家人从康熙到道光的 100 年间大量进入广西，咸丰、同治年间又因土客械斗，有十万余客家人从广东迁入广西。这些迁入广西的客家人主要集中在桂东南的郁林州、贵县、桂平、平南以及桂中的柳州附近、桂东的贺县等地，呈"小集中，大分散""东南稠密、西北稀疏"的格局，有三大聚居区：一是桂东南区，这是客家族群的最大聚居区，客家人口所占的比例为 25.21%；二是桂东区，客家人口所占的比例为 15.06%；三是桂中区，包括柳州、来宾、贵港等地的部分县。由于客家人对其语言、文化的坚守，即使在人口不占优势的情况下，客家人依然保持着他们聚族而居的传统，以及以多堂多横为其平面的主要格局，以土为其主要的建材，以硬山搁檩、插梁式木构架、檐下多层挑枋为其主要的构架形制，以悬山顶为其主要屋顶形式的建筑文化。（图 26—图 28）

图 26　玉林朱砂峒垅屋

图 27　昭平县樟木林镇客家围屋

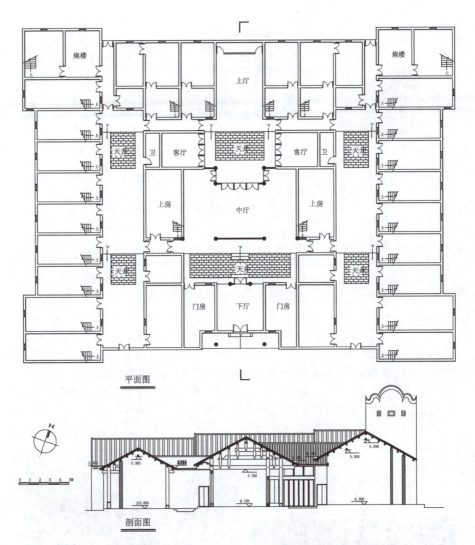

图28 柳州市凉水屯刘氏围屋平面、剖面图

广西西部是西南和华南的"结合部",以山地、丘陵为主,至今大多为少数民族人口,其民居一直沿用适应炎热气候和多变地形的干阑式建筑。木构架方式南北有别,其中桂西北多用穿斗式木构架,桂西南多用大叉手木构架。一些因罪、祸避入桂西的汉族人,也被"涵化",居住干阑建筑。但桂西的土司衙署、土司府邸,及此区域的寺庙等建筑多用汉族地居式建筑,其形制、木构架和装饰皆受汉族建筑的影响。(图29—图31)

图29 龙州县金龙镇板梯村那傍屯

图30 宁明县明江镇百泉村板略屯

图 31　西林县岑氏家族建筑群之南阳书院剖面图

广西中部是少数民族建筑文化与汉族建筑文化的碰撞区。此区原以少数民族聚居为主，明代因大藤峡等少数民族起义之故，中央政府多屯军于此，汉族人口比例有所增加。又经过多次交锋，少数民族起义失败，许多少数民族民众被迫躲入桂西的大石山区避难，汉族所占比例继续增大。总体而言，相较于桂东，桂中的汉人依然没有占压倒式的优势，仅呈带状分布于桂中水土较为肥沃的盆地和重要的交通节点，但他们却依凭其政治、文化上的优势，坚持着自己的语言、文化和建筑形制，向楔子一样插进少数民族的聚集地，向带状区周边少数民族辐射、传播着自己的建筑艺术，涵化此区少数民族的建筑文化，使其呈现或湘赣、或广府、或客家的建筑特色。同时，远离带状区的汉族建筑反过来也受少数民族干阑式建筑的影响，呈现精彩的"在地化"演变过程。（图32—图33）

图32　武宣县洛桥村武魁堂（壮族民居）

图33　武宣县下莲塘村将军第

明清古建筑占广西古建筑的绝大多数，其类型涵盖寺庙、宫观、学宫、会馆、书院、祠堂、府邸、民居、亭台楼阁、桥、塔，等等，其数量之大、类型之丰富非前代可以比拟。这些看似纷繁复杂的明清广西古建筑，依上所言均具有一定的群体特征和分布规律，这种特征有受地理、气候、建材影响的方面，也有受移民迁出地影响的方面，其中少数民族建筑更多受前者的影响，汉族建筑更多受后者的影响。汉族建筑因其迁出地不同，其建筑的平面布局、外部造型、建筑技术就不同，并且这种差异有可明确指出的区域分布规律，这是广西古建筑的一大特色。

谢小英
于广西大学东校园

目录 | Contents

凡例	XXXI
广西壮族自治区分片索引	XXXII

1 南宁市　001

概述　004

兴宁区　005
1 昆仑关战役遗址　2 共青团南宁地委　3 新会书院　4 广西高等法院办公楼旧址　5 镇宁炮台

西乡塘区　010
6 越南中央学舍区

江南区　011
7 广西省土改工作团第二团团部旧址　8 扬美村古建筑群　9 木村古建筑群　10 三江坡古建筑群

邕宁区　017
11 邕宁五圣宫　12 顶蛳山遗址

青秀区　019
13 邕江防洪古堤

武鸣区　020
14 明秀园

隆安县　021
15 惠迪公祠

横县　022
16 伏波庙　17 施恒益大院　18 笔山村古建筑群

宾阳县　028
19 思恩府试院　20 宾州南桥

上林县　030
21 智城城址

南宁市其他主要文物建筑列表　031

2 柳州市　033

概述　036

城中区　037
1 柳侯祠碑刻　2 东门城楼　3 柳州镇南门明城墙　4 廖磊公馆　5 张翀及其母亲墓

柳南区　042
6 胡志明旧居　7 柳州旧机场及城防工事群旧址　8 张公岭环山工事　9 刘蕡墓　10 刘家大院

鱼峰区　047
11 马鞍山鱼峰山石刻　12 九头山汉墓　13 杨廷理及其家族墓群

柳江区　051
14 新安古墓群　15 隆盛九厅十八井

柳北区　052
16 广西农事试验场旧址

鹿寨县　053
17 高岩山摩崖石刻　18 中渡古建筑群

柳城县　055
19 柳城窑址　20 覃村石拱桥　21 柳城县仫佬族古建筑群　22 南丹土城遗址

融安县　057
23 融安南朝古墓群

三江侗族自治县　059
24 岜团桥　25 和里三王宫　26 程阳永济桥　27 马胖鼓楼　28 丹洲古城　29 平流赐福桥　30 亮寨鼓楼　31 车寨古建筑群　32 高定侗寨古建筑群　33 林溪侗族古建筑群

融水苗族自治县　073
34 真仙岩摩崖石刻

南宁市其他主要文物建筑列表　073

3 桂林市　075

概述　078

秀峰区　081
1 芦笛岩一大岩壁书　2 宋静江府城墙　3 西山摩崖造像　4 独秀峰摩崖石刻　5 还珠洞摩崖造像　6 隐山摩崖石刻　7 骝马山摩崖造像　8 广西省立艺术馆

叠彩区　091
9 叠彩山石刻　10 桂州城图　11 木龙洞石塔　12 虞山石刻　13 宝积山摩崖石刻　14 铁封山石刻　15 八路军桂林办事处旧址

象山区　097
16 李宗仁官邸　17 万寿寺舍利塔　18 象鼻山普贤塔　19 象鼻山摩崖石刻　20 南溪山摩崖石刻　21 虹桥　22 花桥

23 普陀山摩崖石刻　24 龙隐洞摩崖石刻　25 中共桂林市城市工作委员会旧址

临桂区　107

26 靖江王府王陵　27 李宗仁故居　28 双凤桥　29 六塘清真寺

阳朔县　114

30 兴坪古镇　31 渔村　32 旧县村　33 仙桂桥　34 遇龙桥　35 朗梓村　36 留公村　37 碧莲峰石刻　38 徐悲鸿故居

灵川县　123

39 江头村　40 长岗岭村　41 大圩古镇　42 迪塘村　43 四方灵泉　44 明心寺（海阳庙）　45 大桐木湾村

全州县　138

46 湘山寺（含妙明塔）　47 燕窝楼　48 南石祠　49 白茆坞牌坊　50 精忠祠　51 柴侯祠

兴安县　146

52 灵渠　53 秦城遗址　54 严关　55 水源头村　56 榜上村　57 红军堂（三官堂）

永福县　153

58 永宁州城　59 百寿岩石刻　60 崇山村

灌阳县　156

61 关帝庙（慧明寺）　62 月岭村　63 江口村　64 洞井村

龙胜县　161

65 平等鼓楼群　66 红军楼（杨氏鼓楼）　67 红军桥（顺风桥）

平乐县　166

68 榕津村　69 平乐粤东会馆

荔浦县　168

70 荔浦塔

恭城瑶族自治县　170

71 恭城文庙　72 恭城武庙　73 周渭祠　74 恭城湖南会馆　75 朗山村　76 豸游周氏祠堂

桂林市其他主要文物建筑列表　180

4　梧州市　185

概述　188

万秀区　190

1 梧州中山纪念堂　2 梧州近代建筑群　3 白鹤观

龙圩区　194

4 李济深故居

蒙山县　195

5 太平天国永安活动旧址

藤县　197

6 中和窑址　7 授三公祠

苍梧县　199

8 培中村古建筑群

岑溪市　200

9 邓公庙　10 石村古建筑群　11 谢村古城　12 罗斗坡古建筑群

梧州市其他主要文物建筑列表　205

5　北海市　207

概述　210

北海市　211

1 地角炮台　2 北海近代建筑群

合浦县　223

3 合浦汉墓群　4 大士阁（四牌楼）　5 惠爱桥　6 珍珠城　7 海角亭　8 合浦文昌塔　9 东坡亭　10 合浦武圣宫　11 石康塔（顺塔）　12 普度震宫旧址　13 北海抗战胜利纪念亭

北海市其他主要文物建筑列表　235

6　防城港市　237

概述　240

防城区　241

1 江山半岛白龙古炮台　2 谦受图书馆

东兴市　244

3 竹山三圣宫　4 陈公馆　5 罗浮天主教堂

防城港市其他主要文物建筑列表　247

7　钦州市　249

概述　252

钦南区　253

1 刘永福旧居　2 冯子材旧居　3 久隆古墓群　4 冯子材墓

5 黄明堂墓　6 钦州广州会馆

灵山县　257
7 大芦村古建筑群　8 钦江县故城遗址　9 苏村古建筑群

浦北县　260
10 大朗书院

钦州市其他主要文物建筑列表　261

8 贵港市　263

概述　266

桂平市　267
1 东塔　2 寿圣寺　3 金田起义地址

平南县　271
4 辛亥革命黄花岗起义平南县五烈士纪念碑　5 大安古建筑群

港南区　273
6 罗泊湾漪澜塔　7 南江古码头遗址

贵港市其他主要文物建筑列表　275

9 玉林市　277

概述　280

玉州区　281
1 高山村古建筑群

北流市　282
2 勾漏洞石刻　3 中共广西省委机关

容县　284
4 经略台真武阁　5 容县近代建筑　6 容县城关窑址

陆川县　291
7 谢鲁山庄　8 青莪馆

博白县　294
9 宴石山摩崖造像　10 朱锡昂烈士故居遗址

兴业县　297
11 庞村古建筑群

玉林市其他主要文物建筑列表　299

10 百色市　301

概述　304

右江区　305
1 中国工农红军第七军军部旧址（粤东会馆）　2 中国工农红军第七军政治部旧址（清风楼）　3 灵洲会馆

田东县　309
4 右江工农民主政府旧址（经正书院）

田林县　310
5 西林教案遗址

西林县　311
6 岑氏家庭建筑群

那坡县　315
7 达文屯　8 弄平炮台　9 丹桂塔

田阳县　318
10 田阳粤东会馆

靖西县　319
11 十二道门炮台　12 岑氏土司墓群

平果县　320
13 岑氏土司墓

凌云县　322
14 水源洞石刻　15 凌云中山纪念堂

德保县　323
16 那雷屯

乐业县　324
17 中国工农红军第七军第八军会师纪念馆旧址

百色市其他主要文物建筑列表　325

11 贺州市　327

概述　330

八步区　331
1 临贺故城　2 黄田戏台　3 封阳石城　4 孝穆皇太后先茔　5 开宁寺　6 祉洞古寨建筑群　7 凤凰塘村古建筑群

平桂区　338
8 龙井村古建筑群

富川瑶族自治县　339
9 富川瑶族风雨桥　10 富川旧城　11 慈云寺和瑞光塔　12 凤溪瑶寨古建筑群　13 秀水村古建筑群　14 福溪村古建筑群　15 大莲塘古建筑群　16 深坡村古建筑群

钟山县　354

17 钟山大田戏台　18 英家起义地址　19 龙道村古建筑群
20 石龙桥　21 莲花戏台　22 玉坡村古建筑群

邵平县　363
23 中共广西省工委黄姚旧址　24 黄姚文明阁　25 黄姚古戏台　26 北陀古墓群

贺州市其他主要文物建筑列表　367

12 河池市　369

概述　372

金城江区　373
1 红军标语楼

宜州市　374
2 会仙山摩崖石刻

凤山县　376
3 恒里红军岩

东兰县　377
4 广西农民运动讲习所旧址　5 东兰劳动小学旧址　6 韦拔群故居遗址及旧墓　7 中共红七军前委旧址（魁星楼）

罗城仫佬族自治县　381
8 平洛乐登桥

环江毛南族自治县　382
9 凤腾山古墓群　10 北宋村石牌坊

河池市其他主要文物建筑列表　383

13 来宾市　385

概述　388

忻城县　389
1 莫土司衙署　2 三界庙

兴宾区　392
3 文辉塔

武宣县　394
4 武宣文庙　5 武宣北门城楼　6 武宣刘氏庄园　7 武宣郭氏庄园

象州县　399
8 纳禄村古建筑群

金秀瑶族自治区　399

9《大瑶山团结公约》石牌　10 下古陈村古建筑群

来宾市其他主要文物建筑列表　401

14 崇左市　403

概述　406

宁明县　408
1 花山岩画　2 黄善璋墓　3 镇宁炮台

龙州县　411
4 中国红军第八军军部旧址　5 越南共产党驻龙州秘密机关旧址　6 连城要塞遗址和友谊关　7 陈勇烈祠　8 法国驻龙州镇事馆旧址　9 业秀园（陆荣廷旧居）　10 龙州天主教堂　11 龙州铁桥阻击战遗址　12 伏波庙　13 上金旧街中山民居

凭祥市　425
14 大连城　15 平岗岭炮台

扶绥县　429
16 江西岸遗址

江州区　430
17 左江斜塔　18 太平府故城

大新县　433
19 靖边城　20 养利州古城门楼及城墙

天等县　435
21 万福寺

崇左市其他主要文物建筑列表　437

参考文献（References）　438

图片来源（Illustrations）　440

后记　459

凡例
How To Use This Book

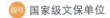 国家级文保单位　　 省级文保单位

 其他建筑　　 世界遗产

 下级图指向标签

1 昆仑关战役遗址	
Kunlun Pass Battle Site	
级　别	国家级
年　代	民国
地　址	兴宁区和宾阳县昆仑关景区路
看　点	工事遗迹、展陈
开放方式	购票参观

— 古建筑编号及名称
— 英译名
— 文物级别
　　对于多次重修或改建的古建筑，指现存部分的年代范围
— 地址
— 看点
— 开放方式 / 现况

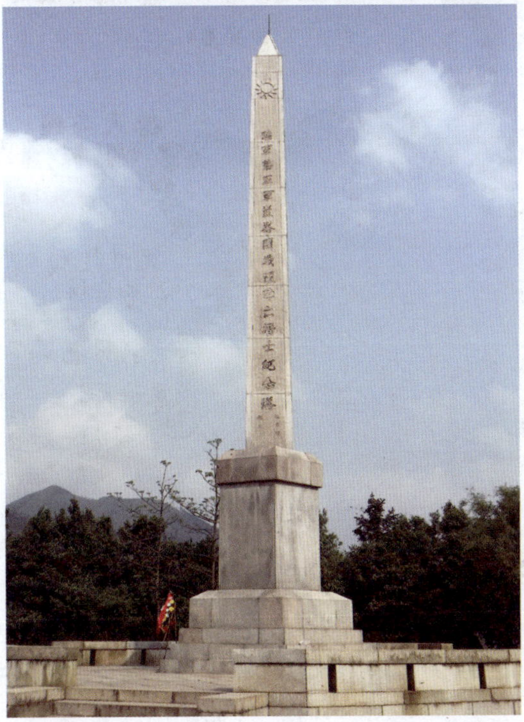

— 古建筑图片

图1　昆仑关—阵亡将士纪念塔　　— 图名

广西壮族自治区分片索引
Map Index of Guangxi Zhuang Autonomous Region

① 南宁市 / 001
② 柳州市 / 033
③ 桂林市 / 075
④ 梧州市 / 185
⑤ 北海市 / 207
⑥ 防城港市 / 237
⑦ 钦州市 / 249
⑧ 贵港市 / 263
⑨ 玉林市 / 277
⑩ 百色市 / 301
⑪ 贺州市 / 327
⑫ 河池市 / 369
⑬ 来宾市 / 385
⑭ 崇左市 / 403

审图号：桂S(2020)52号
广西壮族自治区地图院 编制

1
南宁市
NANNING

南宁市古建筑
Historical Architecture of Nanning

- ① 昆仑关战役遗址
- ② 共青团南宁地委
- ③ 新会书院
- ④ 广西高等法院办公楼旧址
- ⑤ 镇宁炮台
- ⑥ 越南中央学舍区
- ⑦ 广西省土改工作团第二团团部旧址
- ⑧ 扬美村古建筑群
- ⑨ 木村古建筑群
- ⑩ 三江坡古建筑群
- ⑪ 邕宁五圣宫
- ⑫ 顶蛳山遗址
- ⑬ 邕江防洪古堤
- ⑭ 明秀园
- ⑮ 惠迪公祠
- ⑯ 伏波庙
- ⑰ 施恒益大院
- ⑱ 笔山村古建筑群
- ⑲ 思恩府试院
- ⑳ 宾州南桥
- ㉑ 智城城址

图例
- ◎ 自治区行政中心
- ⊙ 县（区、市）行政中心
- ● 5A 4A级景区
- 设区市界
- 1.常年河
- 2.水库

比例尺 1:1 100 000
审图号：桂S（2020）52号
附注：图上境界不作划界依据。

南宁市旅游图

○马山县

金伦洞·

大龙洞水库

·大龙湖
·金莲湖

大明山·

◎上林县

·宾阳县

◎武鸣区

·昆仑关

·伊岭岩
花花大世界·

嘉和城景区
人民公园　·九曲湾温泉度假村
西乡塘区　兴宁区　·乡村大世界
八桂田园　·广西药用植物园
动物园　　·凤岭儿童公园
南宁市◎　青秀区
江南区　青秀山·
　　　良凤江·广庆区　邕宁区
　　　　　广西规划馆

西津水库　横州市◎　郁

大王滩水库

凤亭河水库
屯六水库

广西壮族自治区地图院 编制

概 述

南宁市简称"邕",又称为绿城,位于广西西南部。南宁建制于东晋大兴元年(318年),至今已有1700多年历史。在李唐时期,唐太宗定名为邕州。之后,又于元朝泰定元年(1324年)更名为南宁。1958年将南宁设定为广西壮族自治区的省会城市。

南宁历史悠久,原为百越之地。据考究,越族的西瓯、骆越两个支系为南宁壮族的先民。秦汉时期,南宁先后为桂林郡、郁林郡的辖地。三国时,南宁为吴国辖地,属广州郁林郡临浦县,直至西晋。东晋时期,南宁开始建制,第一次成为既是县级又是郡级的治所。隋朝统一后,将南宁归为宣化县治所,归郁林郡统辖。唐朝时期,南宁成为省级治所,改为邕州。之后在元泰定元年(1324年)为庆边疆之绥服,改邕州路为南宁路,寓南疆安宁的意思,南宁由此得名,沿用至今。

南宁是一个以壮族为主体、多民族聚居的城市。壮族是世代居住在本地的土著民族,汉族、回族及苗族等为后期陆续迁入的民族,民族文化种类丰富,众多的文化交流、碰撞,造就了南宁市种类繁多的历史遗迹、民族习俗等。

早在清代,南宁的城市功能划分就相当明朗,将衙门、学堂置于城内,将商贸交易安置于城外。在19世纪20年代前后,南宁开始开辟街巷,建造富有岭南特点的骑楼建筑。现在南宁市区还保留着几条老的街道,即民生路、解放路、兴宁路、金狮巷和银狮巷,是南宁市历史文化的载体。现在对这些老街道进行恢复、整改,将历史文明与现代发展相融合,将重新唤起对南宁的记忆,重塑一座古城的历史文明。

在开辟街巷的同时,南宁也先后建立了岭南风格的建筑,譬如粤东会馆、新会书院、南宁商会旧址等。这些建筑造型美观、精致,有栩栩如生的壁画,也有纹路细腻的木雕,让人在沉浸于古城的同时,不禁赞叹古人的巧夺天工。

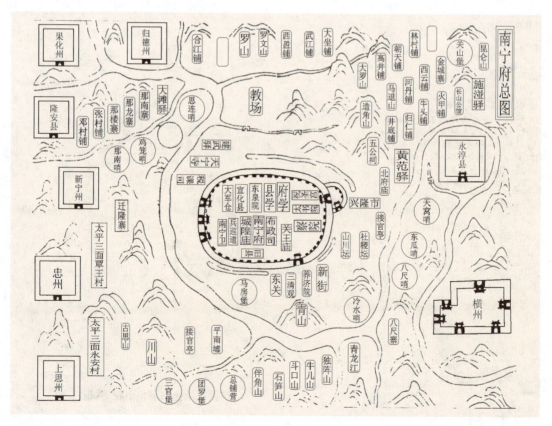

南宁府总图(明)

兴宁区

1 昆仑关战役遗址

Kunlun Pass Battle Site

级　　别	国家级
年　　代	民国
地　　址	兴宁区和宾阳县昆仑关景区路
看　　点	工事遗迹、展陈
开放方式	购票参观

昆仑关战役遗址于 2006 年 5 月 25 日被国务院公布为全国重点文物保护单位，遗址位于兴宁区和宾阳县交界处，隶属于昆仑关管委会。

昆仑关是千年古关，地势险要，享有"南方天险"的盛名，是历代兵家必争之地，有"一夫当关，万夫莫开"之势。昆仑关战役发生于 1939 年 11 至 12 月，是中日双方为争夺战略要地昆仑关发生的一场战役，是整个桂南战役的重要组成部分。昆仑关战役是抗战时期中国军队的第一次攻坚战，沉重打击了日军的嚣张气焰，为第二次世界大战的伟大胜利做出了重要贡献，促进了当时祖国统一的伟大事业。

昆仑关大捷之后，国民党在此营建了纪念塔、抗日将士公墓、牌坊、抗战碑亭等纪念建筑物，以缅怀陆军第五军昆仑关战役阵亡将士（图1—图5）。除此之外，遗址还保留了多处昆仑关战争中的阵地、工事遗迹点等，包括宾阳县境内的"昆仑关战役指挥部"、邕宁区昆仑镇境内的"昆仑关战役日军第十二旅团团长中村正雄少将被击毙处"和金龙山、仙女山、老毛岭、罗塘南、同兴堡、石家隘，以及 441、660、653 高地等。

遗址区除了关于昆仑关战役旧址的纪念建筑物、工事遗迹，还有古关楼、昆仑古道等古代遗迹。

2005 至 2006 年对昆仑山遗址进行了维修，包括对墓园园区古关楼、古驿道的维修，以及对战役遗址的文物发掘和展示，并且完善了相关的基础设施，将遗址区建成爱国主义和国防教育基地，弘扬与传承民族历史文化。

图1　昆仑关阵亡将士纪念塔

图2　昆仑关六角碑亭

图3 昆仑关古关楼

图4 桂南会战检讨会旧址正立面

图5 昆仑关阵亡将士墓园

2 共青团南宁地委

Communist Youth League Committee of Nanning

级　　别	自治区级
年　　代	1926年
地　　址	兴宁区北宁街47号
看　　点	建筑彩绘
开放方式	要许可

1981年8月，共青团南宁地委旧址被南宁市政府批准为自治区级文物保护单位，坐落于兴宁区北宁街47号。该旧址原为清代右江镇总兵马盛治的祠堂——回春阁。1911年，广西提督陆荣廷又将其改建为马武烈祠。1926年，共青团南宁地委成立于此，严敏等共产党员领导青年群众进行革命运动，其革命影响一直延续至今。

共青团南宁地委旧址坐西朝东，通宽37米，深63米，原为三进两廊庭院式布局，由门楼、中座（马武烈祠）、后座和两厢廊组成，现仅有门楼、中座及两厢廊，占地面积1100平方米。（图1—图2）

一进及两廊为原历史时期建筑，主体结构为砖木结构。二进于1987年改建为仿古建筑，主体结构为砖混结构，青砖灰瓦的建筑风貌与院落整体建筑的格调一致。之后在1995年、2004年又先后进行过两次维修。（图3—图4）

共青团南宁地委是目前南宁市保存最为完整的一处革命纪念旧址，具有特殊而重要的历史地位。在1995年又被授予"南宁市爱国主义教育基地""南宁市青少年爱国主义教育基地"称号，有重要的社会价值。

图 1　共青团南宁地委旧址全景

图 3　共青团南宁地委旧址北侧厢房

图 2　共青团南宁地委旧址门楼正面照

图 4　共青团南宁地委旧址后厅正面照

3 新会书院

Xinhui Academy

级　　别	自治区级
年　　代	清
地　　址	兴宁区解放路 42 号
看　　点	雕刻
开放方式	要许可

新会书院位于兴宁区解放路42号，被列为自治区级文物保护单位。

新会书院又名"冈邑书院"，始建于清乾隆初年，重修于清道光二十三年（1843年），坐北朝南，原有三殿两廊一阁，现存三殿两廊，原有建筑面积5400平方米，现存建筑面积4500平方米。为木石砖瓦结构的晚清岭南祠堂建筑。（图1）

该书院平面呈长方形，殿面通宽14.2米，总进深55.2米，各殿通高9米，分前、中、后三殿，殿与殿

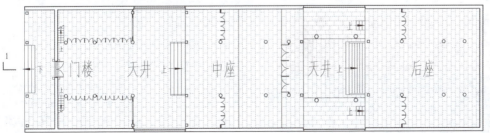

图 1　新会书院平面图

之间以天井分隔，庭院幽深，布局严谨，构成一座对内开放、对外封闭的宏大院落。整个书院建筑布局紧凑，高低错落，庄重古雅，具有岭南古建筑轻巧秀丽的风格。

前殿于民国二十一年（1932年）因拓宽马路向后移重修，1982年屋顶脊瓦被拆，1987年重修。中殿为抬梁式屋架，前有卷棚，进深14.5米，花岗石台基比前殿高0.8米，台阶5级，石檐柱，精雕细刻。中殿与后殿之间的两侧走廊亦用石制廊柱。后殿格局同中殿。花岗石台基比中殿高0.9米，台阶7级，两侧垂带设抱鼓石。（图2—图4）

图2　新会书院大门正立面照

图3　新会书院天井

图4　新会书院门楼正脊

4 广西高等法院办公楼旧址

Guangxi High Court Office Building Site

级　　别	自治区级
年　　代	民国
地　　址	兴宁区朝阳路5号
看　　点	西式风格
开放方式	要许可

广西高等法院办公楼旧址位于兴宁区朝阳路5号，于2009年被公布为自治区级文物保护单位。广西高等法院办公楼建于民国时期，占地面积488平方米，建筑面积1500平方米，平面呈长方形，面阔24米，进深18.64米，通高15.2米。3层，为钢筋混凝土和砖木结构，西式墙身，中式屋顶，门窗宽阔高大。门厅两侧立罗马塔司干式壁柱、倚柱各2根，柱直通2楼阳台，与三楼面处的山花相接，组成一个整体，立面造型为西欧古典建筑形式。（图1—图2）

建筑里面有邓颖超纪念馆。据记载,邓颖超出生于此,其父邓庭忠为南宁镇台,正二品官。馆内展览由序厅、南宁女儿、求学任教、革命征程、浓浓乡情、建设祖国、革命伴侣、西花厅岁月、走进永远和书画厅等8个单元10个部分组成,展厅面积1200平方米,全面展示了邓颖超同志波澜壮阔的一生。

图1　广西高等法院办公楼旧址远景

图2　广西高等法院办公楼旧址正立面

5 镇宁炮台

Zhenning Battery

级　　别	自治区级
年　　代	清
地　　址	兴宁区人民公园内望仙坡
看　　点	大炮、铜钟
开放方式	免费参观

镇宁炮台位于兴宁区人民公园内望仙坡,由南宁市人民政府于1983年3月公布为自治区级文物保护单位。

镇宁炮台建造于1917年,由两广巡阅使陆荣廷组织修建,建造的目的是"外敌慑,内患平,卫南服,康桂民",占地面积约860平方米。炮台为城堡式建筑,由石灰岩、砂岩砌成,直径39米,周长120余米,设有南北两门(图1—图2)。炮台位于城堡中间,也是用红砂岩筑成,高5米,径长13.6米,有4条横桥与围墙连通。炮台上装有一座清光绪十六年(1890年)由克鲁伯工厂制造的固定型加农炮。这门大炮是19世纪德国"克房伯"铸造,为122毫米线膛炮,借助铁轨转运,射向为东、南、西三面,是南宁市现保存最为完整、古老的炮台。在抗日战争前,炮台

图1　镇宁炮台远景

内还放置了一口明代铜钟，钟上刻有重量、铸造年月、铸造人和捐款人的姓名，还刻有字体端庄娟秀的"风调、雨顺、国泰、民安"字样。钟高1.8米，口径1.2米，重1000多公斤，是国内现存最大的悬挂铜钟。在南宁沦陷后，铜钟沦落他乡，新中国成立后被广西文物工作者收购回邕，是南宁难得的珍贵文物和艺术珍品。（图3）

图2　镇宁炮台

图3　镇宁炮台铜钟

西乡塘区

6 越南中央学舍区
Vietnam Central School District

级　别	国家级
年　代	清
地　址	西乡塘区心圩街道和德村九冬坡
看　点	雕刻、展陈
开放方式	购票参观

越南中央学舍区（育才学校旧址）位于西乡塘区心圩街道和德村九冬坡，是一座建于清代道光年间的黄氏祠堂，于2013年公布为国家级文物保护单位。

越南中央学舍区旧址建于清道光十九年（1839年），坐西北朝东南，呈两进两廊，中座拜亭的围合布局，占地面积340平方米，建筑面积255.4平方米。旧址地面以青砖铺砌，青砖青瓦清水墙，硬山屋顶砖木结构，内部为古祠堂样式，大梁上还有"大清道光十九年岁次己亥"的字样。这里曾是越南在南宁设立的革命干部学校驻地——越南中央学舍区，对外称广西南宁育才学校。现在后座大门正中门楣还有越南办学时期刻制的红色五角星等饰物，厢房和走廊的位置还保留着越南办学时添建的绿色木板墙与木花格窗、砖槛墙。越南中央学舍（广西南宁育才学校）创办于1951年7月，是毛泽东主席应胡志明主席的要求，专门为越南培养干部人才而成立的一所学校，是越南在国外建立的最大的人才培养基地，为近现代重要史迹及代表性建筑。创立于70多年前的越南中央学舍区见证了山水相连的中越两国"同志加兄弟"的深情厚谊，是中越两国传统友好关系最生动的写照，具有极其特殊的历史意义。（图1—图4）

图1　越南中央学舍区总部旧址建筑全景鸟瞰

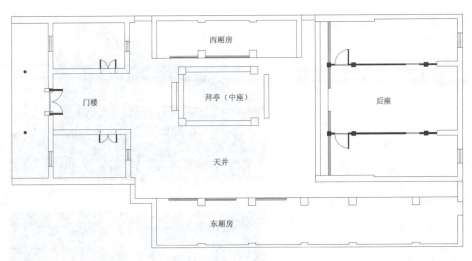

图2 越南中央学舍区旧址平面图

图3 越南中央学舍区拜亭

图4 越南中央学舍区后座

江南区

7 广西省土改工作团第二团团部旧址

The Former Site of the Second Regiment of the Land Reform Working Group in Guangxi Province

级　别	自治区级
年　代	1951年
地　址	江南区江西镇锦江村麻子畲坡
看　点	建筑样式、展陈
开放方式	免费参观

广西省土改工作团第二团团部旧址位于距南宁市区26公里的江南区江西镇锦江村麻子畲坡。目前该旧址仍保留着6座当年土改时的老房子，除了当时土改工作团卫生队驻扎的1座老房子坍塌外，其余基本保存完好（图1）。这几座老房子的建筑形式基本相同，均为清末所建，面阔10米，进深9.5米，青砖砌筑，抬梁砖木结构，硬山青瓦屋顶，总占地面积1694平方米。而且整个村子保持着原始古朴的岭南风貌，具有较为重要的研究价值，是土改历史的重要见证。目前，江南区计划利用麻子畲坡土改旧址，建成全国首个土改博物馆，传承土改历史与文化。（图2—图4）

广西省土改工作团第二团成立于1950年冬。在1951年年末至1952年夏，中央派中国文化界、理论界、教育界名人，以及当时的燕京大学、清华大学的一百余名学生，到广西参加土改工作。这些人中不乏胡绳、艾青、田汉等高级知识分子。他们在此指导了广西的土改工作，生活、工作了长达半年之久，对新中国成立后的土改工作具有重要的历史意义。

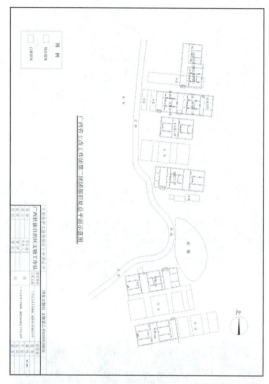

图1 广西省土改工作团第二团团部旧址总平面图

图2 原团部食堂

图3 胡绳旧居

图4 唐明照、艾青旧居

8 扬美村古建筑群

Yangmei Ancient Architectural Complex

级　　别	第一批国家级历史文化名村
年　　代	宋—清
地　　址	江南区江西镇
看　　点	雕刻、脊饰
开放方式	免费参观

扬美村，又名"白花村"，因白花遍地丛生而得名，始建于宋代，最早只有罗、刘、陆、李四姓氏。该村河溪环绕，后又改名为"扬溪村"。又因时代变迁，人民向往美好生活，又更名为"扬美村"。

扬美村距今已有上千年历史，民风淳朴，自然风光优美怡人。其直至民国，被称为"小南宁"，一直是南宁周边重要的商埠，从周遭琳琅满目的建筑、码头等可以想象当时的繁华之象。

扬美村现存建筑多为明清时期的古建筑，有700多间，还保留着古烽火台、古庙、古码头、古街道等，高低不一，错落有致，典雅怡人。清代建筑在临江街分布最多，为砖木结构。这里的木构工艺区别于其他地方，在于其从大门直到里屋，两侧并排架设7根木柱，被当地人称为"七柱屋"。青砖直顶屋顶，在前墙屋脊上都有花鸟或是人物的浮雕图案。

古街道的青石板形状各异，踏在古老的青石板上，总会让人有种回到往昔年代的感觉。两侧古老的建筑，仿佛在诉说岁月的沧桑，没有了城市的繁华，让人沉浸在宁静的世界。（图1—图5）

图1　扬美村古镇巷道

图2　扬美村古镇沿街民居

南宁魁星楼（又称文昌阁）位于江南区江西镇扬美村希望小学内，于2009年公布为自治区级文物保护单位。

魁星楼始建于清乾隆元年（1736年），于道光二十年（1840年）重建，整座楼呈方形，与帝王的玉玺特别相似，所以又被称为"帝印"。楼高15.3米，面阔三间约10米，进深四间约10米，内设有走廊，采用穿斗式木结构，分上下两层及阁楼。楼内4根立柱衔接二楼，贯通三层阁楼，屋顶为重檐歇山顶，青砖、蓝瓦、红檐。檐顶覆黄色琉璃瓦，金顶铜铸，飞檐翘角，雕花刻兽。檐口及屋脊、高墙均饰以古色古香、精美细腻的图案、壁画。上有镶龙正脊，背脊嵌有火焰金球、鱼尾飞龙，古朴传神。三楼正面直径1米的小圆窗顶镶嵌着写有"魁星楼"三字的鎏金匾额，熠熠生辉，十分醒目。（图6—图8）

魁星楼已有300年历史，是一座集历史、艺术和科学价值于一身的道观建筑，宏伟壮观、古朴典雅、令人神往，散发出中华民族传统的精神、气质与神韵。此外，魁星楼还是今日进行革命传统教育的基地。辛亥革命前夕，广西会党首领、国民党元老黄兴、黄明堂等曾在魁星楼开会部署镇南关起义，以及桂南其他各地推翻清王朝的武装斗争。

图3　扬美村古镇孔庙

图4　金马街牌坊

图5　状元坊

图6 魁星楼外观

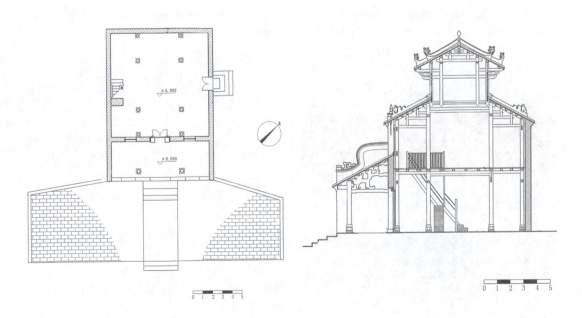

图7 魁星楼底层平面图　　　　　　　　　　　　　　图8 魁星楼剖面图

9 木村古建筑群

Mucun Village Ancient Architectural Complex

级　　别	第二批国家级历史文化名村
年　　代	明清
地　　址	江南区江西镇同新村木村
看　　点	雕刻、脊饰
开放方式	免费参观

图1　木村古建筑群鸟瞰

江南区江西镇木村建村至今已有近500年历史，古村依山傍水，风景如画，历史悠久。古村的老房子多为明清时期建筑，青砖灰瓦，错落有致。（图1）建筑装饰精美细致，入口门墩、门簪上饰有宝瓶、"卍"字等精细图案，门上贴门神或送子娘娘的年画，柱础雕刻蕃草等图案。屋檐上的瓦当整体做成鱼的形状，还配有团寿或蕃草图案。屋顶装饰宝葫芦雕塑。门窗雕刻"卍"字等图案。正屋内神龛上供奉观音菩萨，上面两侧采用凤凰装饰，下面四爪为金龙装饰。

在古村外围，旧时有一道高4米的石砌围墙，墙上有东闸、西闸、南闸、北闸、横闸、细闸等十多个闸门，易守难攻。并在石墙缝隙间种植蕃鬼莲，其藤蔓和根须紧紧地把石头缠住，使得城墙坚实牢固。并且蕃鬼莲的茎上长满硬刺，在一定程度上抵御了外侵。可惜由于历史变迁，石墙也破坏严重。

木村的入口为"水口"，有背山、向阳、水来的寓意，旁边原有一棵古樟树，可惜在"文革"时期被砍。还存有一处古庙，为家族祭祀祖先的场所，也是平时村长聚众议事、村民娱乐庆典的地方。庙墙上贴着泛黄的乐谱，有《得胜令》《平湖秋月》《渔舟唱晚》等古曲谱。庙内供奉本境自然威灵感应金石大王神位、南无六国夫人花婆圣母之位、木村富德兴隆土地爷之位。

木村原名石村，后改为木村，在古庙正殿内供有一块称为金石大王的石头，还供有灵符。其神台为半弧形，做成树根样式，推测是因为石不在古代五行之中，所以正殿神台上供石头，神台做成树根状，取木石结合的意义。

木村还有一个特别的节日"老人节"，在过节时，村民会去村头学校旁的一处古戏台，给五十岁以上的老人准备一顿美餐，举行集会或娱乐活动。

10 三江坡古建筑群

Sanjiangpo Ancient Architectural Complex

级　　别	第二批国家级历史文化名村
年　　代	汉
地　　址	江南区江西镇同江村
看　　点	遗址、历史遗物
开放方式	免费参观

同江村三江坡位于南宁市西部，邕江、左江、右江的交汇处，三面环水，自然风光秀丽优美。（图1）

三江坡保存下来较为完整的古建筑，共计45处69座。除此之外，还有一些早期的古遗址或是古墓，有汉代郡治时设立的军事据点，即那城汉代建筑遗址、镇江楼遗址，还有西汉的小鼓岭古墓，以及在中国西南部仅有的皇家陵园皇姑坟。三江坡除了历史悠久的古建筑、古遗址外，还有丰富的历史遗物。在该地先后出土了两千年前的编钟、剑、戈等文物。

此外，三江坡的民俗文化也是丰富多彩，有斑鸠舞、三元舞、凤凰舞等特色民俗舞蹈，也有壮族师公戏、春牛戏等流传下来的传统戏曲。

图1　村落远景

邕宁区

11 邕宁五圣宫
Yongning Wusheng Palace

级　别	自治区级
年　代	清
地　址	蒲庙镇蒲津路63号
看　点	雕饰、壁画
开放方式	购票参观

邕宁五圣宫位于邕宁区蒲庙镇蒲津路63号，于2009年公布为自治区级文物保护单位。五圣宫供奉北帝、天后、龙母、伏波、三界五位民间圣神，自古是游人和当地群众烧香礼拜的圣地。

据现存石碑记载，五圣宫始建于清乾隆八年（1743年），1794年、1886年两次重建，总面积600平方米，建筑面积483平方米（图1）。主体为砖木结构，双层青砖琉璃瓦，分前后两进和东西侧房（图2）。前厅屋脊雕饰有双龙戏珠，两边雕饰人物表演塑像。厅、室外檐边、屋顶分别饰有石狮、鲤鱼等雕塑（图3）。宫墙内外，均为假清水墙，内外挑檐及墙上均饰有人物、花木浮雕及水粉画等浮雕和壁画。目前，宫内宫外众多的廊雕、壁画等因历史的变迁而日益消失，马头正脊、边脊有的艺术雕塑也消失殆尽。

五神在一庙一起供奉，这在道教史以及国内历史上实属罕见。五圣宫的建筑工艺、美术技能均有独特之处，极具岭南风格，工艺美术形象生动，技法精湛细腻，是广西五大名庙之一。

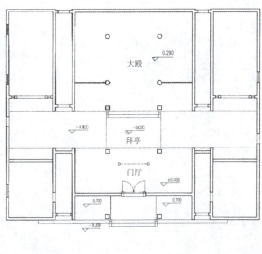

图1　五圣宫总平面图

图2　五圣宫正门

图3　俯瞰五圣宫屋顶、山墙

12 顶蛳山遗址

Dingshishan Ruin

级　别	国家级
年　代	新石器时代
地　址	距蒲庙镇西南3公里的顶蛳山
看　点	墓葬葬式、出土文物
开放方式	要许可

顶蛳山遗址于2001年7月被国务院公布为第五批国家级文物保护单位，遗址位于距蒲庙镇西南3公里的顶蛳山。

整个遗址呈西南—东北走向，东面为清水泉下游，西北有邕江支流八尺江，东西长约100米，南北长约60米，发掘于1997年，揭露面积约500平方米，为新石器时代遗址。（图1）

顶蛳山遗址是广西乃至华南地区最有价值、最重要的新石器时代贝丘遗址之一，遗物众多、文化内涵丰富，而且年代早、延续时间长，文化发展演变脉络清晰。其中，共发现墓葬149座，均为竖穴土坑墓，墓坑大多浅而小。大部分为单人墓葬，少数为合葬墓，最大的合葬墓包括了7个个体的人类遗骸。葬式为屈肢葬和肢解葬，以屈肢葬为主。依据地层叠压关系和出土遗物的类比分析，顶蛳山遗址的文化堆积可分为四个时期。第一期为棕红色黏土堆积，出土遗物以玻璃陨石质细小石器、石核为主，并发现少量穿孔石器和陶器等。第二期以螺、蚌壳堆积为主，出土遗物有陶器、石器、骨器和蚌器以及大量的水陆生动物遗骸。第三期堆积仍以螺壳为主，出土物与二期的大体相同，但陶器的数量和种类要较二期增多。第四期为灰褐色黏土堆积，不含螺壳。出土物包括陶器、石器、骨器等文化遗物及大量的破碎兽骨等遗物，无蚌器。

顶蛳山文化是广西第一个史前考古学文化，其文化内涵丰富，特征鲜明，文化发展脉络清楚，已成为研究广西地区史前考古学文化的标尺，同时结束了广西史前没有考古学文化的历史。并且，顶蛳山遗址是广西史前文化遗址中发现墓葬最多的一处，葬式独特，表明了独特的埋葬习俗，丰富了文化内涵，对研究当时当地的社会结构和风俗习惯提供了极为重要的资料。丰富的文化堆积层、众多的文化遗物，为研究史前时期广西的自然环境及其变迁、人与自然环境间的互动关系等，都具有十分重要的意义。

图1　顶蛳山遗址

青秀区

13 邕江防洪古堤

Yongjiang River Flood Control Ancient Embankment

级别	自治区级
年代	宋—清
地址	青秀区邕江大桥
看点	石堤
开放方式	免费参观

邕江防洪古堤位于青秀区邕江大桥北端东侧的江边，于2009年被公布为自治区级文物保护单位。

据史料记载，邕州城垣自宋代修筑以来，频受洪水侵害，清代乾隆以前的历代地方官府曾于此处多次筑堤防洪，但都因为滨江土质稀薄而屡修屡溃。直至清乾隆八年（1743年），创建石堤51丈，以护城基，并筑码头3处。

现存石堤长约80米、高约9米，采用矩形条石一顺一丁砌筑而成，并且逐层采用退收方法修筑，坚实可靠（图1—图3）。目前石堤还保留着不少题刻（图4），包括"中流砥柱"、永镇三江等，该石堤是南宁市现存工程量最大的清代防洪设施。此处曾建有一亭台，称"祭江台"，作为举行祭江活动的场所，其创建年代不详，今已无存。

图1 邕江防洪古堤

图2 古城墙

图3 邕州古城墙及邕江防洪古堤

图4 古堤上"第贰拾层"题刻

武鸣区

14 明秀园

Mingxiu Park

级　别	自治区级
年　代	清—民国
地　址	武鸣区城区西侧
看　点	风亭、园林景观
开放方式	购票参观

明秀园原名富春园，位于武鸣区城区西侧，始建于清道光（1821—1850）初年，是乡宦村举人梁生杞的私家园林。民国时期，旧桂系军阀首领陆荣廷以其叔陆明秀的名义买下该园，将其重新命名为明秀园。

明秀园是广西三大古典名园之一，该园秀气、雅致，内有古树、怪石，文化底蕴丰厚。

明秀园占地面积42亩，呈半岛形，三面环水（图1）。现存的入园大门（图2）、园内的荷风簃亭（图3）、荷花池和部分石凳均为20世纪二三十年代所建。右边河沿有百年荔枝树，树下石台石凳可供游人憩息。左边河岸荷管亭后改名为修志亭，可赏花观鱼。洞天亭木构六角，飞檐尖顶，耸立于岩石之上，由绿叶掩映，风景秀丽。登上岩石拱门，依栏纵目，亭阁相映、古树参天，一派南国风光。

此外，明秀园还是现代壮族文字的诞生地，在壮族历史文化发展中具有重要意义。1955年，南宁召开壮文工作会议，在明秀园成立了广西壮文研究委员会，以武鸣县本土语言为标准，以广西北部壮族方言为基础，经过中国和苏联的东方语言学家共同研究，研制了现代壮文。

图1　明秀园总平面图

图2　明秀园大门

图3　荷风簃亭

隆安县

15 惠迪公祠
Huidi Temple

级　别	自治区级
年　代	清
地　址	隆安县南圩镇发立村积发屯
看　点	浮雕、题刻
开放方式	购票参观

惠迪公祠位于隆安县南圩镇发立村积发屯西面，于2009年公布为自治区级文物保护单位。

惠迪公祠建于清乾隆十九年（1754年），距今已有260多年的历史。祠堂坐西朝东，共分三进，占地面积约5900平方米（图1）。该公祠是南宁市保留较完整、面积较大的古建筑群，具有较高的历史、艺术价值。祠堂第一进由于历史原因被整体拆迁，曾仅存天井和南北厢房，2005年7月把第一进整体迁回原址重建。第二进为三开间，前后檐中柱为八角石柱，砖木穿斗结构，屋顶为硬山式，正面墙体两侧各用四块青石板，石板上有四季花草图案的浮雕，形象优美，浮雕上还有镂空的木花窗。第三进为惠迪公祠的祠堂，较为雄壮。祠堂布局为进深三间，面阔三间，屋柱为木圆柱和四角石柱，屋顶也为硬山式。（图2—图3）

相传有个叫陈爱山的人，从浙江来到发立村定居，后其孙陈惠迪兴建此祠，故名为惠迪公祠。清代名人陈宏谋曾为该祠题写"理学传家"四个字，作为牌匾。1944至1945年，南宁高中、南宁女中曾相继迁到此祠上课。

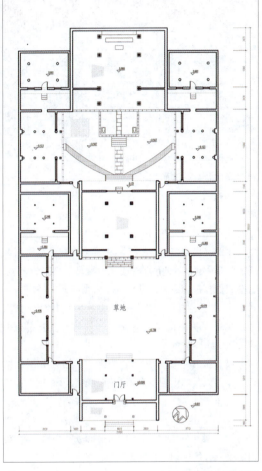

图1　惠迪公祠平面图

图2　门厅

图3　享堂背面

横县

16 伏波庙
Fubo Temple

级　　别	国家级
年　　代	明清
地　　址	横县云表镇站圩村
看　　点	脊饰、雕刻、壁画
开放方式	购票参观

伏波庙位于横县云表镇站圩村东南3公里，是为纪念汉代名将马援而建。

马援戎马一生，战功赫赫，被光武帝册封为伏波将军，之后于军中病故，实践了他那句千古流芳的誓言"男儿要当死于边野，以马革裹尸还葬耳"。马援将军深受民众爱戴，被尊奉为伏波大神。在全国多地，甚至是越南等地区都建立了供奉马援将军的庙宇。目前，保存最为完整的是今南宁市横县的伏波庙，在1985年评定为县级文物保护单位，1994年升为自治区级文物保护单位，又于2013年3月5日公布为全国重点文物保护单位。

横县伏波庙始建于东汉建宁三年（170年），宋庆历年间以及明洪武、嘉靖年间，屡次重修。现存伏波庙由庙门、牌楼、前殿、正殿、侧殿、后殿、回廊、祭坛几个部分组成，是一组具有明清建筑特色的建筑群（图1）。整个庙宇以祭坛为中心，形成一个封闭院落，由于受佛教的影响，在庙门两旁建造钟鼓楼。庙宇建于山间，周围林木苍翠，与山水融为一体，享有"乌蛮积翠"美誉。（图2）

伏波庙中的钟鼓楼与廊殿为明代建筑，建筑平面布局呈矩形，结构形式将穿斗式与抬梁式相结合，屋顶飞檐反翘，青砖青瓦，整体造型美观、精致（图3—图8）。此外，在庙宇的墙壁及石柱上有栩栩如生的壁画浮雕，描绘出一幅幅多彩的田园风光或神话故事图画，雕刻精细，具有深远的历史价值、学术价值和艺术价值。

现在每年农历四月十四"伏波将军"的诞日，这里都要举行盛大的庙会，民俗活动丰富多彩，有祭拜、舞龙、舞狮、舞凤、对歌、唱师、道巫法事等内容。2007年6月，广西壮族自治区横县壮族伏波庙会入选第一批自治区级非物质文化遗产名录。

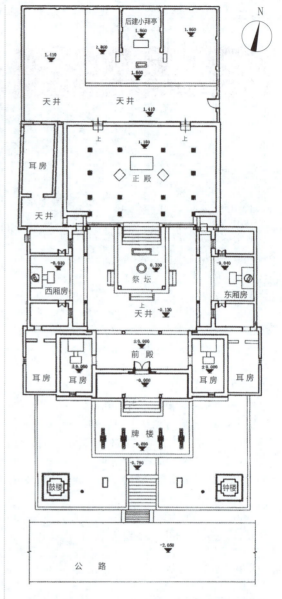

图1　伏波庙总平面图

图2　伏波庙全景图（从东南角看）

图3 前殿正立面

图4 前殿陶塑脊饰

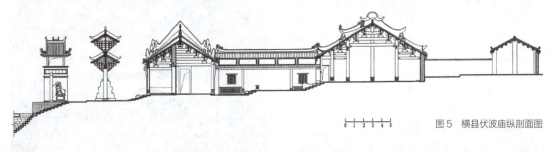
图5 横县伏波庙纵剖面图

图6 伏波庙东立面

图7 中殿正立面

图8 伏波庙西立面

17 施恒益大院
Shi Hengyi Courtyard

级　　别	自治区级
年　　代	民国
地　　址	横县横州镇城司社区东二巷 394 号
看　　点	浮雕
开放方式	要许可

施恒益大院位于横县横州镇城司社区东二巷 394 号，曾是民国时期横州首富施恒益的私人宅邸，被当地人称为"施家大院"，是广西横县县城内一座中西合璧、古朴大气的城堡（图 1）。整座宅院共有厅堂、主间、副间、耳房、厢房 98 间，建筑面积约 4800 平方米，占地面积约 2300 平方米。有别于传统中式大院的"城堡"，透着别样的异域风情，精致的楼宇再配以罗马柱、圆形拱廊、浮雕和塔楼，又增加了不少神秘色彩（图 2—图 4）。五层高的塔楼立于大院中轴，该建筑进深四间，面阔五间，加上左右耳房、走廊、过道、平台、天井，前后相连，井然有序。墙体为承重式三平净式山墙，双眉式上月形拱门，拱门拱窗和屋檐下的花纹规整、连续、层叠如虹，与窗台下绿釉陶瓶连为一体，使得整个建筑富丽堂皇、十分气派，是中国传统建筑受西方建筑文化影响、向现代建筑转变的重要实例，具有较高的历史价值。此宅院规模宏大，时代特点突出，保存完好，新中国成立后施恒益大院曾作为县公安局、县人民法院办公场所和职工宿舍，现为自治区级文物保护单位。（图 5）

图 1　施恒益大院鸟瞰

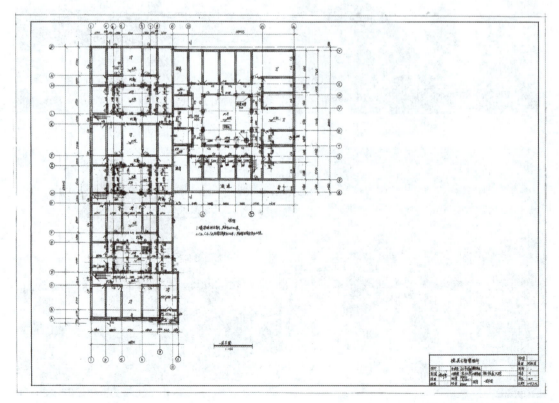

图 2　施恒益大院一层平面图

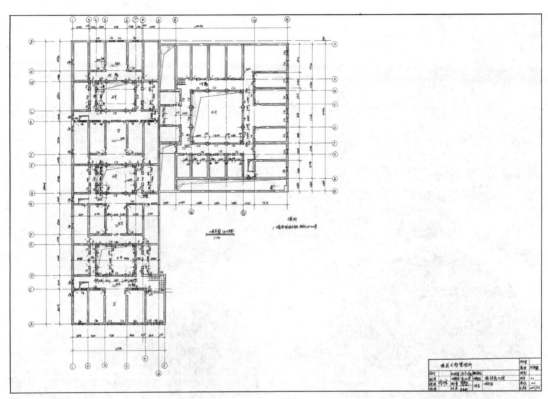

图3 施恒益大院二层平面图

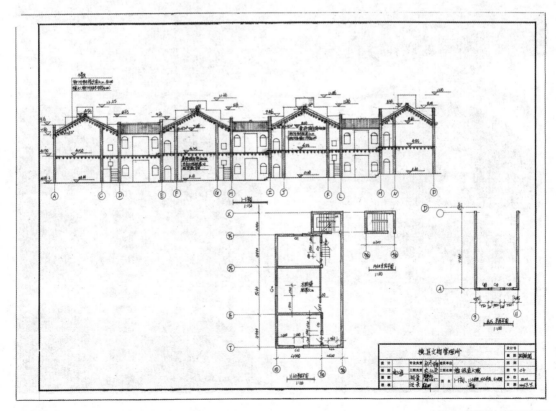

图4 施恒益大院纵剖面图

图 5　施恒益大院瞭望室

18 笔山村古建筑群

Bishan Village Ancient Architectural Complex

级　　别	第二批国家级历史文化名村
年　　代	清
地　　址	横县平朗镇
看　　点	脊饰
开放方式	购票参观

横县平朗镇笔山村是一处拥有一百多间房屋的清代民居村落，俗称花屋，建于清乾隆年间，总占地面积 4000 多平方米。

花屋第一代主人叫李兆球，此后李家后人世世代代居住于此。屋群主座均为坐西向东，并配有两三间厢房，有的厢房甚至还建有阁楼。每个单元采用回廊相连，迂回曲折，四通八达。游人在这神秘的回廊间行走，加上房屋高墙，不免会找不到原来的出口，犹如走在迷宫中一般。（图1）

花屋的大门前有一处石坪，站在此处往门里看，会发现连接主座的回廊特别幽深，而且回廊不止一条。花屋的地面铺装、墙体均采用青砖，瓦片也为灰色，每处房顶有三层瓦件。

花屋有"凤厅"和"龙厅"两个主厅，最为精美雅致。两个厅分别与其厢房围合成独立院落，厅内有三四米高。"凤厅"的木制神龛上雕刻着"双凤朝阳"，两侧的木构上也刻着花鸟图，再配以镂空花边点缀。厅内还有两处木刻，左为鹿与松，右是鹊和梅，细致精美。"龙厅"相比"凤厅"就更为华丽精美，仅木门上就雕刻着 8 幅图，均是麒麟、仙鹤等寓意吉祥的镂空图案。

除了两处主厅有精致雕刻外，房檐、墙壁上也画有梅兰竹菊等图案，就连窗口的边框也有花边图案，每处的颜色还加以区分，色彩鲜明。（图2）

图1　屋顶鸟瞰

图2　笔山村民居

宾阳县

19 思恩府试院
Sien Test House

级　　别	自治区级
年　　代	清
地　　址	宾阳县职业高中内
看　　点	脊饰
开放方式	要许可

思恩府试院位于宾阳县职业高中内、后山脚下，由原右江道行署改建，是目前广西保存得比较完整的近代科举试院。

思恩府试院重建于清乾隆六年（1741年），之后又进行过修补，直至道光六年（1826年）知府李彦章率先捐金，武（鸣）、宾（阳）、上（林）、迁（江）四邑士民争出财力，大修扩建。又于咸丰八年（1858年）因乱世而毁。在同治四年（1865年），知府熊寿山与邑绅陆生兰、蒋承周等筹款将其重建，规模如旧。清末废除科举制度，兴办学堂，后期改为"宾上迁中学"。民国十五年（1926年），改为广西省立第十二中学（今宾阳中学前身）。

思恩府试院坐西北朝东南，前后三座，左右两边有包厢，为砖木结构的传统中式建筑。（图1）院落正中三座主体建筑面宽各15米（图2），前座进深8.4米，中座进深7米，后座进深7.5米。左右包厢各宽32米，深41米。前座和中座之间天井两旁各有一月门通向包厢，前座大门外廊两侧各有一个拱门，中座后廊两边各有一拱门通向走廊。两边包厢走廊有10根圆柱，其余为方柱。柱头基墩的石刻和房屋的建构形式，体现了传统中式建筑的风格。

图1　思恩府试院俯瞰

图2　思恩府试院正面

20 宾州南桥

Binzhou South Bridge

级　别	自治区级
年　代	明
地　址	宾阳县城北面的南街
看　点	石雕
开放方式	购票参观

宾州南桥位于宾阳县城北面的南街。南桥的得名，大概是建在宾州城南门外的缘故。因宾州城门也叫太平门，所以南桥又称太平桥。它是宾阳县现存最古老的石桥之一。

南桥始建于明洪武六年（1373年），已有600多年历史。南桥长24.5米，宽5.2米，高6米，全部用料石砌成。整座石桥厚实坚固，装饰雕刻工艺精美，图案逼真。桥上路面铺垫平整光洁的石块，桥下开3个拱洞，每个拱长6米，江水潺潺流过，翠竹掩映。（图1）中间两个桥墩上嵌有一对石雕雌雄螭兽，各踞一桥墩，逆水而上，穿桥而过。桥两旁的石栏望柱高0.8米，每边共计13根，中间矩形栏板高0.6米，两边28块石板内各雕刻了一幅精致的浮雕图。（图2）图案精细、丰富，有双龙戏珠、双凤朝阳、麒麟吐玉、猴子摘桃等图案，还有花、鸟、鱼等，形态逼真，栩栩如生。

明知州梁鱼曾见此景，诗兴大发，写下了一首吟唱"宝水春涛"的诗。内容为："宝水环流几千丈，一渡春来一清漾；鸥依渔父睡晴沙，鱼嚼落花吹细浪；白翻冻雪春水奔，绿浸垂杨夜添涨；何当借我洗干戈，黎庶都归衽席上。"

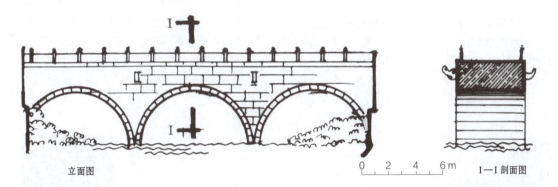

图1　宾州南桥立面、剖面图

图2　宾州南桥雕刻

上林县

21 智城城址
Zhicheng City Site

级　别	国家级
年　代	唐
地　址	上林县覃排乡爱长村下石检屯
看　点	遗物、石刻、碑刻
开放方式	购票参观

智城遗址（原称智城峒古城垌遗址）位于上林县覃排乡爱长村下石检屯，被国务院于2006年公布为第六批全国重点文物保护单位。

智城古城建于634至682年，是在唐代澄州刺史韦厥隐居之处创建而成，属于唐代羁縻州县渠首的遗迹（图1）。该遗址依靠陡峭的石灰岩山体而建，城址遗迹现有城墙4道，城池3座，水井一口。根据山间谷地的不同走向分为内城和外城，内城面积17亩，外城面积77亩，总面积94亩。城外池塘面积150亩，与清水河相通，结构独特，极为罕见。

遗址地面遗物有石臼、石马槽、石磉、石碾，以及少量陶瓷器、砖、瓦残片等。

外城有摩崖石刻《智城碑》，碑高164厘米，宽78厘米，楷体，24行，1108字，刻于大周万岁通天二年（697年），主要是盛赞智城山及其一带的秀丽风光，颂扬韦敬办文治武功。（图2）

智城城址及摩崖石刻所包括的两个组群，为研究我国古代羁縻制度提供了重要历史依据，是研究古代壮族社会的政治、军事、经济、哲学、宗教、文化等较为全面的实物资料，具有很高的历史、科学和艺术价值。

《六合坚固大宅颂碑》发现于上林县澄泰乡洋渡村剥庙山山脚一岩洞中，是目前岭南所发现记载的碑刻中年代最早的碑刻，可谓"岭南第一碑"。《六合坚固大宅颂碑》刻于唐永淳元年（682年），碑高95厘米，宽64厘米，17行，381字，直书左行，楷书，字径1.5至2厘米。碑文刻录了当时上林一带乃至广西红水河下游的壮族社会情状，从侧面反映了当时少数民族地区激烈的阶级斗争，是较早用汉文字记载壮族地区政治、经济文化状况的碑刻之一，对研究壮族历史、文化有着重要价值。

图1-1　智城遗址远景

图1-2 智城遗址远景

图2 智城碑碑文

南宁市其他主要文物建筑列表

区 县	文物名称	级别	地 址	年代
隆安县	鲤鱼坡遗址	自治区级	丁当镇俭安村更也屯鲤鱼坡	新石器时代
	大龙潭遗址	自治区级	隆安县乔建镇博浪村大龙潭	新石器时代
武鸣区	元龙坡、安等秧坡古墓群	自治区级	马头镇马头社区木拖屯东南面100米	西周、战国
兴宁区	革命烈士纪念碑	自治区级	人民公园内	1956年
青秀区	斑峰书院	自治区级	刘圩镇刘圩街	清
	青龙江口遗址	自治区级	长塘镇定西村北面的青龙江口	新石器时代
	天窝遗址	自治区级	长塘镇天窝村东面的邕江南岸	新石器时代
江南区	三江坡汉城址	自治区级	江西镇同江村三江坡（原名宋村）东面约200米的那城（原名罗城）顶上	汉
邕宁区	新江桥（皇赐桥）	自治区级	新江镇新江社区新江街北端	清
	石船头遗址	自治区级	良庆镇那黄村	新石器时代
良庆区	豹子头遗址	自治区级	东南郊柳沙园艺场那贝村	新石器时代

2 柳州市
LIUZHOU

柳州市古建筑
Historical Architecture of Liuzhou

- 01 柳侯祠碑刻
- 02 东门城楼
- 03 柳州镇南门明城墙
- 04 廖磊公馆
- 05 张翀及其母亲墓
- 06 胡志明旧居
- 07 柳州旧机场及城防工事群旧址
- 08 张公岭环山工事
- 09 刘蕡墓
- 10 刘家大院
- 11 马鞍山鱼峰山石刻
- 12 九头山汉墓
- 13 杨廷理及其家族墓群
- 14 新安古墓群
- 15 隆盛九厅十八井
- 16 广西农事试验场旧址
- 17 高岩山摩崖石刻
- 18 中渡古建筑群
- 19 柳城窑址
- 20 覃村石拱桥
- 21 柳城县仫佬族古建筑群
- 22 南丹土城遗址
- 23 融安南朝古墓群
- 24 岜团桥
- 25 和里三王宫
- 26 程阳永济桥
- 27 马胖鼓楼
- 28 丹洲古城
- 29 平流赐福桥
- 30 亮寨鼓楼
- 31 车寨古建筑群
- 32 高定侗寨古建筑群
- 33 林溪侗族古建筑群
- 34 真仙岩摩崖石刻

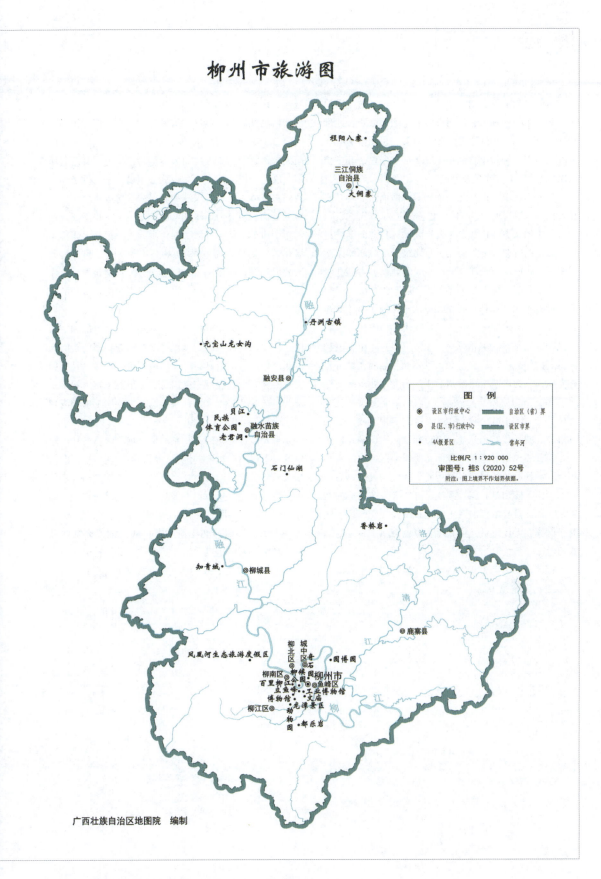

概 述

柳州，简称柳，别名龙城、壶城，地处桂中平原中北部。东与桂林为邻，西接河池，南接来宾，北部和西北部分别与湖南通道侗族自治县和贵州黎平县、从江县毗邻。柳州市总面积18617平方公里，其中市区面积约为1016.75平方公里。

柳州市区东、西、北三面环山，南面为峰林、峰丛及孤峰等熔岩地貌，整体地势呈西北高、东北其次、中部低平的状态。柳江源于云贵高原，自北向南绕过呈半岛形的柳北半岛，向北、东北绕行后最终向东南流出，汇入西江至珠江。柳江是我国西南各省通往沿海地区的要道，柳州素有"桂中商埠"之称。

此地秦属桂林郡；西汉元鼎六年（前111年）在今城南驾鹤山附近设潭中县；隋初，改称马平县；唐初，置昆州，马平县为其治所，贞观八年（634年）因柳江得名柳州，天宝元年（742年）柳州改名为龙城郡，称龙城；宋为广西南路柳州治所；明为广西布政司柳州府治；清为广西省柳州府治。1912年废马平县，为柳州府治；1937年改称柳江县；1949年11月25日解放，城区和郊区分开。1950年3月，设柳州市。

柳州古建筑和遗存一方面是柳州地区历史的真实写照和明证，也是城市自身积淀和特色的表现；另一方面，由于柳州是壮族、侗族、苗族等少数民族的聚居地，因而具有浓郁的乡土文化和民族文化气息。同时，柳州在近代抗日、解放运动中也扮演了一定的重要角色。

柳州是一个历史文化古城，城池轮廓由于有柳江流经，南侧呈"U"形，但城墙内部空间布局却体现出严格的礼制等级制度，城墙设北、东、西、镇南、靖南5个城门，城内依城门方位形成以东门大街、西门大街、北门大街、南门大街等为主干道、其余巷坊依次展开的棋盘式格局。现存古城墙有东门城楼和镇南门古城墙。九头山汉墓和新安古墓群虽年代久远、难以辨认，但有力地印证了历史上关于柳州于汉元鼎六年（前111年）设潭中县建制的史料记载，印证了柳州这座历史古城建城2100多年的历史。另外，名人故居祠堂如柳侯祠，古村落如古廨古建筑群，古庄园如隆盛九井十八厅等，也是这座历史文化古城的缩影和载体。

柳州的民族多样性决定了其地区化建筑的独特风格，其中以三江苗族的建筑称最。遍布村寨的干阑式民居因地制宜、极富特色，而风雨桥、鼓楼则是侗族文化的标志，代表性的岜团桥、和里三王宫、程阳永济桥、马胖鼓楼屹立数百年不倒，侗族能工巧匠高超的建造技艺可见一斑。

柳州近代建筑因其承载的历史内容丰富，在中国建筑史上也占有重要的地位。胡志明旧居、柳州旧机场及城防工事群旧址、张公岭环山工事是柳州群众革命运动的见证，广西农事试验场旧址是柳州在近现代作为"农都"，取得农业科研成果的根据地。

本章对柳州的文化遗产进行或详细或概括的介绍，其中国家级重点文物保护单位7处，自治区级文物保护单位27处，并对其余4处古迹进行列表说明。

城中区

1 柳侯祠碑刻

Inscription in the Liuhou Temple

级　别	国家级
年　代	宋—民国
地　址	柳侯公园南隅柳侯祠内
看　点	荔子碑碑刻
开放方式	购票参观

柳侯祠碑刻位于柳侯公园的柳侯祠内，自2000年起，祠内共收藏唐代文学家、政治家柳宗元手书的《龙城石刻》，唐代韩愈创作、宋代苏轼题写的"荔子碑"以及元代柳宗元石刻像等自宋至今的珍贵碑刻45方。

柳侯祠是为纪念柳宗元而建的，柳宗元（773—819），字子厚，而立之年即任监察御史里行，后提升为礼部员外郎。永贞元年（805年），因参与王叔文等人推行的永贞革新失败被贬，先贬至永州司马，后至柳州刺史。在柳州任职四年期间，不但文学造诣丰厚，有遗著百余篇，而且政绩卓著。他释放奴婢、兴办学堂、开凿水井、开荒建设，遂使当时原本荒芜贫瘠的柳州一片繁荣兴盛的景象。因此，柳宗元得到了柳州人民的爱戴，后人追思不止，为其建园立祠。祠初命名为"罗池庙"，遵其"馆我于罗池"的遗嘱。直至宋代追封柳宗元为柳侯后，始改为今名"柳侯祠"。（图1）

柳侯祠分仪门、中殿和后殿三进，主要的碑刻集中在仪门、石碑长廊（图2）和后殿。进入仪门，两块"荔子碑"（图3）最引人注目，其中，右侧的为宋嘉定年间的原碑刻，左侧的为清代的拓碑。荔子碑碑文为当年悼念柳侯的颂词，摘自韩愈《柳州罗池庙碑》的《享神诗》，因其句首有云"荔子丹兮蕉黄"后人便简称其为"荔子碑"。又因其集"柳（宗元）事，韩（愈）文，苏（轼）书"于一体，故有"三绝碑"的美誉。此碑为柳侯祠碑刻中最著名、最具文学、历史价值的碑刻，也是柳侯祠的镇祠之宝，被推为苏轼书法碑中第一。

图1　柳侯祠入口

图2　石碑长廊

图3　荔子碑

中殿为中厅，院落的两口古井，便是当年柳宗元思虑百姓水源，为百姓勘地寻水、开凿水井的见证。

出中厅的第三进大殿，内立柳宗元三彩陶塑像。二进与三进之间的后院两侧设有石碑长廊，荟聚了柳州宋以来的石刻二十余块。大殿正中的玻璃柜里精心收藏着一块残碑，文曰"龙城柳，神所守；驱厉鬼，出比首；福四民，制九丑。元和十二年。柳宗元"，因碑文开头有"龙城柳"而得名"龙城石刻"。原碑出土于明天启三年（1623年），据说是柳宗元存世的手迹，故收藏于此。另有残碑一同出土的短剑上有与其相同的铭文，故此碑又称"剑铭碑"。

祠内另有元代石刻等，也是弥足珍贵的文物。

图4 讲堂

2 东门城楼

East Gate Tower

级　　别	自治区级
年　　代	明清
地　　址	柳州市曙光东路文惠大桥北端
看　　点	城楼屋架结构
开放方式	免费参观

东门城楼是明代柳州府城当时的东城门，位于现柳州市中区曙光东路。在唐宋时期，柳州府为土城，东城门亦为土城门，直至明代才开始以青砖包裹土城垣，修门楼。东门城楼始建于明洪武十二年（1379年），后于清嘉庆年间毁于火灾。现存城楼为清光绪元年（1875年）仿明代式样重建的，民间曾在此祀奉关羽，故又名"武帝阁"。

东门城楼坐北朝南，面向柳江，占地面积约500平方米。城楼两侧为城墙，厚6米，高6米，上为叠涩墙垛。东门城楼主体由券顶城门和上部城楼两部分组成。其中，券顶用砖墙砌筑，前低后高，前拱高5.33米，后拱高6.67米，门深12米。南侧券门上悬"东门"额坊，署"洪武十四年四月立"，为明代遗物。北侧券门旁青石阶可登道上城楼（图1）。

城楼为上下二层，面阔五间，进深四间。上层为歇山顶，飞檐翘角，正脊正中置莲座宝珠，宝珠两侧塑鳌鱼、博古；下层垂脊四条，饰龙纹，末端卷草。城楼首层前檐下设卷棚顶前廊，前廊靠外侧五檐墙，

图1 东门城楼全景

设护栏女儿墙。城楼内支撑屋架的柱无斗栱,直接支承顶部,屋架为抬梁式和穿斗式结合的屋架,九架梁;檩出檐柱承托挑檐,檩下有雕饰花草鸟兽的枋梁。相当于用悬臂梁柱做平衡的支架,构造巧妙。首层大殿正中立关羽塑像及神龛,关羽两侧为关平、周仓塑像,龛上悬挂金字匾额"忠义千秋"(图2)。

东门城楼是柳州府城保存最完整的具有明代建筑风格的门楼,整个建筑简单古朴,比例协调,飞檐翘角,精致严谨,构造精巧,体现了当时高超的设计和营造技术。

图2 东门城楼关公殿

3 柳州镇南门明城墙

South Gate Ming Dynasty Wall of Liuzhou

级 别	自治区级
年 代	明
地 址	柳州市城中区曙光中路
看 点	古城墙
开放方式	免费参观

镇南门古城墙位于曙光中路、柳江路北一巷一带。这段明代古城墙遗址长约100米,于1999年12月被发掘出来。城墙基础以巨石料砌筑,有部分墙基裸露在外,其上用青砖砌筑,单块砖长一尺、厚五寸、宽五寸。整个城墙厚一丈,高约6米,宽约6米,城墙上为叠涩,城垛与城垛之间的垛口宽一尺,高三尺,每个城垛均有瞭望孔。

这段城墙在清末时遭到破坏,现已得到全面保护。

图1 柳州镇南门古城墙(1)

图 2　柳州镇南门古城墙（2）

4 廖磊公馆

Former Residence of Liao Lei

级　　别	自治区级
年　　代	民国
地　　址	城中区中山东路 36 号
看　　点	民国时期中西合璧的建筑风格
开放方式	要许可

廖磊公馆始建于民国二十一年（1932 年），是廖磊将军于 1931 至 1937 年间任第七军军长驻军柳州时为其夫人所建的居所。

廖磊（1890—1939），字燕农，广西陆川人，新桂系高级将领，陆军上将。1916 年在保定军校毕业后投身湘军，10 年间从中层连副逐级晋升为副军长。1929 年蒋桂战争时得到李宗仁、白崇禧重用，被任命为著名的钢七军的军长，并于 1931 年驻军防守柳州。廖磊率钢七军驻守柳州期间，扩建柳州机场，创办航空学校，修筑张公岭防御工事，扩建柳侯公园，协办龙城中学，做了许多富国强民、利于抗战的举措。

1938 年 9 月，廖磊率部北上参加淞沪会战，时任第二十一集团军总司令，兼任鄂豫皖边区游击总指挥、安徽省政府主席等职。1939 年 10 月因病逝世于安徽。

1937 年 "七七" 事变后廖磊北上抗日，将妻子及家人安顿在柳州，居住在现廖磊公馆的居所里。廖磊公馆是由主楼及围绕其的前院、后花园及围墙、大门组成的院落。

院落南临中山东路，东侧与罗池路间以一小片城市绿地相隔，故青砖围墙在东、南两侧分别开设大门（图 1—图 2）。进入院中，一幢姜黄色的小楼掩映在婆娑的绿树之中。小楼主体为二层，局部三层，且在三层屋面上设凉亭、阳台等。南south向山墙为主立面，首层正中开间有局部突出的半圆形体量，极具欧式风格（图 3）。为适应院落入口的对位关系，主楼的主入口设在东南面，并在楼体上做 45 度斜切，入口台阶两侧分别以两棵古树相呼应。

主楼总建筑面积约 1000 平方米，有大小房间共 11 间。整座建筑墙体为青砖砌筑，屋面以筒瓦覆面，主梁、阳台为砖混结构，三层楼地面为砖木结构。可以说，廖磊公馆是柳州现存为数不多、保存完善的中西合璧的建筑之一。

图1 廖磊公馆入口

图3 半圆形阳台

图2 外围墙

5 张翀及其母亲墓

Zhang Chong and His Mother's Tomb

级　别	自治区级
年　代	明
地　址	柳东乡油榨村东面的蜈蚣岭
看　点	明代古墓葬
开放方式	免费参观

张翀墓，于明万历九年（1581年）始建于柳州市铜鼓岭张家墓场，天启初年（1621年前后）追赠兵部尚书，赐祭葬，改葬于油榨村蜈蚣岭。张翀母亲李氏于明隆庆六年（1572年）病逝，万历元年（1573年）葬于今柳州市阳和新区，2005年迁至蜈蚣岭张翀墓东侧200米处。

张翀（1530—1579），字子仪，号鹤楼，明代柳州人，"柳州八贤"之一。嘉靖三十二年（1553年）进士，授官刑部主事，在任期间因弹劾严嵩父子的胡作非为、专权乱政而反被诬陷，谪戍贵州都匀。后严嵩被罢官抄家，张翀得到平反，于隆庆元年（1567年）复官职，官至大理寺正卿、刑部左侍郎。万历四年（1576年），辞官归柳州，万历七年病逝，享年49岁。逝世后万历皇帝赐谕祭葬，天启初年，追赠兵部尚书，为正二品，并赐谥号"忠简"。

张翀墓位于蜈蚣岭两峰之间的土坡上，犹如横于"蜈蚣"背上，有"飞天"之势。且西南北三面均由山体围合，东面开敞，面向滔滔不息的柳江，被称为风水绝佳之地。

蜈蚣岭北坡的张翀墓，平面呈长方形，从山脚到半山腰，自神道到后土逐级上升，高度提升35米，自墓台到墓座长90米，宽30米。从下至上一共三级墓台，第一级为连续的台阶式神道，两侧分立石狮一对、稍上石羊一对、再上石虎一对，石像高均约1米，均有所残损。第二级为长方形开阔区域，两侧分立石马一对，高约1米，稍上分立石人一对，高约3米，双手执笏，为文官装束。第三级为墓体所在，左右分立石龟一对，左侧石龟上驮《皇明谕祭碑》，近墓两侧还有石龟一对。墓两侧有挡土墙，墓体呈圆形，用料石砌筑，墓顶为球形顶盖，墓体高1.92米，直径6米。墓体正前方镌刻碑文"明故刑部侍郎兼都察御史嘉议大夫显考鹤楼张公之墓"，下署"万历九年辛巳吉日，孝男仕、佩，孙继昌，曾孙秉忠同泣血立"。墓侧有墓道直通地墓室中心。此墓形制是按照明代丧葬制度中正二品官的规定建造的（图1）。

张翀母亲李氏墓坐东朝西，墓体呈八角形，边长2.7米，封土堆高约2.1米，外围用料石砌筑，内填黄土，料石墙高1.2米。坟前有墓碑、拜台、石碑及驮碑的石龟，还有石人、石马、石羊等分立两侧，但均残缺不全。墓地入口原有石牌坊，现仅存基座（图2）。

张翀及其母亲墓为柳州历史上规模最大、规格最高的古代墓葬，同时也是研究明代古墓葬的标本。

图1 张翀墓

图2 张翀母亲墓

柳南区

6 胡志明旧居

Former Residence of Hu Zhiming

级　别	国家级
年　代	1942—1954
地　址	柳南区柳石路2-1号
看　点	民国建筑风格
开放方式	免费参观

胡志明旧居为胡志明在柳州期间较长停留过的地方，包括南洋客栈、乐群社、柳州饭店红楼旧址、蟠龙山扣留所山洞（胡志明曾被关押在此）等。

胡志明（1890.5.19—1969.9.2），越南的民主共和国缔造者，越南劳动党第一任主席，伟大的无产阶级革命家。1941年发起建立越南独立同盟，领导反对法国殖民者和日本帝国主义的斗争。1942年12月至1944年9月在柳州期间，胡志明经历了被困狱中，并与柳州人民一道参加抗日斗争，为中国和越南的民族解放事业奔走劳碌。

位于柳南区柳石路2-1号的为南洋客栈，1930

年建成，为二层砖木结构小楼，是胡志明1943年9月至1944年9月在柳州居住和开展革命活动的重要场所。小楼正立面除结构构件外，其余围护构件均为涂有朱红色漆的木质门扇、窗扇，简洁朴实（图1）。今旧居中还保留着当年胡志明用过的桌椅、床铺、洗脸盆架等，以及当时工作的大量手稿、图片，还有一尊越南送来的胡志明半身铜像作为陈列展示内容（图2）。

乐群社旧址位于鱼峰区柳石路1-1号，建成于1927年，原为柳州汽车总站，1935年更名为乐群社。胡志明曾在此与越南革命同盟会的各党派人士会面、讨论工作，可以说是胡志明在柳州开展其革命工作的主要根据地。乐群社旧址的建筑为一姜黄色二层小楼，在一角处设有高出屋面的钟楼，颇具欧式风格（图3—图4）。

红楼旧址位于友谊路1号，原为柳州饭店，1953年建成，为西式风格建筑。1954年7月，胡志明曾在此下榻，与周恩来举行会谈，探讨了关于和平解决印度支那问题的日内瓦会议涉及的重大问题，并发表了联合公报，具有重要意义。红楼建筑整体以浅红色砖饰面，因而被称为"红楼"，外立面门框、窗框、檐口等均饰以西式线脚，白色涂料粉饰，颇具美感。

蟠龙山扣留所旧址位于窑埠街柳州医学高等专科学校内。胡志明曾于1942年12月、1943年1月两度被国民党关押在此，直至1943年9月才重获自由。

图1　南洋客栈

图2　南洋客栈室内

图3 乐群社旧址外观

图4 乐群社旧址室内

7 柳州旧机场及城防工事群旧址
Old Liuzhou Airport and City Fortifications Site

级　别	国家级
年　代	1929年
地　址	柳南区航五路与航银路交叉口西南200米
看　点	抗战期间城防工事制式
开放方式	免费参观

柳州旧机场及城防工事群始建于1929年，抗日战争期间，我国空军部队、苏联志愿航空队、中国空军美国志愿援华航空队（"飞虎队"）曾在此驻扎，以柳州旧机场为核心的城防工事片区成为他们的重要基地，在此与日军血战、周旋，为抗击日本侵略者做出了巨大贡献（图1）。

现存遗址包括飞机跑道旧址、机场指挥塔旧址、机场指挥部山洞旧址、山洞飞机库旧址、机场油库及哨所旧址、机场驻军营房和飞虎队营房旧址、飞虎队俱乐部及其弹药库山洞旧址、机场碉堡旧址等。

旧营房A区位于柳州市航五路，现周边已立起了围墙，院内斑驳破败的几栋青砖瓦房即以前的营房。旧营房B区现归柳州市动物园管理，为几栋红砖建筑（图2）。位于航军路路口的旧营房C区已基本被拆除。山洞飞机库旧址即现在金山丽园小区旁的"芭蕉洞"，洞口上方还依稀可见"柳州第一洞"字样，洞门为沉重的铁制拉闸门，现已锈迹斑斑。山洞现在作为仓库使用。

图1 机场旧址20世纪六七十年代礼堂

图2 机场旧址20世纪40年代旧营房B区

8 张公岭环山工事

Zhanggongling Mountain Fortifications

级　别	自治区级
年　代	民国
地　址	柳南区南环街道竹鹅村张公岭上
看　点	抗战期间城防工事制式
开放方式	免费参观

张公岭环山工事碉堡群，是1933年柳州城厢后备队配合桂军第七军24师为战时防御而修筑的。另在1944年，第四战区第46军也在此处修建了战壕和碉堡，工事总占地700多亩。因年久失修，遗址部分工事和碉堡有崩塌和损坏，但主体结构保存还较为完整。

如今，环山工事所在的张公岭已经成了一座郁郁葱葱的小山，只有几处露出的碉堡射击口还展示着它曾今作为重要防御工事的峥嵘岁月。防御工事有掩体、坑道、指挥所、弹药库及炮台、瞭望台，还有三处与战壕相连的暗堡，主战壕内可容纳千余人。

沿着一条登山的土路，在一处被灌木丛隐蔽的入口（图1）就可进入埋于山体中的战壕，战壕宽3米，高3米，周长约2000米，四壁均为钢筋混凝土结构。战壕内部线路设计复杂，局部上下双层结构，下层作为储物或休息间，上层为作战战壕；隔一定距离设专门的透气孔。碉堡作为主要的作战节点，在一定高度设有带状的射击口，外部用灌木、野草等进行掩蔽，构思巧妙（图2）。山体顶部有一瞭望台，现已植物葱郁，遮挡了视线。

图1 张公岭碉堡入口

图2 张公岭碉堡内部射击口

当年，张公岭作为通向桂南的必经之路，地势高险，战略位置重要，环山工事作为当时典型的军事设施，为战时防御做出了重要的贡献，战壕中累累弹痕为其见证。从今天来看，张公岭环山工事则是研究我国民国时期军事战术思想和军工技术的重要历史资料。

9 刘蕡墓

Liu Fen's Tomb

级　　别	自治区级
年　　代	唐
地　　址	柳南区太阳村镇山头村龙兴屯
看　　点	唐代砖砌古墓葬
开放方式	免费参观

刘蕡墓坐落在柳州太阳村镇山头村西北面的一片水田中，墓始建年不详。现墓为砖砌结构，青砖砌为圆柱形，墓顶为宝顶式样，高约2米。刘蕡墓坐北朝南，墓前立有墓碑，碑高约1.4米，宽约0.65米。（图1—图2）由于刘蕡死后于唐天复二年（902年）被追赠为左谏议大夫，因此墓碑题为"唐谏议大夫贤良刘公墓"，故刘蕡墓也被称为刘贤良墓。原牌坊部分石料及题刻现仍保存完好。

刘蕡，生卒年不详，中唐时幽州昌平人，唐宝历二年（826年）进士，在一次贤良方正策试中因直斥当时宦官专权、祸国殃民而最终遭到宦官势力的诬陷，被贬柳州任司户参军。在柳期间为百姓干实事，鞠躬尽瘁。传说唐开成至会昌年间（836—846）刘蕡被贬为柳州司户参军时，下乡视察农况，不慎坠马而亡，葬于此处。明成化十三年（1477年），广西布政司黄塽对墓址加以修整，并在四周设围护墙垣；清乾隆三十年（1765年），右江道王锦再次主持重修，增设石牌坊；光绪三十四年（1908年），柳州知府杨道霖等捐资修缮。

图1　刘蕡墓侧面

图2　刘蕡墓正面

10 刘家大院

Liu's Famaily Compound

级　别	自治区级
年　代	清
地　址	柳南区竹鹅村凉水屯
看　点	清代民居
开放方式	要许可

刘家大院为清代"奉政大夫"刘花琼在光绪二十四年（1898年）建造，砖木结构，坐西北朝东南，分左、中、右三门，面阔三十二间，由三厅六井组成，面积1000余平方米。目前建筑基本保持完整，有历史艺术价值。现为刘氏后裔居住，木柱梁有些腐朽，墙面泥土剥落。（图1—图3）

图2　刘家大院建筑群

图1　刘家大院局部装饰

图3　刘家大院天井院落

鱼峰区

11 马鞍山鱼峰山石刻

Stone Sculptures on Mount Maan and Mount Yufeng

级　别	自治区级
年　代	宋—清
地　址	鱼峰区马鞍山鱼峰山上
看　点	洞中石刻
开放方式	购票参观

柳州作为中国西南地区的历史文化名城，石刻文物是其中主要的一类历史文物遗产。据查，柳州市内共发现摩崖石刻100余方，而马鞍山鱼峰山石刻就占到80%，是广西境内第二大的石刻集中地。

马鞍山鱼峰山石刻覆盖了从北宋至清代的各个时期，石刻内容涉及游记、题字、题诗、兴建纪事铭文等，反映出了当时的社会风貌；摩崖石刻同时也是精美的书法作品，包含楷书、行书、草书、隶书等多种书法字体，具有重要的历史价值和文化艺术价值。

马鞍山现所在地为马鞍山公园，位于柳江南岸，占地面积34000平方米，马鞍山摩崖石刻主要集中分布在两处。一处为主峰近山巅的仙弈岩内及洞口附近，此处洞中有洞，有小石室，有钟乳石构成的各种奇异形状，石刻分布在洞壁、洞顶上，甚为美观。经统计，此洞洞内及周边有宋代石刻10块，元代1块，明代2块。另一处为马鞍山西麓包括枝峰一带，共有石刻19块，以南宋及明末清初的石刻为主（图1）。

鱼峰山山体规模较小，位于马鞍山的西南侧，山上的摩崖石刻分布较广，散布在清凉洞、罗汉洞、三星洞、刘三姐塑像及戴钦墓旁等处。含民国时期石刻在内的石刻共计70余块，其中宋代4块，最早的是北宋元祐七年（1092年）曹现的游览题名并序，另有明崇祯四年（1631年）《振柳营劝化路道碑记》和光绪二十九年（1903年）柳州电报创建等纪事石刻（图3—图4）。

马鞍山鱼峰山摩崖石刻中比较著名的是《仙弈山新开游山路记》《新殿记》（图2）和《振柳营劝化路道碑记》。

图1 马鞍山摩崖石刻

图2 马鞍山《新殿记》摩崖石刻

图3 鱼峰山摩崖石刻1

图4 鱼峰山摩崖石刻2

12 九头山汉墓
Tombs of Han Dynasty in Mount Jiutou

级　别	自治区级
年　代	汉
地　址	鱼峰区九头山村
看　点	汉墓
开放方式	免费参观

1979 年柳州市文物普查时，在市区东南约 3 公里的九头村西发现了 3 座残存封土的古墓，分别编号为 M1、M2、M3。随后在 1982 至 1983 年对 M1、M2 古墓中出土文物进行清理、研究，发现 M1 墓葬年代在西汉晚期，M2 墓葬年代在东汉初年。这一重大发现，作为物证有力地印证了历史上关于柳州于汉武帝元鼎六年（前 111 年）设潭中县建制的史料记载，印证了柳州这座历史古城建城 2100 多年的历史。

九头山汉墓在九头山东面山脚下，现古墓遗址已封土保护起来，用砖石、水泥砌起了一座直径约 20 米的圆形石坛，墓侧只有一株高大的泡桐树陪伴左右（图 1）。由于年代久远，现已无法找到关于汉墓的相关文字记载，也无法得知墓主的身份，但从出土的铜镜、陶瓷器等当时尚属奢侈品的文物，可以推断墓主应该是当时当地具有一定身份地位的人物。两座汉墓共出土文物近 100 件，现多数保存、展览于柳州博物馆内。

图1 九头山汉墓

13 杨廷理及其家族墓群

Yang Tingli and His Family's Tomb

级　　别	自治区级
年　　代	清
地　　址	鱼峰区洛维园艺场内 / 柳州市鱼峰区柳石路底村马鹿山
看　　点	清代墓葬
开放方式	免费参观

杨廷理墓位于柳州市鱼峰区南郊洛维园艺场内。杨廷理及其家族墓群位于马鹿山东南方约1公里处的马仔山山坡上，方圆200余米范围内分布着杨廷理家族的墓共8座：杨廷理生母张夫人墓、继母王夫人墓、杨廷理父亲杨刚元配孟夫人墓、杨廷理次子杨立元之妻陈氏墓、杨廷理次孙杨庆安墓、杨庆安之妻朱氏墓；另有杨门张氏墓，墓主推断为杨廷理堂兄之妻；杨礼墓，墓主为杨廷理之父杨刚之兄弟。

杨廷理（1747—1812），字清和，清代柳州府马平县（今柳州市）人，三任台湾知府、台澎兵备道兼提督政、按察使司等职，在任期间对台湾尤其是宜兰地区的发展做出了重大的贡献，一直为台湾民众所敬仰，在柳州当地也颇具影响力。

杨廷理墓坐东北向西南，以青砖包筑成圆形，墓径约4米，墓顶置石雕宝顶。墓前有两级台阶，为三合土夯筑而成，多有斑驳。墓碑龛嵌在圆形墓壁正中，宽78厘米，高139厘米，碑文清晰可见，记述了杨廷理的生平、后人及卜葬年月。墓后不远有"后土"一处，上书"杨宅后土之神"（图1）。

杨廷理家族墓中，孟夫人墓、杨礼墓、杨门张氏墓已被毁，孟夫人墓碑横置于墓地附近灌木丛中。保存较为完好的其他墓葬均以青砖包筑成圆形，与杨廷理墓形式大致相同，墓径3.1至4.2米不等，墓高在119至139厘米之间。这些墓砌筑时间大约在乾隆十年（1745年）至道光十年（1830年）之间，多数墓碑文字难以辨认（图2—图3）。

杨廷理及其家族墓群对研究杨廷理生平及贡献有重要意义，同时，也可作为对柳州清代墓葬民俗、制度的研究资料。

图1　杨廷理墓

图2　杨廷理及其家族墓1

图3　杨廷理及家族墓2

柳江区

14 新安古墓群
Ancient Tombs in Xin'an

级　　别	自治区级
年　　代	汉
地　　址	柳江区白沙镇新安村
看　　点	汉墓
开放方式	免费参观

新安古墓群分布于白沙镇新安村、大田村、水山村之间的柳江西岸台地上，以带状形态散布，总体长度接近8公里，为汉代古墓。据介绍，汉墓群沿江分布的"大土堆"曾有99处，故新安古墓群又被叫作"九十九堆"汉墓群。

20世纪80年代，柳州文物考古队发现此处封土尚存的汉墓达30余处，以通常1∶5的比例推算，地下很可能还存在上百座尚未发现的汉代古墓。由于年代久远，风雨侵蚀外加人为破坏，很多古墓已被夷为平地。现残存的30余座，大多坟丘直径可达10至15米，高约1.5至2米，多已斑驳（图1）。

新安古墓群虽然已历经沧桑、轮廓难辨，但它可以算是柳州分量最重的地下文化遗存了。墓内曾出土国家一级文物——东汉线刻滑石人面具，还有古灯、铜碗、陶罐等汉代珍贵文物，成为柳州自汉代设县建制——古潭中县的关键物证。

图1　新安古墓群

15 隆盛九厅十八井
Longsheng Hakka House

级　　别	自治区级
年　　代	清
地　　址	柳江区进德镇三千村隆盛屯
看　　点	客家民居围屋形制
开放方式	免费参观

隆盛九厅十八井建于嘉庆四年（1799年），是清乾隆年间广东嘉应商人曾勋、曾光麟到柳江定居时的居所，按照客家民居围屋的形制而建。由于年久失修且缺乏维护，现状较为破败，亟须修缮。

整座围屋院落轮廓呈半圆形，坐北朝南，正门位于直边，门前的大池塘原是护庄河，现在已经成了满眼荷花的鱼塘（图1）。围屋的一圈院墙有一丈多高，一尺来厚，据研究是由"黄土＋石灰＋沙粒"或鹅卵石或碎砖块制成的三合土砌筑而成，有的重要部位还加上桐油、糯米和红糖，坚固无比。院墙内是一圈跑马楼，从而又加强了防御能力。如今，因风雨剥蚀、枪弹冲击、人为损坏，院墙墙身上遍布大大小小深浅不一的凹痕，且有断裂残缺部位，这也成为沧桑历史的记录。

从朱红色的院门进入院内，院正中的曾家祠堂还算保存较好，三面围合，正后方壁面上为神龛，神龛两侧挂有对联。整个围屋四周各有一个两层高的方形炮楼,屋顶已坍塌,四壁也多为断壁残垣,但还可辨认出墙壁上用石材镶边的葫芦状射击、瞭望孔,设计精巧。围屋内多处房屋已成废墟,难以看出客家九厅十八井的原型。

这里原是个完整的九厅十八井的客家围屋,占地20余亩,共120间房,可容纳30多户;内部房间布置九纵六横,纵主横次,厅、厢配套,主体、附属分离,又有小石路彼此交通,通风、采光、排水、消防兼顾,外围有完美的立体防御系统,堪称古代民居建筑的杰作。

图1　隆盛九厅十八井门前池塘

柳北区

16 广西农事试验场旧址
Guangxi Agricultural Farm Testing Site

级　　别	自治区级
年　　代	近代
地　　址	柳北区沙塘镇
看　　点	民国期间中西合璧的建筑风格
开放方式	要许可

广西农事试验场始创于1926年,初命名为"柳江农林试验场",场址位于柳州羊角山一带。1935年冬季,试验场搬迁至柳州市北郊沙塘,并正式定名为"广西农事试验场",该名称一直沿用至1949年新中国成立。

广西农事试验场旧址是几栋民国时期的老房子,单层建筑,建筑风格中西合璧,建筑比例和谐考究,有美国田园风格的缓坡屋面、立有古典柱式的入口门斗,显得端庄古朴、美观大方(图1)。据史料记载,广西农事试验场在鼎盛时期有此类房屋50余栋,抗日战争期间柳州被日军攻陷,破坏40余栋。现存的几栋是广西农事试验场办公楼、广西大学农学院教学楼、实验楼和美国专家住宅楼旧址等。

据记载,当时的广西农事试验场占地面积2万多亩,建有实验室、办公室、教学楼、宿舍、图书室、仓库、机房、温室大棚、牲畜舍等各类房舍,设施较为完备。抗战爆发后,广西作为大后方,此地成为中国农业科研的避风港,吸引了许多农业专家、学者、教授及爱国人士到此地参加农业科研工作,取得了较为丰硕的成果,当时被赞为中国的"农都"。

图1　实验楼全景

鹿寨县

17 高岩山摩崖石刻
Stone Sculptures on Mount Gaoyan

级　别	自治区级
年　代	宋—清
地　址	鹿寨县高岩山白象岩上
看　点	洞中石刻
开放方式	免费参观

高岩山位于鹿寨县雒容镇郊区约4公里外，摩崖石刻位于一高度约80米的石灰岩石山山腰的岩洞中，由于洞内有一形似白象的钟乳石，故又得名白象岩。

白象岩石刻山洞是这座石山三层岩洞的顶层岩洞，穿过一小洞侧身进入，洞内豁然开朗，四周洞壁和洞顶有古今墨客创作的摩崖石刻40余块。据统计，其中宋代5块，明代2块，清代9块，除明代石刻"天然大厦"一碑被毁外，其余均保存完整。石刻内容或为咏怀题诗，或为吟诵美景之赋，或为游历之记述。其中较为著名的有宋王世则诗《高岩立春日》《乙已岁首春一日》及《登高左岭望迤北诸石山》三首（图1）。

图1　高岩山摩崖石刻

18 中渡古建筑群

Ancient Building Complex of Zhongdu

级　　别	自治区级
年　　代	清
地　　址	鹿寨县中渡古镇境内
看　　点	清代砖瓦木结构
开放方式	免费参观

中渡镇古建筑群位于中渡古镇境内，中渡古镇南北长 0.5 公里，东西宽 1 公里，总面积 15 公顷。始建于明清末期，居民以原住民居多，外迁人居次，建筑风格不一。鹿寨县中渡镇古建筑群较集中，由于地势开阔、交通便利，是明代洛容县、清朝雒容县、民国中渡县的经济、政治、文化中心。因其地理位置特殊，致使外省民众纷纷迁入该地。中渡古镇得天独厚的优势和条件，给当地居民带来了繁荣和富足的生活，并造就了风格不一的豪华古建筑群（图 1）。

中渡镇古建筑群多为砖瓦木结构。有砖砌的明代碉楼；有四合院格局清代管带罗公馆；有形似官帽的县衙；有飞檐壁画的关帝庙；有威武雄壮的文庙、武庙，等等（图 2）。古镇房屋与房屋之间的连接巷道用石块铺砌，错落有致。每条巷道相互贯通；一些旧时经商的店铺商号清晰可见（图 3）。绘制（雕刻）图案的墙壁随处可见，做工考究，技艺精美。极富明清建筑风格且保存完好的建筑群共有六百余间（套）。古镇为研究大柳州地区，乃至广西明清时期的建筑风格提供难得的实物史料，具有较高的历史、艺术和科学研究价值。

图 2　中渡武庙

图 1　中渡古建筑群鸟瞰

图 3　中渡古建筑群街巷与房屋

柳城县

19 柳城窑址
Liucheng Kiln Site

级　别	自治区级
年　代	宋
地　址	柳城县县城融江河畔
看　点	出土陶瓷器件
开放方式	免费参观

柳城窑址位于柳城县县城融江河畔，共有窑址 11 处，建设控制地带范围内面积约 27 万多平方米，为宋代遗址。该窑址遗物十分丰富，分别于 1974 年和 1979 年由广西区博物馆、文物工作队所发现，以碗、碟为主，此外还有壶、盏、器盖等。这些器物均为缸胎，以青灰胎为主，釉色有酱、青、黄等色，光泽晶莹，质量较好，器物施釉一般不及外底。碗内有残存支钉或支钉痕迹，碗内正中有"福""寿"等字样或鱼、花等图案，碗内壁有莲花纹或冰裂纹等花纹。这些发现，对研究我国我区宋代以来陶瓷业发展史、生产工艺有极其重要的科学价值，为研究柳城乃至广西宋元时期瓷器的发展提供了珍贵的实物资料，对研究柳城当时经济、文化、水路、交通等有重要意义（图1）。

其中木桐窑址一窑包于 1992 年 12 月至 1993 年 3 月由广西文物考古队进行发掘，出土陶瓷数百件，器物有碗、碟、盘、罐、盆、钵、盏、坛等，釉色为青、黑、酱；碗内中间有"寿""王""臣""直"等字样或鱼花图案，碗碟内壁有莲花纹、冰裂纹等纹饰，最有价值的是印有蒙文的瓷碟。

目前木桐、靖西窑址保存较好，龙庆窑址保存较差，窑址已全部坍塌。靖西窑址和龙庆窑址多为农民工作区，大部分和一部分被融江护坡覆盖，部分区域建有民房。

图 1　柳城窑址全景图

20 覃村石拱桥
Stone Arch Bridge in Qin Village

级　别	自治区级
年　代	明
地　址	柳城县古砦仫佬族乡覃村屯
看　点	岩石砌筑拱桥
开放方式	免费参观

覃村石拱桥建于明永乐年间（1403—1424），东西走向，桥长 21 米，引桥长 30 米，桥面宽 3.4 米。整座桥两墩三孔，全由岩石砌筑而成，其中桥墩与桥拱是用较大块的方石砌筑，桥面由片状岩石砌筑，石缝之间不加黏结材料，利用错缝搭接的方式互相支承。石拱桥简洁美观，经历 600 多年的河水冲刷、风雨洗礼仍屹立不倒，可以说是当时建造技术、建造风格造型的集大成者（图1）。

如今，原来的石拱桥已经不能满足村民的正常使用和交通出行，当地村民又在石拱桥的旁边建了一座公路桥，而石拱桥作为古文化遗产和当地历史的见证被保护起来。双桥并列，一古一今。石拱桥已渐渐被绿草灌木包裹起来，就像一位上了年纪、满脸白胡子的老爷爷，笑吟吟地看着从旁经过的村民们，给他们讲讲过往的故事。

图 1　覃村石拱桥

21 柳城县仫佬族古建筑群
Mulao Minority's Ancient Building Complex of Liucheng

级　别	自治区级
年　代	清
地　址	柳城县古砦仫佬族乡境内
看　点	清代古建筑
开放方式	免费参观

柳城县仫佬族古建筑群（含覃村屯古建筑群、潘村屯古建筑群和滩头屯古建筑群等）位于柳城县北25公里，从南至北长9公里，东至西宽1公里。覃村至潘村6.4公里，潘村至滩头9.6公里，古民居群在柳城县城至古砦公路两侧，距公路最远1.5公里，最近0.5公里，总面积12.8公顷。始建于明清时期，居民以外地迁入居多（图1—图2）。

柳城仫佬族古建筑群较集中，由于地势开阔、交通便利，是当时古砦经济、文化中心。附近及外省民众纷纷迁入，以经商和耕种为主，得天独厚的优势和条件，给当地居民带来了繁荣的经济和富裕的生活，造就了当时较豪华的房屋，显现了该地区经济繁荣的景象。该古建筑群为青砖瓦木结构，建筑风格统一，有少量碉楼（炮楼），有围墙和进出村楼门，有祠堂或庙堂（如梁氏宗祠、潘氏宗祠等）。房屋与房屋之间的巷道用石块铺砌，错落有致，每条巷道相互贯通。每座房屋分主房、厅、卧房和小房，有的门框用石条建造，有的墙壁和行条绘制（雕刻）图案，工艺精美，很是考究，极富明清建筑风格。整个建筑群规模大（共550余套）且保存完好，有较高的保护和利用价值，为研究柳州、柳城明清时期的建筑风格提供了珍贵的实物资料，具有较高的历史、艺术和科学研究价值。

图1　古廨古建筑群巷道

图2　古廨古建筑群全景

22 南丹土城遗址

Nandan City Site

级　别	自治区级
年　代	南朝
地　址	柳城县凤山镇南丹村民委南丹屯及四周
看　点	土城墙
开放方式	免费参观

南丹土城遗址始建于南朝，位于距离柳城县城 36 公里的凤山镇南丹村南丹屯。该遗址东北侧为融江、柳江、龙江之汇合处，两面环水；东面为柳江，北面为龙江，城址内及西侧、南侧地形开阔。城墙用土夯成，成长方形，把南丹屯团团围住，设东便门、石城门、西江门和镇北门，墙长 1730 米，上宽 6 米，下宽 12 米，高 5 米，占地面积 20.76 公顷。城墙外围每隔 50 米有一城垛。与龙江交接的城墙西侧外围 40 米处建有一条护城河，现保存完好，南北走向，河长 800 米，宽 35 米，高 4 米，面积 2.8 公顷。除了东侧南丹村民建房占用部分土城外，其余 90% 以上的土城墙保存完好，体现了 1500 多年前官员与民众的智慧和力量。（图 1）

南丹土城遗址建造规模及工程量大，具有坚固的防御功能，为保护该地设县、龙州州治、柳州路治等发挥了重要作用，在研究南朝土建技术以及柳城县治方面具有重要历史意义。

图 1　南丹土城遗址

融安县

23 融安南朝古墓群

Nan Dynasty Tombs in Rongan

级　别	自治区级
年　代	南朝
地　址	融安县大巷乡安宁村、木樟村，浮石镇泉头村，长安镇红卫村、东圩村等
看　点	南朝墓葬
开放方式	免费参观

至 20 世纪末，柳州地区文博部门先后在融安县大巷乡安宁村、木樟村，浮石镇泉头村，长安镇红卫、东圩村等地发掘出 10 余座南朝古墓，墓室形式有土坑墓、砖室墓（图 1），出土器物也十分丰富，颇具价值。其中，1980 至 1982 年清理发掘出 6 座南朝古墓，其编号为融安县 M1 至 M6。

M1 为长方形砖室墓，M2 为"凸"字形砖室墓，均由甬道、墓室和供台三部分构成，墓室顶为砖砌券顶。M4 也为长方形砖室墓，墓内由前室、中室和后室三部分组成，墓顶已塌落。M5 为长方形竖穴土坑墓，墓坑底部有三条横向通长的宽 10 厘米、深 15 厘米的沟槽，沟内填有质地较纯的细沙土，推测可能是排水之用，保护棺体免受地下积水潮湿等。M6 为长方形砖室墓，单室，墓顶已塌，从墓内散落的楔形砖可推测出应为券顶墓。

融安南朝古墓群出土的器物有滑石俑、滑石杯、滑石猪、滑石买地券、瓷碗、瓷砚、陶罐等（图 2—图 4）。M5 出土了两件被评定为一级文物的滑石俑，雕刻精美，宽袖长裙，衣纹自然，面目清秀，脚穿厚底鞋，可以看出当时的雕刻技艺和审美倾向（图 5—图 6）。融安南朝古墓和出土墓葬为研究南朝时期这一地区的历史及政治、经济、文化发展状况提供了珍贵的实物资料。

图 1　融安县南朝砖室墓墓室

图2 融安县南朝墓出土花纹砖

图3 融安县南朝墓出土滑石买地券

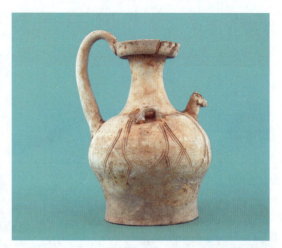

图4 融安县南朝墓出土鸡首壶

图5 融安县南朝墓出土滑石俑1

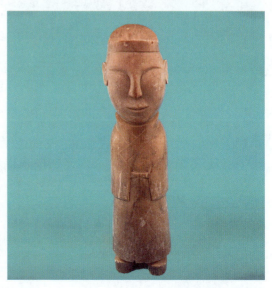

图6 融安县南朝墓出土滑石俑2

三江侗族自治县

24 岜团桥
Batuan Bridge

级　　别	国家级
年　　代	清
地　　址	三江侗族自治县独峒镇岜团桥景区
看　　点	风雨桥形制结构；人畜分离的设计
开放方式	购票参观

岜团桥，又称岜团风雨桥，坐落在广西三江侗族自治县独峒镇岜团寨旁的孟江河上。风雨桥，是侗族的特色木质桥梁，为侗族三宝之一，在广西主要分布于三江地区。这种类型的桥由桥、塔、亭组成，全桥皆用木料制成，不用一钉一铆，全靠榫卯衔接，横竖穿插。桥面上也用木板铺设，两侧护栏处一般设可供休息的长凳，与护栏设为一体，形制与美人靠类似。桥面之上，整体以木屋架瓦，屋面覆顶，具有遮风挡雨的效果，因此称作风雨桥。桥上建有三至五层的四角或八角形的桥亭三至五座，屋檐翘脚，犹如建筑雕塑一般，又绘以精致彩画，工艺高超，实属中国古代木建筑中的艺术珍品（图1）。

岜团桥始建于清光绪二十二年（1898年），建成于清宣统二年（1910年），历时13年；东西向横跨在孟江上，桥长50米，两岸桥头石台间距离为30.14米。两桥头石墩加河中一桥墩形成了两孔石桥，桥墩上架设圆木做梁，间隔横木，层层架设，形成叠梁式桥身。桥墩上方对应3个桥亭，层层迭起，雕梁画栋，中间以单檐双坡屋顶相连，形成了可以遮风挡雨的长长的廊桥。三个桥亭均为多重檐歇山顶，且西岸桥亭顺应地形向东、向北各设一出入口与乡道相通。

岜团桥结构形式与程阳永济桥相似，但其颇具特色的一项工艺，是在供人通行的通道一侧另设了供牲畜通行的小桥，人畜分离，使人行通道能保持清洁，且有利于延长其使用时间。人畜分离桥为双层木桥，两层高差为1.5米，上层人行通道宽约3.1米，下层牲畜通道宽约1.4米，两桥之间侧面用木板相隔。岜团桥在双层木桥、立体分工布置功能上属于国内外首创，可以说是现代立交桥的鼻祖，与我们当代的立交有异曲同工之妙，在民间桥梁建筑史上被誉为"古今中外，独一无二"之桥（图2）。

这座桥的另一特色是，由两位侗族梓匠分别从一侧桥头建去，最终在中部汇合，二者各有各自的风格，在形制上也未过分严谨，但整体上却浑然天成，完美融合为一体。

岜团桥百年以来经历风雨洗礼、山洪冲刷，仍然非常坚实牢固，静默无声地服务着一代又一代的侗寨人。这座风雨桥代表的是当时我国少数民族工匠高超的建造技艺水平，具有很高的历史意义和价值。

图2　岜团桥供牲畜通行的小桥

图1　岜团桥全景

25 和里三王宫
Sanwang Palace in Heli

级　　别	国家级
年　　代	清
地　　址	三江侗族自治县城西、321 国道旁
看　　点	侗族官式建筑形制
开放方式	免费参观

三王宫位于三江县西南23公里外的良口乡和里、南寨两村之间的双溪汇合处，其中三王宫始建于明嘉靖年间（1522—1566），现存全部为清代古建筑。传说三王宫是为祭祀古夜郎国三王子而建的，是侗族文化历史古迹，也是三江县内现存的与古夜郎国相关的唯一历史遗迹。和里三王宫是由宫前的人和桥和三王宫组成的建筑群（图1、图5、图6）。

25-1 人和桥

人和桥横卧在三王宫前的小溪之上，也是一座典型的侗族风格的攒尖歇山屋顶的风雨桥，始建于清光绪二十四年（1898年）。桥下部为青石涵拱结构，仅中部留有单拱券，上部全为木制，桥身上承托着位于桥两侧和中部的三个桥亭以及连接桥亭的长廊，称为"三亭十二廊"。整个桥长48.9米，宽4.35米，高7.2米。

桥洞正上方的桥亭为多重檐六角攒尖顶，上有葫芦宝顶；两侧桥亭则为多重檐歇山顶，正脊中部也雕有吉祥纹案。桥身两侧设木质栏杆，以简单匀称的竖向格栅将长廊和桥亭连为一体，大气和谐（图2）。

图2　和里三王宫附属建筑：人和桥

图1　和里三王宫全景

25-2 三王宫

三王宫分前后两进院落，呈轴线对称形式，其中轴线与人和桥约呈 135° 夹角。

三王宫始建于明嘉靖年间，初为"三王庙"，建在浔江与溶江交汇处；后于明隆庆六年（1572年）随村迁至此处；清道光二十四年（1844年）进行了大规模的修缮，之后又有多次小修。

三王宫为二进三层布局，依山就势，沿中轴线依次为宫门、戏台、中门及神宫，戏台与中门之间为一可容纳千余人的院落（图3），两侧为左右过廊，现作为三王宫的碑廊，神宫前为天井，左右两侧布置厢房。占地面积约 1700 平方米。

顺着山势登上密密的一段台阶，即看到白墙灰瓦的宫门，入口门洞上方镶刻着青石匾额，上书"三王宫"，门洞两侧刻有楹联一副——"千庙南辖收眼底，三王北望总关情"。宫门背后即戏台，主入口通道为戏台架空的底层空间。戏台为穿斗式木构架，中央四根金柱间设方形藻井，戏台四周做挑檐，屋面翼角起翘。主戏台两侧侧台为硬山顶，边侧以马头墙收束，山墙前侧施以彩绘。

戏台前便是可观戏的院落，院落巧妙地借助地形形成了多层台地，有利于观演。院落两侧为面阔四间、进深一间的二层厢房，厢房亦可用于观演，建筑为干阑式，底层架空作为碑廊，二层用于观演。此处所藏石碑记载了三王宫的历史、重修情况、捐资建宫者以及一些吟咏山水风景的诗词歌赋等。

过院落再登几级石阶就到了中门，面阔五间，进深两间，硬山式屋顶，穿斗式木构架。中柱设门框，为古建筑中较高级的仪门门制。穿过中门即后院天井（图4），天井北边是东西并立的两座面阔三间、进深三间（高9.8米）的神宫。两厅分别供奉夜郎三王和天帝相神像，一尊乾隆四十年（1775年）的铜铸大钟挂在三王像右侧，神宫内大柱下均有石雕大象做柱础，柱上挂有光绪年间楹联，大殿内四壁画像密布。神宫两侧各有偏舍一间，现在作为厨房和宿舍使用。

全宫整体布局为古代汉族宫廷与侗族建筑相融合的格局，建筑既有中原汉族文化风格，又汲取了南方建筑之优，兼具侗族特色。建筑构造协调巧妙，建造工艺精美，经年久远，却基本保存了建筑原始风貌。

图 4 三王宫后院天井

图 3 三王宫院内院落

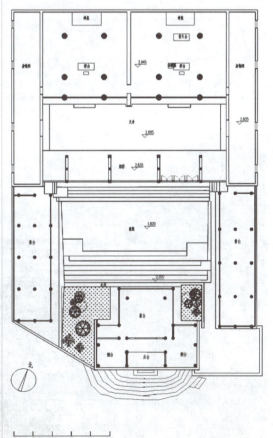

图 5 三王宫总平面图

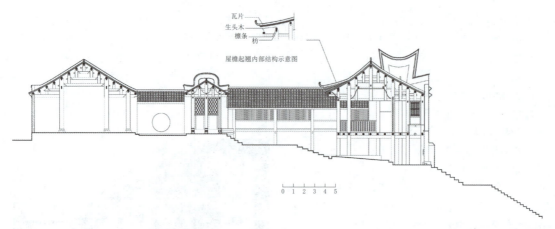

图6 三王宫剖面图

26 程阳永济桥

Yongji Bridge in Chengyang

级　别	国家级
年　代	民国
地　址	三江侗族自治县林溪镇
看　点	风雨桥形制结构
开放方式	购票参观

　　程阳永济桥坐落在三江县林溪镇程阳寨前的临溪上，三江县现存古今风雨桥近百座，而程阳永济桥便是其中规模最大者，与赵州石拱桥、泸定铁索桥等著名桥梁齐名。

　　程阳桥始建于1912年，1920年和1982年先后遭到洪水冲毁部分结构，现存为1985年重建的。桥长64.4米，宽3.4米，高10.6米，含两侧桥台在内有五墩四孔，五个墩台上对应建有5座塔阁式桥亭，并以十九间桥廊相连接（图1—图3）。

图1　程阳永济桥近景

桥墩和桥台均由青石砌成，桥墩砌成六棱柱的形状，桥墩之间净跨14.8米。桥墩上是杉木梁架设的密布式悬臂托架简支梁结构，以十多米长的杉木紧密排列，架在两桥墩之间，横竖穿插排列四层以增强桥面的抗压强度；其上再设桥亭，以榫卯将梁柱体系连为一体。桥身以上的桥亭，设在简支梁的交接处，可凭借其重量稳住大梁，也起到了一定的结构作用。整座桥结构借助榫卯原理衔接，横穿斜插，互为依托，井然有序，构件众多却毫不凌乱、分毫不差，可谓工艺精湛（图4）。

程阳桥上的5座桥亭，形制稍有不同。其中中央桥亭最高，为四层宝塔式楼阁，多重檐六角攒尖顶；中央桥亭两侧两座高度稍低，也为四层宝塔式楼阁，多重檐四角攒尖顶，称为东西墩亭；桥头两端的两座桥亭为四层殿式楼阁，多重檐歇山顶，称为东西台亭。5座桥亭屋面以灰瓦覆面，屋架、檐口雕梁画栋，檐角轻盈翘起，各层檐部施以各式侗族图案，宝塔式顶端还雕有吉祥宝葫芦，显得稳重而不失富丽之大气。桥亭之间为桥廊，桥侧设有扶手栏杆，栏杆旁设可供休憩的木凳。

程阳风雨桥不仅能为路过的行人遮风挡雨，同时也已经成为侗寨人们休闲生活的一部分。平日里可看见小手工艺人坐在桥上做着他们的营生，丰收季节还可作为临时的谷坪，到了坡会的日子则又成了男女青年对歌的场所。不得不说，风雨桥已经融入了侗族人们的生活，是侗寨与侗族文化的标志。

图2　程阳永济桥远景

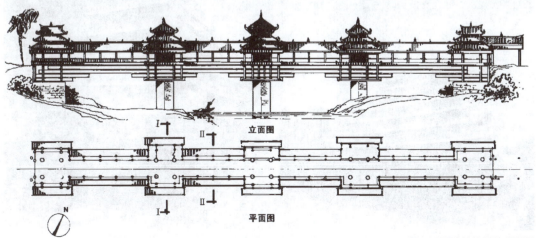

图3　程阳永济桥立面、平面图

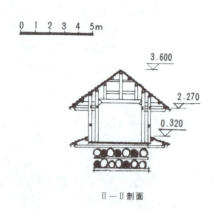
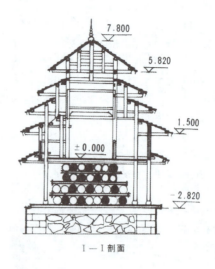

图 4　程阳永济桥剖面图

27　马胖鼓楼
Drum-Tower in Mapang

级　别	国家级
年　代	民国
地　址	三江侗族自治县八江乡马胖寨
看　点	侗族鼓楼结构重檐屋顶
开放方式	免费参观

说起侗族鼓楼，有人说它是侗族的族徽，有人说它是侗寨的心脏。侗族素有"未建寨先建楼"之说，可见鼓楼在侗族文化中的重要地位。侗族鼓楼高耸于侗寨之中，一般按族姓建造，每个族姓一座鼓楼，民居环绕周围，因此有的侗寨一寨中同时有几座鼓楼并立。传说建造鼓楼的主要梁、柱、枋等构件需由族中德高望重的老人选定，且由侗族的能工巧匠精心设计施工，是侗族人们生活娱乐、集中议事的公共场所。

在三江县的180多座侗族鼓楼中，极具代表性的一座还是八江镇的马胖鼓楼（图1）。马胖鼓楼始建于1928年，重建于1943年，楼高15米，基底长宽各为11米，共9层屋顶。该楼结构工艺考究，由4

图 1　马胖鼓楼

图 2　马胖鼓楼侧面

根 13 米长、近 2 米粗的大杉木组成方形支柱,外加小柱、梁枋等作为次一级的结构构件,组成了鼓楼中心支撑的主要结构体系。除此之外,在主柱构成的方形框架外围一圈 24 根粗壮的杉木柱,呈正方形排列。28 根柱子扎根于上等青石砌成的台基上,结构坚固。外围的 24 根边柱之间以木制门窗、木板为围护构件。鼓楼内部,4 根中心支撑柱围城的空间是火塘,围绕火塘的空间设木制长凳、平台。

楼身以上,则是鼓楼最出彩的部分——杉树形的层层屋面,像个多面体的宝塔。马胖鼓楼为多重檐歇山顶,9 层屋檐层层叠起,逐层内收。每层翼角起翘,犹如正待展翅翱翔的雄鹰,白色封檐板上饰有花鸟草虫等吉祥图案,美观大方。层层楼面均以青瓦覆面,最顶层屋脊中央有双鸟花型雕塑。整座鼓楼结构严谨,古朴浑厚(图 2)。

鼓楼前,通过一小段下坡的石阶,即石板铺就的空旷平坦的鼓楼坪,宽约 1 米,对面为戏台。鼓楼坪依托于鼓楼而存在,也是鼓楼空间的外部延伸。侗寨逢年过节、聚众议事、制定寨规、调解纠纷等重大活动均是在鼓楼及鼓楼外的敞坪进行,是寨中重要的室外公共空间。

在建造技艺上,侗寨的鼓楼同风雨桥一样,全楼木结构竟不用任何钉子,全靠工匠预期对结构构件、构造等的合理安排,将柱、梁、枋、椽、板等构件穿插套叠、纵横交错,各个构件互相依托,严谨牢固,做到无缝隙、无漏洞、尺寸分毫不差,楼屹立数百年不朽不斜。侗族能工巧匠高超的建造技艺可见一斑。

马胖鼓楼所代表的已不仅仅是一种古建筑类型,更多的是一种文化载体下的建筑景观、生活方式、文化习俗等所构成的完整的、独特的体系,其研究价值、观赏价值等在建筑史上、少数民族文化史上都是不可多得的。

28 丹洲古城

Danzhou Ancient City

级　　别	自治区级
年　　代	明—民国
地　　址	三江侗族自治县丹洲镇丹洲村
看　　点	明清古城风貌古城墙书院
开放方式	免费参观

丹洲古城始建于明万历十九年(1591 年),曾为三江县县城(古怀远县)所在地,历明、清、民国,直到 1932 年三江县治迁至古宜后,丹洲古城遂为丹洲乡公所治理。丹洲古城所在之地是柳江河上一座四面临水的岛屿,不仅自然风光得天独厚、秀丽多姿,更有丰厚的人文底蕴。约略正方形的古城,现存古城墙、东城门、北城门、天后宫、丹洲书院、清代民居群、县衙遗址、古码头等(图 1—图 2)。

28-1 古城墙及城门

古城外围为一圈城墙,周长约 900 米,为明代怀远县知事苏朝阳任职时的一项大工程,历时一年建成,耗资巨大,除了作防御之用,也有效地预防了水患。古城墙高 5.3 米,厚 3.6 米,共有 450 个垛口,

图 1　丹洲岛全景

图2　丹洲古城全景

墙身为青砖砌筑；东西南北分别设门，并配设门楼。现存东城门、北城门以及北门两侧 100 余米的城墙，其中东城门的城楼"文革"期间被毁，2007 年按原样恢复，北城门保存较为完整（图3—图5）。

28-2 天后宫

天后宫又名闽粤会馆，建于明末清初，按照福建地区天后妈祖庙格局建造，大致为四面围合的院落格局，建筑面积 800 多平方米，中轴对称，中轴上为大门前殿、天井和后殿，两侧为厢房；现保存完好的有前殿和左右厢房。大门门额上刻有"天后宫"和"闽粤一家"的石刻匾额。进入院中，虽经岁月的侵蚀多处屋、墙已倾颓，但从高耸的马头墙上精美繁复的檐口装饰彩绘和石雕木雕中，仍能推断出当年天后宫独具的风采（图6—图7）。

28-3 丹洲书院

丹洲书院位于古城的东部，坐东朝西，占地面积约 1340 平方米。书院建于清道光三年（1823 年），是当时一所较为完善的教育场所，民国期间为三江第一小学所在地。书院建有教室六间，还有办公室、宿舍、礼堂、存书室和运动场，目前保存完整的有大门、正殿礼堂和后院（图8）。

另外，丹洲古城内还散布着一些明清及民国时期的古民居建筑，约占古城民居的五分之一。其中，清代民居有 20 多座。

丹洲古城保存着明、清时期的古城、古迹等多处历史保护建筑，风格古朴精美，古风犹存，具有很高的艺术价值和历史价值。

图3　丹洲古城北门

图4　丹洲古城东门

图6 闽粤会馆屋脊装饰

图5 治定门北帝楼

图7 闽粤会馆

图8 丹洲书院

29 平流赐福桥
Pingliu Bridge

级　　别	自治区级
年　　代	清
地　　址	三江侗族自治县独峒镇平流村寨基屯
看　　点	穿斗式木结构桥
开放方式	免费参观

平流赐福桥位于三江侗族自治县独峒镇平流村寨基屯南向500米处。原建于清代，1947年被火焚毁后，1951年修复（图1）。干架简支梁，穿斗式木结构，悬山顶五层檐瓴，全桥无一钉一铆，二台四墩（图2），内有板凳、栏杆、关羽神位（图3）。桥长66米，宽4米，高7.8米。桥面有15平方米卵石花纹，西北出入口处有十级石台阶。该桥是村民生产生活的主要通道。

图1　平流赐福桥南面全景

图2　平流赐福桥结构细部

图3　平流赐福桥内景

30 亮寨鼓楼
Drum-tower in Liangzhai

级　　别	自治区级
年　　代	清
地　　址	三江侗族自治县林溪镇林溪村亮寨屯
看　　点	鼓楼
开放方式	免费参观

亮寨鼓楼位于三江侗族自治县林溪镇林溪村亮寨屯龙冲口，建于清同治三年（1864年），穿斗与干阑式木结构，三进三开间长形楼阁，通面阔7.8米，进深7.2米，高7.3米（图1）。红槌木板铺地楼。楼前有石板坪，石板坪边有寨门（图2），飞角斗拱，与鼓楼连为一组侗乡的典型古建筑（图3）。结构严实，端庄，技术精湛。雕梁画栋，整体保留完整。

图1 亮寨鼓楼

图2 寨门

图3 亮寨鼓楼侧楼

31 车寨古建筑群

Ancient Building Complex of Chezhai

级　别	自治区级
年　代	明清
地　址	三江侗族自治县梅林乡车寨村
看　点	吊脚木楼
开放方式	免费参观

车寨村位于梅林乡西部，距乡政府所在地5公里，距三江县城99公里，全村面积25平方公里，下辖平寨、陡寨、相思、寨明四个自然屯（图1—图3），505户，人口2305人，侗族占98%。车寨建立寨历史久远，传统建筑独特，民居以吊脚木楼为主（图4），侗族文化传承保护完好，民间文化丰富，传统民俗节日活动多彩。侗族大歌被列入国家非物质文化遗产保护名录。村落地处榕江河畔，银滩绿水，古树参天，自然景观优美，2009年被授予"中国民间艺术之乡"，2010年被评为柳州"十大美丽乡村"等美称。

图1 车寨村陡寨屯

图2 车寨村相思屯

图4 车寨侗寨吊脚楼近景

图3 车寨村寨明屯

32 高定侗寨古建筑群

Ancient Building Complex in Gaoding

级　　别	自治区级
年　　代	明清
地　　址	三江侗族自治县独峒镇高定村
看　　点	吊脚木楼、鼓楼
开放方式	免费参观

　　高定村地处贵州、湖南、广西三省交界处。距三江县城 60 公里，高定村以吴姓为主，有 500 多户人家，2000 多人，据传是明代万历年间从湖南等地迁来的。一座座、一排排样式特别、美感极强的木楼鳞次栉比，层次分明（图 1）。寨边成片古樟环抱，7 座鼓楼均匀分布，各有特色，鹤立寨中，形成一个鼓楼群体。其中最著名的是十一层瓦檐的独柱鼓楼，始建于 1921 年，1988 年重建，穿斗木结构，十三层重檐、攒尖顶。内中主承柱为独柱（一般鼓楼内中主承柱为四柱），高 19 米，底面积 130 平方米。工艺精良，气势宏伟，被誉为"三江之最"，该称号非在其高，非在其大，而在其建筑特色，此楼只有一根主承柱，通过横枋与四周边柱相连，造型罕见，颇具匠心，显示出侗族人民超凡的智慧，2001 年 1 月 10 日县人民政府公布为县级重点文物保护单位。另外有风雨桥一座。

　　走进三江的高定侗寨，你会看到另一幅美丽的景象。在这里，寨子分布于斜坡的坳间，四周竹树簇拥环抱，风景秀美。吊脚木楼和六座鼓楼交相辉映，令人难忘。三江的风光使得不少前来游览的客人乐而忘返，赞叹不已（图 2）。

图 1　高定侗寨古建筑群错落排布

图 2　高定侗寨古建筑群鸟瞰

33 林溪侗族古建筑群

Dong Minority Village of Linxi

级　　别	自治区级
年　　代	明清
地　　址	三江侗族自治县林溪镇
看　　点	吊脚木楼、鼓楼、寨门、风雨桥
开放方式	免费参观

三江县林溪镇境内的侗族古村落具有悠久的历史，林溪镇平岩村岩寨屯、马鞍屯、平寨屯、高友村、高秀村更是这些侗族古村落的典型代表，寨内遗存的许多民居还是明清时期始建的。这些侗族寨子大都是古越干阑式建筑，寨子内部和寨前寨后有堪称侗族建筑艺术杰出代表的大量的吊脚民居、鼓楼、寨门、风雨桥、凉亭等。村寨中还有大量的公共建筑设施如古井、井亭、石板古驿道、古戏台、芦笙坪、消防水塘、祭祀坛、土地祠等。这些古村落大都依山傍水，据地势而建（图1—图5）。

岩寨、马鞍、平寨、高友、高秀等寨子内，还保存着大量的非物质文化遗产和比较完整的古典朴素的民风民俗。其中，有以侗族情歌、双歌、琵琶歌、侗族笛子歌、芦笙舞、多耶舞、侗戏等为代表的民族民间歌舞，以酸菜、酸鱼、酸肉、油茶、米酒等为代表的独特的侗族饮食文化，"萨"文化、"款"文化、"也"文化和具有侗族特点的婚丧嫁娶以及众多的节庆活动。

图1　岩寨屯

图2　马鞍屯

图3　平寨屯

图4 高友村　　　　　　　　　　　　　　　　　　　　　　　　图5 高秀村

融水苗族自治县

34 真仙岩摩崖石刻	
Stone Sculpture in Zhenxianyan	
级　别	自治区级
年　代	宋—清
地　址	融水苗族自治县县城之南2.5公里
看　点	摩崖石刻
开放方式	购票参观

真仙岩，原名老君洞，洞内高30多米，宽约80多米，深达200米，中有天然钟乳石形如太上老君，故得名。真仙岩驰名于全国，最初得益于宋太宗赵光义所敕封的"天下第一真仙之岩"。

据民国《融县志》记载，"真仙岩石刻其他碑志摩崖不下千百，或以湮灭，或不甚显著，不具载"。其中，有宋温国公司马光书《易家人卦辞》，隶书、

径三寸，有宋忠献王韩琦书《杜子美画鹘行》，楷书、径五寸等。如今真仙岩摩崖石刻仅存23方，以宋代石刻居多。较为著名的有张孝祥"天下第一真仙之岩"摩崖，岳飞家书摩崖、宋嘉定四年（1211年）融州军州兼管内劝农使沈哺翻刻的《元韦占党籍碑》，其中《元韦占党籍碑》两方记载了北宋末年的复杂历史，为全国之仅存，价值非凡。（图1）

图1 真仙岩摩崖石刻

南宁市其他主要文物建筑列表

区　县	文物名称	级　别	地　址	年　代
柳州市	鲤鱼嘴遗址	国家级	市区南部大龙潭公园内的大龙潭东北、龙山南麓的岩厦下	旧石器时代—新石器时代
	白莲洞遗址	国家级	市区东南郊12公里的白面山南麓	旧石器时代—新石器时代
	"柳江人"遗址	自治区级	柳江区新兴农场	旧石器时代
柳城县	柳城巨猿洞	国家级	社冲乡新社冲屯西北500米的楞寨山	旧石器时代

3
桂林市
GUILIN

桂林市古建筑
Historical Architecture of Guilin

01 芦笛岩—大岩壁书
02 宋静江府城墙
03 西山摩崖造像
04 独秀峰摩崖石刻
05 还珠洞摩崖造像
06 隐山摩崖石刻
07 骝马山摩崖造像
08 广西省立艺术馆
09 叠彩山石刻
10 桂州城图
11 木龙洞石塔
12 虞山石刻
13 宝积山摩崖石刻
14 铁封山石刻
15 八路军桂林办事处旧址
16 李宗仁官邸
17 万寿寺舍利塔
18 象鼻山普贤塔
19 象鼻山摩崖石刻
20 南溪山摩崖石刻
21 虹桥
22 花桥
23 普陀山摩崖石刻
24 龙隐洞摩崖石刻
25 中共桂林市城市工作委员会旧址
26 靖江王府王陵
27 李宗仁故居
28 双凤桥
29 六塘清真寺
30 兴坪古镇

31 渔村
32 旧县村
33 仙桂桥
34 遇龙桥
35 朗梓村
36 留公村
37 碧莲峰石刻
38 徐悲鸿故居
39 江头村
40 长岗岭村
41 大圩古镇
42 迪塘村
43 四方灵泉
44 明心寺（海阳庙）
45 大桐木湾村
46 湘山寺（含妙明塔）
47 燕窝楼
48 南石祠
49 白茆坞牌坊
50 精忠祠
51 柴侯祠
52 灵渠
53 秦城遗址
54 严关
55 水源头村
56 榜上村
57 红军堂（三官堂）
58 永宁州城
59 百寿岩石刻
60 崇山村

61 关帝庙（慧明寺）
62 月岭村
63 江口村
64 洞井村
65 平等鼓楼群
66 红军楼（杨氏鼓楼）
67 红军桥（顺风桥）
68 榕津村
69 平乐粤东会馆
70 荔浦塔
71 恭城文庙
72 恭城武庙
73 周渭祠
74 恭城湖南会馆
75 朗山村
76 豸游周氏祠堂

桂林市旅游图

概 述

桂林，位于广西东北部，南岭山系西南，北接湘楚，南抵闽粤，山清水秀，峰林洞簇，是首批国家级历史文化名城，自古即因风光秀丽而闻名，享有"桂林山水甲天下"之美誉。

桂林文化历史悠久，远在3万年前即有人类居住。境内已发现大量旧石器至新石器时期的古文化遗址，如大岩遗址、晓锦遗址、甑皮岩遗址等。夏商周时期，百越人在此居住。战国为楚越之交。汉代设始安县，属荆州零陵郡。唐武德四年（621年），李靖在独秀峰南修筑桂林城。宋代先后属广南西路桂州与静江府。桂林自宋代起，即成为广西政治文化中心，史称"西南会府"。明清时期，为广西桂林府。如今，桂林下辖秀峰、叠彩、象山、七星、雁山、临桂六区，阳朔、灵川、全州、兴安、永福、灌阳、资源、平乐八县，以及龙胜各族和恭城瑶族两自治县，并代管荔浦市。

桂林在广西甚至西南地区，有较高的政治与文化地位，留下诸多规模宏大的王府、宗教、文化建筑，至今犹存的云阶玉陛、石仗碑林、古寺佛塔，明代的靖江王府王陵、唐代的木龙石塔、清代的恭城文武庙等，记录了古代桂林的辉煌。此外，还有许多摩崖石刻造像，传承了桂林的宗教文化。

桂林境内以山地丘陵为主，属典型"喀斯特"熔岩地貌，千峰耸立，绿水环围，石洞熔岩景观奇特。史上常有官宦名流、商贾文人至此，游览山水，赏景吟诗，许多山洞崖壁上留下历代人的题咏石刻，年代跨越自唐宋至民国。如芦笛岩壁书、独秀峰石刻、隐山石刻、叠彩山石刻等。桂林石刻内容题材丰富，诗文游记、题名题记、歌咏碑记等，与自然山水相映，成为独特的人文景观。其中，不乏一些名人题刻、传世名句及当地人在特殊历史时期对社会形势与生活状态的真实感官记录，成为桂林艺术史与文化发展史研究的重要一手资料。

桂林水系丰富，不仅有著名的漓江、义江、桃花江等，还有大小河溪百余条，交错相通，滋养了一方水土一方人。清流之上，留下多处古桥堤坝，许多至今仍在沿用。其中最为古老，也最为知名的是秦代的灵渠。此外，还有花桥、仙桂桥、遇龙桥等，同为桂林古桥的代表，造型独特，引人入胜。

桂林气候温和，雨量丰沛，物种丰饶，宜人宜居。在这片清静的地域上，保留下诸多历代的古村落与古民居，彩绘灰批（墙身画）、砖雕浮塑、木栅石础间，融合了苏皖的秀丽与闽粤的精巧。古村的文化传承各具特色，如崇尚耕读的江头村、世代习武的水源头村、商业繁荣的大圩古镇等。此外，还有诸多少数民族的古村古建筑遗存，如侗族的平等鼓楼群等。一些古代宗祠与民居中，记录了当地特有的建造方式，如燕窝楼的燕窝状如意斗栱、周渭祠的"蜜蜂楼"等，体现了当地人的建造智慧。而李宗仁、徐悲鸿等近代名人故居，以及湘江战役期间的诸多抗战遗址等，则记录了近代桂林的历史进程。

本章选取桂林市主要古代建筑及部分近代建筑76处，分别加以简要介绍；另对其余88处古迹进行列表说明。

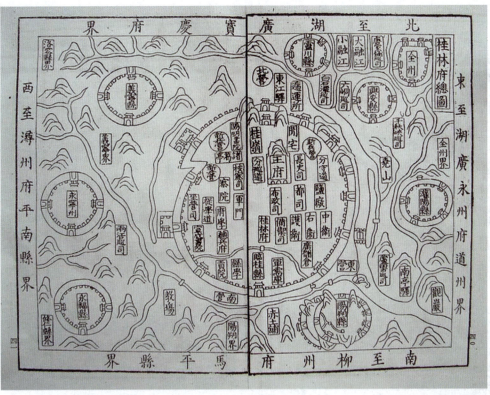

《桂林府总图》

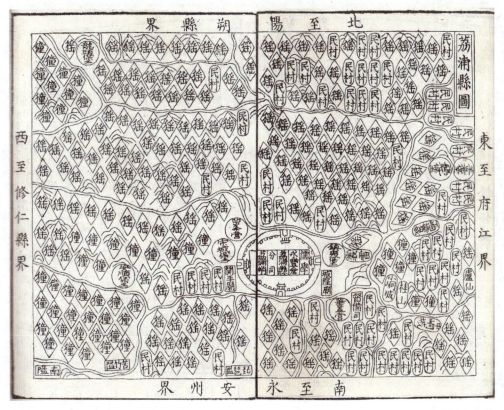

明代《荔浦县图》

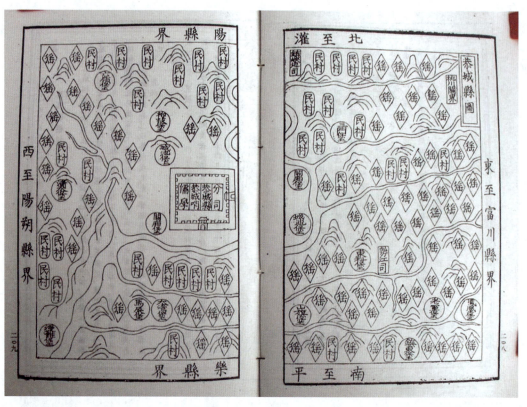

清代《恭城县图》

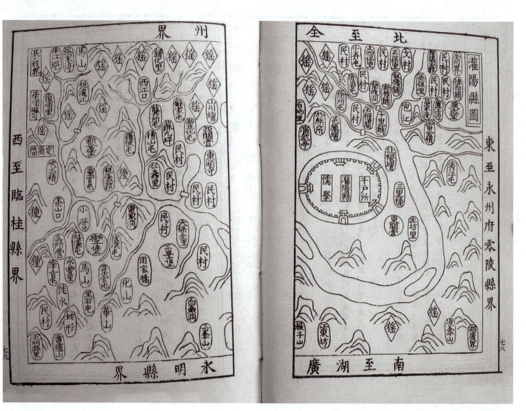

清代《灌阳县图》

秀峰区

1 芦笛岩—大岩壁书

Reed Flute Rock - Great Wall Calligraphy

级　别	自治区级
年　代	唐—清
地　址	秀峰区甲山乡桥头村光明山东麓大岩洞内
看　点	芦笛岩、大岩
开放方式	开放

芦笛岩与大岩位于桂林市西北郊光明山上。

芦笛岩洞深240米，以洞内形态丰富的钟乳石著称，置身其中，如临仙境，被誉为"大自然的艺术之宫"。自唐代起，芦笛岩内不乏名人游历，留下大量壁书壁画，多为墨笔题字，以文人僧侣的游记诗词为主，后人称之为"壁书"。最早一则署"永明"年号，即南朝齐武帝年间留题。

芦笛岩内有壁书70余则，年代以唐宋居多，作者来自全国各地。因年代久远，风化剥蚀，字迹多已损毁严重。其中最早一则为唐贞元八年（792年）所题，目前仅余年号，作者不可考。保存较为清晰完整的是明代靖江王府采山队的题名，反映了王府王陵营建时期曾到此取石，大肆滥用人力物力。据考证，庄简王陵陵门、金水桥等所使用的带红纹石材即出自光明山。芦笛岩壁书多已不可通读，但可与其他地方的壁书或史料记载相互佐证。大量名人名僧题名题诗，成为研究当地佛教发展与历史沿革不可多得的一手资料。

大岩位于芦笛岩旁，是明清时期当地群众的避难场所，内有壁书90余则，以明代为主，已知年代最早的一则题于宋代。多为当地入岩洞者的记述，反映当地的天灾人祸与黎民疾苦，真实记录了多次农民起义与统治阶级镇压的史实。因大多出自百姓之手，文学与书法价值上皆逊色于芦笛岩壁书。目前字迹保留较好，多处清晰可辨，是珍贵的史学资料。（图1）

图1　芦笛岩—大岩壁书

2 宋静江府城墙

Jingjiang Mansion Wall in Song Dynasty

级　　别	国家级
年　　代	宋
地　　址	秀峰区榕湖北路 13 号
看　　点	古城墙、古南门
开放方式	开放

宋静江府城墙遗址，主要包括榕湖北路至宝积山城墙、鹦鹉山北城墙、铁封山、叠彩山、伏波山的城墙（图1—图2）与藏兵洞（图3），以及古南门、东镇门等主要城门遗址，是桂林古建筑遗存中年代最早的一处。目前保存最为完好的是榕湖北岸的古南门。

古南门，又名"榕树门"，有"因树为楼作门"之故。据《一统志》记载："榕树门，即古南门，在府学前，相传唐时筑门，上植榕树一株，岁久根跨门外，盘错至地，若天成焉。"古南门的修筑时间众说纷纭。相传，古南门最早为唐代李靖所建的桂林城谯门。另有学者指明，北宋以前，桂林为土城。南宋末年，蒙古军队进军广西，宋王朝对号称"西南会府"的桂林筑城防守，耗时16年。桂林筑城全部用巨大的方料石砌筑而成，北至鹦鹉山，南至榕杉湖，西至桂湖，东至漓江西岸。古南门即此次修筑。[1]古南门原有城楼已毁，元代重修，称"关帝庙"。明洪武八年（1375年），因桂林城向南拓展，早期城垣大多被毁，独留此门。明代，曾先后更名"应奎楼""仰高楼"等，南侧加筑蹬道与平台（图4）。

古南门坐北朝南，拱券顶，城门南端东侧留有明崇祯年间陈于明的诗刻。城门北侧城墙为宋代遗存，高逾5米，厚近10米。墙上为石砌平台，石砌望柱环护。古南门门楼于抗日战争年间被毁，1949年重建，保存至今。砖木结构，前出檐廊，歇山顶，覆小青瓦。门前湖光相映，翠色迷人，郭沫若至此时，还曾为其题写匾额。

图1　宋靖江府城墙

图3　宝积山藏兵洞

图2　东镇门段

图4　古南门

---

1. 周开保.桂林古建筑研究概述·上篇[J].广西城镇建设，2015(03): 56–62.

3 西山摩崖造像

Cliff Statues in the West Mountain

级　　别	国家级
年　　代	唐
地　　址	秀峰区丽君路西段西山公园
看　　点	唐代造像
开放方式	开放

西山位于桂林西郊，附近诸峰曾为南方重要禅林，唐宋年间先后建寺。如今，寺已不在，西山崖壁上仍留有多处佛龛、灯龛与摩崖造像，共计二百余尊。

西山造像以唐代作品为主。最大一处高约2米，最小的仅20余厘米。造像面腴体丰，裸乳露肩，袈裟飘逸，神态自然，独具一格。此外，还留有曹楚玉母、尹三归、陈对内、梁今义、李廖氏等多处造像记。

西山造像年代悠远，保存较好，是南方古代宗教艺术的重要遗存（图1—图2）。

图1　西山摩崖造像龙头峰石刻

图2　西山摩崖造像

4 独秀峰摩崖石刻

Duxiufeng Cliff Rock Carvings

级　　别	国家级（桂林石刻）
年　　代	唐—民国
地　　址	秀峰区独秀峰
看　　点	读书岩、太平岩
开放方式	开放

独秀峰，因南朝刘宋诗人颜延之的"未若独秀者，峨峨郛邑间"而得名。山体海拔216米，占地约0.6公顷。独秀峰上共有摩崖石刻百余处，分布于东麓的读书岩、南麓的太平岩、西侧的登山道与山顶等处。文体丰富，字体俱全。明代时，独秀峰曾划入靖江王府花园，摩崖石刻中不乏反映当时情形的史料。因此可以说，独秀峰石刻对于桂林古代的历史与文化研究，均具有重要意义。（图1）

独秀峰石刻中，不乏闻名于世的作品。其中，唐代郑叔齐的《独秀山新开石室记》和元代李振孙的《广

图1　独秀峰

西道平蛮记》是当地的重要史料；南宋学者王正功于嘉泰元年（1201年）最早提出"桂林山水甲天下，玉碧罗青意可参"的千古名句，即镌刻于独秀峰的读书岩；元代丁方钟所刻孔子像，刀法圆润，线条传神，旁附黎载所著的《孔子造像记》；清代黄国材的"南天一柱"刻于独秀峰东，单字一丈，是独秀峰最大的石刻；另有张祥河的"紫袍金带"、耆英的"介然独

立"、吴迈的"卓然独立天地间"等历代诗人赋诗题词,均为艺术精品。

独秀峰自宋高宗赵构御赐"福寿山"之名后,即为当地人祈求福寿的宝地,山上留下大量福寿碑刻,其中以位于山顶、山脚、山腰的"天地人齐寿"最为知名。山顶的"天寿"位于南天门之上,寓意"添寿",是清光绪年间湖南信士王振棋在其七十寿辰时所书;山腰的"人寿"位于山南,寓意"寿比南山",是慈禧太后在其六十岁寿辰时所题,并赠予时任广西巡抚的张联桂;"地寿"位于北侧山脚,是清代诗人郭司经所题,与前两者相映,被后人称为"地寿"。

独秀峰西麓有一处天然洞穴,名"太平岩",是当年靖江王拜仙修炼的地方。洞中供奉玄武大帝与六十甲子保护神像摩崖石刻。后者在国内独一无二。

独秀峰峰顶可俯瞰桂林全城,官邸、民宅尽收眼底,特别是南北轴线上的靖江王城,占尽地利,尽显当年恢宏气派。

5 还珠洞摩崖造像

Huanzhu Cave Cliff Statue

级　别	国家级(桂林石刻)
年　代	唐
地　址	秀峰区伏波山上
看　点	米芾自画像、范成大鹿鸣诗
开放方式	开放

还珠洞位于伏波山上,面向漓江,可渡舟而入。唐代称"东岩",宋代开西洞口,新中国成立后增开南洞口。洞口一处悬石,形似剑劈而成,名"临江试剑石",颇具特色。

伏波山上多石刻,以还珠洞内最为集中。千佛岩内留有唐代摩崖造像二百余尊,面形圆润,身量清秀。其中,以唐大中六年(852年)的宋伯康造像最为知名,并留有《造像记》,记录其事。(图1)

洞内摩崖石刻繁多,最早一处为赵格、刘虚白题名,刻于唐咸通四年(863年),高约0.4米,宽约0.7米,是桂林现存题名最早的石刻。此外,还有宋代画家米芾自画像、诗人范成大鹿鸣燕诗等,均为唐宋年间书画精品。(图2)

图1　还珠洞摩崖造像1

图2　还珠洞摩崖造像2

6 隐山摩崖石刻

Yinshan Mountain Cliff Rock Carvings

级　　别	国家级（桂林石刻）
年　　代	唐—清
地　　址	秀峰区丽君路西山公园隐山
看　　点	隐山六洞
开放方式	开放

隐山，位于西山公园内，由唐代桂州刺史李渤开发并题名。隐山古时临水，元代废湖为田，但山洞中依旧有水流，汩汩如筝鸣清脆，孕育了丰富的石乳奇观，令人称奇。（图1）

隐山现存摩崖石刻近百件，主要分布于朝阳、北牖、夕阳、南华、白雀、嘉莲六洞附近，以宋、清两代为主，内容多歌颂山水美景。其中，最早一处为唐宝历元年（825年）吴武陵所书的《李渤等隐山题记》，记述了隐山开山经过。五代僧人贯休的十六尊者像，早期也藏于隐山的华盖庵内。

此外，隐山其他重要石刻包括：宋绍兴二十四年（1154年）吕愿忠游隐山六洞的题诗；宋淳祐十二年（1252年）曾原一等人在朝阳洞的题名；宋淳熙五年（1178年）张栻所书的《招隐》题榜题记（图2）；宋淳熙丁未年詹体仁等的题名（图3）；清嘉庆二十四年（1819年）两广总督阮元独游隐山庆生时留下的《隐山铭》（图4）等。

图 1　隐山摩崖石刻

图 2　宋张栻书"招隐"

图 3　宋詹体仁王仲寅等三人题名

图 4　清阮元《隐山铭》

十六尊者像

十六尊者，即释迦牟尼座下弟子，也称罗汉，常驻人间。

十六尊者像原为五代时期前蜀僧人贯休所做，笔力遒劲，形态传神，神态各异，个性突显。贯休，俗姓姜，字德隐，号禅月大师。擅吟诗作画，尤擅画佛像。草书堪比怀素，称"姜体"。十六尊者像绢本原作已毁，现存十六尊者像，为清乾隆五十八年（1798年），江西临川人李宜民根据西湖孤山圣因寺罗汉堂内的摹本重刻。一石一像，高1米有余，宽约半米，画像上方刻尊者名号、位次等。乾隆皇帝曾御笔题词12行，位于第四石上。

十六尊者像原位于隐山的华盖庵内，新中国成立后，先后迁至八路军驻桂林办事处、古南门等地存放。现展出于七星区龙隐路1号的桂海碑林博物馆。

7 骝马山摩崖造像

Liuma Mountain Cliff Statue

级　　别	国家级
年　　代	唐
地　　址	秀峰区骝马山北巷崖壁
看　　点	第三龛
开放方式	开放

骝马山摩崖造像主要分布于山北，现存造像6龛20余尊，高0.5至1.5米，均为唐代风格，无造像记留存。其中，第三龛保存最为完整，龛中供有造像10尊，分别为：

居中1佛，高约1米，坐于狮子座上，广衣敞袖，左按膝，右上举，施无畏印。佛两侧为阿难、迦叶二弟子。阿难清秀，迦叶面相具有西域特色。二者均侧身合掌，虔诚礼佛。弟子旁为两菩萨，体形瘦长，面像丰润，一手下垂，一手托净瓶。菩萨外为2金刚力士，盔袍相加，持戟扶剑，横眉怒目而立。另有3供养人，着俗衣，双手合十礼佛。（图1）

图1　骝马山摩崖造像

8 广西省立艺术馆

Guangxi Provincial Art Museum

级　　别	国家级
年　　代	民国
地　　址	秀峰区解放西路 15 号
看　　点	造型、艺术史学价值
开放方式	可参观

广西省立艺术馆，又名桂林艺术馆，由戏剧家欧阳予倩筹建于 1943 年，次年竣工（图1—图2）。1944 年秋毁于日军侵华战火。隔年依照原图纸（图3—图6），于原址重建。

艺术馆为砖木结构，红砖砌成，门窗四周凸出厚重的外框，具有明显的西式风格（图7—图8）。艺术馆依照剧场设计，满足了演出的需求，音响效果优越，舞台台口高约 8 米，宽 12 米，深 15 米。台下设有乐池、化妆间。观众楼设座席 600 余个（图9）。

广西省立艺术馆在战争年间，作为进步文化人士的根据地，对于戏剧艺术的保留、传承、革新起到积极作用，被誉为"中国戏剧史上的第一座伟大建筑"。

图1　1943 年正在建设中的广西省立艺术馆

图2　欧阳予倩与夫人刘向秋在艺术馆建筑工地

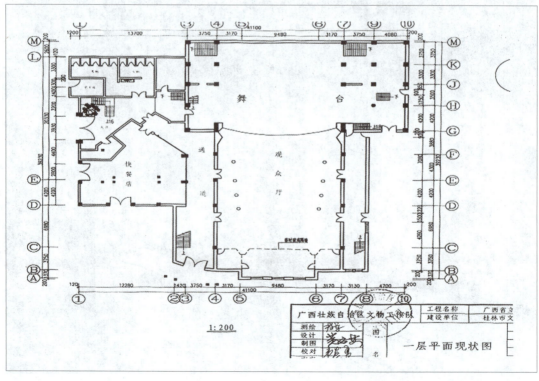

图3　一层平面现状图

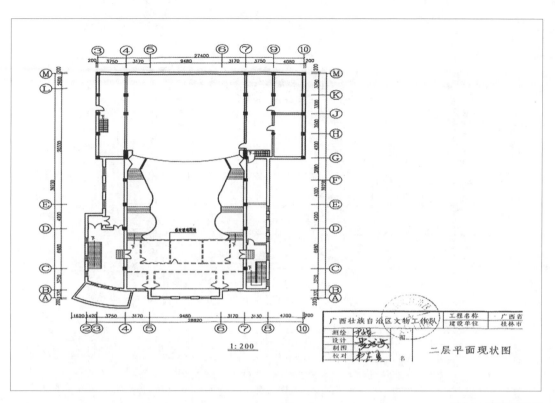

图 4　二层平面现状图

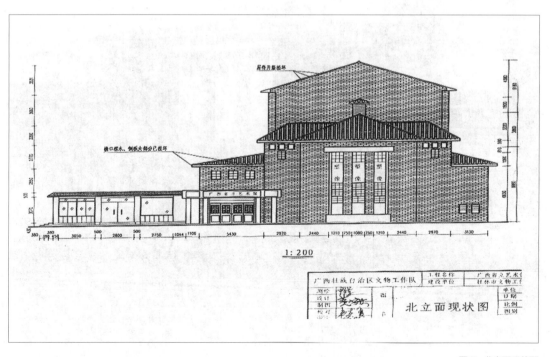

图 5　北立面现状图

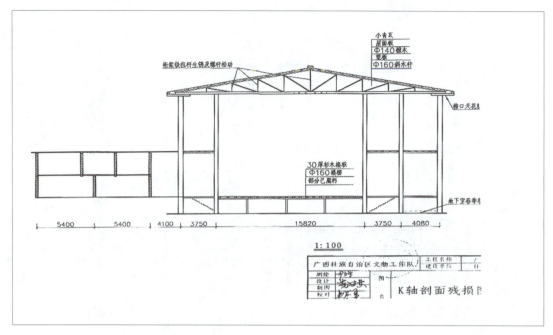

图 6 K 轴剖面残损图

图 7 广西省立艺术馆正立面外景

图8　北面四小花窗

图9　广西省立艺术馆内景

叠彩区

9 叠彩山石刻
Diecai Mountain Stone Carving

级　别	国家级（桂林石刻）
年　代	唐—清
地　址	叠彩区叠彩山上
看　点	风洞、木龙洞、碧霞洞、临江岩
开放方式	开放

叠彩山，又名桂山、风洞山，含于越山、四望山、明月峰和仙鹤峰四座主峰。唐代诗人元晦在《叠彩山记》中称，叠彩山因"山以石文横布，彩翠相间"而得名。（图1）

叠彩山摩崖石刻主要分布于风洞（图2）、木龙洞、碧霞洞、临江岩与登顶的山道旁，现存共计178件。其中，年代最早的是唐会昌四年（884年）元晦所撰的《叠彩山记》《四望山记》。另有宋绍熙五年（1194年），朱希颜所作的《访叠彩岩诗》；明代刘台、周进隆、杨芳，清代袁枚、张宝、严永华等人的题诗；清代桂林画家李秉绶的《兰竹》；清代女诗人陈长生的《风动题壁》等。清光绪二十一年（1894年），康有为在此题名；宣统三年（1911年），崇华医学会刻下"崇华医学会碑记"，成为近代医学史发展的重要记录。

叠彩山另有多处摩崖造像，主要分布于明月峰的风洞与仙鹤峰的仙鹤洞中。风洞内为佛教造像，衣着厚重，脸部消瘦，属唐末宋初风格，共24龛，近百尊。仙鹤洞内有两件明代的浮雕作品，一为玄武，一为仙鹤。

图1　叠彩山石刻

图2　风洞内一角

10 桂州城图

Guizhou City Map

级　　别	自治区级
年　　代	宋
地　　址	叠彩区中山北路鹦鹉山南麓
看　　点	古城布局
开放方式	开放

《桂州城图》摩刻于城北鹁鸠山（现鹦鹉山）南麓的三面亭后石崖上，高约 3.4 米，宽 3 米，是南宋时期的桂林城域图，现保存较好，大部分清晰可读。城图以描绘城壕官署、军营渡津为主，对于市井街区、山川名胜仅标干道，具有明显的军事防御色彩。（图 1—图 3）

宋代桂州城曾历五次大修，第五次修城最为壮观。当时正值南宋晚期，元军攻势迅猛时期。据《宋史·理宗纪》载，宝祐六年（1258 年），"（十二月）辛丑，诏李曾伯筑关隘，训练民兵，峒丁，申严防遏"。其后，共历李曾伯、朱禩孙、赵与霖、胡颖四任官员，完工于咸淳七年、八年（1271—1272），城图也是在此期间刻于此处。

《桂州城图》详尽表示了大量军事官署建筑的布局与建筑形制，如戍军寨、望火楼、营房、小教场、烽烟楼、武台等，展现出一幅大军屯驻的情景：东南倚靠深河高墙优势，军队部署较少，西北则兵力雄厚，得当的军力部署使孤城得以成守 20 余年。

此外，图中还展现了宋代街市繁华、纵横相通的城市肌理；城图附记则描述了修城始末。桂州城池从选址到规划布局，均从巩固统治与城防、便于城池扩张的角度着手。城壕依山就势，不苛求笔直方整，使整座城池易守难攻。

《桂州城图》图幅之大、内容之丰、年代之久均为国内罕见，对于宋代的城市建设、宋元交替时期的历史沿革等方面研究，均有重要的史料价值。

图 2　桂州城图 1

图 1　桂州城图位置

图 3　桂州城图 2

11 木龙洞石塔

Stone Pagoda at Wooden Dragon Cave

级　　别	自治区级
年　　代	唐
地　　址	叠彩区木龙洞以北临江岩上
看　　点	唐代遗存
开放方式	开放

　　木龙洞石塔，因位于漓江岸边的木龙洞外而得名。石塔建于唐代，是桂林境内稀有的唐代遗物。木龙洞石塔质朴小巧，比例独特，为巨石雕成的喇嘛式塔，高约 4.35 米（图1）。塔基由三层圆形石鼓叠砌而成，雕有仰覆莲花式纹样。宝瓶式塔身，四周刻有浅龛，雕菩萨像（图2）、佛像（图3）。塔顶由十二重相轮、六角形伞盖与葫芦形宝顶组成。塔身东侧佛龛上方刻有"光绪十一年五月初二日洪水至此"，是当地重要的水文史料。

　　古塔临江，北观虞山，东望尧山，山岩古木，古渡浮船，视野开阔辽远。宋代谭舜臣曾题《木龙洞游观题名》："登石门，下临江岩，参唐代佛塔，览风帆沙鸟。江山之胜，此为最焉。"

图2　木龙洞石塔菩萨像

图1　木龙洞石塔

图3　木龙洞石塔佛像

12 虞山石刻

Yu Mountain Stone Carving

级　别	国家级（桂林石刻）
年　代	唐—清
地　址	叠彩区虞山公园
看　点	韶音洞
开放方式	开放

虞山，位于漓江西岸，又名舜山，因相传舜帝南巡时曾游历至此而得名。东晋时期曾在山南建有虞帝庙，而后历朝历代毁建频繁。

虞山摩崖石刻主要分布于韶音洞及山体东麓和南麓。韶音洞，因洞后流水淙淙成韵，似舜帝韶乐而得名，洞内留有宋代石刻"韶音洞"。

虞山石刻现存约60处，年代以明清为主，另有唐宋元代石刻约10处。内容多与歌颂虞帝功绩和虞山景色相关，诗文居多，配以题榜、记事、绘画等。其中最早一处，是唐建中元年（780年），韩云卿撰文、韩秀实所书、李阳冰篆额的《舜庙碑》，后人称之"碑三绝"。刻于宋淳熙三年（1176年）的《静江府新作虞帝庙碑》，由朱熹撰文、吕胜已书写、方士繇篆额，记录了南宋理学家张栻重修虞帝庙的经过。因四人均为理学名士，此碑也称"四夫子碑"。元至正二十三年（1365年），刘杰撰《帝舜庙碑》；清光绪十五年（1889年），沈秉成撰《重修虞帝庙记》，记录了虞帝庙在历朝历代的兴衰史，以及桂林重要历史人物事迹。

此外，还有宋淳熙四年（1177年），张栻手书的《韶音洞记》；宋嘉定八年（1215年）方信孺所撰的《古相思曲》（图1）；明清学者周进隆、谢启坤、陈彬等人的题诗；李秉绶所绘《兰竹图》（图2）；以及少数祭祀性作品。虞山石刻具有重要的文学与艺术价值，是桂林石刻的瑰宝。

图2　清李秉绶《兰竹图》石刻

图1　宋方信孺《古相思曲》石刻

13 宝积山摩崖石刻

Baoji Mountain Cliff Carving

级　　别	国家级（桂林石刻）
年　　代	宋—民国
地　　址	叠彩区翊武路中段宝积山
看　　点	华景洞
开放方式	开放

宝积山，与叠彩的四望山相望。唐代时，因山体呈蟠龙状而得名"龙盘岗"。现名最早见于山麓上的明正德年间篆体石刻，因山上奇石多如宝石堆积而得名。

宝积山上自古不乏自然与人文景观。如元代的武侯祠，亦称孔明台，明清两代各有迁建，抗日战争时期毁于战火；山北的华景洞与洞前铁佛寺；另有华景塘、宝积岩、岩光亭等。

宝积山摩崖石刻主要位于华景洞周围。华景洞洞深五六丈（一丈为十尺，约3.33米），宽敞幽深，可至孔明台。华景洞洞边石刻现存20余处，以宋代为主，及明清石刻10余处。其中，保留完好的石刻年代最早一处为宋嘉祐三年（1058年）宋咸、萧固等七人的题名（图1）。

宝积山石刻涵盖题名、题榜、题诗、记事等。其中，以唐会昌年间，桂州刺史元晦开辟华景洞最多。如吕愿忠题于宋绍兴二十四年（1154年）的"过华景用唐元晦刺史岩光亭韵诗"；张自明题于宋嘉定七年（1214年）的《华景洞题诗》等。此外，洞中还留有宋嘉定八年（1215年），道人蒋卓在此隐居时所作的《石堂歌》；宋开庆元年（1259年）李曾伯所书的《抗元纪功碑》等。1979年，岩洞内还发现了距今3万年的古人类牙齿化石、动物化石与打制石器等。

图1　宋咸、萧固等七人游华景洞题名

14 铁封山石刻

Tiefeng Mountain Stone Carving

级　　别	国家级（桂林石刻）
年　　代	唐—宋
地　　址	叠彩区铁封山西端崖壁上
看　　点	石刻
开放方式	开放

铁封山，又名镇南峰，东临漓江。石壁上现存摩崖石刻6处，最早一处为唐大历十二年（777年）的《平蛮颂》（图1），由韩云卿撰文，韩秀实隶书书写，李阳冰篆额，记述了桂州刺史李昌巙招讨"西京蛮"潘长安之事。此外，还有宋庆历五年（1045年）孔延

图1　《平蛮颂》石刻

之撰写的《瘗宜贼首级记》（图2），记载了杜杞镇压环州区希范、白崖山蒙赶起义的经过；宋皇祐五年（1053年）余靖撰写的《大宋平蛮碑》（图3），记载了狄青镇压侬智高起义史实。均为珍贵的少数民族历史研究资料。目前，因石刻多裸露于外，风化较为严重。

图2 《瘗宜贼首级记》石刻

图3 《大宋平蛮碑》石刻

15 八路军桂林办事处旧址

The Old Site of the Eight Road Army Guilin Office

级　　别	国家级
年　　代	民国
地　　址	叠彩区中山北路14号
看　　点	红色基地
开放方式	可参观

八路军桂林办事处旧址原为黄旷达的酒铺"万祥槽坊"，位于中山北路14号。坐东朝西，二层砖木结构，三进两开间，建筑面积约800平方米。（图1）

1937年，抗日战争爆发，国共两党合作。次年9月，因武汉危急，党中央成立南方局，11月租下此屋成立桂林设办事处，李克农任主任。12月，南方局暂设于此，周恩来、叶剑英等曾在此居住。1941年1月，国民党掀起反共高潮，制造"皖南事变"，办事处被迫撤离。

办事处共有大小房间十余间。呈院落式布局（图2—图3）。楼下主要用于警卫、值班、救亡等工作，楼上为机要室、会议室、电台室等重要办公场所。门口悬挂的"万祥槽坊"牌匾当时起到一定掩护作用（图4）。

图1 八路军桂林办事处旧址

八路军驻桂林办事处是当时党中央南方局与地方党组织联络的中心，对桂系统战、筹运物资等起到重要作用。办事处旧址作为红色基地，具有革命纪念意义。1944 年，桂林沦陷，糟坊毁于战火。1967 年在此复原重建，1977 年成立纪念馆，叶剑英题写馆名。

此外，灵川县莫路村还留有当时设置的电台、救亡室、物资转运站等，均是历史的见证。

图 3　八路军桂林办事处旧址院落 2

图 2　八路军桂林办事处旧址院落 1

图 4　"万祥糟坊"牌匾

象山区

16 李宗仁官邸
Li Zongren's Official Residence

级　别	国家级
年　代	民国
地　址	象山区文明路 16 号
看　点	布局、近代风格
开放方式	可参观

李宗仁（1891—1969），字德邻，广西临桂人，曾任中华国民代总统、陆军一级上将，"桂系"首领，北伐战争前曾致力两广统一，对发动北伐战争具有重要贡献。

李宗仁官邸位于桂林杉湖西南角，四方形院落式布局，占地约 3000 平方米，建筑面积约 2000 平方米。由门楼、副官室、主楼、附楼组成。

官邸门楼面向西南（图 1）。主楼坐西朝东，砖木结构，黄色批灰砖墙，庑殿顶青瓦屋面，中西合璧式风格，通高 12 米，平面接近正方形，建筑面积 800 余平方米。一层主要用于办公；二层用于待客、居住。内设壁炉，铺木地板，富有西式别墅特色（图2—图3）。官邸内有可容纳 40 人的会所，面积约 50 平方米，曾作为桂系最高级别军官会议室。

官邸建于 1948 年，李宗仁时任副总统。至 1949 年 11 月，李宗仁曾在此居住办公，此后保存完好。1991 年，李宗仁诞辰 100 周年之际，此处作为陈列馆对外开放，展示李宗仁的委任状、电报书信、枪支战刀、摄影书画等历史文物与生活用品。楼内还留有当年的壁炉、澡盆等物品，均为李宗仁将军传奇一生的见证。

图1 官邸门楼

图2 中西合璧风格

图3 官邸内院

17 万寿寺舍利塔

Dagoba in Wanshou Temple

级 别	自治区级
年 代	唐—明
地 址	民主路万寿巷
看 点	明代喇嘛塔
开放方式	开放

万寿寺舍利塔，位于桂林最早的佛寺开元寺遗址内。

开元寺建于隋代，原名"缘化寺"，唐开元二十六年（738年）改称开元寺。高僧鉴真五次东渡失败后，曾在此参拜修行一年。开元寺在宋明年间多次迁建重修，宋代更名"永宁寺""宁寿寺"等，明代称"万寿寺"。开元寺已毁于战火，现仅存舍利塔。

舍利塔前身建于唐显庆二年（657年），七级砖砌，原塔早已被毁。现存为明洪武年间重建，历时18年建成，位于宋代寿宁寺的范围内。

舍利塔为砖砌喇嘛塔（图1—图2），通高约13米。塔基呈正方形，边长约7米，各向开门相通，南侧题"舍利宝塔"，其余三门题汉文与梵文的"南无阿弥陀佛"。四面门额分别刻有八大金刚的名字，南为"净水""持灾"，北为"除灾""辟毒"，东为"赤声""大神"，西为"紫贤""随求"。白色覆钵式塔身，朱红、丹黄相间。下层为八边形，各向开佛龛，上层为宝瓶形，窗孔内置有明清时期舍利陶罐。伞盖形塔刹，上加五重相轮，置铜质葫芦形宝顶，刻铭文，款"公务十八年十月初七日题"。内壁题有墨书的《金刚经》全文。相传，塔前原有唐代书法家褚遂良所书的《金刚经》碑刻，乾隆年间被毁，现仅存碑首龙纹与无字碑身。

舍利塔是桂林保存较好的明代古塔。清代的开古寺曾因雅静清幽而闻名，被誉为"清虚上方"，是桂林旧时八景之一。元代刘志行曾有诗云："上方无云下方雨，便有天上人间分。漫空宝华沾不住，俯拾瑶草闻清芬。"

图1 舍利塔远景

图2 舍利塔近景

18 象鼻山普贤塔

Elephant Trunk Hill Pagoda

级　　别	自治区级
年　　代	明
地　　址	象山区象鼻山顶
看　　点	环境、远观
开放方式	开放

　　普贤塔，位于象鼻山山顶，始建于明代初期，是一座实心喇嘛砖塔，高约13.6米。因远观时形似插于象背上的一柄宝剑或至于其上的一尊宝瓶，而又有"剑柄塔""宝瓶塔"之称。（图1—图2）

　　普贤塔塔基为双层八角须弥座式，形态厚重，第二层正北侧嵌有青石平雕的"南无普贤菩萨"像。普贤塔位于象鼻山之巅，与普贤菩萨乘大象的传说相吻合。象载宝瓶，在亚洲寓意吉祥、和平、幸福、美好。山水古塔相映成趣，和谐自然。

图1 象鼻山普贤塔1

图 2　象鼻山普贤塔 2

19 象鼻山摩崖石刻

Elephant Trunk Hill Cliff Rock Carvings

级　　别	国家级
年　　代	明
地　　址	象山区象山公园内
看　　点	水月洞、临江崖
开放方式	开放

象鼻山，又称象山，因山体形似象鼻吸水而得名。桂林有两处象鼻山，一处位于桃花江与漓江交汇处，一处位于灵川县公平乡下南村。通常人们所称象鼻山为前者，是桂林的城市名片。山顶留有明代普贤塔，山下象鼻与象身间为水月洞，可过小船。

在象鼻山的水月洞和临江崖壁上，留有多处摩崖石刻（图1），以题名题诗为主。现存摩崖石刻约50处，宋代占一半，其余石刻明清各一半。著名的有：宋乾道二年（1166年）诗人张孝祥所作《朝阳亭记并诗》，原为水月洞边的朝阳亭所题（图2）；宋乾道九年（1173年）范成大游历至此，因水月洞之名实为得当，而作《复水月洞铭》（图3）。此外，还有宋庆元三年（1197年）杜思恭所刻《陆游诗札》；宋嘉定七年（1214年）方信孺所作《云崖轩诗》；宋绍定四年（1231年）张茂良所题《赵公德政碑》等。

象鼻山摩崖石刻在文辞、书法上皆为珍品，为此自然名胜增添了一抹人文色彩。

图1 水月洞南壁

图3 《复水月洞铭并序》

图2 《朝阳亭记》

20 南溪山摩崖石刻

Nanxi Mountain Cliff Rock Carvings

级　　别	国家级
年　　代	唐—民国
地　　址	象山区南溪山公园南溪山
看　　点	白龙洞、元岩、泗洲岩、刘仙岩、穿云岩
开放方式	开放

南溪山，位于城南将军桥头，东临漓江，因南溪萦绕于山体东北侧而得名。南溪山中多溶洞，山体在云雾初晴时异彩秀美，旧时有"南溪新雾"之誉。

南溪山摩崖石刻，主要位于山北的白龙洞（图1）、元岩、泗洲岩，以及山南的刘仙岩、穿云岩。现存百余处，宋、明、清三代居多。其中，最早一处为唐宝历二年（826年）李渤、李涉二兄弟的《南溪诗并序》《玄岩铭并序》，记述了其开发南溪山的始末。

图1 南溪山白龙洞

山北石刻以游记题名、山水诗词、神龙传说为主，重要石刻包括：宋绍兴二十年（1150年）张仲宇刻李渤离桂时诗作《留别南溪》；宋元祐四年（1089年）关杞所题《游白龙洞记》；宋庆元元年（1195年）朱希颜、胡长卿所题《游白龙洞唱和诗》；宋淳祐元年（1241年）黄应武的《元岩词》；清线国安的《鼎建白龙岩纪事碑记》等。石刻不仅在文学、书法上卓有成就，对历史研究也具有重要意义。

山南石刻内容多提及刘仲远在刘仙岩修道而长寿的传说。重要石刻包括：宋宣和四年（1122年）吕渭的《养气汤方》碑（图2）；宋绍兴十八年（1148年）张仲宇的《张真人歌》；宋绍兴二十二年（1152年）觉真道人所刻《佘先生论金液还丹歌诀》；宋乾道年间张孝祥的《刘仲远像赞》等。

此外，还有明代的《蜕岩》榜书、《探丹窟题石诗》；清代的《大空铭》《刘仙岩形胜全图》（图3）等，记述了道教在桂林的发展史程。

图2 宋吕渭刻《养气汤方》碑

图3 《刘仙岩形胜全图》碑

21 虹桥

Rainbow-Shaped Bridge

级　别	自治区级
年　代	明
地　址	象山区虹桥社区南门桥东侧桃花江河道上
看　点	水利
开放方式	开放

虹桥，位于明代开凿的护城河——阳江的南侧故道上，南门桥以南，又名"横桥""胜水坝"。虹桥始建于明洪武八年（1375年），明万历年间曾历大修。清康熙二十四年（1685年）和清光绪二十三年（1897年）亦有修葺。虹桥因建造时，时任广西巡抚的杨芳称其"乘碟俯瞰，隐如长虹"，故而得名。清康熙年间，主持维修的巡抚取"欲坝胜于水"之意，称其为"胜水坝"。（图1）

虹桥呈东西向，条形巨石平铺而成，长约100米，宽约20米。起蓄水、分洪、调控水位以利交通的作用。枯水期时，虹桥起蓄水水坝作用，提高阳江水位，经象山汇入漓江；洪汛期间，水流逾过水坝向南，经雉山汇入漓江，使城池免于漫湎。虹桥至今已有600余年历史，仍在造福一方百姓，是当地最为著名和实用的古代水利工程之一。

图1 虹桥

22 花桥

Flower Bridge

级　别	自治区级
年　代	明
地　址	七星区七星公园西门
看　点	廊桥
开放方式	开放

花桥横跨于灵剑溪与小东江交汇处，因两岸花木繁盛而得名，是一座东西向多孔石拱廊桥。清代桂林女诗人朱镇曾在《题花桥诗》中云："石桥东郊外，近市转清幽。树影分樵路，山光压酒楼。几村临岸见，一水抱城流。花事今消歇，春波泛白鸥。"

花桥始建年代不详，史上曾多次重建维修。在鹦鹉山的宋代摩崖石刻《静江府城图》上，此处已有与花桥水桥形制相似的五孔拱桥，元末明初因洪灾被毁。明景泰年间重建石台木面拱桥。明嘉靖十九年（1540年），靖江王安肃王妃就两岸东高西低之势，新建了六孔旱桥，并在水桥上架设木廊，名"嘉熙桥"。清康熙二十年（1681年）毁于水患，同年重建，加砌了导流堤与石护栏。桥体"高约五六丈，大可五十围"，名"天柱桥"。清乾隆三十二年（1768年）形成西岸七孔旱桥接东岸四孔水桥的形制。清光绪十一年（1885年）又历大修。1965年，桥廊内部改为钢筋混凝土结构，保留至今。

花桥全长约125米，东侧的四孔水桥长约60米，宽约7米，每拱跨度约13米。桥上设有桥廊（图1—图2），抬梁式木构架，悬山顶覆绿色琉璃瓦。桥面以大青石板铺砌，两侧石砌驳岸。西侧的七孔旱桥（图3）拱跨约为6米，宽约5.3米，内宽外窄，呈缓坡式连接西岸，汛期可泄洪。

花桥东岸有一处形似天柱的芙蓉石，称"天柱石"。石北刻有"大宋崇宁五年丙戌岁六月二十九日，大水泛至此""光绪乙酉年，洪水至此"，是研究漓江水文的历史资料。

图1　花桥水桥

图2　花桥廊桥

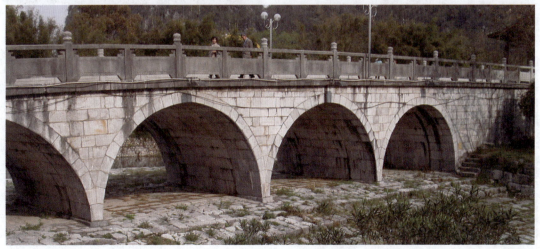

图3　花桥旱桥

23 普陀山摩崖石刻
Mount Putuo Cliff Stone Carvings

级　别	国家级（桂林石刻）
年　代	隋—清
地　址	七星区七星公园普陀山
看　点	《逍遥碑》、七星岩、栖霞寺故址、曾公岩、元风洞、弹子岩、留春岩、省春岩
开放方式	开放

普陀山，位于七星公园中心，因山上留有大量古代石刻而富于浓郁的文化色彩。山门处的"逍遥"碑为唐大历五年（770年）颜真卿所书，抗战年间从桂林行春门逍遥楼迁至此处。

普陀山石刻以摩崖石刻为主，主要分布于七星岩、栖霞寺故址、曾公岩、元风洞、弹子岩、留春岩、省春岩等处。现存近300件，多为题名、题榜和诗文，另有少数纪事、名人录、铭文、楹联等。年代以宋、明、清三代为主。最早一处位于七星岩，是刻于隋开皇十年（590年），僧人昙迁的"栖霞洞"题榜（图1）。

七星岩，位于西侧山腰，原为地下河。原名碧虚岩，即普陀岩上所留明末道人潘常静错刻的"碧虚岩"三字，又名栖霞洞。七星岩摩崖石刻主要有：唐显庆四年（659年）"玄玄栖霞之洞"题字；位于岩口的宋天禧二年（1018年）燕肃的悬针篆题名；宋绍兴五年（1135年）尹穑所作的《仙迹记》，记录了唐代县令郑冠卿在此偶遇日华月华之事；宋淳熙元年（1174年）范成大根据尹穑所述建亭留下的《碧虚铭》；宋嘉定六年（1213年）莆田柯梦得为方信儒所撰的《方公祠堂迎送神曲》，被郭沫若誉为宋代隶书极品；明代张文熙所题的"第一洞天"等（图2）。

栖霞寺故址位于七星岩下，原寺为清代僧人浑融所建，周围石刻多为当时文人往来酬唱诗文。其中，清康熙五十二年（1713年）陈元龙所刻的《阜成书院记》中，反映了清初桂林书院的发展形式与规模，具有历史研究价值。

曾公岩，原名冷水岩，又因曾为七星岩出口而俗称"七星后岩"。重要石刻包括：宋元丰元年（1078年）刘谊所刻《曾公岩记》及题诗，记述发现岩洞的经过；宋绍兴四年（1134年）孙觌、董菜等五人游至此处的题名；宋淳熙五年（1178年），周椿等十三人在此为张栻饯行留下的题名等。

元风洞位于普陀山西麓，又名玄风洞、芜菱岩，因夏日凉风习习，清凉消暑而得名。洞周围的重要石刻有：宋淳化元年（990年）柳开所书《玄风洞铭》；宋政和七年（1117年）李彦弼、曹迈题名，及其所书的《游元风洞三十韵》等。

弹子岩的重要石刻包括：宋淳熙七年（1180年）梁安世所作的《弹子岩题记》，记述刘焞在此建成"桂林胜游之最"的过程；宋淳熙八年（1181年）徐梦莘与在广西为官的江西同乡共十二人游览至此的题名；宋淳熙十一年（1184年）詹仪之、陈邕所刻的张栻《论语·问政章》；宋庆元元年（1195年）陈谠、董世仪等人的题名及陈谠《游桂林诸岩洞诗》。

图1　普陀山摩崖石刻1

留春岩上，刻于宋淳熙十二年（1185年）李滋所书的篆体对联，是我国现存的楹联实物，对楹联史的研究具有重要意义。

省春岩的重要石刻包括：明万历元年（1573年），殷正茂所书的《怀远纪事碑》；明万历十八年（1590年），刘继文所书的《东兰纪事碑》；明万历三十四年（1607年），杨芳所书的《思明府纪事碑》等，对西南地区的少数民族起义研究具有重要价值。

桂林名山不乏名人题刻，而普陀山石刻尤为丰富，遍及主要岩壁，在书法、文学与历史研究上，均具有重要价值。

图2　普陀山摩崖石刻2

24 龙隐洞摩崖石刻

Dragon Hidden Cave Stone Carving

级　别	国家级（桂林石刻）
年　代	民国
地　址	七星区七星公园月牙山西麓龙隐岩
看　点	龙隐岩
开放方式	开放

龙隐洞名称由来，一说此为老龙隐居处，二说洞顶石槽形似神龙去后的痕迹。又因岩洞形似布袋，别名"布袋岩"。岩洞高敞，冬夏宜人，因岩上石刻之多，且"壁无完石"而闻名，又称"桂海碑林"。（图1—图2）

龙隐洞现存摩崖石刻200余处，年代跨越唐代至民国，其中以宋代居多，占半数以上。最早一处为唐乾宁元年（894年），张浚、刘崇龟所著的《杜鹃花唱和诗》（图3）。

石刻中最为知名的，是宋庆元四年（1198年）所刻的《元祐党籍碑》（图4）。元祐党为宋哲宗时期，反对王安石变法一派。宋崇宁四年（1105年），宰相蔡京将司马光、苏轼、黄庭坚等三百余人称为"元祐奸党"，由宋徽宗亲书名单，"立碑扬恶"于端礼门外。

图1　龙隐洞石刻

图2 龙隐岩石刻

此碑为元祐党人梁焘的曾孙梁律重刻，也是全国现存最完整的一块。碑刻内容反映了北宋末年，朝政上新旧两党之争的史实，具有很高的政治史料价值。

洞中另有宋代梅挚的《龙图梅公瘴说》，以岭南瘴气比喻官场五毒，针砭时弊。此外，还有陈弥寿的《犒赏库记》；李师中的《劝农事》；米芾佚诗碑《米芾程节唱和诗》；颜延之所著、黄庭坚书写的《五君咏》；闵珪《征古田班师记游诗》、庄国桢的《右江北三平寇记》；汪道昆的《平蛮碑》、杨芳的《皮林纪事碑》；以及方信孺、谢启昆等人的题诗，康有为等人的题记等。南侧崖壁上留有一处阳刻线描观音像，为清康熙四年（1665年）所塑。

新中国成立前，岩洞多次被堵，题刻遭到破坏。现已修路通舟，对外开放。洞口原有北宋熙宁年间所建的释迦寺，曾为桂林四大名寺之一，现已改建为藏碑阁。

图3 唐张浚、刘崇龟《杜鹃花唱和诗》

图4 宋《元祐党籍碑》

25 中共桂林市城市工作委员会旧址

The Old Site of the Guilin City Working Committee of the Communist Party of China

级 别	自治区级
年 代	清
地 址	七星区穿山路9号
看 点	红色遗迹
开放方式	可参观

简称"城工委",是一座一进三开间的木构民居建筑,小青瓦悬山顶。由堂屋、后堂屋及左右厢房组成,建筑面积约150平方米。房屋临街,房前原有竹篱院落。(图1)

1947年10月至1949年10月,桂林市城工委在此办公。先后开展了桂林工人、学生运动,召开多次重要会议,并设置地下印刷社,宣传革命,对解放广西贡献显著。当时,为作掩护,曾先后用作商铺、豆腐坊等。1995年,设为陈列馆,展示该时期革命实物与照片。

图1 中共桂林市工委联络站旧址全貌

临桂区

26 靖江王府王陵

Mausoleum of Jingjiang Mansion

级 别	国家级
年 代	明
地 址	临桂区东郊尧山西南麓
看 点	建筑群体布局
开放方式	购票参观

26-1 靖江王府

靖江王府,又名"王城",是靖江王朱守谦的府邸。又因明末曾作为南明永历帝朱由榔的行宫,而有"皇城"之称。靖江王朱守谦,为明太祖朱元璋之侄孙,于洪武三年(1370年)受封,就藩桂林。王府始建于洪武五年(1372年),4年后竣工,洪武二十六年(1393年)重修。清顺治七年(1650年),定南王孔有德驻节于此,改称定南王府。顺治九年(1652年),李定国率农民军攻克桂林,孔有德自焚,王府也随之毁于一炬。至此,靖江王府已历280余年,曾有十一代十四王在此居住。

靖江王府位于桂林市中心的独秀峰下，原有四城门、棂星门、外围城墙等。中轴线上依次为：端礼门、承运门、承运殿、配殿、王宫、宫室、御苑、月牙池、广智门。端礼门外左设宗庙，右置社坛。承运殿东有斋宫，西为进膳厨。围绕宫殿有大小建筑八百余间，红墙黄瓦，玉陛云阶，勾栏望柱，"悉依王制"。有诗云："朱户爱开厭，雕楹更枕岗；绮疏承玭瑁，碧瓦戏鸳鸯。曲沼龙头泻，高甍鸥吻张；暗风金屈成，明月玉琅珰。"王府当年的华贵盛况可见一斑，而今仅存城墙、四城门、承运门、承运殿台基等。

城墙基本完好，东西长335米，南北深556米，高约5米。方石砌筑，顶部铺有城砖，宽约5米。外沿设城垛，内沿砌女儿墙（图1）。四周分别设四城门——南侧为端礼门，三孔券顶；北侧广智门、东侧体仁门、西侧遵义门，均为单孔券顶，四门楼基础尚存，墙内侧各有蹬道上下。

城门门额多处有清代匾额，为嘉奖当地高中的举人而设。端礼门北侧"三元及第"，为两广总督阮元为清嘉庆年间连中乡试会试殿试三元的临桂人陈继昌而设（图2）；体仁门西侧"状元及第"匾额及遵义门东侧"榜眼及第"匾额分别纪念清道光至光绪年间殿试第一的桂林人龙启瑞、张建勋、刘福姚，以及榜眼于建章。

承运门（图3—图4）尚存十字台基，前后各设台阶，置于其上的云龙丹陛为当年遗物。承运殿台基高约3.1米，两层，南北各设三道踏跺，云阶玉陛犹存（图5—图6）。御苑位于独秀峰北，现仅存月牙池，利用清泉水因势开凿而成，形似初月，片石驳岸，树影成荫，亭榭散步，廊桥曲回。独秀峰亦为靖江王府御苑一景，史称"南天一柱"，岩壁上留有多处靖

图1　城墙

图2　"三元及第"匾额

图3　承运门正面

图4 承运门背面

图5 承运殿

图6 承运殿前台阶

江王宗室诗文题刻。明万历年间，靖江康僖王朱仁昌自独秀峰之西辟路而上，建阁开道，经允升门，登阶306级至山顶，俯瞰桂林，簪山带水，奇景至美。

26-2 靖江王陵

王陵位于尧山西麓与西南麓，东西宽约6公里，南北长约12公里，是历代靖江王的陵园，有王墓11座、次妃墓3座，另有将军、宗室、乡君等墓葬300余座。

陵园以11座靖江王墓为中心，规制严谨，封土硕大。外围两道夯土版筑围墙，设外茔内宫。依次设有陵门、中门、享殿，配左右朝房、碑亭、地宫等。神道两侧设石作仪仗11对，含望柱、华表、石翁仲、瑞兽等。地宫由青砖石料砌成，平铺方砖，双室券顶，设有前室、甬道、中门、玄室、头龛、壁龛、棺台。

次妃墓规模仅次于王墓，单砖券顶，分前室与玄室；将军墓规模小得多，但仍有陵门、享殿、仪仗、围墙等主要建筑。

目前，王陵多已荒芜，文物部门修复了第三代靖江庄简王的陵园。其中包括三券拱的陵门，歇山顶、五间三进享殿，以及园中的玉带河与玉带桥。第八代靖江王康僖王陵做局部修复，开放地宫。

靖江王府与王陵为明代藩王遗堞，昔日繁华盛况今已不再，但在桂林如画的山水环抱中，故土老墙与尧山胜景相映，风韵宛存。

27 李宗仁故居

Former Residence of General Li Zongren

级　　别	国家级
年　　代	民国
地　　址	临桂区两江镇浪头村
看　　点	庄园式民居建筑群
开放方式	要许可

李宗仁（1891—1969），字德邻，广西临桂人，中华民国代总统，国民革命军陆军一级上将。

李宗仁故居背靠天马山，布局注重风水伦理。最初由李宗仁长兄李家塘筹建，坐西北朝东南，占地约5000平方米，建筑面积4300平方米。由三进客厅、将军第、安乐第、学馆、后院五组院落组成，是一处具有典型桂北民居特色的庄园式建筑群。多为小青瓦悬山顶屋面，二层砖木结构，四合院式布局，以券门相连。七院十余天井，纵横棋布；阁楼对望，檐廊交错，庭宇幽深；挑架通透，构置灵巧，造型自由。共有大小房屋一百一十三间，古朴宏大。功能齐备，宜驻宜居，自给自足。除外出购买物品外，可足不出户。（图1—图3）

三进客厅由桂北传统民居的客厅演变而来，由前、中、后三组独立院落组成，因而俗称"三进客厅"。每组院落中设厅堂，两侧为客房，上下两层共二十四间。前、中两院二楼天井四周设回廊，廊柱朱红，墙柱墨绿，高至二层，纤细挺拔，花岗岩柱础方圆各异（图4）。回廊外侧设直棱雕花瓶式绿漆栏杆，在流行横式栏杆的桂北民居中十分独特，与下层的烙花裙漏花扇相映，轻盈灵巧，平和自然。

安乐第建于清末，1923年重建，是故居最早的建筑。两进三开间，对称式布局，层层进进，庄重齐整，中堂神龛通顶，威严静肃，具有明显的桂北民居特点。

将军第建于1912年，两进三开间。因李宗仁由营长连升至司令而得名，是其家人常住之宅，也是李府待客议事之处。1940年12月，因军务前来的蒋介石夫妇曾专程到此看望李母刘肃端太夫人。

学馆建于1923年，五开间大构架，多门多窗。天井宽敞明亮，是李宗仁为其父建造的教书育人之所。李父李培英先生是当地塾师，曾创办新学馆，造福桑梓。李宗仁不忘家乡的学馆建设，于1925年落成此处学馆，但李父却不幸病逝于上海，留下遗憾。后来李氏长兄请来教师，教授新学，李府孩童数十人曾在此接受启蒙教育。

图1　李宗仁故居

图2　故居正门

图3　故居后的山

图4 朱红墨绿的柱子栏杆

　　故居集合了木构的挺拔阳刚之美与木雕彩绘的细腻精巧——回廊穿插枋上雕有各样吉祥图案，极具南国风情；门窗槅扇精美，金漆镂雕花鸟龙凤，通透敞亮，还融入了部分西式特色（图5）。楼宇间多用阁楼回廊，适应当地气候，颇具桂北民居特色。阁楼在一层屋面上直接搭建，隐于屋顶内，墙柱外侧设回廊，通透相连，提供了上有遮罩的连通与停留场所。许多廊柱还顺势设置了排水通道，瓦檐边设蓄水胶板，引流入天井或暗沟，保持了室内的干燥，益于木构养护，也寄寓了"肥水不流外人田"的官宦家族思想。（图6—图7）

　　李宗仁作为"桂系"首领，一生戎马征战，军事才能显著。在故居的设计上，也体现了强烈的军事防御特色——宅院四周清水高墙屏护（图8），高近10米，厚半米。屋顶墙头内外青砌包泥砖，俗称"金包铁"。前后院对角处设炮楼，防备森严，庄重气派。

图5 西式窗

图6 故居内院1

图7 故居内院2

图8 四周砖墙

28 双凤桥

Shuangfeng Bridge

级　　别	自治区级
年　　代	清
地　　址	临桂区南边山镇双凤桥村
看　　点	半圆形石拱
开放方式	开放

双凤桥，建于清嘉庆年间，是一处两侧附有引桥的单孔石拱桥，宽6米，通长近70米。水上拱桥为条石错缝砌筑，起拱高耸，接近半圆，高度跨度均在10米左右，两侧砌石级登桥。拱桥东西两侧各有石板铺砌的引桥，下设带分水尖的石墩支撑。引桥宽约1.6米，东段长15米，西段8米。桥下架空，山洪暴发时可用于泄洪。（图1—图2）

双凤桥造型简洁，尺度宏伟，是桂林最大石拱桥之一。目前主桥保存完整，两侧引桥已显破败。

图1　双凤桥

图2　双凤桥中段

29 六塘清真寺

Liutang Mosque

级　　别	自治区级
年　　代	清
地　　址	临桂区六塘镇西水街17号
看　　点	教化作用
开放方式	要许可

六塘清真寺，始建于清代盛期，晚清道光年间重修。六塘清真寺为传统中式风格建筑，青砖灰瓦，坐西朝东，院落式布局，三进五间（图1）。占地约3.7亩，建筑面积1700平方米，其中大殿建筑面积约为300平方米。

正门明间两侧砌弧形封火山墙，中间开有窄长形门洞，上嵌竖排大字"清真寺"（图2）。门后经小院正对第二道门，上书"礼拜堂"（图3）。礼拜堂后为大厅与大殿（图4—图5）。大殿前的雕花格

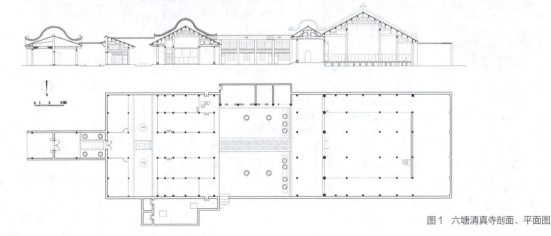

图1　六塘清真寺剖面、平面图

栅门上刻有百寿图与花卉，殿壁刻有经文。

六塘清真寺在近代曾作为当地小学，传播教化。

目前仍是广西保存较为完整且规模较大的一座清真寺，寺内藏有阿拉伯文经典一部。

图2　六塘清真寺大门

图4　六塘清真寺大厅

图3　六塘清真寺二门

图5　六塘清真寺大殿

阳朔县

30 兴坪古镇

The Ancient Town of Xingping

级　　别	第三批中国历史文化名镇
年　　代	清
地　　址	阳朔县兴坪镇
看　　点	古镇格局、熙平遗址、万年戏台
开放方式	开放

兴坪古镇，位于漓江东岸，三面环山，奇峰环抱，景色秀丽，人称"镰刀湾"。兴坪是三国甘露元年（256年）所设的熙平县治所在地；隋代后，县治迁往阳朔镇，此处仅做圩镇。据说，"兴坪"之名，其实为"熙平"误传而来，距今已有1700余年历史。

兴坪古镇以商业发家，老街两侧曾商贾云集，票号林立。店铺多为二层砖瓦结构，一层前堂为店，后堂设仓储厨卫，易于管理（图1）。如今，镇上村民相继盖起水泥房，青砖旧屋斑驳其中，格局尚存。

兴坪关帝庙始建于清乾隆四年（1739年），现仅存偏殿与"万年戏台"。戏台是桂北地区保存完好的清代戏台，对广西戏曲沿革的研究具有重要意义。台口柱上留有叉眼痕迹20余个。台缘刻有4幅木刻传统戏曲浮雕，分别为《五代荣封》的"仙姬送子、满门荣封"，《古城会》的"关羽斩蔡阳"，《聚子会》的"姚通金殿举狮"，《活捉子都》的"颖考叔金殿举鼎夺帅"。戏台上留有一处木屏风，浮刻兰竹，题款为"乾隆乙丑年板桥赠"，可能为郑板桥之作（图2—图3）。

古街东南为熙平古城的遗址，当地人称此处为狮子崴。城墙轮廓依稀可见，四处留有古陶碎瓦，悠然肃静。一株巨大的参天古榕枝繁叶茂，根须将巨石与五尊菩萨像一并吞入。相传为建县时所植，主干需八人才可合抱。

此外，兴坪古镇及周边还保留有明代的腾蛟庵、清代的万年戏台等古建筑；渔村等传统村落，使古镇的历史文化氛围愈加浓厚。

图1　兴坪古镇街巷

图2　万年戏台大门

图3　万年戏台

31 渔村

Yucun Village

级　　别	国家级传统村落
年　　代	清—民国
地　　址	阳朔县兴坪镇渔村
看　　点	塾馆
开放方式	购票参观

渔村位于兴坪镇南的五指山下，山环水抱，悠然僻静，却鲜为人知。直至1998年，克林顿访华时来此参观，方有了些许名气。

渔村村门呈现出很强的防御特征，题有"东南保障"四字。源于旧时荒乱年代，村门一关，即可抵挡土匪，保护村民。村门门后不远处为渔村展厅，原为赵家祠堂，民国时作为小学，至今已有300余年历史。

渔村尚保留古民居40余处（图1—图2），多为清代和民国时期遗存，以清代岭南风格为主，青砖灰瓦，石阶花盆，天井交错，马头墙林立。受战乱时局的影响，当时的很多民居都表现出一定的防伪性特征。渔村民居中，清末民初所建的宅院常筑有炮楼。

村中保留最为完好的是位于村东北角的一处塾馆，是村民发迹后集资所建，三进三开间院落式布局，青砖结构，灰雕木刻丰富细腻，具有徽派民居特色。塾馆背靠五指山，临溪而建，门楼侧开，避免了干扰，给予学童一处僻静的读书处。院内还有供儿童嬉戏的开阔场地。

村后的山上有一处"天水寨"，曾是村民躲避战乱之处，视野极佳。青山绿水，巷陌交错，竹柚飘香，静谧安详。

图1　渔村民居大门

图2　渔村

32 旧县村

Old County Village

级　　别	国家级传统村落
年　　代	唐—民国
地　　址	阳朔县白沙镇旧县村
看　　点	归义县城遗址、仙桂桥、黎氏宗祠、明代民居、清代庄园
开放方式	开放

旧县村坐落于群峰之间，遇龙河奇峰环列，中流平川，一条古道连通了桂林与阳朔、荔浦。村落背山面水，风水极佳，历代文武英才不断，被誉为"将军府第""进士庄园"。原国民党46军中将黎行恕即旧县人。

旧县村为阳朔古县城所在地，已有近1400年历史。唐武德四年（621年），设为归义县，贞观元年（627年）并入阳朔，"旧县"自此得名，即旧时归义县之意。唐代的归义县城旧址位于遇龙桥南的田埂中。村中另有宋代的仙桂桥、明代的民居群与清代进士庄园等，历史文化气息浓郁。

旧县村以黎姓为主，黎氏宗祠位于村口，建于民国二十七年（1938年），大门高耸，悬"进士""文魁""武魁"三块匾额，内设神龛。

黎氏宗祠左侧不远处为黎启动宅院。门前立有两块"拴马石"，是大户人家的标志。石柱外侧刻"鲤鱼跃龙门"，正面刻"光虚甲午乡试中式第十三名举人黎启动丁酉仲春月吉日立"字样。

村中保留着多处明清时期的古民居，青砖灰瓦，高墙围护，雕梁画栋，精巧秀美。村头的拱形大门至今保留完好。青石板路与卵石路相间，将20余座古民居相连相通，如一座攻守兼备的古堡（图1）。近年来，一些古民居被改造为民宿，向来者展示了古村的风貌，又为村民带来了收益，对于旧县村的风貌保护起到一定的积极作用（图2）。

村中另有一处废弃的古井，井水清浅，半米宽的井围上清晰的绳痕记录了岁月的流逝。

图1　旧县村古民居

图2　作为民宿的古民居

33 仙桂桥
Xiangui Bridge

级　别	自治区级
年　代	宋
地　址	阳朔县白沙镇旧县村北
看　点	古桥
开放方式	开放

仙桂桥，又名旧县桥。建于北宋宣和五年（1123年），南宋绍兴七年（1137年）重修，至今已有近900年历史，是广西现存最为古老的单孔石拱桥之一，目前仍保存完好。

仙桂桥桥身较小，长仅十余米，桥宽与拱跨约4米，两侧无栏杆，形式朴素简洁，砌法坚固独特，因而经年不倒。桥拱内侧留有石刻，是研究遇龙河文化的宝贵资料。沧桑的石桥卧于青山绿水间，至今仍在为乡人服务（图1—图2）。

图1　仙桂桥桥身

图2　仙桂桥桥面

34 遇龙桥

Yulong Bridge

级　　别	自治区级
年　　代	明
地　　址	阳朔县白沙镇遇龙村
看　　点	广西现存拱跨最大的单孔石拱桥
开放方式	开放

遇龙桥，又名迂龙桥、回龙桥，横跨于漓江支流遇龙河之上。遇龙桥建于明永乐十年（1412年），是广西现存拱跨最大的单孔石拱桥。桥长近40米，拱跨约20米，高7.5米，目前保存尚好。（图1—图2）桥体采用民间传统的干砌方式，以条石错缝起拱，桥上的石栏杆，亦采用干砌法而成。（图3）

遇龙桥造型古朴，宏伟大气。桥拱高而挺拔，沧桑的石阶旁绿蔓环绕，更显清秀静美。桥头立有抗战胜利纪念碑，记录了抗日战争时期，天作寨村民自发在此与日本侵略者奋战，并与国军合作取得胜利的辉煌历史，展现了近代人民不屈于外寇的民族精神。此处曾作为电影《刘三姐》的外景拍摄地。

图1　遇龙桥

图2　遇龙桥桥头

图3　桥面

35 朗梓村

Langzi Village

级　别	国家级
年　代	清
地　址	阳朔县高田镇朗梓村
看　点	瑞枝公祠、覃兆勋大院、覃家祠堂
开放方式	开放

　　朗梓村位于一处深山山坳中，三面环山，清溪依村东而过，朗梓古民居群即坐落于此。

　　朗梓古民居群坐南朝北，仅有一处入村隘口，与民居间隔田相望。"朗梓"原名"榄子"，据传为始祖初到时，见此处橄榄繁盛多籽而取"榄子多子"之吉意。民国初年，实行民主，取梓里明朗之意，更名"朗梓"。

　　朗梓村为壮族村落，建筑风格上传承了中国传统民居的工艺与特色。街巷规整，格局清晰。民居多为一至二进，三开间式院落，配以门楼前院。房屋多为石基瓦顶，青砖砌筑，两侧砌马头墙，雕花木门窗精巧细腻，带有一丝徽州民居的韵味。（图1—图2）

　　朗梓村的标志性建筑为瑞枝公祠，建于清光绪年间。青砖黑瓦，高墙围护。正门三开间，两侧砌筑高马头墙，一角建有碉楼，威严肃穆，是族人祭祀之所。

　　朗梓古民居群中，规模最大的一处位于瑞枝公祠与小河间，是一处二层三进三开间的庄园式建筑群。为号称"年租谷三千担，家产十万两白银，家养民团三十人"的覃兆勋所建，由门楼、二门楼、主人房、子嗣房、佣人房、长工房、民团房、餐厨、厕所等组成。整座院落在格局布置上，尊卑等级严谨。入大门楼右转为建筑主轴线，过二门楼，为两进敞厅兼客房，后为三进三开间式内厅兼主人卧室。三进院落间由天井相隔，二层连廊相通。二三进院落间的门可进入偏厦。院落尽端设有一处炮楼，高逾10米，为民团住所。

　　朗梓村以覃姓为主，覃家祠堂规模之大为阳朔家祠之冠。宗祠建于清道光年间，木构架，青砖磨光砌筑，瓷瓦装饰，颇具特色。祠堂香火台上刻有对联"忠孝节廉应当自任数端方是无愧祖宗，士农工商只要各专一业便非不肖子孙"，与朗梓亦耕亦读的祖训相称。

图1　朗梓村1

图2 朗梓村2

36 留公村

Liugong Village

级　　别	国家级传统村落
年　　代	明清
地　　址	阳朔县普益乡留公村
看　　点	"明经第"遗址、匾额
开放方式	开放

留公村位于漓江西岸,山峦环抱间。村寨清秀,古渡尚存,民风淳朴,世代崇文。

四方小楼式寨门临江而筑,与戏台结合,名"得月楼",是村民节日集聚观看桂剧的地方。得月楼为清同治年间所建,高三层,首层开拱门相通;二层封闭,砖砌花窗透气,上设挑檐;三层为木构四角亭,攒尖顶,四角挑檐各塑回首游龙,现仅存两条,屋脊正中置宝珠。得月楼视野极佳,成为村落的标志。(图1)

留公村民居呈现明清桂北民居风貌,因地势偏远而得以保存(图2)。村中留有一处"明经第"遗址,残垣规模宏大,当年盛况依稀可见。此处原为晚清黎振儒故居。黎振儒深谙"四书""五经",赶考猜题精准,弟子逢考必中,村中秀才成群,得到皇帝"文魁"御匾。此前,黎振儒常被请去代考,此后便尽心收徒。

村中留有许多清代木石匾额等文物,被村民视为家珍。村中保存着三件文物:祠堂匾、夹石和义渡碑。祠堂匾为村中的黎姓祠堂大门上的"永享祠"石匾,清光绪年间所立。"夹石"位于村巷间,是读书人家的标志。两块一组,相距5米,高度近人,共4块条石,刻"同治壬申年"和"禀贡生黎振炎"等字样。顶端设有一大二小三个半圆,洞口饰花边。义渡碑位于不远处的河道台阶旁,立于民国八年(1919年),4块相连而设,保存完好。碑上刻有《新建留公义渡碑记》,记录了建渡源起与捐建人姓名,不可多得。

图1 留公村得月楼

图2 留公村古民居

37 碧莲峰石刻

Stone Carvings of Bilian Peak

级　别	自治区级
年　代	明
地　址	阳朔县阳朔镇碧莲峰
看　点	登山景道
开放方式	开放

碧莲峰，位于阳朔东南，漓江西岸。原名鉴山，县志中称"芙蓉峰"，又名陈家山、寿阳山等。碧莲峰远观似莲花含苞待放，花影相叠，"莲峰倒映"被称为漓江游览的最后一景。

碧莲峰东北麓的迎江阁旁修有登山景道，道旁留有历代诸多石刻。其中，以清道光十四年（1834年）仲春，书法家王元仁所题的"带"字石刻最为知名（图1）。"带"字高逾5米，一笔即成，苍劲流畅，颇具气势。"带"字石刻未留注脚，因而引得人们丰富的联想和猜测。有人还从"带"字中找出"一代山河甲天下，少年努力举世才"一副对联。

此外，碧莲峰还有明代陈起龙的"江山锁钥"石刻（图2），笔力厚重，以及民国吴迈的"桂林山水甲天下"诗碑（图3），皆为书法佳作。

图2　碧莲峰陈起龙"江山锁钥"石刻

图1　碧莲峰王元仁"带"字石刻

图3　碧莲峰吴迈诗碑

38 徐悲鸿故居
Xu Beihong's Former Residence

级　　别	自治区级
年　　代	民国
地　　址	阳朔县前街 17 号
看　　点	名人故居
开放方式	可参观

徐悲鸿（1895—1953），江苏宜兴人，中国近现代著名画家，有"中国近代绘画之父""中国现代画圣"之称。1935 年，徐悲鸿游阳朔，李宗仁赠此屋予其居住。其间，徐悲鸿被阳朔美景打动，自称"阳朔天民"，他刻图章，创作《晨曲》《逆风》《漓江烟雨》等名画，流传于世。

徐悲鸿故居是一座单层三进堂平房，砖木结构，占地约 400 平方米（图 1—图 3）。东为客房，西为画室，后为主人卧室。白墙青瓦，朴实淡然。故居内庭种有一株高大的玉兰树，庭荫如盖，花香悠然，自徐悲鸿居住时即立于此。1985 年，广西政府对故居进行修复扩建，院内立徐悲鸿像，作为展览馆对外开放。门楼处的"徐悲鸿故居陈列馆"匾额，为吴作人先生手书，厅堂门上的"徐悲鸿故居"为其夫人廖静文女士所书。

此外，阳朔的潘庄另有一栋二层西式洋楼，立于青山下、渡口旁，视野尤美，是当年徐悲鸿写生之处。著名的《漓江烟雨》即创作于此。

图 2　徐悲鸿故居 2

图 1　徐悲鸿故居 1

图 3　徐悲鸿故居 3

灵川县

39 江头村
Jiangtou Village

级　　别	国家级，中国第一批传统村落名录
年　　代	明—民国
地　　址	灵川县九屋镇江头村
看　　点	爱莲家祠
开放方式	开放

江头村，旧称"江头洲"，位于甘棠江上游北岸，黄家坡以南。江头村坐西朝东，四周有九仙山、笔架山、将军山环抱，护龙河、东江河相围。古村四周田野丰美，古木参天，村中屋舍稠密，古韵犹存，至今保留明清建筑近二百座，六百余间。雕工精美，纹饰细腻，有"中南镂花第一村"之美誉。前村以清代建筑为主，大气宽敞，封火山墙造型多样，雕梁画栋，豪华美观；后村多为明代建筑，低矮狭厌，昏暗潮湿，但用料与建造方法十分讲究。据说明代建村时人烟稀少，墙角锐利可防御野兽（图 1—图 3）。

江头村以周姓为主，据《周氏宗谱》记载，始祖

图1 江头村鸟瞰

图2 封火山墙

图3 江头村

秀旺公为北宋哲学家周敦颐之后,明代来此建村,至今已传二十余辈。

39-1 大官桥

又名凤凰桥、护龙桥,位于村东南口,甘棠江之上。全青石桥身,无砂浆粘固,至今已有数百年历史。当地传说,建桥者是一位七品官员,上桥4级,下桥7级,拱顶出水面4米,寓意七品官位与"事事(四四)如意"。

39-2 爱莲家祠

位于大官桥后,是周氏家族祠堂,得名于周敦颐代表作《爱莲说》。后因举人周永等在此创办"爱莲书院"而闻名。祠堂始建于清光绪八年(1882年),历时6年落成,占地1000平方米,青砖木构硬山顶。现存门楼、兴宗门、文渊楼等(图4)。

门楼面阔五间,穿斗式木构架,两侧砌弧形封火山墙。前出门廊,明间、次间开双扇板门,上悬"爱莲家祠"匾额,两侧挂"世德乡举选,宗盟会法传"对联,为周氏外甥、清代贡士朱圣俞所题。稍间砖砌,墀头檐口叠涩出檐。门楼八角形石柱础上刻有鹿、鹊、梅花等浮雕图案;明间额枋下刻福寿有余,次间为佛八宝。后设天井厢房,上七步台阶至兴宗门。

兴宗门为第二道门,寓意振兴宗族,后为族人子弟读书之处。兴宗门前后出廊,门联刻"门开通德,家承扬书",二进天井较宽,石板铺路,两侧设花坛水井。二层高的厢房楼下为教师书房,楼上为阅览室和习作室,门窗以棂条组成"亲""贤""慎言""敏事"等警句图案。

文渊楼位于两道门之后,面阔五间,进深四间,两层高,是族人举行礼仪活动的场所,也是爱莲家祠主体建筑。底层檐柱楹联为清代临桂状元龙启瑞所题。中堂壁刻周氏家训,背面刻"长绵世泽,丕振家声"八个大字。前廊两侧开券门,通向厨房与祠堂外。二层四周开槅扇门,窗棂以莲花与文字图案为主,门板亦刻警语,富有教育意义。

爱莲家祠作为村中最为重要的宗族场所,建造时每日砌砖不过26块,集聚了当时最为精湛的工艺。如今虽历百年风化,梁宇的严谨与雕刻的精致中,仍可见族人的心血。

39-3 书楼

位于爱莲家祠东北侧,二层砖木结构,是族人子弟的课堂与图书馆。藏书主要包括经史子集与周氏族人著作。

39-4 字厨塔

位于村口石桥边,与爱莲家祠相对。五层空心结构,高约3丈,用于烧化字纸。因村里信奉不可丢弃纸张于地,必须收集焚烧以示对书文的尊重。字厨塔位于村口石桥边,还有"把水口"以滋钟秀的寓意(图5)。

周氏后人注重文教,崇尚"学而优则仕",特别是清康熙后,周家子弟人才辈出,举人进士不断,曾有"一门五进士,父子同翰林""四代四举人"等佳话。村中尚存"进士楼""举人巷""秀才街"等古迹,高门大院前多挂红底金字匾,刻"国子监""五代知县"等,被人称为"清官村"(图6—图12)。

图4 爱莲家祠

图5 护龙桥与字厨塔

图 6　石桥

图 7　五代知县民居

图 8　明代古民居遗址

图 9　古村街巷 1

桂林市

图10 古村街巷2

图11 禧字铺地

图12 古村民居

40 长岗岭村
Changgangling Village

级　别	国家级，中国第一批传统村落名录
年　代	明清
地　址	灵川县灵田镇长岗岭村
看　点	三月岭古商道、九进陈家大院、十进莫家老大院、十一进莫家新大院
开放方式	开放

　　明代初期，为弥补灵渠水运在速度和运力上的不足，桂林府开拓了一条从大圩镇至兴安灌阳的陆路通道，连接湘江水系，史称"湘桂古商道"。古道曾盛极一时，沿路驿亭林立，民国后期逐渐走向衰落，目前仅灵川县境内保留着一段约5公里长的三月岭古商道。长岗岭村即位于商道一端；另一端位于灵田镇永正村。古道险阻，但也正因如此才得以保留原状。

　　长岗岭村四面环山，地势隐蔽，村中以陈、莫、刘姓为主，均是反清复明将士的后代，来此已有500年历史（图1）。长岗岭村因临古道，商业繁荣，明清、民国时期均是富豪村。村庄良田遍野，富豪中不乏慷慨者，出资建立驿亭于古道，施茶予过往商客。

村前留有明清古墓群，碑刻精美，暗示了往日的辉煌。后人称"前有靖江王陵，后有长岗古墓"。村中建筑多以早清风格为主，规模宏大。现存九进陈家大院、十进莫家老大院、十一进莫家新大院等（图2—图5）。门楼高大，厅堂敞阔，天井纵横，大方整洁。正屋两侧横屋为仆人居所，等级森严。据说陈家大院建造者为反清复明将士陈焕猷父子，陈氏孙辈陈大彪为清乾隆时期的武略骑尉。村中另有祠堂、戏台、官厅等古建遗存。

长岗岭村盛于商事，豪华大气。但也因建于明清交替时期，而显露出十足的防御性特征。三姓大院独立又相连，便于防守。建造时，门上还设有各样的机关，只有知道机关的人才能打开，而当时知道每个机关的人又各不相同，使宅院更显神秘森严。

图1　长岗岭村鸟瞰

图2　莫氏宗祠

图3　古村博物馆

图 4 古村民居

图 5 门锁

41 大圩古镇

Daxu Old Town

级　别	自治区级
年　代	清—民国
地　址	灵川县大圩镇
看　点	石板街、万寿桥
开放方式	开放

大圩古镇，始建于公元200年，因灵渠而起。古镇位于漓江东岸，东由潮田河与福利马河相连，西接相思江至永福，是桂林的水陆交通要道，因而集贸兴盛。北宋时期，古镇已具规模，史称"小长安"；南宋末期设税关；明代成为广西四大圩镇之首，民国达到鼎盛，抗战时称"小桂林"。镇中商贾云集，有大街八条，码头十余处，"黄李廖高"四大家、富庶名扬，另有"八中家""二十四小家"。（图1—图2）

图1　大圩古镇

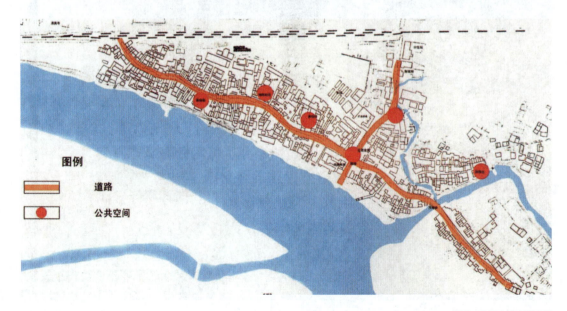

图2　大圩古镇空间分析

41-1 石板街

大圩老街位于漓江东岸,北临父子岩,南临磨盘山。石板街建于民国初年,沿岸延伸,宽约2米,由15000余块青石镶铺而成。街边会馆林立,铺面云集。房屋大多为二层砖木结构,青砖青瓦,两三进院,前铺后坊,院落窄深,连接街道与江边,沿街多为骑楼,俗称"筒子屋"。房门门板可拆卸,门两侧开方孔小窗。沿路设八街,街区间有门楼隔火。

大圩古镇中的古街古巷曲折相通,转角处的处理手法多样,一些悬挑结构形成了街前巷陌中有趣的对景(图3)。

图3 古镇街景

41-2 万寿桥

万寿桥位于临江老街上，马河与漓江交汇处，连通泗瀛街与青石板街。万寿桥始建于明万历年间，原为三拱木板桥，后毁于水灾。现存为清光绪年间重建，是一座单拱石桥，长约30米，高约7米。桥面青石铺砌，两侧设护栏，留泄水孔。四角曾有石狮，两端分别铺设石级通往桥上。万寿桥旁另建有一座小桥，名德福桥（图4—图6）。

41-3 清真寺

清真寺位于古镇生产下街、曾运送矿石铁轨的桂海铁路边，始建于清乾隆四十年（1775年），清光绪年间重建。古寺原有三进院落，修筑铁路时拆去两进。院中两侧为阿訇宿舍与接待处。大殿为二层木构架，建筑面积近200平方米。一层为大厅，后设厨房，两侧为教长休息室。二层为礼拜殿，设有穆斯林礼拜时用的草席布垫。后院留有两株古松。

图4　万寿桥与德福桥

图5　万寿桥石级

图6　万寿桥石栏

清真寺在民国时期曾作为儿童经文夜校、回民小学、完全小学、大圩小学等，仍作为教民礼拜场所。

41-4 大圩码头

古镇共有码头13处，顺江排列，错落有致。码头多为青石砌筑，长约10米，宽约3米，古朴稳重。靠岸一侧立有古木亭台，与镇区间以巷道相连，石级相通，高墙夹拥，纵深幽邃。北伐期间，孙中山曾在大圩塘坊码头发表演说，预祝南北一统。

41-5 大圩古墓

大圩古墓群，位于马山东麓，俗称七星坡。因七座古墓的大小与排列方式均与北斗七星相同而闻名。从古墓出土文物随葬品推测，此处可能为战国—西汉时期墓葬。

大圩古镇因水路而起，因商业而兴盛，千百年来留下众多文化遗迹。特别是东方街上，明清古院错落，古街老店相映，当年的盛况可见一斑。才子解缙曾有诗云："大圩江上芦田寺，百尺深潭万竹围。柳店积薪晨爨后，僮人荷叶裹盐归。"

42 迪塘村

Ditang Village

级　　别	国家级
年　　代	明—民国
地　　址	灵川县灵田镇迪塘村
看　　点	风水楼、李膺品故居、"寡骨头"宅院
开放方式	开放

迪塘村四面环山，幽静古朴。东部村口的门楼题"毓水培风"，下方的拱形砖砌门洞上方，饰有西式的线条，门后有台阶通往村中巷道。风水楼于20世纪60年代毁于一场纵火事件。虽然仅存两面断壁，但昔日风采仍依稀可见。（图1）

迪塘村相传为李姓官员族人所建，村民以李姓为主，在此繁衍生息400余年。历来尚习文武，名人辈出。最为知名的是明末抗清将领李膺品。李膺品率桂林群众抵抗清军失败后，宁死不降清军。清代皇帝有感于他的忠诚，特赐"皇恩旌表"金匾。

李膺品家的老宅，又名"五叠堂"，位于门楼后方的古商道东侧，坐东朝西，砖木结构，由五座院落组成，依山而上，逐级展开，青石板可至山顶。宅院庞大，当年住着李氏家族数十人。大门正中即"皇恩旌表"金匾。宅院为上好青砖黑瓦建成，威严气派，门外的拴马石亦为大户人家的标志。

李膺品后人宅院西南，是一处名为"寡骨头"的宅院。据传"寡骨头"亦为李膺品后人，但各啬刻薄，留下恶名。宅院规模庞大，建有回廊炮楼。二层后楼与南侧跑马楼的连接方式尤为巧妙。宅院之间曲折迂回，形如迷宫，雕花门扇精巧细致，诗画满壁，昔日华贵可见一斑。

图1　毓水培风门楼

迪塘村保留多处明清古宅，低矮的明代古宅与村西高大的清代古宅遥遥相望。古宅中不乏精巧的花鸟瑞兽雕刻与吉祥字样。（图2—图3）古村边建有李氏宗祠，二层立马头墙，外形上已出现西式符号，现为民居。

此外，村中还留有6座古桥，分别为大姑桥、塞源桥、司马桥、象鼻桥、连宅桥、搭板桥。村中遗留的古桥古宅、木雕石塑等，展现了古村昔日的繁华。如今，村中青年大多外出闯荡，古村亦有一丝凄清寂寥之感。

图2 迪塘民居

图3 福字

43 四方灵泉

Quartet Spring

级　　别	自治区级
年　　代	清
地　　址	灵川县潭下镇山口村
看　　点	牌坊、浮雕游龙石碑
开放方式	开放

　　四方灵泉，是一口古井，井水清洌，常年不枯。据井边照墙碑文记载，古井始建于北宋太平兴国年间，原名"四方泉"，因比秦代温泉与汉代醴泉皆要灵验，而被后人称为"四方灵泉"。

　　四方灵泉井口由环形石板砌成，向外呈发散状，四周围有石砌栏杆（图1—图2）。井前立石牌坊，高约4米，四柱三门。四柱前后均立有高大的抱鼓石，明间额枋刻楷体"四方灵泉"，为清嘉庆年间连中三元的临桂举人陈继昌所题。牌坊前还有一座照墙，嵌有一上两下三块石碑（图3）。上部石碑浮雕太阳云纹，下方石碑刻碑文，左下为记录灵泉修建始末的《山口四方灵泉记》碑，右下为功德碑。古井一侧开口，一侧立三块石板，阴刻梅花等简洁图案。井后立有两根石柱，夹三块石板。中间一块较高，浮雕游龙，栩栩如生，自然而不造作。抗日战争时期，日本败退时，龙头遭日军射击，留下十余处斑驳弹孔，损坏严重。

图1 四方灵泉正面

图2　四方灵泉侧视

图3　四方灵泉三块石碑

44 明心寺（海阳庙）

Mingxin Temple (Haiyang Temple)

级　别	自治区级
年　代	清—民国
地　址	灵川县海洋乡海阳山
看　点	湘漓二水之源
开放方式	要许可

海洋山，又名海阳山、阳海山、龙母山等。山下有一处高约4米的龙母洞，留有宋代时期的摩崖石刻"湘漓二水之源"（图1）、马子岩所题《祷雨记》、陈邕所题《海阳山灵泽庙之记》等4处，以及清代至今的题刻8处（图2—图3）。

明心寺位于海阳山西麓，始建于唐代，祭祀湘漓水神。宋乾道九年（1174年），宋孝宗御赐庙额，称"灵泽庙"。清雍正九年（1732年）重修，次年落成，称"海阳庙"。民国时期改称"明心寺"。寺院占地10亩，砖木结构，由大雄宝殿、天王殿、灵泽殿等组成，供奉佛像二十余尊（图4—图6）。

明心寺自开山建寺至今，已有千余年历史。寺院几易其名，盛衰皆历。"文革"时期，寺院遭严重破坏，但修复后仍香火不断。2014年，为满足信众与法务需求，寺院住持着手主持了殿堂修复与寺院扩建。

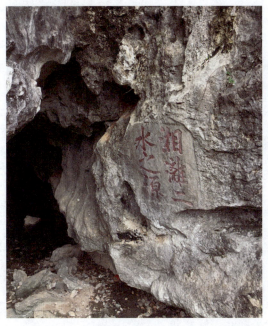

图1　"湘漓二水之源"石刻

图2　摩崖石刻

图3 摩崖石刻

图5 明心寺正门

图4 明心寺

图6 明心寺寺内

45 大桐木湾村

Datong Muwan Village

级　别	广西第一批传统村落名录
年　代	清
地　址	灵川县海洋乡大桐木湾村
看　点	大门楼、唐亨琦宅、石缸、古井、银杏林
开放方式	开放

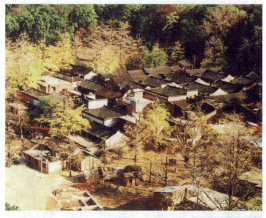

图1 大桐木湾村

　　大桐木湾村，以唐姓为主，据清光绪三年（1877年）整理的家谱记载，唐氏先祖原居于湖南永州零陵县，乾隆初年由全州迁至此处。大桐木湾村保留了诸多清代以来的古建筑，类型繁多，涵盖了民居、门楼、古井、巷道、石坊等（图1）。

　　村中央留有一处大门楼，原为私塾学堂，又名"状元楼"，二层砖木结构，正面为民国初年建筑风格（图2—图3）。门楼前的坪地上以卵石镶成八卦、鲤鱼等吉祥图案。坪地前的桂树、银杏古树下，留有两对科举石坊，为咸丰年间举人唐亨琦所立（图4）。雕有荷花、凤凰、蝙蝠、麒麟等吉瑞图案。

　　村中民居以三开间为主，二至三进，天井相隔，硬山青瓦，砖木结构。一些墙体露出分层相间的石块，

图 2 大门楼正面

图 4 状元楼前的石坊

砌筑方法独特（图 5）。其中，建于乾隆年间的唐亨琦祖屋保存较为完好。祖屋为三进三天井结构，前为门堂，后为堂屋，两侧厢房耳房围天井而设，各进院落以青石板路相连。通道间设有厚重的木门，悬灯笼牌匾，尽显名宅大院的气派森严。房间的窗棂、家具、石器上雕有大量花鸟虫鱼图案，刀工纯熟，精致细腻（图 6）。

大桐木湾村中现存四口由五片大整石拼合而成的水缸，俗称"太平缸"，用于蓄水防火。最大的一口可容 100 担水（近 6 吨）。并种有与缸同龄的标识性大榕树，成为村中一大特色。

村中的唯一饮用水源为嘉靖年间开凿的古井，同治元年重修时于四周建起围墙和木门。井中常年有水，清澈不染。200 余年来，村民以绳索取水，在井口留下数十道印记。

大桐木湾村淳朴幽静，宅院交错，巷陌纵横，规整有序。临近明心寺、湘漓二水之源等古迹。庭间巷旁与周围山脚栽有银杏林，百年古树多达 150 余株，最古老的一株据传有千年树龄，围径近 5 米，高 50 余米，被称为海洋乡的"白果王"（图 7）。银杏林每逢秋日金黄绚烂，引得众多摄影爱好者前来观赏。

图 3 大门楼背面

图5 独特的砌筑方式

图6 唐亨琦宅

图7 白果王

全州县

46 湘山寺（含妙明塔）

Xiangshan Temple (including Miaoming Tower)

级　别	国家级
年　代	宋—清
地　址	全州县城西隅湘山
看　点	妙明塔、碑刻石雕
开放方式	要许可

　　湘山寺，位于湘山脚下，原为高僧全真云游至此时创设的"净土寺"，建于唐至德元年（756年）。宋景德四年（1007年）改称"景德寺"，徽宗年间赐名"湘山寺"，称"楚南第一刹"。寺院规模宏大，原有山门、大雄宝殿、寿佛殿、妙明塔、天台院、真武阁、布经楼、红楼门、玄武门等。1945年被撤退的日军纵火烧毁。1986年，政府组织重修，现存建筑中仅妙明塔、放生池等为原迹遗存。（图1）

　　妙明塔位于湘山南麓，原为湘山寺镇北塔，有"楚南寺院第一塔"之称。妙明塔始建于唐咸通二年（861年），耗时15年建成，原有五层，收全真大师遗蜕于其中。因大师自号"无量寿主人"，塔原称"无量寿佛塔"。宋元丰四年（1081年）重建时改为七层，元祐七年（1092年）竣工。南宋绍兴五年（1135年），高宗赵构赐名"妙明塔"，取"正大光明妙哉"之意。

　　妙明塔坐北朝南，是一座七级楼阁式砖塔（图2—图4），叠涩出檐，底径约6.8米，高约27米。塔身逐级收分，内外两层。外壁八角，各层对向开门，临空一侧设有木栏杆。内壁中空，各向开佛龛。两壁之间设有回廊、旋梯，底层南北两侧开有券门，北门可通过旋梯至顶层。塔顶为八角攒尖式，置宝瓶塔刹，各角系铁链，挂铜铃。塔内设有寂照大师的神位，墙壁嵌宋代至民国的碑刻20余方。塔后石壁上另有石雕兰花，相传为明末清初时期的画家石涛所做。

　　放生池位于湘山脚下，其中的动物石雕群凿成于清光绪五年（1879年）。内容以吉祥瑞兽为主，包括雄狮戏子、麒麟呈祥等20余尊。湘山后的一块崖壁上,留有康熙帝南巡全州时的御笔石刻"寿世慈荫"四个大字,高逾2米。

湘山上另有多处和尚塔与摩崖石刻遗存,年代远至宋代,说明此处自古以来便是宗教圣地(图5—图9)。

图1　湘山寺鸟瞰

图2　妙明塔

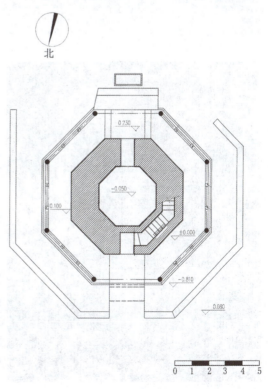

图3　妙明塔一层平面图

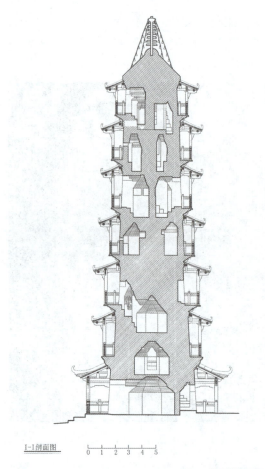

图4 妙明塔剖面图

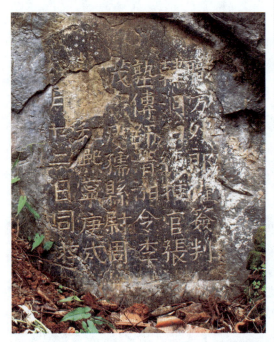

图5 1070年摩崖石刻

图6 大圆鑑翁老和尚塔

图7 觉传和尚墓塔

图8 飞来石摩崖石刻

图9 湘山摩崖碑刻

47 燕窝楼

Bird's Nest Building

级 别	国家级
年 代	明清
地 址	全州县永岁乡石岗村
看 点	牌楼斗栱
开放方式	要许可

燕窝楼是当地蒋氏族人宗祠，中殿建于明弘治八年（1496年）。牌楼、门楼、后殿为工部侍郎蒋淦所修，嘉靖七年（1528年）建成，并置神龛。嘉靖二十三年（1544年），族人蒋贵、蒋淳高中进士，重修后殿，改牌楼匾额为"科甲传芳"。嘉靖四十二年（1563年）加固，万历五年（1577年）重施彩绘，万历十八年（1590年）加建照壁、两廊，万历四十年（1612年）竖山墙。天启七年（1627年）重修。清代亦有不同程度修缮。

燕窝楼由牌楼、门楼、前后天井、中殿、横廊、后殿等组成（图1）。其中，以牌楼最具特色（图2）。

牌楼坐北朝南，面阔11米，高8米，四柱三间三楼，两侧出八字墙，楠木柱下置鼓形柱础，上覆小青瓦庑殿顶。三楼檐下均置如意斗栱，栱头做龙首状，明楼四层，次楼三层，层层相扣，形如燕窝，故而得名（图3）。明楼枋间龙门板上，嵌"科甲流芳"镂空木匾（图4），四周浮雕以龙狮为主。门前小石狮与双凤朝阳抱鼓石为明代遗存（图5）。次楼额枋、垫板浮雕为梅花、如意八宝等题材。正脊饰鳌鱼吻，中置博古宝珠，岔脊饰卷草。

门楼位于牌楼后，建于清代中期，面阔、进深各三间，穿斗式木构架，硬山顶，月梁饰镂空雕板，两

图1 蒋氏宗祠鸟瞰图

图2 燕窝楼牌楼

侧置石狮、抱鼓石。楹联"累朝荣荫家声远，历代科名世泽长"（图6），为明万历内阁大学士叶向高所题。

门楼厝后为天井，周以单坡顶回廊，中有小路通向中殿。中殿建于清代盛期，抬梁式构架，硬山顶，前出两步廊，是族人举行庆典的场所。中殿与后殿以横廊相接。后殿抬高七级台阶，是族人祭祖之地，为明代晚期遗存，混合式构架，后设船篷轩。

燕窝楼雕刻细腻，构图严谨，流畅自然，集圆雕、高浮雕、镂雕等多种形式，图案丰富，寓意吉祥，是岭南明清时期的艺术杰作。

图3　燕窝楼额枋雕刻及横匾

图5　燕窝楼前刻有双凤朝阳的小狮

图4　燕窝楼如意斗栱

图6　叶向高题木刻楹联

48 南石祠

Nanshi Temple

级　　别	自治区级
年　　代	清
地　　址	全州县绍水镇松川白塘村
看　　点	雕刻、对联
开放方式	要许可

南石祠，位于绍水镇白塘村前，是当地村民为纪念先人赵南石而建的祠堂。赵南石是出身白塘村的明代举人，官至户部郎中、吏部侍郎。因管理粮食有方，得到万历帝提拔，升为太仆寺卿，受到村民的景仰。

南石祠建于清同治年间。祠堂为传统院落式布局，坐北朝南，砖木结构，小青瓦硬山顶屋面，占地约500平方米（图1—图2）。祠堂内有多处题匾、楹联，其中以清末名臣翁同龢所书的对联最为珍贵。祠中雕刻朴实简洁，门窗雕棂也以几何图案为主（图3）。目前，祠堂建筑已有风化迹象，但仍是村民集聚的活动场所。

白塘村推崇教化，祠堂立柱挂满村民书写的对联。村中史上不乏获取功名者。如今，村民仍将自宋代起的十余位同村赵氏官员名录书写于祠堂中，引以为傲。

图1 南石祠

图2 南石祠内院

图3 南石祠雕刻

49 白茆坞牌坊

Baimaowu Memorial Archway

级　别	自治区级
年　代	清
地　址	全州县枧塘镇塘福村委新白茆坞村
看　点	石雕
开放方式	开放

　　白茆坞村原有牌坊三座，一座已坍塌，一座与村口众多功名柱毁于"破四旧"时期。目前村中牌坊仅剩一座，位于新村东侧约500米处的山路旁，是一座孝子牌坊（图1）。关于牌坊的建造年代，有两种说法。一说是清廷为嘉奖唐继祖之子唐鉴钊与唐锦镛孝敬其母，建于清嘉庆四年（1799年）；一说为清道光十八年（1838年），二者为其父唐继祖而建。

　　牌坊为青石结构，"一"字形平面，四柱三门三楼，庑殿顶四角起翘高耸，通高近10米，宽约9.5米。

牌坊底层设中门与两个侧门，四根石柱前后及边柱外侧分别立有高大的须弥座式抱鼓石，浮雕八宝、麒麟、仙鹤等图案，肃穆而不失儒雅。明间横额刻"孝子"，上下额浮雕双龙戏珠。正匾上竖刻"旨旌表"，雕盘龙图案。匾上的龙门枋饰鱼鳞纹样，由四组异形栱承托庑殿顶石顶，栱间置镂空花板，两侧为梅花图样，中为"寿"字。石顶正脊中置宝瓶，两侧饰鳌鱼吻。次间大小额枋两侧浮雕花卉与动物图案，中置镂空梅花石板，额枋上由两个异形栱支撑庑殿式屋顶，正脊雕镂空花纹，外侧置鸱吻，内侧与中柱相接。

白茆坞孝子牌坊地处野外，不幸遭窃盗者损毁。近年，牌坊一侧的抱鼓石遭窃，另一侧也已部分损坏，整座牌坊失去平衡，摇摇欲坠。牌坊上部的石雕也遭到不同程度破坏，昔日让村民引以为傲的孝子石坊已然岌岌可危。

图1　白茆坞牌坊

50 精忠祠

Loyalty Shrine

级　　别	自治区级
年　　代	清
地　　址	全州县大西江镇四板桥村
看　　点	戏楼
开放方式	开放

精忠祠，建于晚清年间，是村民为纪念民族英雄岳飞而建，坐北朝南，砖木结构，由祠堂和戏楼组成。

精忠祠前的架空式花戏楼建于清同治元年（1862年）。戏楼台基高约2.1米，开间8米，进深13.5米，通高约12米，由正台、后台、副台组成（图1—图2）。戏台底部后墙开有三门，供演员进出。正台向前凸出，歇山顶，覆小青瓦。角柱端头以斜向枋与转角穿插枋搭接，斜枋上立子角梁，二者与老角梁形成钝角三角形，中填箴木，组成独特的支撑体系。副台位于前台两侧，硬山顶，两侧竖封火山墙。副台前立屏风，下方为木板，上方为镂空花格窗。戏楼梁柱与屋脊上雕有花鸟虫鱼，刀法娴熟，后墙门额石雕精美（图3—图4）。

戏台前有一处宽敞坪地，用于观戏。戏坪另一侧为祠堂，供奉岳飞、岳云、张宪神像。

多年来，村民常在此处演出岳飞《精忠报国》等戏剧，百年戏楼融入了村民的生活。2011年8月，戏楼旁民居起火，木构架戏楼未能幸免，损失惨重。

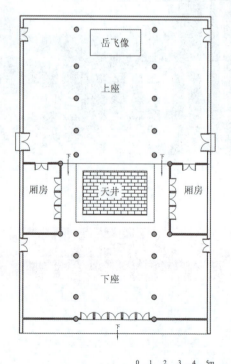

图1　精忠祠平面图

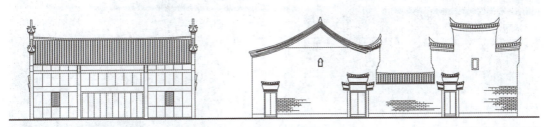

图2 精忠祠正立面、侧立面图

图3 精忠祠戏台

图4 精忠祠门厅梁架

51 柴侯祠

Chaihou Shrine

级　　别	自治区级
年　　代	清
地　　址	全州县全州镇桂黄路
看　　点	构架
开放方式	要许可

柴侯祠，位于全州县城郊，是纪念唐代官员柴崇趆的祠堂。始建于唐登封元年（696年），清代重修，由门楼、戏台、中殿、后殿组成，现仅存中殿和后殿。

祠堂坐北朝南，进深约50米，宽18米，总建筑面积约850平方米，形式简洁，未见丰富装饰。中殿与后殿均为五开间穿斗式木构架，小青瓦硬山顶式屋面，两侧竖封火山墙。中殿单层，青砖地面。前出卷棚外廊，殿内顶设有藻井，饰盘龙纹样，山墙端部饰有彩色浮雕（图1—图2）。后殿进深五间，双层屋架，现仅存主体构架与部分门扇。祠堂四周原有围墙，部分已倒坍（图3）。

抗战时期，著名爱国将领戴安澜赴缅甸前曾驻军于此。全州县地下党组织也在此处成立，祠堂内因而留下了诸多抗战标语。民国晚期，柴侯祠曾作为县中校舍。全州县拟建戴安澜将军博物馆时，柴侯祠被纳入其中，得以维修。

图1 柴侯祠中殿

图2 柴侯祠后殿

图3 柴侯祠山墙墀头

兴安县

52 灵渠
Lingqu Canal

级　　别	国家级
年　　代	秦
地　　址	兴安县境
看　　点	水利
开放方式	开放

灵渠，本名"零渠"，因人工渠道止于零水而得名，又称"秦凿渠""陡河"。灵渠位于桂林兴安县境，沟通长江与珠江，因而又称"兴安运河"。

灵渠为秦代三大水利工程之一，始建于秦始皇二十六年（前221年）。是秦王朝为统一岭南而"使监禄凿渠运粮"之道，七年后建成。由铧嘴、大小天平、泄水天平、秦堤、南北渠道、陡门、水涵等设施构成，是一套完整的水道工程体系。

52-1 南北渠

灵渠的主要渠道。北渠长约3.25公里，成"S"形位于湘江北岸。弯道延长了江水流程，减缓水流落差，便于航运。南渠较长，约33.25公里，由人工渠道与天然河道组合而成蜿蜒绕山，景色尤美。

52-2 铧嘴

又名"铧堤"，是灵渠最前端的犁铧形堤，立于分水塘中，条石围砌而成。现存部分长90米，宽23米，高6米有余。铧嘴分三分湘江水，经小天平、南渠，入漓江；其余七分顺大天平入北渠，回流湘江，即"湘七漓三"。堤上有立分水亭，亭中二石碑，分别为明万历十七年（1589年）梁梦雷所题"伏波遗迹"，与清乾隆十七年（1752年）查淳所题"湘漓分派"。洪水时期，浪击铧嘴、天平而下，高浪鸣啸，蔚为壮观，称"铧嘴观澜"，被列为兴安县"八景"之一。

52-3 天平

大、小天平是湘江河道的拦江滚水坝，与铧嘴成"人"字形排布，平衡南北二渠水量，故称"天平"。

大天平位于北侧，长约 340 米；小天平位于南侧，长约 130 米。二者成 95 度角排布，条石砌筑，梯形截面，底宽 25 米，顶宽 2 米，高 4 米有余。天平面坡为长条石叠砌，形似鱼鳞，层层相扣，因而又名"鱼鳞石"，坝顶为条石平铺，以铁锭卡牢。大小天平在历代修葺时"皆依秦制"，因而基本保持了秦代原貌。

南渠的秦堤与马石桥和北渠的回龙堤处各有溢流堰一处，用于排洪，称"泄水天平"（图1）。

52-4 秦堤

灵渠的重要护堤，位于南渠与湘江故道之间，长约 3700 米，因始筑于秦代而得名。秦堤内、外堤均由长条石砌筑而成，可防南渠与湘江水间串流，保障了铧嘴的分水比例。秦堤位于二清流之间，花木繁盛，不乏名人在此题刻，自古备受游人推崇。

52-5 陡门

灵渠的关闸蓄水设施，位于灵渠水浅流急处，于两岸砌筑相对的弧形坝体，中留航道，置闸门，以便通航。陡门最初为木建，唐咸通九年（868 年），桂州刺史鱼孟威"悉用坚木排竖"；明初改为石砌。陡门的数量唐代前已无记载，唐咸通九年"增至十八重"，宋嘉祐三年（1058 年）增至三十六重，北渠 4 处，南渠 32 处，而后未再增减。

灵渠是造福千年的水利工程，又以景色优美、文化底蕴深厚而著称。有万里桥、沧浪桥、接龙桥等多处古桥点缀其间，舟行渠上，两岸又有飞来石、四贤祠、古榕吞碑、三将军墓等多处历史古迹，引人流连。

52-6 状元桥

状元桥建于明代，原位于文庙内，庙毁后迁至灵渠。单拱石桥，长约 15 米，桥体与两侧上遍布浮雕，生动细致。（图2—图3）

52-7 四贤祠

建于元代，用于祭祀秦监史禄、汉伏波将军马援、唐桂管观察使李渤、桂管防御使鱼孟威。四人均对灵渠的建造有突出贡献，被称为"四大贤人"。四贤祠内设有四贤像，另有一方大重杨吞乾隆古碑（图4）。

图1　泄水天平

图3　状元桥2

图2　状元桥1

图4　四贤祠

53 秦城遗址

The Site of Qin City

级　　别	国家级
年　　代	秦—晋
地　　址	兴安县溶江镇
看　　点	王城遗址
开放方式	开放

秦城，也称"越城"，位于大溶江与灵渠汇合处。秦城把守灵渠西南口，位置显要。相传最早为百越人据守之地，秦军曾在此与百越人激战。秦始皇统一岭南时在此屯兵，秦汉两代长期战乱。秦城长年有重兵把守，魏晋时期被废。

秦城地势平缓，山环水抱，攻守自如，宜驻兵扎营。秦城城垣夯土为墙，宋代便已成废墟，现多化为土埂。现存遗址主要分"大营"和"小营"（图1）。

"小营"位于大小溶江汇流的三角洲上，总占地约8平方公里。

"大营"位于马家渡与灵渠、溶江之间的三角洲处，总占地约12平方公里。"大营"尚存四处城垣遗址：

一为大营村至马家渡口的"城墙埂子"，东北—西南走向，与灵渠斜向平行，相距仅数十米。城墙长约三里，高一米有余，厚约5米。

二为七里圩南侧的方形土城，俗称"王城"，是秦城遗址中保留最为完整的一处。"王城"分内外两层，中设城壕，宽近10米。内城东西长约280米，南北宽约170米，残垣高2至4米，厚约6米。外城高厚均在1米左右。仅北侧开有城门与凸出式平台，古时曾筑有角楼。"王城"曾作为营地指挥部，现内城保存较为完整。20世纪末的考古挖掘中，曾出土大量陶制、铜制和铁制器具，以兵器为主，另有筒瓦、板瓦、砖石等建筑材料。

三为通济村北的"L"形土城，原为方形城的东垣与南垣，各长800余米，亦有内外城之别，残垣高度厚度与王城相似。

四为灵渠入漓江处的水街土墙，也称"灵河口遗址"，长百米有余。水街位于狭小三角洲上，连接灵渠与大溶江、漓江，弹丸之地控制三江要道，地势极为险要。

此外，还有多处散布的壕沟墩台等，纵横相错于田野之间。秦城沿灵渠西岸设多层防线，位踞天险，制衡三江。而"王城"则位于相对安全处，又与其他三处相依相托，利于指挥，体现了古人在军事城池规划上的智慧。（图2—图3）

图1　秦城遗址航拍

图2　护城河遗址

图3　考古发掘现场

54 严关

Yan Pass

级 别	自治区级
年 代	清
地 址	兴安县严关镇严关村
看 点	古城垣
开放方式	开放

严关,又称炎关,位于灵渠西岸,关门建于凤凰山与狮子山之间,被称为"楚粤咽喉"。

严关始建年代不详,主要有秦代和汉代两种说法。宋代周去非在《岭外代答》卷十中称:"湘水之南,灵渠之口,大融江小融江之间,有遗堞存焉,名曰秦城,实始皇发谪戍五岭之地。……北二十里有险曰严关,群山环之,鸟道微通,不可方轨,此秦城之遗迹也。"与《兴安县志》中说法相符。清代顾祖禹所撰《读史方舆纪要》卷一〇六中,称:"自严关而南二十里为古秦城关,实为楚粤之咽喉。今其地两山壁立,中为通道,置关其间,署曰严关。或曰:汉归义越侯严出零陵,下漓水,定越建功,故以严为名。或曰:关当隘路,而可畏也。"《广西通志》中提到,唐代刘士政亦曾在此驻守。

严关关北寒冷而关南炎热,宋代范成大在《桂海虞衡志》中称"朔雪至关辄止",兴安亦有俗语称"北雪南雨飞不过"。此外,严关所处之处地势险要,水陆两通,被周去非称为"真宿兵之地",史上岭南战事,也常系于此。宋末马墍、明末瞿式耜,以及南明张同敞、明末李定国等,都曾在此抗击敌军。

现存严关为明崇祯十一年(1683年)所筑,清咸丰元年(1851年)重修。城垣高逾5米,长43.2米,厚约8米,夯土而成,两侧砌以青石,两端接于石壁。关门分前后两重,高约4米,门额上嵌有清咸丰元年(1851年)知县商昌所题"古严关"三字,为重修时所题。城门上原建有门楼,民国初年毁于火灾,两门间为露顶(图1)。

严关地处南北要道,群山错落,水陆要道萦回,名人经过时,遥想雄关征战,感慨颇多,留下的题咏十分丰富。关北的碎米山下,立有一块七八尺高的孤石,似船似鞋,相传为宋代"杨八姐飞马过严关"的上马石,石上留有前人题诗。关外崖壁上,留有宋明时期的摩崖石刻十余方。其中,宋政和五年(1115年)桂州太守程邻,嘉定九年(1216年)广西提刑方信孺所题的"严关",字体巨大而古朴,乃书法艺术之珍品。

图1 古严关

55 水源头村

Shuiyuantou Village

级　　别	自治区级
年　　代	明清
地　　址	兴安县白石乡水源头村
看　　点	古民居、古街巷、古银杏
开放方式	开放

　　水源头村位于山间峡谷深处的盆地边。村落背靠石笼山，面向开阔水田。因村南树林中有一眼古泉，水流不息，经村前的溪流通向上桂峡水库，成为湘江源头，故而得名"水源头"（图1）。

　　村落建于明洪武年间。村民以秦姓为主，自称为唐代名将秦琼后裔。明代先祖被贬后，由山东迁至桂北，定居于此。村民尚习武，宅院中常设习武场所，清代还曾出过一位武状元。

　　村中最大一处院落称"秦家大院"，建于明代晚期。嘉庆帝曾亲笔题写红漆"武魁"匾额赐予秦家武状元。门前石狮造型独特。大院正厅堂匾额题"世德作求"，为嘉庆二十二年（1817年）建此屋时所题。秦家大院茂兴堂被单列为自治区级文物保护单位。

　　村门后为两条巷子，一横一竖，呈"丁"字形相接。巷道均为条石砌成，横向一条较宽，两侧各通向另一处村门；纵向巷子通向山脚。宅院房屋三百余间，多为清代乾隆与嘉庆年间所建，以二层三进三开间居多。以村中纵巷为界，东西两侧各有四组，交错相通又各成一体，利于防盗寇之患，战乱年间有效地庇佑了村民。老屋均为青石方墩基，高三四尺，木构青砖，飞檐高翘，门窗雕花与院门上的砖雕灰雕图案精致细腻（图2）。

　　村中尚有300余株古银杏树，最老的一株称"七仙女"，已有千年树龄，秋日景色甚为迷人。祖辈留下的桌椅柜台古韵浓郁，青石板上的水滴圆洞印证了此处的悠久历史。古村的粉墙黛瓦与远处青山相映，朦胧中透露出古朴清新的气息。

图2　秦家大院正门

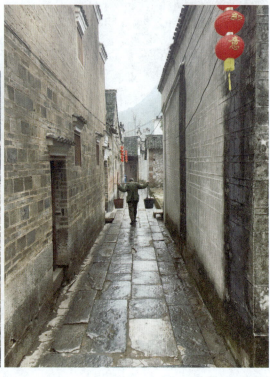

图1　水源头村

56 榜上村

Bangshang Village

级　　别	自治区级
年　　代	明清
地　　址	兴安县漠川乡榜上村
看　　点	炮楼、古民居、古樟
开放方式	开放

　　榜上村，原名莲花村，位于湘粤古道的漠川交汇中心，是连接湖南与桂林的重要节点。村落背山面水，良田平阔，湘江支流漠川河从村前流过，风水极佳。

　　明洪武年间，四品战将陈俊护驾靖江王至桂林，为平息战乱、保灵渠水道而驻兵漠川。而后便在此繁衍生息，莲花村也逐渐发展为古道驿站。明崇祯年间，徐霞客曾到此一游，并将其记录于《徐霞客游记》中。

　　易名"榜上村"，缘于陈氏后人重视教育，举人辈出。科举制度年间，村中共培养出进士7人、文武举人20人、贡生7人。清代陈俊第十一代后裔陈代新与其子陈荣松均获皇帝封爵，其孙陈克昌置田经商，富甲一方。陈克昌之孙亦善经商，得到皇封，并为其祖父辈与父辈求封，得准建大墓立牌坊。

　　村内尚存清代古民居60余座（图1—图2），青砖粉墙、高墙窄巷、层楼叠院、木格门窗雕刻生动（图3），体现了桂北耕读人家的民居特色。青石路上刻有多种字体的"福""禄"字样（图4），沧桑古朴。两座方形的炮楼高耸（图5），守卫宅院，窗洞上的拱形雕花略有西式色彩。村头有一处清光绪年间的古代大墓，是陈克昌与其夫人程氏之墓，占地十余亩，序列严整，石雕精致。村后一株千年古樟，围径数米，亭亭如盖，四季常青，可谓镇村之宝。

图2　榜上村街巷

图1　榜上村古民居

图3　门窗木雕

图4 地上的"福"字

图5 榜上村炮楼

57 红军堂（三官堂）

Red Army Hall（Three Official Hall）

级　别	自治区级
年　代	民国
地　址	兴安县界首镇
看　点	环境
开放方式	要许可

　　红军堂，原名"三官堂"，建于1912年，是当地人的小庙，因供奉天官、地官、水官而得名。

　　三官堂坐西朝东，由前后两厅与中间天井组成院落式布局，硬山顶屋面，上盖小青瓦，总建筑面积约135平方米。院落四周封闭，前厅开窄门洞，设石级通向院外。天井面宽约13米，进深约10米。后庭两侧山墙高耸，前端开有拱形侧门（图1）。

　　三官堂面向湘江（图2），视野开阔，且临近界首渡口，曾助长征红军以浮桥突破湘江。朱德、彭德怀指挥湘江战役期间，三官堂作为指挥所，见证了重要历史战役。后来，当地人为纪念红军，将此处改称为"红军堂"。

图1 红军堂

图2 红军堂面向湘江

永福县

58 永宁州城
Yongning State City

级　　别	自治区级（其中，百寿岩为国家级）
年　　代	明
地　　址	永福县百寿镇
看　　点	门楼、城墙、百寿岩石刻
开放方式	开放

　　永宁州，晋为常安县，后历次更名，曾称纯化、慕化、古化、归化，宋至明代称古田县，明隆庆五年（1571年）升为直隶州，民国称永宁县。

　　永宁州城始建于明成化十三年（1477年），原为古田县治，位于寿城圩北，寿城河西，四周环山，三面临水。古城初为土城，周长千米，明成化十八年改为石城。明隆庆六年（1572年）西扩，建城门4座；万历三年（1575年），加高加厚城墙；万历八年，北扩百米，建门楼；万历十四年筑护城河堤（图1）。

　　永宁州城南北长约430米，东西宽约170米，占地1公顷。青石城墙，城垛林立，厚3米有余，结实厚重。古城四向各有门楼，东为东兴门，西为安定门，南为永镇门，北为迎恩门（图2—图5）。门楼二层，底层开券门。除南门为重檐歇山顶外，其余均为单檐。永宁州城尚留存一座单拱石桥，桥肩开有泄洪小拱，称西门桥（图6）。

　　永宁州地处桂林至融安的古道必经之处，北临三台岭关隘，自古即军事要地，征战频繁，能得以保留可谓奇迹。目前，永宁州城是广西境内保存最为完整的明代城垣。

图2　永宁州城西门楼

图3　永宁州城南门楼

图1　永宁州城的城墙

图4　永宁州城南门楼城墙

图5 永宁州城北门楼

图6 永宁州城西门桥

59 百寿岩石刻
Baishou Rock Carvings

级　　别	国家级
年　　代	宋—民国
地　　址	永福县百寿镇东岸村
看　　点	赵孟𫖯"宁寿"、寿字石刻
开放方式	开放

永宁州古城一侧留有一处起于宋代的石刻群——百寿岩石刻（图1）。百寿岩洞口向北，岩高约7米，宽约9米。崖壁上大小石刻约20处，年代涵盖宋至民国的各个时期；以诗词、格言、记事为主，其中，以记录明代镇压古田农民起义最多。众石刻中最为珍贵的，是元代书法家赵孟𫖯所题的"宁寿"二字。

"百寿岩"得名于洞顶石壁上的百"寿"石刻（图2），由一大众小组成。宋绍定二年（1229年），

图1 百寿岩

图2 "寿"字石刻

知县史谓镌大"寿"于此,字高 1.75 米,宽 1.5 米。大"寿"虽为楷体,但相比正楷,笔力古朴圆润,更显庄重优雅。大"寿"内部另有阴刻小"寿"99 个,楷隶草行篆俱全,端庄遒劲飘逸齐备,字体旁注有文体出处,涵盖各个时期与众书法家字体,无一雷同,组成名副其实的"百寿"题刻,结构严谨,形式独特。

百寿岩石刻不仅是书法艺术的杰作与石刻艺术的精品,亦为地方历史的记载,对研究当地的民族发展与土地开发史具有重要意义。

60 崇山村
Chongshan Village

级　别	国家级
年　代	明清
地　址	永福县罗锦镇
看　点	李熙垣故居、新祠堂
开放方式	开放

崇山村建于明万历年间,以李、莫二姓为主,分别由湖北、河南迁居至此,世代耕读,人才辈出。(图1—图2)

村东为清代画家李熙垣故居。李熙垣,桂林山水画创始人之一,画风雄奇浑厚,为李氏绘画始祖。李氏家族自清乾隆年间起,共有 14 人中举,李熙垣第六子李吉寿一家有"一门三进士,父子五登科"之奇谈。李氏故居为石基砖木结构,硬山式屋顶,单层五进四开间院落式布局。前后设闸门,中铺巷道,两侧为六组独立院落,各5公亩左右,院内布有石砌天井。清水砖墙配花槅扇门窗,雕吉祥图案。木柱下的石础高立,浮雕花纹(图3)。宅院第一进为门楼,各进横向四间以砖壁相隔,北侧第一、第三间为厢房卧室,第二间为堂屋,南侧为厨房,配以牲圈;主屋位于第三进;六组院落间开月亮门,巷道相通,体系明朗。

村南田间的新祠堂,建于清乾隆年间,小青瓦硬山顶,两侧砌封火山墙,三进三开间布局。拱形大门高约6米,内设天井檐廊,古朴自然。

此外,崇山村还保留了明清时期的古民居 20 余处,传统氛围浓郁。

图1　崇山村的古民居

图2　崇山村

图3　李熙垣故居石柱础

灌阳县

61 关帝庙（慧明寺）
Guandi Temple (Huiming Temple)

级　　别	自治区级
年　　代	明清
地　　址	灌阳县灌阳镇解放路
看　　点	入口
开放方式	要许可

关帝庙，即祭祀关羽处。灌阳关帝庙，位于灌阳镇第一小学东侧，始建于明万历四十八年（1620年），明清两代均历多次修缮。20世纪七八十年代曾作为校办工厂，2009年改称"慧明寺"，作为合法佛教场所，香火旺盛。

关帝庙坐北朝南，占地约500平方米，砖木结构，由前、中、后三进院落及庙仓组成（图1—图2）。庙门前以马头山墙开门洞与道路相接（图3）。主体建筑面阔三间，抬梁穿斗相结合式构架，上盖小青瓦硬山顶屋面（图4）。木构梁枋上刻有木雕。关帝庙的斗栱为明代样式，尺度较前几朝已大大缩小，间距加密，装饰效果更为明显。前座为如意斗栱，中座为平升斗栱，目前保存较为完好，在广西木构建筑中实为罕见。

关帝庙内尚存明清时期功德碑数方，记录当地民众对建庙的贡献。

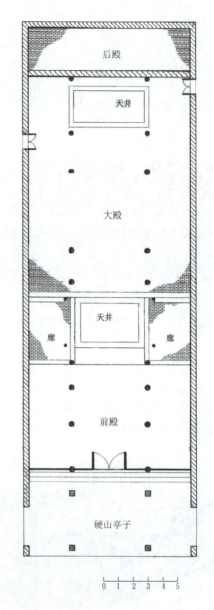

图1 关帝庙平面图

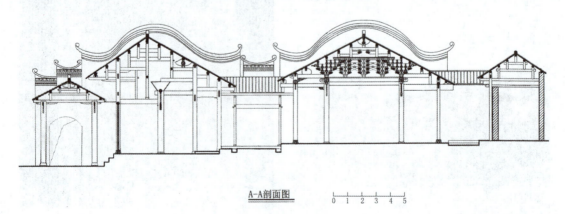

图2 关帝庙剖面图

图3 关帝庙马头墙式硬山亭

图4 关帝庙大殿

62 月岭村

Yueling Village

级　别	自治区级，中国第二批传统村落名录
年　代	明清
地　址	灌阳县文市镇
看　点	石牌坊、六大院堂
开放方式	开放

月岭村位于文市镇东北约2公里处，始建于明末清初年间，是一座具有700余年历史的唐姓村落，至今保留完好（图1）。

月岭村的水系颇具特色，村前水渠自南向北汇入白驹岩，润泽田野。地下水系丰富，各座大院皆开有水井鱼塘，既可为日常所用，又可防火。村南尚留有一座供全村使用的古井，名"上井"。村中两条排水沟，沿路而设，方便各家各户使用。沟中水流入低洼地后，或灌溉耕地，或流入灌江。

月岭村村前留有一处石刻牌坊，名"孝义可风"（图2）。石牌坊建于清道光年间，是时任外地知县的唐景涛，奉旨为其养母史氏所立。牌坊高约10米，跨度约11米，由多块整块镂雕而成，榫卯连接，坚固不倒。牌坊为四柱三间四楼式，柱底两侧设抱鼓石；一层两侧镂雕麒麟；二层正面刻史氏节孝，背面刻立坊呈文与批示，横梁镂雕"二龙戏珠"；三层两侧刻皇帝亲题"孝义可风，艰贞足式"八个大字，横梁刻八仙八宝等吉祥图案；上盖庑殿顶，两侧设花格窗，中置匾额，书"皇恩旌表"；顶部角设鳌鱼，中立三层八角形宝塔，八面刻字"欲目千里，更上一层"（图3—图5）。

图1 月岭村鸟瞰

图 2　牌坊正面

图 3　牌坊正面细部

图 4　牌坊背面

月岭村古民居中，最为知名的是"六大院堂"，建于清道光年间，被誉为"小故宫"，是清代唐虞琮为其儿女所建，根据年龄，依次为"翠德堂""宏远堂""继美堂""多福堂""文明堂""锡暇堂"。六座院落毗连而建，各自独立，灵活相通。多为三进三开间式合院组合而成，并有部分东西向并置院落。各座房屋间有天井巷道相连，解决了排水与采光问题。堂院前进为门楼，入口处多设照壁，中进为二层居住用房，后进为小堂。院内各设水井、粮仓、祠堂、花园、书房等。目前六大院堂多保留完好，以多福堂规模最大。

月岭村至今保留完好，村内青石巷道相连，古朴素雅，具有很高的艺术与考古价值（图6—图7）。此外，月岭村还保留有"步月亭""文昌阁""催官塔""百岁亭""将军庙"等古建筑遗迹，以及"步月岩""沙江晚渡""双发井"等自然景观，文化底蕴深厚。

图 5　牌坊背面细部

图6 月岭村街巷

图7 月岭村石雕柱础

63 江口村

Jiangkou Village

级　　别	国家级传统村落
年　　代	清
地　　址	灌阳县新街镇江口村
看　　点	古商贸街、唐氏宗祠
开放方式	开放

江口村，因位于马山江、安乐源江、灌江三江汇流处而得名，是晚清时期"台湾民主国"总统唐景崧故里。

唐景崧（1841—1903），字维卿，清同治四年进士，位居翰林院庶吉士。两个弟弟也中了进士，成就了"一县八进士，同胞三翰林"的美谈。唐景崧1891年出任台湾布政使，三年后为巡抚。甲午海战后台湾被割据给日本，唐景崧被推举为"台湾民主国"总统，携民抗日，因后方无援失败后，归乡至桂林五美堂定居。此后，唐景崧潜心研究戏剧，将京剧与湖南、桂林等地戏剧结合，建台搭棚，创办"桂林春班"，形成独立门派，名"桂剧"（图1—图2）。

江口村留有一条商贸古街，长约千米，沿街开满店铺，青砖黛瓦，错落有致。各家当街设铺台，前店后宅，自成一体。至今仍能看到些许老商号的招牌。古街口面向安乐源江，江上立石拱桥。街尾为唐氏宗祠，两进三开间，两侧封火山墙高大气派，富有桂林民居特色（图3）。

图1 唐景崧故居

图2　故居木椅

图3　古石桥

64 洞井村
Dongjing Village

级　　别	国家级传统村落
年　　代	明—民国
地　　址	灌阳县洞井瑶族乡洞井村
看　　点	古民居
开放方式	开放

　　洞井村为乡政府所在地，老村依太子山坡而建，面向渗水江小河。河东建有新村，由五条东西走向的巷道分为五组院落。新村门楼向西，正对稻田，位于两条主巷的尽头。两座门楼间为村前主路，向北可至唐氏宗祠与洞井街，向南出村，向西可至杨家坪与洞井古道（图1）。

　　洞井村古民居建于明清时期，早期的明代民居多已倒塌，保留完好的几处以清代中期至民国为主。洞井民居的用砖色泽反映了建造年代：明代与清代初年青砖烧制技术相似，以青灰、浅灰、浅橘色为主，但清代砖块相对密实。

　　洞井村的清代早期民居多为硬山式屋顶，配以高大的封火山墙。一层设檐廊；二层为绣楼，直棂格窗，古朴素雅。至于清代盛期，则体量愈加高大，注重装饰工艺，灰批浮雕精巧繁复，铺装华美考究，四处可见吉祥图案。院落规模也更气派，并多有偏厦厢房等。天井多以方正料石墁铺，工整大气，或以卵石镶成双钱图案，颇为精致（图2—图3）。

图1　洞井村巷道

图2 洞井村古民居

龙胜县

65 平等鼓楼群

Pingdeng Drum Tower Group

级　别	自治区级
年　代	清—民国
地　址	龙胜各族自治县平等乡平等村
看　点	鼓楼建筑群
开放方式	开放 / 要许可

平等村位于平等河两岸，村寨中鼓楼林立，遍布寨中寨边与平等河两岸方圆1500米范围内。侗族鼓楼是用于村民议事的公共场所，大梁上悬有召集村人用的大鼓，因而称"鼓楼"。

平等村为侗族村寨，据当地的《祖先入村》歌中称，北宋时期平邓（等）即已成寨。至明代崇祯年间，仍有新姓家族入境，目前平等村已有七大姓氏：陈、杨、吴、石、胡、罗、伍。为方便同族议事，鼓楼多以族姓为单位建造，分别位于各个姓氏家族居住的中心。大姓家族则一族多楼，形成分布有序的鼓楼群，成为平等村寨的著名一景。现存保留完好的鼓楼共13座，均为清代至民国时期建造的侗族鼓楼，分别为：

伍氏鼓楼，建于清乾隆元年（1736年），坐东朝西，十六柱方形平面，二层檐塔式，高约7.5米，建筑面积约40平方米（图1）。

衙寨胡氏鼓楼，建于清嘉庆元年（1796年），坐北朝南，十六柱五层檐，下两层为方形檐，上盖八角攒尖顶，塔式，高约10米，建筑面积约36平方米（图2）。

吴氏鼓楼，建于清嘉庆黄钟二十八年（1804年），坐西朝东，十六柱四角攒尖葫芦宝顶，楼上出三层密檐，塔式，高近9米，建筑面积约50平方米（图3）。

罗氏鼓楼，建于清道光八年（1828年），坐东朝西，十六柱四角攒尖顶，五层檐，塔式，高约11米，建筑面积约70平方米。一层开方格花窗，与二层之间饰有二龙戏珠浮雕（图4）。

寨官杨氏鼓楼，建于清光绪元年（1875年），坐东朝西，二层六柱硬山顶，民居式，规模与其他鼓楼相比较小。高约 6 米，建筑面积约 20 平方米（图 5）。

衙寨小鼓楼，建于清光绪九年（1883 年），坐西朝东，二层硬山顶，高约 4.5 米，建筑面积仅 11 平方米，小巧精悍，是我国最小的凉亭式鼓楼（图 6）。

杨氏鼓楼，建于民国十五年（1926 年），坐西朝东，二层硬山顶，饰有脊雕，四角外翘如歇山。明间顶部高起，造型独特，干阑民居式，高约 7.5 米，建筑面积约 70 平方米（图 7）。

寨官吴氏鼓楼，建于民国十五年（1926 年），坐西朝东，视野辽阔。十六柱四角攒尖顶、四层檐塔式，高约 8.4 米，建筑面积约 32 平方米（图 8）。

松树坳雅方鼓楼，建于民国二十四年（1935 年），坐西朝东，十二柱八角攒尖顶，三层檐塔式，高约 7.6 米，建筑面积约 25 平方米（图 9）。

松树坳鼓楼，建于民国二十四年（1935 年），坐东朝西，靠山而建，一二层均有石路可通。十六柱歇

图 1　伍氏鼓楼

图 3　吴氏鼓楼

图 4　罗氏鼓楼

图 2　衙寨胡氏鼓楼

图 5　寨官杨氏鼓楼

山顶，三层檐民居式，高约10米，建筑面积约50平方米（图10）。

陈氏鼓楼，建于民国三十五年（1946年），坐西朝东，十六柱四角攒尖顶，三层檐，前为戏台，后为鼓楼，形式独特，高约10米，建筑面积约120平方米（图11）。

石氏过街楼，建于民国三十二年（1943年），坐北朝南，十六柱八角攒尖顶，五层檐塔式，高约13米，建筑面积约64平方米。石氏鼓楼横跨石板街两侧，是最具侗族特色的过街式鼓楼（图12）。

寨江鼓楼，建于民国三十六年（1947年），坐东朝西，位于田间。十六柱四角攒尖顶，三层檐塔式，各层出檐距离相差较大，更为通透。高约8.5米，建筑面积约60平方米（图13）。

平等鼓楼群大多小巧精致，密檐层叠，形式涵盖塔式、民居式、戏楼式等，各具特色。

图8 寨官吴氏鼓楼

图6 街寨小鼓楼

图7 杨氏鼓楼　　　　　　　　　　　　　　图9 松树坳雅方鼓楼

图10　松树坳鼓楼

图12　石氏过街鼓楼

图11　陈氏鼓楼

图13　寨江鼓楼

66 红军楼（杨氏鼓楼）

Red Army Building (Yang's Drum Tower)

级　别	自治区级
年　代	清
地　址	龙胜各族自治县平等乡龙平村
看　点	过街式鼓楼
开放方式	开放

红军楼，原名"杨氏鼓楼"，建于清嘉庆四年（1799年），建筑面积约100平方米。鼓楼高约10米，十六柱四角攒尖顶，五重密檐颇具特色（图1）。一层为过街巷，二层可供村人休息集聚，是典型的侗族过街式鼓楼（图2）。

1934年12月，中国工农红军在长征途中驻扎于此，国民党为离间红军与侗族村民的关系，曾派特务于村中暗中纵火，企图烧毁鼓楼等村屋。红军在周恩来等同志的指挥下奋力灭火，使鼓楼与众多民房幸免于难，并抓获纵火特务，揭露阴谋。侗族人民感念红军恩情，将此处改称"红军楼"。

图1 红军楼

图2 过街式鼓楼

67 红军桥（顺风桥）

Red Army Bridge (Shun Feng Bridge)

级　别	自治区级
年　代	民国
地　址	龙胜各族自治县伟江乡杨湾村
看　点	风雨桥
开放方式	开放

顺风桥，位于伟江河上，始建于清光绪年间，民国三十六年（1947年）重修，跨度约30米，是一座由粗圆杉木叠架而成的单跨风雨桥（图1—图2）。桥身长约37米，宽约3.2米，木构瓦顶，高约8米。桥廊内两侧设有供行人休息的长凳（图3）。行至河正中处，一侧加配两吊柱，设神龛，供奉神像。顺风桥是龙胜县唯一一座苗族单拱长廊式瓦盖桥，彰显了苗族的建筑工艺。

1934年冬，中国工农红军进入龙胜境内，红九军团后卫部队曾在此处阻截追兵。当时，炸桥可阻断敌军追路，但为遵循党的民族政策、保护老桥，红军并未将此桥炸毁，阻击战中伤亡十余人。新中国成立后，村民将此桥改称"红军桥"。

图1 顺风桥1

图2 顺风桥2

图3 风雨桥内

平乐县

68 榕津村
Rongjin Village

级　别	国家级传统村落
年　代	清
地　址	平乐县张家镇榕津村
看　点	榕津古街、古榕群
开放方式	开放

榕津村临近同安河、东江、西江汇合后通往桂江之处，南通梧州、广州，北达阳朔、桂林，物资集散便利，成为当地重要的水运港口，商贸发达。因村中古榕相拥，茂而成林，又处津梁之地，塘泽棋布，故名"榕津"，富有岭南商埠特色。

榕津村以榕津古街最为知名。榕津古街历史久远，至今保存完整。两侧房舍类型丰富，骑楼繁多。古街两侧留有民居200余户，各有二至三进院落，前店后寝。各家均为硬山式，青砖灰瓦，木栅格窗，整齐有序（图1）。古街中段最为热闹，建有粤东会馆、妈祖庙与戏台等，还有昔日商号廖炳坤、廖振国、廖振启等人的石门框、双推趟笼和旧居大院，以及"广西第一锣"。古街东端为榕津河与沙江河的汇合处，立"榕江码头"石碑，碑前开有古井，设石阶码头。古街北端建有火神庙，设过街楼，二层供奉祝融火神，外额题"通津履泰"四字横匾。庙外即古榕群，气根繁复形成榕门奇观，树下设有戏台（图2—图3）。

榕津村因商而兴，有文广盐铺、德记银铺等老字号店铺，还有当铺、酒家、药堂等。民国十年（1921年）公路开通后，这座因水而兴的古代商埠渐渐失去优势，但盛极一时的气韵犹在。

榕津村以榕得名，也因榕知名。村口古榕群即村中至宝，也是千年古村的历史见证者，享有"华夏第一榕"之美誉。

图1 榕津古街

图2 榕津妈祖庙

图3 榕津古街古戏台

69 平乐粤东会馆

The Hall of Guangdong in Pingle

级　别	自治区级
年　代	清
地　址	桂林市平乐县大街45号
看　点	广西最早的粤东会馆
开放方式	可参观

平乐粤东会馆，是广西最早的粤东会馆。平乐地处桂江、漓江、茶江、荔江汇合于此，占"黄金水道"之利，是桂北地区唯一的货运港口，商易往来频繁。

据馆内《重修会馆并戏台记》记载，"会馆之设，创自明第"，清雍正三年（1725年）重修，清咸丰年间毁于战火，清同治十二年（1873年）修复（图1—图2）。

会馆为砖木结构，由前厅、天后宫、侧厅、厨房等组成，院落间设有天井。屋顶黄色琉璃瓦与檐下雕花吊檐挡板相映，可见当年盛况。屋脊原绘有故事人像，已于"文革"时期被毁。天后宫是祭祀妈祖之处，当地称之"太婆"，在广西的粤东会馆中较为常见。广东商人信奉妈祖，曾在平乐、榕津、华山三处粤东会馆轮流举办庙会，年年不断，称"太婆出游"。

粤东会馆中的雕刻丰富精美，汇集了木雕、石雕、砖雕、灰塑等众多工艺，造型生动。正门横梁上石雕精致。门墩等处的雕刻，已遭风化破坏，但当年南方

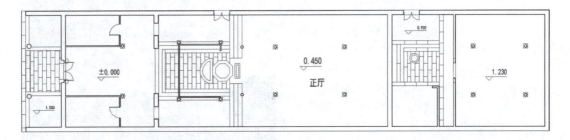

图1 平乐粤东会馆一层平面图

手工匠人精湛细腻的雕工技艺仍可见一斑。

会馆墙壁上嵌有历代重修记录碑刻 14 块。还有咸丰三年（1853 年）所立《奉宪永禁赌博》碑。碑高一米有余，楷体字迹清晰可辨。讲述了当地政府为缉盗安民、严禁赌博而颁布的条令与惩治措施。此类碑刻一般出现于官衙、庙宇、通衢处，以便示众。粤东会馆作为民间组织场所保存此碑刻，可见会馆当年出现了开赌摊贩，同时也暗示了当年的人员之密与形势之盛。

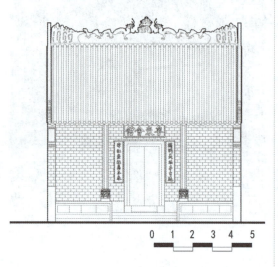

图 2　平乐粤东会馆立面图

图 3　平乐粤东会馆

荔浦县

70 荔浦塔

Lipu Pagoda

级　别	自治区级
年　代	清
地　址	荔浦县城东南荔浦河西岸
看　点	环境、形态
开放方式	开放

荔浦塔，又名"荔浦文塔"。南宋时，此处建有魁星楼，后倒塌；明正德十四年（1519 年）贡生张宪建魁星阁，后因雷雨坍塌；清康熙四十八年（1709 年）重建；清乾隆四十八年（1783 年）改建为五层文昌塔，上置魁星神像。清光绪五年（1879 年）荔浦知县增建两层。当时，还在长生岭另建一七层塔，与荔浦塔隔江相对，后者已于 1943 年拆除。荔浦塔曾遭雷击，塔身受损，"文革"时期又遭人为破坏。1981 年被公布为自治区文物保护单位后，全面整修，方呈现貌。

荔浦塔塔基为天然石矶，占地 66.9 平方米，底

图 1　荔浦塔 1

座直径约 10 米，七级八方，砖木结构，高约 33.4 米（图1—图3）。塔身青砖叠涩，清水勾缝，自下而上逐层收分，檐口施以彩绘，盖琉璃瓦，各层塔角置彩塑瑞兽，以狮子、麒麟为主。塔八面皆开风门，上书塔文，除正面七层皆有风门外，其余各层相错开门。八角攒尖塔顶曲线流畅，上覆琉璃瓦，置葫芦宝顶。

荔浦塔置身民居间，下有石级通向街巷，塔底层附有石碑，记述文塔建塔修葺历史。

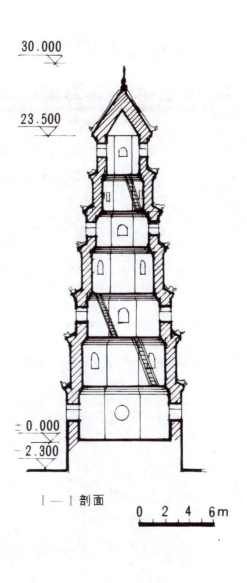

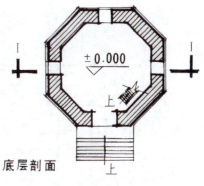

图 2　荔浦塔 2

图 3　荔浦塔平面、剖面图

恭城瑶族自治县

71 恭城文庙
Confucious' Temple in Gongcheng

级 别	国家级
年 代	清
地 址	恭城瑶族自治县拱辰街西山南麓
看 点	文庙布局
开放方式	要许可

恭城文庙，是当地祭祀孔子之处。原位于城东北凤凰山，建于明永乐八年（1410年）。明成化十三年（1477年）迁至县西的黄牛岗，明嘉靖三十九年（1560年）迁至现址。清康熙年间曾两次维修，清道光二十年（1840年），知县彭正楷仿照曲阜孔庙格局进行扩建，方成今日规模。清咸丰四年（1854年）毁于战乱，民国十二年（1923年）大修。

文庙坐北朝南，背靠印山，俯瞰茶江，占地3600平方米，颇有气势。在选址与建造上也颇为考究，文庙利用山坡造就六级台地，对应坎宫既济卦之六爻，主体建筑大成殿位于九五贵位。又与旁边的武庙阴阳相映，浑然一体。

恭城文庙是一座院落式建筑群，中轴线上从前至后分别为：状元门、棂星门、泮池与状元桥、大成门、大成殿、崇圣祠，符合文庙建筑群的基本格局，形成院落式建筑群（图1）。

状元门原为照壁，门前立"文武官员至此下马"碑，两侧耳门名"礼门""义路"。当时只有状元可从正门进入。现常用庙门是近年为方便游览而开。

棂星门为六柱五门式冲天青石坊，柱头刻石狮子，相互窥望。额枋刻有"二龙戏珠""双凤朝阳"吉祥图案，题"棂星门"。

泮池位于棂星门后，料石所筑，青石为栏。池上架状元桥，浮雕云纹，寓意"平步青云"。东西两侧立有碑亭，东侧赑屃承碑，刻"至圣先师孔子赞并序"；西侧刻"四配赞"。两侧厢房为忠孝祠、更衣所等（图2）。

大成门位于棂星门后的二层平台上，穿斗式构架（图3），面阔五间，进深两间，硬山顶，覆黄色琉璃瓦，脊饰瑞兽花草人物图案，门板雕花颇为细腻（图4）。两侧设有耳房。西为乡贤祠，东为名宦祠，供奉先儒。大成门后设有天井，两侧厢房祭祀孔子72位弟子与

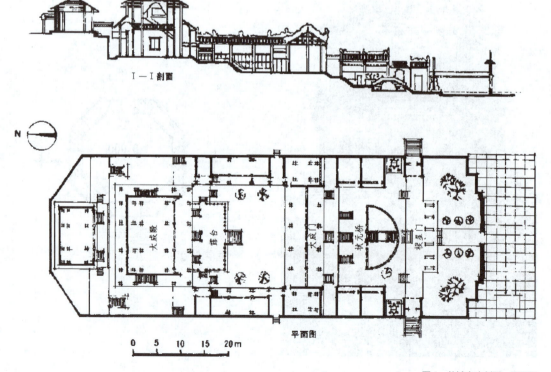

图1 恭城文庙剖面、平面图

历代先贤。

　　天井后为大成殿，位于须弥座式青石露台之上。露台宽大，又称"杏坛"，正面雕云龙丹陛（图5）。大成殿，面阔五间，进深三间，二层砖木结构，抬梁式重檐歇山顶屋架，高约17米，中设藻井。泥塑彩绘，金碧辉煌。殿内设有神龛，塑孔子全身像，供奉四配十二哲牌位（图6）。

　　大成殿后为崇圣祠，面阔三间，进深三间，单檐歇山顶式屋架。供奉孔子五代祖先（图7）。

　　恭城文庙是广西境内规模最大、保存最为完整的宫殿式建筑群。历代香火不断，祭祀典礼颇为隆重。

图3　大成门

图2　棂星门及泮池

图4　大成门明间梁架

图5　大成殿

图6 大成殿月台及御路

图7 崇圣祠

72 恭城武庙

Emperor Guan's Temple in Gongcheng

级　别	自治区级
年　代	清
地　址	恭城瑶族自治县拱辰街西山南麓
看　点	戏台
开放方式	要许可

恭城武庙，即关帝庙，又名"协天宫"，与文庙相距仅百米。武庙始建于明万历三十一年（1603年）。清康熙五十九年（1720年）与同治元年分别重修。清咸丰四年（1854年）毁于战乱，同治元年（1862年）重修。

恭城武庙是一座四进院落式的建筑群，建筑面积千余平方米，由戏台、雨亭、前殿、正殿、后殿与配殿等组成（图1）。

武庙正面不设门，仅两侧开有小门，题"忠君爱

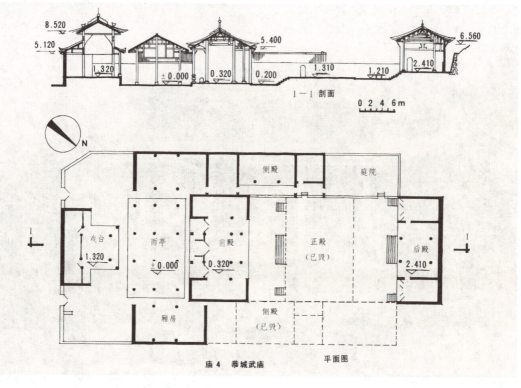

图1 恭城武庙平面及剖面图

国""济世安民"。

戏台又名"万年台","凸"字形平面（图2）。戏台台基正面浮雕《三顾茅庐》《渭水访贤》等历史故事。前台为重檐歇山顶，覆琉璃瓦，顶设斗八藻井，绘阴阳太极图（图3）。柱础雕八仙，门窗、檐板等处均有雕花。后厢为硬山顶穿斗式构架，正脊前灰塑《六郎斩子》，后塑《刘金定杀四门》，其余各脊上塑有戏剧故事和人物花鸟。戏台前设有观戏雨亭，为可供人避雨乘凉观戏的场所。

前殿又称"头门"，面阔三间，砖木结构，穿斗式硬山顶构架。门前设有石狮。青石檐柱，前檐月梁上雕卷云，后檐柱头设雕花斗栱。殿内两侧塑有牵马将军，并绘有壁画。

正殿面阔五间，进深三间，硬山顶屋面。屋脊正面塑《桃园三结义》《三英战吕布》等故事，背面塑《三羊开泰》《六合长春》等，顶置灰塑博古。梁架构件多雕刻精致，窗棂花扇精巧细腻。正面檐柱刻有对联："赤面秉赤心，骑赤兔追风，驰驱时毋忘赤帝；青灯观青史，仗青龙偃月，隐微处不愧青天。"殿内供奉关帝与四辅。

后殿面阔五间，硬山顶屋面，供奉妈祖、九子娘娘等女神。两侧配殿供奉城隍、地藏王与当地先贤周渭。

文庙武庙在建地选址上颇为考究。二庙分占一山二脊，位于山环水抱之处，形成阴阳相映之势。寓意文武同祀，人才辈出。

图2　恭城武庙戏台

图3　恭城武庙戏台藻井

73 周渭祠

Zhou Wei Temple

级　别	自治区级
年　代	明
地　址	恭城瑶族自治县太和街
看　点	门楼、斗栱
开放方式	要许可

周渭祠，又名周王庙、嘉应祠。周渭，恭城路口谢家村人，宋代监察御史，为官清正、廉洁奉公，被宋真宗追封为"忠佑惠烈王"。周渭祠，是周渭家乡百姓祀奉周渭之处，始建于明成化十四年（1478年），清雍正元年（1723年）重修，民国曾为淑德女子学校。

周渭祠由门楼、戏台、大殿、后殿、厢房组成。其中，戏台已毁于民国时期，现存以其门楼最具特色（图1）。

门楼面阔五间，砖木结构，九架前后廊，穿斗式屋架，重檐歇山顶，上覆琉璃瓦。下檐以檐柱承托，开间宽敞，四脊舒缓，饰卷草蟾蜍。金柱出下檐顶，向上直通上檐顶。上檐正脊饰鳌鱼宝顶，四周以木雕花窗围护，体形较下檐骤然缩小，使整栋建筑飘逸灵巧。上檐檐下饰砖形斗栱，分坐斗、交互斗、鸳鸯斗，三合为一组。其中，鸳鸯交手斗为两斗斜角相交，造型优美，工艺精致，色彩颇具民族特色，在古建筑中十分罕见。远观时，形似蜂窝，因而又称"蜜蜂楼"（图2—图3）。

大殿为穿斗式硬山顶屋架，上覆小青瓦。面阔三间，进深五间，三面砖墙，梁上饰木雕麒麟，风檐、雀替皆镂雕，各处木构件上皆有各类浮雕透雕图案，壁画亦精巧细腻。殿后开券顶门通往后殿，供周渭像（图4—图5）。

周渭祠采用"蜜蜂楼"形式,四向通风,气流通过时发出各样声响,乌雀不敢停留筑巢,使建筑得到保护。这既是广西民族建筑中的首例,也是瑶乡古建筑的代表之作。

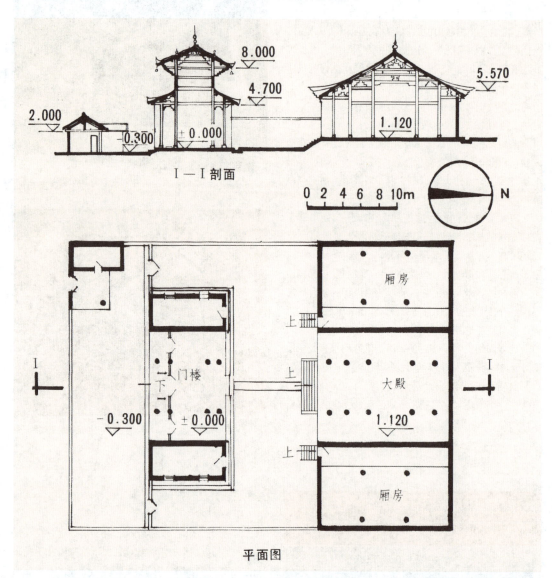

图1　周渭祠平面、剖面图

图2　周渭祠门楼

图3　周渭祠门楼前廊梁架

图4 周渭祠大殿

图5 周渭祠大殿梁架

74 恭城湖南会馆

Hu'nan Provincial Guild in Gongcheng

级　　别	国家级
年　　代	清
地　　址	恭城瑶族自治县太和街
看　　点	戏台
开放方式	要许可

明清时期，恭城是穿行湘粤古道的必经之地，因土特产丰富引得众多商人前来，曾有广东、湖南、福建、江西四个会馆，以湖南会馆为首。湖南会馆由三湘同乡会、蘅胜会、宝胜会集资，建于清同治十一年（1872年）。光绪三年（1877年）、民国四年（1915年）维修，目前保存较为完好。

湖南会馆占地约1800平方米，由门楼、戏台、正厅、后厅及左右厢房组成。

门楼与戏台一体，青石台基，高约1.5米，"凸"字形平面（图1）。门楼为穿斗式木屋架（图2），明间重檐歇山顶，正脊饰鳌鱼，置陶塑葫芦宝顶，戗脊饰卷草，翼角饰木雕蝴蝶，顶层临街设阳台。两侧以弧形封火山墙与硬山顶次间相隔，覆琉璃瓦（图3—图4）。门楼后连开敞式戏台，单层歇山顶，四柱通顶，柱础浮雕八仙，正脊上的石湾公仔形态丰富有趣（图5）。台前铺有观戏的卵石戏坪。

戏台后为两进大厅，面阔、进深各三间，与两侧厢房围合成庭院式布局。前厅设卷棚式檐廊，是湘籍商人议事之处；后厅供奉属五神位。前后厅间设回廊天井，后廊两侧开耳门，通向两侧厢房。左为义所，安置商贾病困；右为食宿之处。

湖南会馆装饰雕刻丰富，脊山泥塑，富丽祥和，各处木雕以历史人物与历史故事为主，穿插花草瑞兽，构图精致，手法细腻，风格颇具湖南地方特色，民谚有誉"湖南会馆一枝花"。湖南会馆与周渭祠毗邻，二者各具特色，代表了瑶乡古建筑的精华。

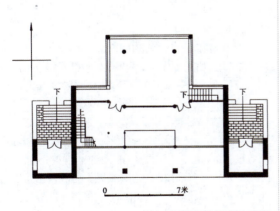

图1 恭城湖南会馆戏台平面图

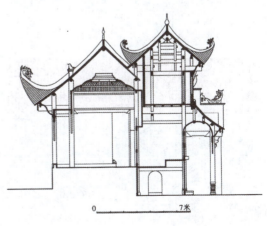

图2 恭城湖南会馆戏台剖面图

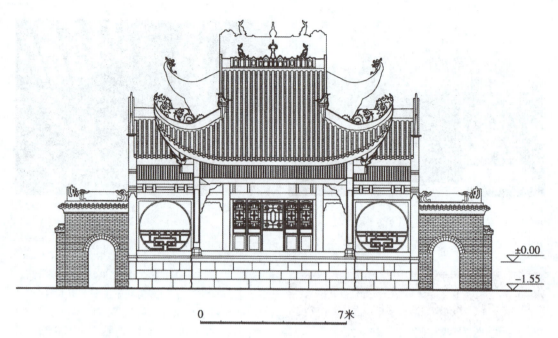

图3 恭城湖南会馆戏台立面图

图4 恭城湖南会馆门楼

图5 恭城湖南会馆戏台

75 朗山村
Langshan Village

级 别	自治区级
年 代	清
地 址	恭城瑶族自治县莲花镇
看 点	2号古民居
开放方式	开放

朗山村瑶族古民居，始建于清光绪八年（1882年），村中周姓一族相传为北宋周敦颐后代。村落因背靠喀斯特地貌的朗山而得名。民居院落坐北朝南，依山就势，逐级抬升，呈扇形分布（图1）。目前尚存的古民居有6座，其中4座保留较为完好，建于19世纪，自西向东依次排开，长约200米。每座古民居占地约300平方米。其中3座已有部分损毁。

朗山古民居采用灰色清水砖墙，古朴儒雅。硬山式封火山墙错落有致，雕刻彩绘繁多。院落为三开间式，前为大门，中为堂屋，后为厨房，天井相隔，其间多设有跑马楼。堂屋内多设神龛藻井。厨房后有一条起源于东侧龙眼泉的小溪，各户分别引水至院内，成为民居的特色（图2）。

其中，保存最为完好且最有代表性的，是2号古民居。作为整个古民居群的前导空间，空间丰富多变。2号民居东西宽约16米，南北进深约27米。三开间二进院落，布局规整。由二层门楼进入，经曲折巷道通向主体。门楼高约7米，墙体内凹，两侧形成耳房，屋顶檐部设有卷棚吊顶。门后设天井、厢房，采用中为堂屋、后为厨房的典型布局。2号民居各房间层高丰富，错落有致。主体建筑皆为二层，堂屋较高，约5.5米，下层封闭，上层开敞。两侧耳房较低，形成中间高两侧低、前低后高的错落式布局。而天井则巧妙地解决了采光与排水问题。院落间曲折相连，门口相错，视线不通，保证了民居的私密生活。

朗山古民居布局讲究防火、防水、防盗，村中建有碉楼（图3）。民居装饰上，工艺精湛，窗扇檐梁上，彩绘雕花题材丰富，做工精巧（图4—图5），题诗题词在书法与文学上均有成就。村中还有惜字风俗，文人雅士不满意的手稿置于村头的惜字炉内焚烧，从无乱丢。

图2 朗山村建筑

图1 朗山民居全景

图3 村中的碉楼

图4 朗山工艺

图5 朗山壁画

76 豸游周氏祠堂

Zhou's Ancestral Temple in Zhiyou

级　别	自治区级
年　代	清
地　址	恭城瑶族自治县嘉会镇豸游村
看　点	雕刻、马头墙
开放方式	要许可

豸游周氏祠堂，建于清光绪六年（1880年），坐西朝东，自东向西依次为照壁、大门、天井、正殿，配以厢房回廊，组成院落式布局（图1）。

祠堂大门门额为拱棚，门口的正方形石柱正面刻有对联，两侧墙基嵌有墙石，浮刻"福禄""寿喜"字样。青石门槛上刻云龙纹样，雀替封檐板饰木雕。祠堂正殿为穿斗式构架，中设藻井。天井两侧回廊开圆拱门通往两侧厢房院落（图2）。

豸游周氏祠堂布局严谨，雕刻繁多，工艺彩绘细腻（图3）。马头墙形似盔顶，造型独特。

图1 豸游周氏祠堂

图2 豸游周氏祠堂圆形门　　　　　　　　　图3 豸游周氏祠堂彩绘

桂林市其他主要文物建筑列表

区　县	文物名称	级　别	地　址	年代
秀峰区	蒋翊武先生就义处纪念碑	自治区级	翊武路12号	民国
	中隐山摩崖石刻	市级	西郊甲山街道	宋—清
	清秀山摩崖石刻	市级	清秀路南	宋—明
	府学文庙石刻	市级	解放西路28号桂林中学校园内	元—清
象山区	雉山摩崖石刻	市级	上海路雉山桥西南	宋—明
	甑皮岩遗址	国家级	甑皮岩路26号	新石器时代
七星区	三将军及八百壮士墓	自治区级	普陀山山腰	民国
	张曙墓	自治区级	普陀山北	民国
	陈光烈士墓	自治区级	普陀山西麓	民国
	月牙山摩崖石刻	市级	七星公园	元—民国
	穿山摩崖石刻	市级	穿山小街穿山公园	宋—民国
雁山区	马君武墓	自治区级	321国道附近	民国
	龙门村	第一批广西传统村落名录	柘木镇龙门村	明
	大岗埠村	第一批广西传统村落名录	大埠乡大岗埠村	明
	潜经村	第一批广西传统村落名录	草坪回族乡潜经村	清
	父子岩遗址	国家级	奇峰镇附近相思江与漓江交汇处	新石器时代—商周
临桂区	五通古墓群	自治区级	五通公社合丰大队和五通农场	汉—南朝
	大岩遗址	国家级	临桂镇临二塘村委小太平村下岩门山北麓	旧石器时代—新石器时代

续表

区 县	文物名称	级 别	地 址	年 代
临桂区	岩口老村	第一批广西传统村落名录	四塘镇岩口老村	明清
	横山村	国家级	四塘镇横山村	明
	山尾村	第一批广西传统村落名录	会仙镇山尾村	明清
	旧村	国家级	会仙镇旧村	明
阳朔县	龙潭村	国家级	高田镇龙潭村	明
灵川县	溶流上村	国家级	三街镇溶流上村	明清
	上村	第一批广西传统村落名录	三街镇溶流村委上村	明清
	老寨村	国家级	青狮潭镇老寨村	明
	新寨村	国家级	青狮潭镇新寨村	明清
	路西村	国家级	定江镇路西村	明清
	熊村	国家级	大圩镇熊村	明清
	上桥村	国家级	大圩镇上桥村	明
	毛村	国家级	大圩镇廖家村委毛村	明
	太平村	国家级	潮田乡太平村	宋
全州县	洮阳城遗址	自治区级	永岁公社大塘大队梅潭村	汉—隋
	双藻田古墓群	自治区级	绍水公社塘口大队和兴安县界首公社滩头村	汉—晋
	十份山古墓群	自治区级	绍水公社沿河大队	汉—晋
	沿河古墓群	自治区级	绍水公社沿河大队	汉—南朝
	凤凰咀古墓	自治区级	凤凰公社	汉—南朝
	中国工农红军第七军前委旧址	自治区级	县城十字街	民国
	渡里园遗址	自治区级	龙水镇桥渡村	新石器时代
	梅子坳古墓葬群	自治区级	咸水镇	汉—晋
	湘江战役旧址	国家级	兴安县、灌阳县	民国
	龙尾巴岭古墓群	自治区级	凤凰乡湾里石子桥村	汉
兴安县	红军标语楼	自治区级	华江瑶族自治乡千家寺	民国
	严关窑址	自治区级	严关镇灵渠东岸	宋
	界首古墓葬群	自治区级	界首镇	汉—晋
	石马坪古墓葬群	自治区级	溶江公社莲塘村	汉—宋
永福县	窑田岭窑址	自治区级	城关公社平岭大队下窑村、广福公社龙溪大队大屯等	宋
灌阳县	石刻牌坊	自治区级	文市公社	清
	古城岗城遗址	自治区级	新街公社	西汉

续表

区 县	文物名称	级 别	地 址	年 代
灌阳县	古城岗古墓群	自治区级	新街公社江西岸	战国—晋
	丁塘古墓群	自治区级	新街公社丁塘村	汉—南朝
	白沙村古墓群	自治区级	黄关公社	汉
	青箱村	第一批广西传统村落名录	新街镇青箱村	明清
	岩口村	第一批广西传统村落名录	文市镇岩口村	明清
	达溪村	第一批广西传统村落名录	文市镇达溪村	明清
	夏云村	第一批广西传统村落名录	水车镇夏云村	明清
	伍家湾村	国家级	水车镇伍家湾村	明
	官庄村	国家级	水车镇官庄村	宋末元初
	仁义村委唐家屯	第一批广西传统村落名录	灌阳镇仁义村委唐家屯	明清
	孔家村	第一批广西传统村落名录	灌阳镇孔家村	明清
龙胜各族自治县	龙脊村	国家级	和平乡龙脊村	明清
资源县	晓锦遗址	国家级	资源镇晓锦村	新石器时代
平乐县	阳安古墓群	自治区级	阳安公社古端大队梅花岭	战国—晋
	张家古墓群	自治区级	张家公社曙光小学起到和村	战国—晋
	二塘古墓群	自治区级	二塘公社锰矿区	晋—唐
	华山村	第一批广西传统村落名录	同安镇华山村	明末清初
	沙子村	国家级	沙子镇沙子村	明清
	玄坛村	第一批广西传统村落名录	桥亭乡玄坛村	明清
荔浦县	花贡古墓群	自治区级	花贡公社大同大队	汉—南朝
	马岭古墓群	自治区级	马岭公桂八路两侧及新寨大队不忧村、新村至凤凰大队庙、背岭一带土岭	汉—南朝
	永明村小青山屯	国家级	马岭镇永明村小青山屯	北宋
恭城瑶族自治县	莲花古墓群	自治区级	莲花公社莲花花塘	晋—南朝
	巨塘古墓群	自治区级	和平公社巨塘大队	晋—南朝
	西岭村西岭屯	第一批广西传统村落名录	西岭镇西岭村西岭屯	明清
	杨溪村杨溪屯	第一批广西传统村落名录	西岭镇杨溪村杨溪屯	明
	费村费村屯	第一批广西传统村落名录	西岭镇费村费村屯	明
	巨塘村巨塘屯	第一批广西传统村落名录	平安乡巨塘村巨塘屯	明
	龙岭村实乐屯	第一批广西传统村落名录	龙虎乡龙岭村实乐屯	明
	门等村高桂屯	第一批广西传统村落名录	莲花镇门等村高桂屯	明清

续表

区　县	文物名称	级　别	地　址	年　代
恭城瑶族自治县	凤岩村凤岩屯	第一批广西传统村落名录	莲花镇凤岩村凤岩屯	明清
	石头村石头屯	第一批广西传统村落名录	栗木镇石头村石头屯	北宋
	六岭村六岭屯	第一批广西传统村落名录	栗木镇六岭村六岭屯	明清
	大营村上大营屯	第一批广西传统村落名录	栗木镇大营村上大营屯	明清
	大合村大合屯	第一批广西传统村落名录	栗木镇大合村大合屯	元
	常家村常家屯	第一批广西传统村落名录	栗木镇常家村常家屯	清
	水滨村	第一批广西传统村落名录	观音乡水滨村	明清
	狮塘村焦山屯	第一批广西传统村落名录	观音乡狮塘村焦山屯	明清
	乐湾村乐湾屯	国家级	恭城镇乐湾村乐湾屯	明清
	江贝村	第一批广西传统村落名录	恭城镇江贝村	明清

4
梧州市
WUZHOU

梧州市古建筑
Historical Architecture of Wuzhou

- 01 梧州中山纪念堂
- 02 梧州近代建筑群
- 03 白鹤观
- 04 李济深故居
- 05 太平天国永安活动旧址
- 06 中和窑址
- 07 授三公祠
- 08 培中村古建筑群
- 09 邓公庙
- 10 石村古建筑群
- 11 谢村古城
- 12 罗斗坡古建筑群

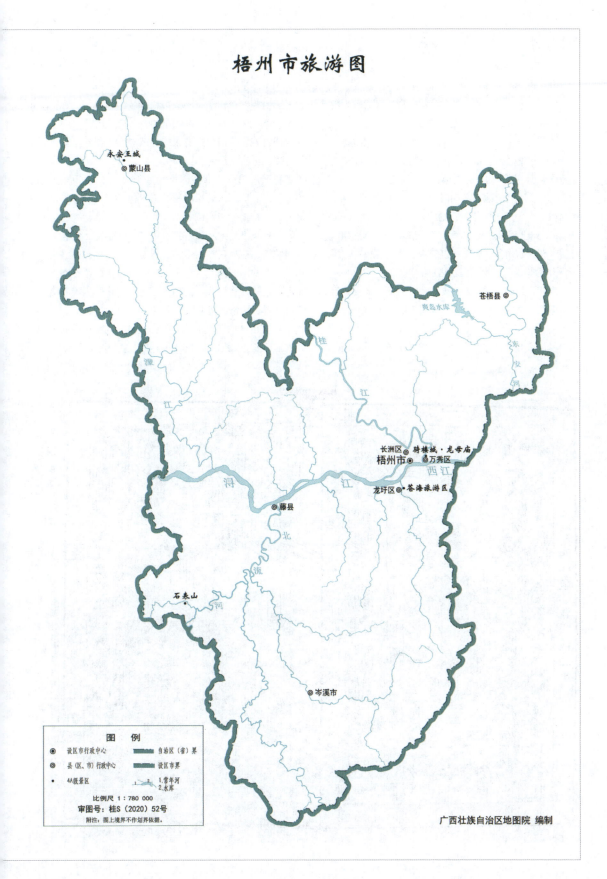

概　述

梧州市在广西东部,是广西壮族自治区的东大门,是我国西部最靠近珠三角地区的城市。

梧州历史悠久,早在新石器时代,就有古老的越族分支——苍梧人。虞舜时代,梧州为荆州南境辖地。夏商周时期,梧州为百越辖地,后于周安王十五年(前387年)归楚国境地。秦朝时梧州市属桂林郡。直至汉高祖五年(前198年),梧州开始建制,建苍梧王城。三国至隋朝时期,梧州又属于成州、广州辖地。唐朝时期开始州治,后期一直为州、路、府、县治所。1961年梧州为广西僮族自治区的直辖市。

梧州市旅游资源丰富,被誉为中国优秀旅游城市。全国重点文物保护单位3处,分别为梧州中山纪念堂、太平天国永安活动旧址、李济深故居。自治区级文物保护单位有8处,包括邓公庙、中共梧州地委旧址、太平狮山等。梧州还有中国最大的骑楼建筑群,现存的骑楼街道有22条,骑楼建筑560幢,堪称"中国骑楼博物城"。梧州还有宋代起就有的梧州八景等名胜古迹、自然风景区。

梧州的第一座骑楼建筑建造于1901年,为英国领事署。之后河东老城区开始大规模兴建,跨建于街道上,并将住宅与商铺相结合,楼下供人通行。过去人们在这里下棋、喝茶、打牌等,生活丰富、惬意。梧州骑楼建筑风格丰富多样,有哥特式,也有巴洛克式,除了欧洲浪漫、古典主义的建筑风格,也有本土岭南特色的建造样式。这用中西建筑文化的碰撞、交流,展现了梧州独特的风俗文化。

骑楼建筑承载着梧州的历史,在岁月更迭后的今天,依旧能让人感受到当时的生活气息与历史文明。

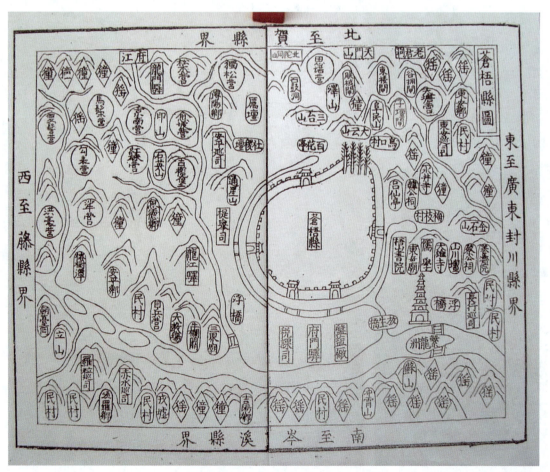

苍梧县图

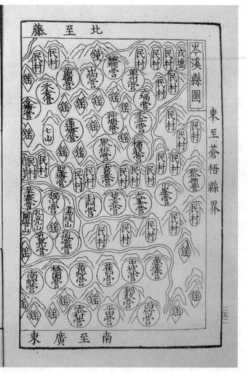
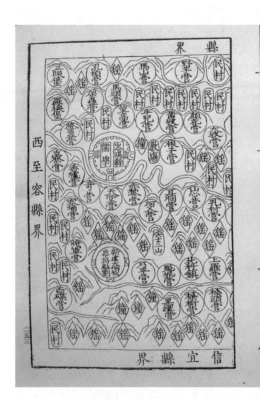

岑溪县图

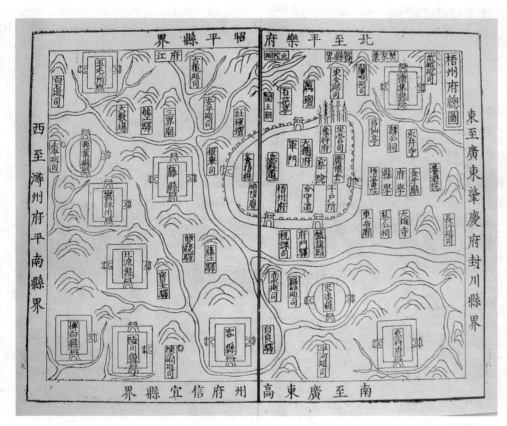

梧州府总图

万秀区

1 梧州中山纪念堂
Wuzhou Zhongshan Memorial Hall

级　别	国家级
年　代	民国
地　址	万秀区上三里18号
看　点	布局、室内展陈
开放方式	免费参观

中山纪念堂位于万秀区上三里18号，于2006年被国务院公布为全国重点文物保护单位。

梧州中山纪念堂建成于1930年10月，由当时梧州市善后处处长李济深倡议集资建造。东西长约44米，南北长约35米，建筑面积约1330.6平方米，占地面积约1630平方米。梧州中山纪念堂将中国古典宫殿样式与西洋教堂样式相融合，兼具中西方建筑艺术特色。

梧州中山纪念堂坐落在梧州中心的中山公园内，纪念堂前方有一处广场，中央位置立有孙中山全身塑像。从山脚至广场有300余级台阶，体现了梧州中山纪念堂的宏伟气势，庄严肃穆。纪念堂坐北朝南，平面呈"中"字形布局，门前两旁有石狮子、花坛，左右还立有4条桂江浮桥铁柱，大门上方牌匾写着"中山纪念堂"五个楷书大字，由陈济棠于1930年7月题写。从大门进入前座建筑，4层塔式圆顶（图1）。后为千人会堂，为后座建筑，办公室置于东西两侧。会堂为主要的展陈区，主要展出孙中山的生平事迹和一些文物。会堂内还设有主席台，台中央塑有孙中山头像，留有孙中山遗嘱，两侧为孙中山"革命尚未成功，同志仍须努力"的遗训。

梧州纪念堂为纪念孙中山而建，展厅布局合理有序，一楼二个展厅孙中山图片展。二楼二个展厅为孙中山的亲属与后裔图片展。着重讲述了1922年初孙中山三次莅临梧州，指挥北伐，指导梧州人民建设家乡，治理西江航道的动人事迹。目前，梧州中山纪念堂为梧州市重要的爱国主义教育基地，具有特殊的历史意义和文化内涵。

图1　梧州中山纪念堂前座正立面

2 梧州近代建筑群
Wuzhou Modern Architectural Complex

级　　别	国家级
年　　代	清—民国
地　　址	市区
看　　点	建筑造型
开放方式	要许可

梧州市近代建筑群位于梧州市内，为全国重点文物单位。

梧州市近代建筑群包含梧州海关旧址、美孚石油公司旧址、英领事署旧址、思达医院旧址、梧州邮局旧址、新西旅店、天主教堂。这些建筑建于清末或是民国，兼具中式及西式的建筑风格，展现了梧州近现代时期的历史风貌（图1）。

2-1 梧州海关旧址

建于1918年，坐落在梧州地委大院内，是梧州第一座大量使用水泥建造的建筑。梧州海关旧址将中西方建筑风格相融合，平面布局和立面上采用三段式处理，为典型的芝加哥学派建筑。并设架空层，融入中式栏杆建筑的元素。其室内铺设柚木地板，走廊铺花砖（图2—图3）。

2-2 美孚石油公司旧址

现为梧州海关缉私分局办公楼，于2013年3月被公布为全国重点文物保护单位（图4）。

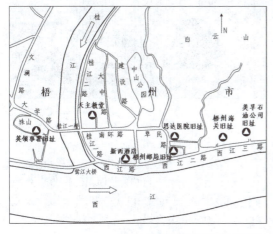

图1　梧州市近代建筑群地理位置图

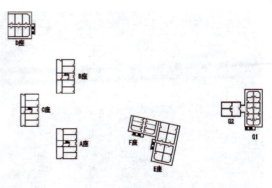

图2　梧州海关旧址分布图

图3　海关旧址A座整体照

图4　美孚石油公司旧址正立面

2-3 英国领事署旧址

建于清光绪年间，位于梧州市蝶山区大学路河滨公园内。旧址融合中西建筑风格，建筑四面建有走廊，砖木结构，琉璃瓦顶，前门还有7根砖柱，总建筑面积约1000平方米，占地面积约1500平方米。据记载，光绪二十三年（1897年），英国人仅用24千铜钱从一地痞手中买下白鹤山等三个山头，只花了五万元港币就在白鹤山上建起了领事署（图5）。

图 5　英国领事署旧址

2-4　思达医院旧址

思达医院旧址位于高地路南三巷 1 号。清光绪二十八年（1902 年），由一位美国富商为纪念其亲属思达牧师捐资建造而成。1924 年扩建竣工后，建筑面积达 6276 平方米。该旧址主楼占地面积约 134 平方米，为 5 层砖混结构的西式风格建筑，建筑立面采用三段式处理方式，属于典型的"芝加哥学派"手法（图 6）。

图 6　思达医院旧址近景

2-5　梧州邮局旧址

梧州邮局旧址建成于 1932 年，位于大东上路 55 号，是广西第一个邮局。在 1952 年将电话局和电报局合并，改称梧州邮电局。该旧址占地面积约 300 平方米，平面为"工"字形布局，立面上窗套与檐口位置做了简单的装饰，为 4 层砖混结构的西式风格建筑（图 7）。

图 7　梧州邮局旧址正立面

2-6　新西旅店

原名西宁酒店始建于 1936 年，位于梧州西江一路。该建筑室内功能齐全，总建筑面积约 1600 平方米。其平面布局与立面运用三段式处理方式，为芝加哥学派的设计风格。并且运用西洋罗马柱，宏伟气派。1945 年改为新西旅店（图 8）。

图 8　新西酒店整体照

2-7 天主教堂

由法籍传教士司立修负责修建，建成于光绪二十四年，位于民主路经正里三巷 3 号。教堂立面采用拱门长窗，屋顶为锅盖式圆顶，在屋顶上竖着一个灰色的十字架（图 9）。

图 9　天主教堂正立面

3 白鹤观

Baihe Temple

级　　别	自治区级
年　　代	清
地　　址	万秀区白鹤山东麓
看　　点	壁画
开放方式	购票参观

白鹤观位于万秀区白鹤山东麓，为自治区级文物保护单位。

白鹤观始建于唐开元年间，是目前广西境内保存最为完好的道教宫观。白鹤观由牌坊、门楼、廊房、厢房、广场、主殿组成，总占地面积 3000 平方米（图 1—图 2）。牌坊建于民国二十年（1931 年），在白鹤观的正门两侧摆放着两尊武将门神，左秦琼，右尉迟，俗信可以震慑妖鬼，保观护院。在门楼内墙上方有八仙迎寿、连年有余等题材的壁画。入门首先看到影壁，正面是白鹤仙女的传说，背面一块

图 1　白鹤观入口牌坊

图 2　白鹤观鸟瞰

寿字碑，长 180 厘米，宽 85 厘米，厚 13 厘米。白鹤观的主殿叫三清殿，殿内供奉元始天尊、灵宝天尊、道德天尊三位道教尊神（图 3）。主殿两石柱上雕刻楷书对联，殿上有福禄寿三星图，殿堂顶塑博古、鳌鱼，中间为莲花宝珠。主殿左右两厢分别为鹤仙殿和三界殿。

白鹤观主体建筑为硬山屋顶，清水砖墙，观内还有一座明代大石龟，石龟长 3.3 米，宽 1.8 米，高 1.2 米，重 11.56 吨。

图 3　三清殿

龙圩区

4 李济深故居

Li Jishen Former Residence

级　　别	国家级
年　　代	民国
地　　址	龙圩区大坡镇料神村
看　　点	石雕、木雕
开放方式	购票参观

李济深故居位于龙圩区大坡镇料神村，于 2001 年被国务院公布为全国重点文物保护单位。

李济深故居建于 1925 年，由李少轩主持修建，是一座兼具中西风格的庄园式建筑，占地面积约 3040 平方米。故居为正南正北的两层院落式建筑，院落大门镶嵌胡耀邦亲笔题写的大理石门匾，刻有"李济深故居"五个大字，大门两侧的石柱下各置一只石狮子，以作震煞辟邪之用。院落分为外院与内院，中间以草地相隔，又有曲廊相连，廊上还架设葡萄架。外院由单墙围砌而成，内院建筑布局紧凑合理。整座建筑青砖灰瓦，正房居中，东西为厢，中间为庭院，易于采光、通风，采用八卦图像。顺着扶梯到二楼，进入李济深先生的生活起居室，四周回廊安置的西式栏杆映入眼帘，精巧细致。门窗上也有精致的雕刻图案，又赋予建筑古色古香（图1—图2）。

该建筑还建有四角炮楼，具有军事功能，可攻可守。在外墙的另一侧，可清楚看到其中一角的炮楼。瓦面上还砌有墩子式的人行道，与四角上的炮楼相通。

李济深故居四周围墙环绕，与民居相邻，有小溪流过。这座在绿水青山间的建筑，还具有革命历史意义。这里曾接待过不少国民党要员和大批爱国文化人士，召开过"中华民族革命同盟"等重要会议。1995年12月，经广西壮族自治区党委、广西壮族自治区人民政府同意，李济深故居被设为广西壮族自治区爱国主义教育基地。

图1　李济深故居外院

图2　李济深故居内院

蒙山县

5 太平天国永安活动旧址

Taiping Heavenly Kingdom Yongan Activity Site

级　别	国家级
年　代	清
地　址	蒙山县
看　点	遗址遗迹、文物
开放方式	购票参观

太平天国永安活动旧址位于蒙山县（古称永安州）城区、321国道旁，于2006年被国务院公布为全国重点文物保护单位。

清咸丰三年（1853年），由洪秀全领导的太平军在桂平金田起义后攻占了永安州，在永安州驻足半年，分封诸王，建立新的王朝。永安州因此留下太平天国遗址26处，太平天国文物1500余件，包括东王府（武庙）、西城墙、冯云山指挥所旧址、罟（yuān）井、东炮台、西炮台、圣库遗址、古苏冲玉龙关战场、西浮岭太平军地洞、太平军中营岭营盘、水窦营盘、栾岭营盘、上阳营盘、龙眼塘营盘、太平军长墙、玉龙关永安突围遗址、三冲战场遗址、天平坳战斗遗址等，是全国太平天国文物储存真品最多的地方。

太平天国永安活动旧址以天朝遗址为中心，由永安洲古城环绕。古城墙248米，高5米，厚2米，始建于1477年。现存城墙为清道光年间所修复，城墙上"道光"字样的墙记。西段古城墙保存较为完整，东面的"诏旨令碑廊"有天王洪秀全在永安州发布"诏令诏书"的汉白玉雕刻。

5-1　武庙

始建于清顺治年间，又于清康熙五年（1666年）重修。前门有四季常青的古玉兰树，入门有天井、大殿、东西厢房，占地面积约302平方米，曾为太平军首领商议军机大事重要场所（图1—图2）。

5-2　三冲古战场

为太平军著名的三冲战役遗址。清咸丰二年，太平军在此设下埋伏，重创清军，为太平军北上奠定基础。

图 1 武庙全景

5-3 南王冯云山指挥所

位于莫家村，共有四间民房，含厨房一间，屋前还有 50 多平方米天井，总面积约 180 多平方米，距今 200 多年。冯云山曾奉洪秀全命令在此负责指挥南线战事，设立指挥所（图3—图4）。

5-4 眢井

在武庙前门右侧。井为泥土结构，井口东西宽 2.9 米，南北宽 2.15 米，深 2.7 米，无水。井内出土铁镖、铁弹、清官佩饰、帽顶珠及头颅骨等 100 余件，文物种类繁多（图5）。

图 2 武庙正门

5-5 太平军长墙

建于清咸丰元年，位于州城东西两面，全长共约 5 公里，现仅存东面长墙一段。墙中开设炮眼，墙门设闸门关口，墙外有壕沟、陷阱，易守难攻，军事防御极强（图6）。

5-6 西浮岭地洞

位于今乐拥村西的西浮岭上，现地洞、壕沟遗址仍隐约可辨，为太平军防御清军的重要工事之一。

5-7 中营岭圣库

位于水窦村北中营岭上，现为遗迹。太平天国时期曾在岭顶及岭腰建造两座围墙，围墙上分别开设 4 道门，外层驻军，内层房舍，为太平军粮库和战具仓库。

图 3 冯云山指挥所旧址正面

图4 冯云山指挥所旧址室内神龛

图5 眢井

图6 西城墙保护标志

藤县

6 中和窑址
Zhonghe Kiln Site

级 别	国家级
年 代	宋
地 址	藤县藤州镇中和村
看 点	出土文物
开放方式	无参观条件

中和窑址位于藤县藤州镇中和村，于2013年被国务院公布为全国重点文物保护单位。

中和窑有20余座瓷窑，主要分布在中和村北流河沿岸长约2公里、宽约0.5公里的小山丘上。发现于1963年，属于宋代瓷窑遗址，是一处以生产外销瓷器为主的民间瓷窑遗址。中和窑结合当地地形，依山而建，斜坡式龙窑，呈矩形，长10至60米，宽1.5至3米，大小不一，无统一标准。瓷窑包括4个部分，分别为窑门、火膛、窑床、烟囱。中和窑早期采用一钵一器仰烧法，晚期兼用迭烧法，大量运用匣钵，避免了器物与火焰直接接触，防止了瓷器污染，提高了光洁度。烧制的瓷器造型美观，种类繁多，纹饰丰富。主要烧制碗、盘、碟、盏等日用品，以及一些盂、熏炉、魂瓶、枕、腰鼓等。这些器物薄而坚硬、细腻莹润，青釉为主，白釉次之，上釉均匀。瓷器上的纹饰图案丰富整齐，线条清晰明朗，凹凸有致。以度纹、菱形纹为衬底纹，属中和窑瓷器特有。纹饰图案以花卉为主，有折枝、缠枝花卉、缠枝卷叶，也有海水游鱼、海水戏婴等图案，富有百姓的生活气息。并且，印面花纹分阴、阳两种，颇具特色（图1—图2）。

现在烧瓷器的模具——匣钵，遍地皆是，印证了宋代中和窑的鼎盛和繁华，这些匣钵后来用于建房和铺路。

中和窑址的考古与发掘，对于研究我国陶瓷历史的发展，以及宋代广西地区的手工业及社会经济都有着非常重要的历史意义。

图1　中和窑址标志碑

图2　中和窑址出土遗物

7 授三公祠

Shousan Temple

级　别	自治区级
年　代	清
地　址	藤县古龙镇
看　点	雕刻、壁画
开放方式	购票参观

授三公祠位于藤县古龙镇，紧邻321国道，于2009年5月被公布为自治区级文物保护单位。

授三公祠始建于清末宣统元年，为三进院落式布局，整个祠堂三开间，三进深，由天井、回廊相连，砖木结构，硬山屋顶，占地面积1800平方米（图1—图2）。

从风水上看，公祠坐落古龙盘地之中，人杰地灵，是藤县大红八角"始祖"黄海臣纪念其先祖授三公而建，故名"授三公祠"。建成后，风祺由任职地赶回亲自书写祠堂对联及各项题词。其中，大门的对联是："河南传世胄，江夏乐长春。"祠内建筑雕龙画凤（图3）、高雅别致，内墙的墙面上还布有名言古画（图4），有竹林七贤、孔融让梨等，栩栩如生。整座建筑古风犹存，极具清代建筑风格，展现了我国宗祠文化的博大精深，是族中贤哲弘扬宗功祖德的寄托，具有较高的科学、艺术及历史价值。

图1　授三公祠内院

图2 授三公祠后殿

图3 授三公祠木雕

图4 授三公祠墨画

苍梧县

8 培中村古建筑群

Peizhong Ancient Architectural Complex

级　　别	第一批自治区级历史文化名村
年　　代	清
地　　址	苍梧县石桥镇
看　　点	雕饰、题刻、壁画
开放方式	免费参观

　　石桥镇培中村位于苍梧县北部，是苍梧县地域文化——东安文化的发源地。自宋朝起，东安文化与南北地域文化交流碰撞，推动着当地社会发展。在清嘉靖、道光年间一度成为苍梧北部的经济、文化中心，达到了其发展的鼎盛时期。

　　培中村已有两百多年的历史，文化底蕴丰厚，是一个保存相对较好的古村落。村落规划有序，功能齐全，外围有护城河、城墙、哨楼，村内建有民居、祠堂、学堂等建筑。这一座座富有历史文化气息的乡土建筑坐落于古老街道的两侧，青砖灰瓦、齐整排布、错落有致。古屋配有花鸟雕饰、文字题刻、壁画装饰，处处洋溢着古朴雅致的气息（图1）。

　　石桥镇四面环山，山山相连。其中有一座龙岩山景色奇特。山体上有两处洞口，分别为龙岩洞和三星岩。宽阔的龙岩洞可为聚众集会的场地，还有一处泊镜湖，湖水碧绿恬静，四周怪石峥嵘。洞里石壁上有多处题刻和粉刷的标语，有白崇禧题写的"破壁而飞"、李宗仁题写的"奇雄壁立"等，以及近代的抗日标语。龙眼洞的后侧为三星岩，洞内迂回曲折，洞里石壁上也有多处题字，有蔡灏的题诗，以及莫子昶书写的"三星岩"石刻。

图1　村落屋顶照片

岑溪市

9 邓公庙

Denggong Temple

级　别	自治区级
年　代	清
地　址	岑溪市南渡镇南渡街
看　点	盘龙木柱
开放方式	购票参观

　　邓公庙位于岑溪市南渡镇南渡街，为自治区级文物保护单位，是展示中国古代建筑艺术及当地民俗文化的游览胜地。

　　邓公庙始建于明末，又于清雍正十二年（1734年）重修，为古典院落式布局，包括前门、前殿、中殿、中廊及四柱凉亭。主体建筑为硬山屋顶，衔接前后殿的是券棚卷顶，中间的凉亭为歇山顶，屋脊搭建巧妙，脊线丰富（图1—图3）。

　　整个庙宇为砖木结构，青砖为墙，穿斗式木梁架，

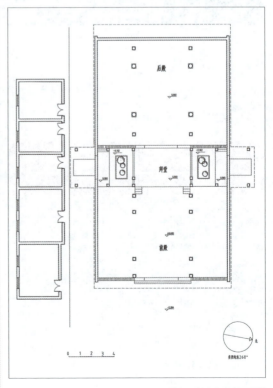

图1　岑溪邓公庙平面图

主要的梁枋木构件均采用格木制作，并配以如意斗拱，镂刻装饰，就连前后殿的封檐板都有精致的雕刻，堪称我国古代建筑艺术的瑰宝。庙内最具特色的是4根盘龙木柱，直径40厘米，高4米有余，每根木柱上的盘龙神态威猛、雕刻精致，极其珍贵，是广西古代少有的木雕艺术珍品（图4）。

图2　邓公庙前殿

图3　邓公庙拜亭

图4　邓公庙龙柱

10 石村古建筑群

Shicun Ancient Architectural Complex

级 别	第一批自治区级历史文化名村
年 代	清
地 址	岑溪市水汶镇
看 点	牌坊、石庙、梁氏围屋
开放方式	免费参观

水汶镇石村是一处历史文化气息浓郁的古村落，古屋鳞次栉比，错落有致，青砖灰瓦，翘角飞檐，整个村庄远望过去，给人一种古韵质朴之美。

水汶镇石村的梁家围屋也富有特色，建成至今已有一百多年历史。围屋平面布局为半月形状，两进院落，主座三开间，厢房居于两侧，前侧有池塘。最有意思的是，在围屋的四个角落用青砖建造了四层碉楼，开设圆形瞭望口和炮眼。围屋建筑的装饰做法精致严谨，围墙泥塑塑有花鸟等，色彩艳丽。屋内雕梁画栋，木雕工艺也着实精湛，室内还有形象逼真的壁画，或是凝重，或是鲜艳。整座建筑高大宏伟，足以想象当时梁氏家族的兴盛（图1—图2）。

提及水汶镇石村的古建筑，必须提起"五世衍祥"牌坊。五世衍祥牌坊位于岑溪市水汶镇村，于2000年8月被公布为自治区级文物保护单位。

五世衍祥牌坊始建于同治七年（1868年），是同治皇帝为表彰南禄村百岁寿星刘运昌五代同堂，指令广西抚院而建，距今已有近150年历史。其为四柱三间三楼的砖结构牌坊，宽10米，高11米。柱底有抱鼓石，柱顶雕刻龙、蝙蝠等寓意祥瑞的石刻，柱头上部砖枋还有花瓣状雕刻（图3）。牌坊明间开设拱门供人穿过，门上额枋的石匾刻有"五世衍祥"四个大字（图4），再上竖向安置的牌匾造型丰富，两侧还雕刻有精神矍铄的老人（图5）。左右次间的牌殿与明间拱门基本平齐，内有梧州官员的题书。

图1 梁氏围屋鸟瞰

图2 梁氏围屋近景

整座牌坊翘角飞檐，装饰人物、花鸟等灰塑，样式丰富，造型独特，是一座集人文、艺术价值于一体的历史建筑物，也是岑溪评选中国长寿之乡的实物例证。

石村还有一处风景奇特的石庙景区，景区内雨雾缭绕山间，犹如人间仙境。传说在上古时期，元始天王派三个石人赶石山往土柱顶，到天亮时，就赶不动石山了，便在此处坐落，再派神仙镇守。后人在盘古石下修建了盘古庙，也叫石庙。

图4 "五世衍祥"匾额

图3 牌坊正面

图5 牌坊细部装饰

11 谢村古城

Xiecun Ancient City

级　别	第一批自治区级历史文化名村
年　代	清
地　址	岑溪市归义镇
看　点	雕刻、白鹭
开放方式	免费参观

岑溪市归义镇谢村是一座已有三百多年历史的古村，历史悠久，文化深厚。城内散落着清末及民国时期的古屋，高大夫庙、三圣庙、高致嵩将军故居等。这些建筑错落有致，雕梁画栋，翘角飞檐。古城的街道为青石铺墁，两侧有茶舍、药铺、米铺等店铺，琳琅满目，当时来往人员也总是摩肩接踵（图1）。

岑溪市归义镇谢村还有一处特色的景观——白鹭，地上有绿油油的稻田，空中有追逐嬉戏的白鹭，放眼望去如诗如画，总能吸引游人驻足观赏。

图1　村落近景

12 罗斗坡古建筑群

Luodoupo Ancient Architectural Complex

级　别	第一批自治区级历史文化名村
年　代	清
地　址	岑溪市马路镇
看　点	唐家大屋
开放方式	免费参观

唐家大屋建造于清道光十年（1830年），为三进院落式布局，总占地面积约4000平方米。根据史料记载，大屋早期时厅堂、厢房、耳房共计五十余间，天井有6处。厅堂间采用厢廊连接，相互畅通，可以走到所有的房间。厅堂与两侧厢房围合成天井，采光通风，采用了"四水归堂"的建筑理念，为典型的清代岭南民居建筑风格。

这一座座单体建筑为砖木结构，木构搭建、青砖围合，上为悬山屋顶。建筑细部的雕刻精美细致，灰塑形象逼真，壁画丰富多彩，装饰着花草、人物等图案，栩栩如生，典雅庄重，让人感叹古人的匠心与智慧。（图1）

马路镇昙容街罗斗坡也是一处历史文化底蕴丰厚的古村落。其中，最有名的景点为唐家大屋。

图1　唐家大屋正立面

梧州市其他主要文物建筑列表

区　县	文物名称	级　别	地　址	年　代
万秀区	中共梧州地委旧址、中共广西特委旧址	国家级	建设路兴仁巷4号、民主东路1巷4号	1925年、1928年
	感报寺铜钟	自治区级	中山公园内	南汉乾和十六年（958年）
	元丰鉴铸钱遗址	自治区级	钱鉴路	宋
蒙山县	武庙	自治区级	县政府右侧	清
	西城墙	自治区级	武庙门前	清
	道义古民居	自治区级	文圩镇道义村道义组韦屋	清
藤县	大楼黄氏宗祠	自治区级	太平镇健安中楼村	清
	太平义学	自治区级	太平镇上元街	清
	朱氏宗祠	自治区级	濛江镇双德村委双底村中部	清
	陆顺德故居	自治区级	大黎镇古制村	清
岑溪市	云龙得中堂	自治区级	筋竹镇云龙村东面约200米	清

5
北海市
BEIHAI

北海市古建筑
Historical Architecture of Beihai

01 地角炮台
02 北海近代建筑群
03 合浦汉墓群
04 大士阁（四牌楼）
05 惠爱桥
06 珍珠城
07 海角亭
08 合浦文昌塔
09 东坡亭
10 合浦武圣宫
11 石康塔（顺塔）
12 普度震宫旧址
13 北海抗战胜利纪念亭

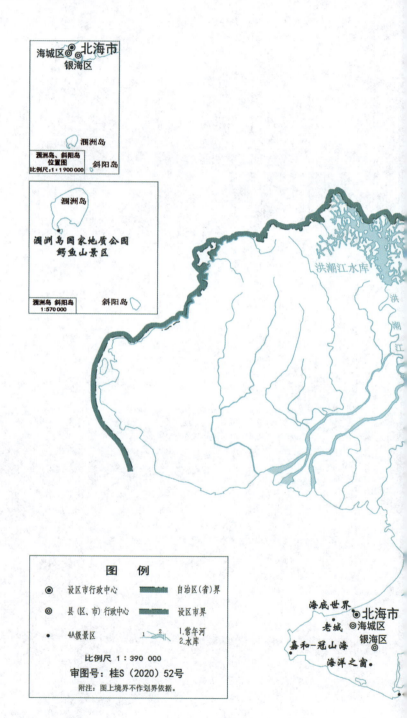

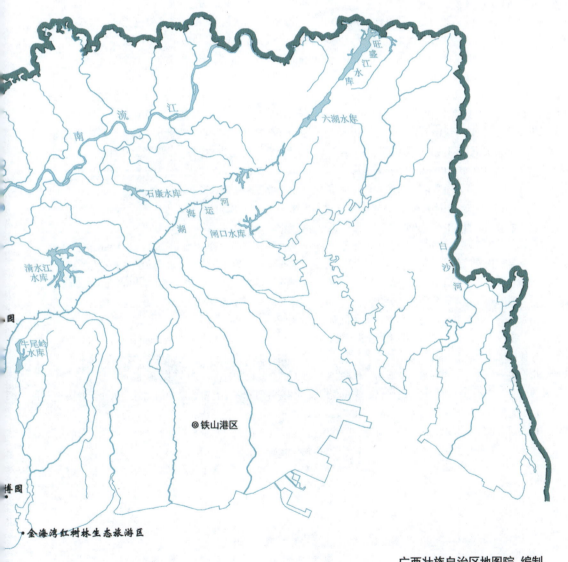

概 述

北海，位于广西南端，北部湾东海岸，位于北纬20°26′至21°55′、东经108°50′至109°47′之间，东邻广东省，南与海南省隔海相望，西濒越南。北海地势北高南低，东北、西北为丘陵，南部沿海为台地和平原。市区海滨平原土地占总面积70%以上，海洋滩涂约占市区土地总面积的20%。北海属亚热带海洋性季风气候，冬无严寒，夏无酷暑，冬暖夏凉，温、光、雨源充沛，气候宜人。

北海市属北海县地，古称百越。早在两千多年前的汉代，北海就是桂东南、粤西的政治、文化、经济中心，是海上丝绸之路的重要港口。北海始见于清康熙初年，清嘉庆年以来沿称为市。1876年因中英《烟台条约》辟为通商口岸。1949年12月4日解放，当时为镇，归合浦县管辖，1982年经国务院批准，成为旅游对外开放城市。1983年10月恢复为地级市。改革开放以来，北海先后被列为我国首批开放的14个沿海城市之一，是西南地区出海大通道重要出海口，特别是进入21世纪以来，随着国家西部大开发战略的实施，北海被定位为我国两部大开发优先发展区域。

北海三面环海，享有中国最大的天然"氧吧"美誉。北海旅游资源丰富，生态环境优良，北海银滩、涠洲岛等是享誉海内外的旅游休闲度假胜地。北海市历史悠久，新石器时代已有先民生息，历来是我国西南地区对外通商的重要口岸，是海上丝绸之路始发港之一，是国家历史文化名城、广西北部湾经济区重要组成城市。在考古文物方面，有新石器时代遗址5处，其中有些遗址发现了石斧、砺石和青铜碎片等文物；有些遗址出土了夹砂陶片、陶网坠等新石器时代的文物。这充分说明，在几千年前，北海地区已有先民繁衍生息，从事农耕或渔猎等生产活动。同时，在考古调查中，也发现有汉、唐、宋、元、明、清等各朝代的古窑址数十处，有些窑址生产的陶瓷器，还是对外贸易用的。合浦是千年的汉郡，丝路明珠，自西汉置郡以来，已历经2100多年历史。北海是官史记载的中国海上丝绸之路最早的始发港，历史遗存十分丰富，有古汉墓群、大士阁、大浪古城遗址、草鞋村遗址、惠爱桥等国家级重点文物保护单位5处，以及省、市、县级重点文物保护单位80多处；库存文物5000多件，有铜凤灯、波斯陶壶等国家一级文物21件，见证了古代合浦辉煌灿烂的历史文化。

鸦片战争后，中英签订了丧权辱国的《烟台条约》，北海被辟为通商口岸，西方列强纷至沓来，在北海设立领事馆、教堂、医院、海关、洋行、女修院、育婴堂、学校等一系列机构。为了建造这些机构办公、居住、通邮、传教、行医和办学的用房，北海当时的郊区大兴土木，建起了一座座西洋建筑。这一批西洋建筑旧址，具有较高的历史价值，是我国近现代社会史、经济史、建筑史、宗教史及对外开放史等领域的见证，是中西文化交流的珍贵史料，是进行爱国主义教育和旅游观光不可多得的文物景观。2001年6月25日，在国务院公布的第五批全国重点文物保护单位中，北海近代建筑群名列其中。

此外，北海还有古城址、古墓葬、古炮台、烽火台、寺庙亭塔以及近现代主要史迹等文物保护单位。有些文物保护单位还与施政廉明的孟尝太守、大文豪苏东坡、爱国将领陈铭枢等历史名人的人生际遇有着历史的关联。

综上，本章对北海文物建筑进行介绍，国家级重点文物保护单位4处，自治区级文物保护单位9处，并对其余几处文物古迹进行列表说明。

有着两千多年行政建制史的北海，犹如镶嵌在北部湾东北岸的一颗明珠，数千年的历史积淀，给北海留下了迷人的人义景观、众多的文物古迹，以及厚重的文化底蕴。

北海市

1 地角炮台

Pitch Turret

级 别	自治区级
年 代	清
地 址	地角岭
看 点	炮台、地壕
开放方式	免费参观

清代光绪十年（1884年）农历岁末，中法战起之前，外电传法军将袭钦廉以逼邕宁。两广总督张之洞已预先于春前赶筑炮台于此。光绪十一年农历二月十九，果有法舰二艘入侵，封锁北海港航道。作为边防前沿的地角炮台和冠头岭炮台都已置炮设兵，严阵以待。法舰见我守备严密，知不能得逞而离去。7月，因镇南关大捷而名震中外的老将军冯子材来此视察，对地角炮台的构筑亦称得体。（图1）

地角炮台共有3座，分别位于市区西部地角岭主峰白帝岭及其东北、西南二峦之巅。主峰海拔45.8米，东北、西南峦头海拔均为14米。三台鼎足相峙，俯控北海港内外港之间的航道，形势险要。因炮台处地角岭，故名地角炮台。三座炮台成"品"字形分布，相距150至300米不等。炮台根据地形采用半隐蔽的地壕式，用石块、三合土构筑。主峰炮台为圆形地壕式，直径9.6米，通道长13米，宽2.3米，中心筑一圆形台基，已毁，今已于台址建筑"风波楼"。其余二台均为菱形露头式，内筑"个"字形通道，高2.7米，外墙内沿宽5米，左右边线内沿长11米。（图2—图3）

地角炮台当时成为我国抵御外敌的重要堡垒，为北海市近代反帝斗争的重要史迹。

图1 地角炮台全景照片

图2 地角炮台硐室照片

图3 地角炮台立面

2 北海近代建筑群

Modern Buildings in Beihai

级　　别	国家级
年　　代	清—民国
地　　址	北海市北部湾中路北海旧城区
看　　点	西式建筑
开放方式	要许可

1876年中英《烟台条约》签订后，北海被列为对外通商口岸。先后有英国、德国、奥匈帝国、法国、意大利、葡萄牙、美国、比利时等8个国家在北海设立领事馆和商务机构，同时建造了欧式风格的楼宇，包括教堂、医院、海关、洋行、修女院、育婴堂、学校等20余座建筑。其中有16座建筑保存至今，多为一至两层，平面布置方正，设有回廊、地垄，地垄上铺着木地板。屋顶多为四面坡瓦顶，室内有壁炉，窗门多为拱券式。

北海建筑群除了教堂外，其他的建筑是券廊式建筑，周围都有回廊或半回廊。有通风透气、起防潮作用的地垄。回廊外墙的券拱和雕饰线，是欧洲古典建筑的艺术风格，使本来平板的墙面"满壁生辉"，曲直线条富于变化，墙体结构层次清清楚楚。具有立体感和较强的艺术效果。而教堂建筑属欧洲中世纪风格的哥特式建筑。教堂顶端设有小尖顶，并且所有的门窗的上券都是尖的。整座建筑给人一种较强的"向上的动势"，造成一种"天国神秘"的感觉。这批建筑风格独特，独树一帜，在我国西南地区较少遗存，具有比较丰富的历史文化及艺术信息。

2001年国务院公布国家重点文物保护单位北海近代建筑，大多聚集在北海市北部湾中路北海旧城区，包括英国领事馆旧址、德国领事馆旧址、法国领事馆旧址、德国信义会教会楼旧址、海关大楼旧址、会吏长楼旧址、女修道院旧址、普仁医院旧址、贞德女子学校旧址、德国森宝洋行旧址、双孖楼旧址、主教府楼旧址、天主教堂旧址、大清北海邮政分局旧址（2006年公布并入）、涠洲盛塘天主堂旧址、涠洲岛城仔教堂旧址、合浦图书馆旧址（2006年公布并入）等17个近代建筑。（图1—图2）

北海市近现代西式建筑群，是北海一百多年前被迫对外开放的历史见证物，是研究北海近现代史、海关史、港口史、对外贸易以及建筑史的重要史料。

我们应该保护好这些历史建筑，研究和开发利用它们，使它们更好地为北海的经济建设服务。

2-1 英国领事馆旧址

鸦片战争后的1876年，英国借口"马嘉理案"，强迫清政府签订了丧权辱国的《烟台条约》。其条款之一便是把北海辟为通商口岸。北海从此沦为半殖民地。

1877年英国在北海租民房设立领事馆。1885年建英国领事馆办公楼。该楼是一座二层、长方形的西式建筑。长47米，宽12米，主体建筑保存较完好。附属建筑有宿舍、接待室、小礼拜堂等，面积为419平方米。馆址四周环境优美，百年樟木树围绕其间，英文阴刻的奠基石至今尚存，是中英《烟台条约》在北海的历史见证物。1924年馆址卖给法国天主教北海教区作圣德修院，后按原风格在东端扩建，包

图1　英国领事馆旧址正立面

图2　英国领事馆旧址侧立面

括后来扩建这一部分面积 1,154 平方米。1999 年 10 月初，因开通解放路工程的需要，将旧址往东北方向平移 55.8 米，即现在所在地。（图 1—图 2）

2-2 德国领事馆旧址

1886 年德国在北海设立领事馆机构，至 1908 年撤出，历时 23 年。当时在航运和商贸方面，德国商船在北海的活动最为频繁。

现存的德国领事馆旧址建于 1905 年，主体建筑长 23.1 米，宽 18.5 米，二层，建筑面积 953 平方米。正门有门廊，门廊两边各有长 10 米的弧形台阶，四周环境优美。主体建筑保存完好，是一幢很美观的西洋建筑。（图 3—图 4）

图 4　德国领事馆旧址立面

图 3　德国领事馆旧址局部

2-3 法国领事馆旧址

法国领事馆是外国驻北海时间最长的一个领事馆，从 1887 年建馆至 1950 年撤出，历时 64 年，该馆有段时间还兼代理葡萄牙的领事事务和兼代理中越边境东兴领事的业务。

该馆旧址位于现在市迎宾馆内。主体建筑原一层，平面呈"凹"字形，长 34.5 米，宽 20.7 米，建筑面积 636 平方米。四周古木森森，花繁叶茂。是市迎宾馆的贵宾楼，曾接待过几十个国家的外宾。胡耀邦、江泽民、乔石、李鹏等党和国家领导人曾在该楼下榻过。该旧址是法国在北海建立外交据点的历史见证物。

该办公楼建于 1890 年，有回廊。1973 年加建一层。（图5—图8）

图5　法国领事馆旧址正立面

图6　法国领事馆旧址主入口

图7　法国领事馆旧址正立面局部

图8　法国领事馆旧址侧立面

2-4　北海关大楼旧址

北海海关，新中国成立前称北海关，是广西"四大关"中最早建立的海关。因海关大权操纵在洋人手里，故又称洋关。

洋关大楼建于 1883 年，从 1877 年到 1936 年的 50 年间，关税收入就达 900 多万关平银两。这些关税全部上缴作为不平等条约的赔款。当时北海关名义上是清政府所设，实际上是英国等帝国主义国家所控制的工具。

现存旧址位于市海关大院内。是一座边长为 18 米的方形西洋建筑，高三层。建筑面积 1000 平方米。主体建筑保存尚好。该旧址是旧中国沦为半殖民地和关税主权外丧的典型物证。（图9—图12）

图9　北海关大楼旧址整体立面

图 10　北海关大楼旧址局部外廊

图 11　北海关大楼旧址侧立面

图 12　北海关大楼旧址窗户细部

2-5　德国森宝洋行旧址

德国森宝洋行是德国在北海设立的商务机构。成立于 1886 年，是当时帝国主义列强在北海设立的最大洋行之一。该洋行在北海建有洋楼及仓库数处，现位于市文化大院内，专办煤油贸易及代理招工等业务。

德国森宝洋行旧址建于 1891 年，这是一座主体为二层的券廊式建筑，主楼长 18 米，宽 13.5 米。附楼的建筑风格与主楼旧同，只有一层。主附楼总建筑面积 563 平方米，保存较好。该旧址是外国商人在北海建造多座商务洋楼中仅存的一座，是外商在北海经营商贸、开办贸易机构的历史见证物（图 13—图 16）。

图 13　德国森宝洋行旧址整体立面

图 14　德国森宝洋行旧址主入口

图 15　德国森宝洋行旧址正立面

图 17　德国信义会旧址正立面

图 18　德国信义会旧址正立面入口

图 16　德国森宝洋行旧址阳台

图 19　德国信义会旧址背立面

2-6　德国信义会旧址

信义会原叫长老会，是基督教新教派的主要宗派之一。该教会在北海建立的教堂，成为长老会在北海和合浦的总堂，各地都有它的分堂。

该教会除在北海传教外，还开办了德华学校和一所北海最早的活字版印刷所。学校的书本和该会创办的《东西新闻》报刊，都是在该所印刷，为北海市早期的文化教育和发展起到一定的积极作用。

现存的信义会楼旧址建于1900年，为传教士居住楼。该楼长30米，宽17米，一层，建筑面积506平方米，主体建筑保存尚好。现为市公安局使用。它是德国长老会在北海开展传教的历史见证物。（图17—图21）

图 20　德国信义会旧址室内

图 21　德国信义会旧址立面

2-7 双孖楼旧址

双孖楼原是英国领事馆的附属建筑，1922年英国领事馆撤出后交由英国"安立间"教会使用，供英国传教士居住。1940年后，双孖楼曾先后为五所中小学的校址。抗战期间，广州教会学校"圣三一"中学曾转道香港迁到双孖楼办学。现为市第一中学的教师宿舍。

双孖楼是两座相距32米的券廊式西洋建筑，两楼建筑面积各393平方米。因两楼造型相同，似孪生兄弟，故名双孖楼，是北海最早的西洋建筑之一，为英国在北海建立外事据点和传教的历史见证物。（图22—图26）

图 24　双孖楼旧址维修前侧立面

图 22　双孖楼旧址正立面

图 23　双孖楼旧址维修前正立面

图 25　双孖楼旧址维修前外廊

图26 双孖楼旧址入口

图28 会吏长楼旧址侧立面

2-8 会吏长楼旧址

1926年大革命时期，北海也和其他各地一样，掀起了声势浩大的反帝运动。从此，北海的"安立间"教会便改为"中华圣公会"。后来一些华籍教会会员也被要求加入教会的管理机构，但实际上，教务、经济大权仍然掌握在外国人手里。

该旧址约建于1905年前后，是当年神职人员会吏长居住和办公的楼房，也是基督教会在北海设置管理机构的历史见证物。主体建筑长19.86米，宽10.48米，二层，建筑面积206平方米，主体建筑尚好。（图27—图28）

2-9 女修道院旧址

女修道院是天主教区的附属机构，19世纪末期设在涠洲岛盛塘村的天主堂右侧。主要培养合格的修女做教区内各堂口的管理人员。

1925年北海天主教会为女修院另在北海建新院舍。至1926年春，女修道院由涠洲迁至北海，至1958年停办。

女修道院旧址现存两座建筑。一座为长方形的两层楼房，长31.45米，宽8.7米。另一座为小礼拜堂式的建筑，长12.3米，宽6米。两座房子建筑总面积347.4平方米，主体建筑保存尚好。该旧址现为市机关幼儿园使用。它是法国天主教在北海建立女修道院的历史见证物。（图29—图32）

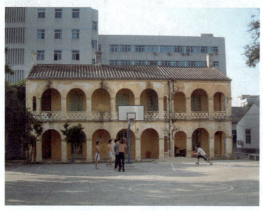

图27 会吏长楼旧址正立面

图29 女修道院旧址正立面

图 30　女修道院旧址侧立面

图 31　女修道院旧址背立面

图 32　女修道院旧址室内屋架

广慈医院等附属机构，其活动经费由罗马梵蒂冈经香港直接寄来。

主教府楼建于 1934 至 1935 年。主体建筑长 42 米，宽 17.84 米，二层，建筑面积 750 平方米。因该楼建筑漂亮，环境优美，北海人把它称为"红楼"，是北海有名的洋楼之一。

该楼旧址保存尚好，是法国天主教在北海设置教区管理机构的历史见证物。使用单位于 20 世纪 60 年代在该楼加建了第三层，使原貌有所改变。（图 33—图 35）

图 33　主教府楼旧址正立面

图 34　主教府楼旧址侧立面 1

2-10　主教府楼旧址

北海教区成立于 1920 年，是广东七大天主教区之一。负责管辖广东高、雷、廉、琼、钦、防等 12 个县市的天主教事务。主教府楼是北海教区"主教"的办公楼。"主教"是天主教的高级神职人员，有任免神父的权力。

北海教区设有圣德修道院、女修院、育婴堂、

图 36　普仁医院旧址正立面

医生楼为二层的西洋建筑。长26米，宽12.9米，建筑面积671平方米。现为市人民医院库房。普仁医院为西方医学文化传入北海的历史见证物，是19世纪末英国"安立间"教会创办北海最早的西医院的历史遗迹，有重要的历史价值。（图36—图39）

图 37　普仁医院旧址外廊立面

图 35　主教府楼旧址侧立面2

2-11 普仁医院旧址

普仁医院又称英国医院，位于现在市人民医院大院内。1886年为英国"安立间"教会的传教士柯达医生创建，是北海第一所西医院，也是我国县、市一级最早的西医院，其附属医院有普仁麻风院。1952年，普仁医院改名为北海市人民医院。其旧址仅存八角楼和医生楼。

八角楼为八边形三层楼建筑，高13.2米，边长2.75米，是北海当时的最高层建筑。八角楼下原有门诊部、候诊室、手术室、病房等建筑，现已无存。

图 38　普仁医院旧址侧立面

图39 现存八角楼

2-12 贞德女子学校旧址

贞德女子学校的前身是英国基督教圣公会办的英国女义学,始于1890年,专教授女童班。课程有经书、地理、信札等。1924年正式命名为贞德女子学校,也是北海最早的小学。

该旧址位于现在的市人民医院大院内,建于1905年前后。二层,拱券结构,主体建筑长16.3米,宽8.65米,建筑面积280平方米。现为市人民医院图书馆。

在近现代,英、法、德、美等国的教会曾先后在北海开设了各自的教会学校,现仅剩贞德女校一座。它是西方教会在北海开办教会学校的历史见证物。(图40)

图40 贞德女子学校旧址正立面

2-13 涠洲盛塘天主堂旧址

位于涠洲岛盛塘村的天主堂,是清末"雷廉"地区一座最为宏伟的教堂。它的建造与清政府对涠洲"重开岛禁",法国人有机会上岛传教有关。同治八年(1869年),法国天主教会在盛塘村花了十年时间,用岛上特有的珊瑚石建造了这座占地面积10公亩的教堂。这是一座具有欧洲中世纪建筑风格的"哥特式教堂"。教堂顶端有许多锋利的直刺苍穹的小尖顶,有着"天国神秘"的幻觉,别具一格。

该天主堂主体建筑长51.6米,宽12.2米,高15米。钟楼高21米。附属建筑有女修院、神父楼等。总面积达2000多平方米。

涠洲天主堂当时属法国"远东传教会广州天主教区"管辖,但又下辖雷州、钦州、防城、灵山、合浦等地的教堂,成为广东陆地西南地区天主教会的"首府"。

该天主堂是近代法国天主教传入北海地区的历史见证物。现由涠洲天主教爱国会管理。(图41)

图41 涠洲盛塘天主堂旧址

2-14 涠洲城仔教堂旧址

涠洲城仔教堂,约建于1880年,由法国天主教李神父负责筹建,这座教堂称"圣母堂"。

该教堂前面是一座宽4.5米,高14米的三层方形钟楼。钟楼正面雕有"圣母堂"三字。钟楼后面为建筑面积265平方米的长方形教堂。与教堂后角相连的是一座二层,建筑面积405平方米的神父楼。

城仔圣母堂是一座较典型的欧洲乡村哥特式小教堂,是北海地区仅有的一座圣母堂,是近代法国天主教传入涠洲岛的历史见证物。(图42)

图 42　涠洲城仔教堂旧址

图 43　大清北海邮政分局旧址正立面

2-15 大清北海邮政分局旧址

大清北海邮政分局旧址位于北海市海城区中山东路 204 号,建于清光绪二十二年(1896 年)。原为北海海关附设的"海关寄信局",1897 年,"海关寄信局"被转为国家开办的"北海邮政分局",西式建筑,二层,平面为长方形,面阔三间,进深四间,面阔 6.75 米,进深 18.6 米,通高 4.35 米,建筑面积 126 平方米。一层为地垅,地垅高 1 米,是起隔潮作用的架空层。二层是居住层。

大清北海邮政分局旧址的平面设置受北海晚清、民国时期北海骑楼建筑平面布局的影响,虽然是公共建筑,但仍然使用了"火筒屋"的平面形式。面阔每间的尺寸不按中国传统建筑中明间大于次间的做法,而是采用了明间仅为小尺寸的内走廊做法,房间对称布置于两侧,但内走廊与使用空间之间不设隔墙,仅在每个进深间的中间设门,这种做法适合公共建筑需要大空间的要求。第一进深间是门厅,三面设台阶;第二进深间比门厅大,适合于接待;第三、第四进深间平面尺寸相同。四周用券拱门窗,砖木结构,四坡顶,屋面使用当地的红板瓦,石灰砂浆勾垄。主体建筑保存较为完好,旧址周围环境幽静。(图 43—图 44)

图 44　大清北海邮政分局旧址侧立面

2-16 合浦图书馆旧址

合浦图书馆旧址位于北海市海城区解放路17号,是陈铭枢先生于1926年初捐资建造的,为券廊式的二层西式建筑,平面呈长方形,面阔七间、18.9米,进深五间、15.4米,建筑面积582平方米。

为了适应图书馆对大公共空间的需求,一、二层除了四周的回廊外,内部不设分隔,楼层高4.3米。屋顶为四面坡瓦顶,使用当地的红板瓦,石灰砂浆勾垄,檐口四周设椭圆镂孔栏杆式女儿墙。回廊廊柱两侧有仿罗马式"科林斯"柱头。一层以下设地台,高1米,做法与北海市现存的西式建筑的地垄相同。在正立面和背立面的分别明间设门厅,门厅两侧有石台阶上下,在两侧立面的回廊设木楼梯上二楼。正门顶壁有陈铭枢先生手书的"合浦图书馆"五个大字。

合浦图书馆旧址虽建于民国年间,但其建筑风格与北海其他西式建筑的风格一脉相承,是这一时期建筑形式的继承和沿袭。(图45—图46)

图45 合浦图书馆旧址正立面

图46 合浦图书馆旧址背立面、侧立面

合浦县

3 合浦汉墓群

Han Dynasty Tombs in Hepu

级　别	国家级
年　代	汉
地　址	合浦县廉州镇东南3公里处的古汉墓群
看　点	汉墓
开放方式	购票参观

广西地区历史久远,墓葬丰富。合浦汉墓群是当时居民死后埋葬之地,广泛分布在合浦县城东、南、北郊的丘陵地带上,墓地位于禁山、康南、平旧、杨家山、中站、廉东、涌口、廉北、堂排等村所辖区,集中于南北12.5公里、东西5.5公里的范围内,总面积68.75平方公里。墓葬形制有土坑墓、砖石墓,出土了大量玻璃珠、琉璃、琥珀、水晶、玛瑙等舶来品,仅合浦博物馆就珍藏了合浦汉墓出土的水晶、玻璃、玛瑙、琉璃等穿珠1075颗,其中3条串珠856颗为一级品。这为研究汉代的对外交往,特别是汉代"海上丝绸之路"的形成,提供了丰富的历史物证。

合浦汉墓群是广西迄今为止发现的最大的汉墓群，也是整个中国较大的汉墓群之一。合浦古汉墓发掘出的文物，具有极高的历史、科学价值，是研究汉代时期政治、军事、经济、文化、工艺、生活不可多得的珍贵资料，是广西古代丝绸之路的重要见证。合浦汉墓出土的这些舶来品，突显了合浦在"海上丝绸之路"中的作用，确立了合浦始发港的历史地位。这里出土了一只波斯出产的玻璃杯，精巧异常。当时这些舶来品在合浦登陆后，再由水路运到郁林州（州治在今贵港）、苍梧（今梧州），由内河转运到全国各地。（图1）

图1 合浦汉墓群室外、室内

4 大士阁（四牌楼）

Dashi Pavilion

级　　别	国家级
年　　代	明
地　　址	合浦县山口镇永安村永安古城内
看　　点	两阁相连、灰雕
开放方式	免费参观

观音信仰是古代民间较为普遍的一种宗教信仰。民间在习惯上称观音菩萨为"观音大士"，供奉观音的殿阁就称作"大士阁"了。

合浦大士阁俗称四牌楼，位于合浦县城东南80公里永安村的永安古城内，是中国古代佛教建筑，建于明万历四年（1576年）。

大士阁为木质构造，坐北向南，由两座相连的重檐歇山顶、敞开式亭阁组成，分前阁、后阁，以后座四柱厅为中心，面阔三间，进深六间，无廊无天井。后面的楼阁略高于前面的楼阁，形成错落之势。立面分上下层，上层设门窗，作阁楼式，下层四面敞开，无围护结构。整个楼阁采用穿斗式和抬梁式相结合大木构架，榫卯连接，没有用一根铁钉，工艺高超，全部梁架均采用坚硬的铁木（格木）制成。主要承重结构为36根圆柱，其内部构造形成了完整统一、优美稳固的统一体。屋面坡度和缓，出檐深远。屋面铺筒瓦，在屋脊、檐角、顶脊设置了形式多样、装饰精美的灰雕，两侧有各种形象生动的鸟、兽、花卉浮雕。前座的正脊正吻兽是一对展翅凌空的凤凰，脊正面中央是一幅二龙戏珠图，两条堆贴浮雕的游龙栩栩如生。（图1—图5）

大士阁在建筑学上有很大的科学艺术研究价值，是研究古代南方古建筑形式流变过程的重要实物资料。在许多细节上表现出明代以前的早期建筑手法，比如柱头呈梭形，柱础雕古朴宝相莲花，角柱有侧角生起、梁架留两瓣驼峰，有托脚及攀间，这些都显现出宋元时期的建筑风格。

据志书记载，自明代至清代合浦曾遭多次风暴袭击和地震，附近几里内庐舍倒塌，该阁却岿然屹立，是合浦县保存最长久、最完整的古建筑物。

图1　大士阁正面

图2　大士阁侧面

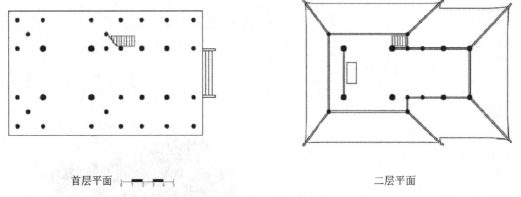

首层平面　　　　　　　　二层平面

图 3　大士阁平面图

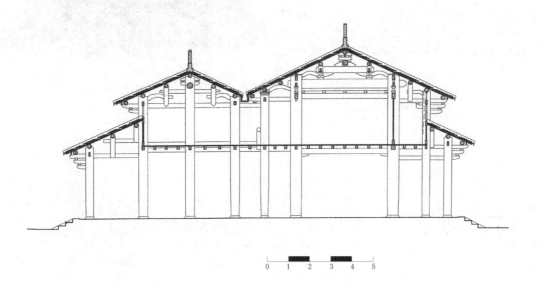

图 4　大士阁剖面图

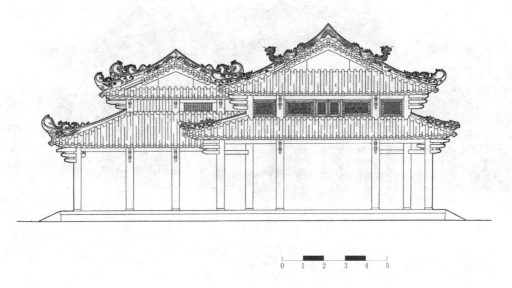

图 5　大士阁侧立面图

5 惠爱桥

Huai Bridge

级　　别	国家级
年　　代	清
地　　址	合浦县廉州镇惠爱路的西门江上
看　　点	木构三角桁架桥身
开放方式	免费参观

　　惠爱桥位于合浦县廉州镇惠爱路的西门江上，当地人习惯称之为旧桥，又称西门桥。桥始建于明正德年间（1506年以后），后多次重修，于光绪十三年（1887年）毁于火灾，清宣统元年（1909年）廉州绅商募款重修，宣统三年（1911年）落成现桥。据说，由廉州工匠蒋邑雍设计并承包施工。

　　惠爱桥为东西走向，木质结构。木料来自印尼产的坤甸木，木质坚硬、耐久性好。复合式桥型，中段为三铰拱人字架结构，两端各段为单孔砖拱桥身。惠爱桥跨度为26米，中间没桥墩。净跨度为18.4米，桥面宽2.75米，桥面至桥顶高5.64米。桥顶覆盖瓦面，以防雨水从杆件的上端渗入。惠爱桥两端设桥台，水下基础以松木为桩基，再用料石砌筑桥台，其中心用泥土夯实。惠爱桥在建造之初，只有跨中的上下节点及拱脚节点设角钢夹板，其余部分均无任何铁器，民国年间才在其他受力点加角钢夹板。（图1—图5）

　　惠爱桥桥型特别，采用的木桁架结构形式在我国传统桥梁中较为少见，对我国传统桥梁史研究具有较高的历史和科学价值。合浦县文物局于2016年8月底对其进行封闭修缮，目前尚未开放。

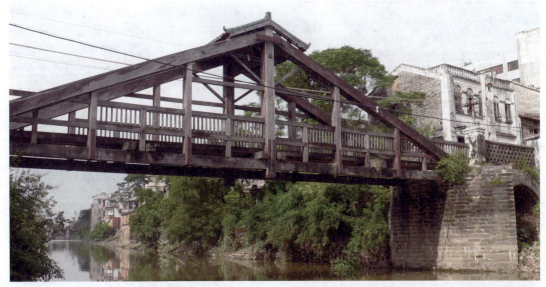

图1　惠爱桥全景

图2　惠爱桥桥面

图3　惠爱桥匾额

图4 惠爱桥侧立面

图5 惠爱桥正立面

6 珍珠城

Pearl City

级　　别	自治区级
年　　代	明
地　　址	北海东南36公里的营盘镇白龙村
看　　点	城墙、城门
开放方式	免费参观

珍珠城又名白龙城，始建于明代洪武初年，位于北海市合浦县营盘镇白龙村。白龙城一带盛产珍珠，质优色丽，民间传说"合浦还珠"的故事据说就发生在这里。城"周三百三十丈有奇，高一丈八尺"，是朝廷派来的采珠太监巡检珠场、收珠的居所。珍珠城为正方形，东南宽233米，南北长320米，分东、南、西三个城门，门上有楼，可瞭望监视全城和海面。城墙内外砌火砖，城墙墙心填充泥土和珠贝，大约每填8厘米厚的黄土，就夹垫一层珠贝，层层夯实。城内设采珠公馆、珠场司、盐场司和宁海寺等。可惜的是，城墙在抗战时被拆毁，仅余南城一段残垣。1992年重建了南城门楼，用青砖把残垣围护在新城墙内。这里的泥土混满了闪亮的珠贝碎片，范围分布约2.5公顷，挖下去，珠贝层达三四米厚。如此堆积如山的珠贝是千年剖贝采珠的遗存。（图1—图2）

图1 珍珠城遗址

图2 珍珠城遗址城墙

7 海角亭

Cape Pavilion

级　　别	自治区级
年　　代	北宋
地　　址	合浦县廉州镇廉州中学内
看　　点	重檐歇山顶亭阁式
开放方式	免费参观

合浦海角亭始建于北宋景德年间（1004—1007），位于合浦廉州中学内，为纪念汉代合浦太守孟尝而建。亭经明代成化、嘉靖多次迁建，至隆庆年间才迁定于廉州中学内，因建亭处"在南海之角"故名。元代海南海北道肃正廉访使范椁《重建海角亭记》记载：汉孟尝来守此土，革除弊政，珠徙复还，人思其遗爱，建亭纪念。

现海角亭为合浦县人民政府1981年重修后的样子，基本恢复了原貌。面积18.6亩，全亭分为前后两进。第一进为亭的门楼，大圆拱门，古朴美观。上方镶嵌"海天胜境"。两旁是耳门，分别刻有"澄月""啸风"。第二进为亭的主体，呈正方形，重檐歇山顶亭阁式建筑，两侧大圆窗相对，四周有回廊，亭正后方置一巨碑，书"古海角亭"四个大字。（图1—图3）

图1　海角亭正立面

图2　海角亭门楼

图3　门楼匾额

8 合浦文昌塔

Pagoda of Cultural Prosperity in Hepu

级　　别	自治区级
年　　代	明
地　　址	合浦县城南郊
看　　点	楼阁式砖塔
开放方式	免费参观

古人非常重视文昌，在许多城市都设有文昌塔。文昌，原意属星官名，即常说的"文曲星"或"文星"，也有称"文昌帝君"的，主读书功名、事业等，深受文人崇拜。合浦文昌塔坐落于合浦城南郊2.6公里，高35米，塔直径10米，为一座八角七层的叠涩出檐楼阁式的砖塔，当地人称文昌塔为文笔锋、番塔。文昌塔全塔由底向上呈锥状逐层收缩，层层叠涩出檐。文昌塔始建于明万历四十一年（1613年），于1981年进行过修缮。塔尖原为密檐式的塔刹，后遭雷电击毁，修缮为葫芦宝顶。明崇祯十年版《廉州府志》中说："（文昌塔）址于城南之冈，累七层，高丈十，贯以阶升，外扃以环道，翼以扶栏，朱碧辉映，时有铮铮之声。峭出之间如文笔状，固一郡之望也。"原有东西向券顶风门供人出入，塔内各风门均与阶梯相连，登塔者可沿着阶梯逐层环绕登至塔顶。不但合浦县城全貌尽收眼底，相距20多公里外的北海市区也隐约可见。（图1—图2）

该塔是合浦第一大塔，也是广西仅存的十大名塔之一，其建筑造型和结构均具有较重要的艺术和科学价值。

图1　文昌塔整体

图2　文昌塔局部

9 东坡亭

Dongpo Pavilion

级　　别	自治区级
年　　代	明
地　　址	合浦县合浦师范学校内
看　　点	别亭、主亭
开放方式	要许可

东坡亭建于乾隆四十一年（1776年），位于廉州实验中学校内，为二进亭阁式歇山顶砖木结构建筑，坐北面南，占地面积约230平方米。多次兴废，历代重建几次，现亭为1944年重修，分为前后两进。第一进为别亭，两侧有两大圆门相拱。第二进为主亭，正门上方悬"东坡亭"三字大匾额，是整个东坡亭的主体建筑。亭四周均以回廊环绕。（图1—图2）

苏东坡62岁时，因"乌台诗案"而坐牢，从广东惠州贬到海南岛。三年后，宋元符三年（1100年）

召回合浦，住在清乐轩，虽只两个月，却作了《廉州龙眼质味珠绝可敌荔枝》《雨夜宿净行院》和《记合浦老人语》等。后人为了纪念他，在清乐轩故址修建东坡亭。

亭东面约30米处有东坡井，为廉州四大名井之一，均为纪念北宋文豪苏东坡而建。1984年7月合浦县人民政府全面重修东坡亭，基本恢复了原来的面貌。

图1　合浦东坡亭正面

图2　合浦东坡亭侧面

10 合浦武圣宫

Hepu Palace of Guan Yu

级　　别	自治区级
年　　代	清
地　　址	合浦县廉州镇奎文路
看　　点	院落
开放方式	免费参观

合浦武圣宫，又称关帝庙。位于合浦县廉州镇奎文路。始建年代元明以上无考，清嘉庆六年（1801年）重修，宣统元年再次重修。该庙占地约600平方米，庙前有百年的古树香花树。地势高踞，三进两天井。建筑装饰题材丰富，有母与子、群鹿奔戏等。红墙绿瓦，庄重壮丽，为北部湾规模最大的武庙。（图1—图2）

图1　大门

图2　关帝庙

11 石康塔（顺塔）
Shi kang Pagoda（Shun Pagoda）

级　别	自治区级
年　代	明
地　址	合浦县石康镇大湾村委罗屋村
看　点	叠涩出檐
开放方式	免费开放

石康塔，也叫顺塔，位于合浦县石康镇大湾村委罗屋，建于明代天启五年（1625年）。该塔为七层楼阁式八角形空心砖塔，叠涩出檐平座，高24米，底径逾6米，占地面积约50平方米（图1）。塔身结构全用青砖对缝粘砌，表层抹灰浆，每层叠涩出檐上置平座，开着东西通风门，即坤门与巽门，其余是作装饰之用的假门，塔内有阶梯盘旋而上。其造型从底层向上逐层收拢，并在塔心设阶梯逐层次第回旋往上，可登至顶部（图2）。1962年公布为合浦县文物保护单位，2017年12月8日公布为自治区级文物保护单位。

图1　石康塔

图2　石康塔内部

12 普度震宫旧址

The Old Site of the Temple of Puduzhen Palace

级　　别	自治区级
年　　代	清
地　　址	市区茶亭路
看　　点	大殿、装饰
开放方式	免费参观

普度震宫又称普善堂，始建于清光绪二十四年（1898年），位于广西北海市市区茶亭路。由当时罗浮山乾元洞道士吴锦泉约集北海慈善界梁起振、黄日章、陈觉裕等人发起，向港澳同胞募资而建。清梁鸿勋著《北海杂录》赞曰："庙貌灿然，为北海诸庙冠。"

主要建筑由中天殿（1987年因扩建茶亭路被拆）、金母殿、地母殿三进庙寺组成，是一座集佛、道、儒三教于一体的古庙宇。现存金母、地母两殿，在中天殿旧址建普渡震宫门楼。正殿两侧有耳屋；殿内又分明间和两侧的次间。顶脊有琉璃双龙戏珠；殿内正脊有花鸟雕饰；廊顶前墙有壁画。（图1—图4）

图1　宫门正立面

图2　金母殿正立面

图3　宫门背立面

图4 地母殿

13 北海抗战胜利纪念亭

Memorial Kiosk for the Victory of the War of Resistance against Japan in Beihai

级　别	自治区级
年　代	1947年
地　址	中山公园西北角
看　点	纪念亭
开放方式	免费参观

抗战胜利纪念亭建于1947年，面积16平方米，是为纪念抗日战争胜利而建。纪念亭壁上写有"胜利纪念亭"五个大字。据《西樵山志》记载，抗战胜利纪念亭与纪念碑为西樵山上碧云村人、澳门一代赌王傅老榕捐资所建。原来正面墙上有个石碑，碑文对日军轰炸西樵山简明扼要地进行了记载。石碑已被毁。与西樵山其他青砖琉瓦的亭子不同，抗战胜利纪念亭古朴凝重，有白色的柱子和八角亭顶。（图1—图2）

图1 整体立面

图2 细部

北海市其他主要文物建筑列表

区 县	文物名称	级 别	地 址	年 代
海城区	高德缸瓦窑群	市级	北海市海城区高德办事处岭底村边	明
	中山路近代建筑群	自治区级	北海市海城区中街街道办事处中山西社区和中山东社区中山路	民国
	北海瑞园	市级	北海市政府大院内	现代
	丸一药房旧址	市级	北海市珠海中路104号	民国
银海区	北海南氵万武帝庙	市级	北海市银海区银滩镇南氵万社区东端	清
铁山港区	邓世增故居（公馆）	市级	北海市铁山港区营盘镇彬塘村委玉塘村及北海市中山路东191号	民国

6 防城港市
FANGCHENGGANG

防城港市古建筑
Historical Architecture of Fangchenggang

- 01 江山半岛白龙古炮台
- 02 谦受图书馆
- 03 竹山三圣宫
- 04 陈公馆
- 05 罗浮天主教堂

广西壮族自治区地图院　编制

概 述

　　防城港位于广西南部,东接钦州市,西与宁明县为界,南临北部湾,北邻扶绥县,被誉为"西南门户、边陲明珠"。

　　防城港历史悠久,早在新石器时代,这里就有先民活动的痕迹。到了秦朝,秦始皇统一岭南地区,归秦置之象郡。汉朝为合浦郡地,到三国时期为吴国辖地,南朝宋、齐时归属交州管辖,梁、陈时归安州管辖。隋唐至宋朝又属于钦州管辖,并在宋朝开始出现"防城"的叫法。进入元、明、清时依旧隶属于钦州或廉州,在清光绪十四年(1888年)在钦州西部设置防城县,隶属广东。直到1951至1955年将其划入广西,其间在1965年7月归广东,8月起又划为广西辖地,直到1993年,经国务院批准设立为地级市。

　　防城港名胜古迹众多,风景优美,有万尾金滩旅游区、扶隆大峡谷瀑布旅游观光区、江山半岛旅游度假区等风景区,还有那良古城址、明仑书院等人文景观。

防城区

1 江山半岛白龙古炮台

The Ancient Turret of the White Dragon in Jiangshan Peninsula

级　　别	国家级
年　　代	清
地　　址	防城区江山乡白龙尾尖端
看　　点	大炮
开放方式	购票参观

　　白龙古炮台位于防城区江山乡白龙尾尖端，修筑于清光绪十三年（1887年）至光绪二十一年，当时晚清官员张之洞任两广总督，由海口恭府管带琼军右营陈良杰督建。现在白龙炮台正门上刻写的"清光绪二十一年仲夏吉旦，白龙台署海口恭府管带琼军右营陈良杰督建"字样还清晰可见。

　　白龙古炮台是为巩固海防而建，有龙珍、白龙、银坑、龙骧四座炮台，总称白龙炮台，分别修筑在江山半岛白龙尾尖端的四个小山丘上。每个炮台前都建有蝙蝠式门楼，门楼中央镶嵌着青石板牌匾，刻写着炮台名称的楷书，遒劲有力。门楼前有多层台阶，入门后两侧建有厢房，过厢房再到左右分道的阶梯，拾级而上到了露天炮台。炮台的炮座为混凝土结构，平面近似半圆形，长向9米，宽向5米，深不足1米。炮座底下深约6米的地方为弹药库和地下兵库，座上架有从英国进口的大型火炮，火炮长约4米，重六七吨。炮台与越南隔海相望，与企沙石龟头炮台互相呼应，故有"龟蛇守水口"之称（图1—图5）。

图2　白龙炮台入口

图1　白龙炮台全景

图3 白龙炮台

图4 白龙炮台内侧1

图5 白龙炮台内侧2

2 谦受图书馆

Qianshou Library

级　　别	自治区级
年　　代	民国
地　　址	防城区的防城中学校园内
看　　点	装饰图案、藏书
开放方式	要许可

谦受图书馆始建于1929年，历时两年建成，坐落在防城区的防城中学校园内，为市级文物保护单位。

谦受图书馆是由陈济棠先生出资兴建，总建筑面积934平方米。该馆由三栋楼并排组成，主楼居于中间，两侧为副楼，在主楼与副楼二层及屋顶部位间建有连廊。主楼正立面的楼顶镶嵌的牌匾上有五个颜体大字"谦受图书馆"，为当时国民政府主席、行政院长谭延闿题写。整座建筑为西洋风格，主楼、副楼两侧上下均建有外廊，一主两副的并立结构，设计独特新颖。馆内地板铺设质地坚硬、花纹精美的阶砖，内墙也装饰有精美图案，在主楼大厅墙壁上镶嵌陈济棠先生撰写的石刻《谦受图书馆记》（图1—图2）。

在书馆建成后，陈济棠从广东等地购进大量图书藏于馆内，其中不乏《万有文库》《四库全书》等珍贵典籍，藏书量达到10万余册，吸引了众多海内外文人志士来此参观，被称为"边邑第一馆"。

陈济棠深受其父影响，以父亲名字命名该馆，对教育高度重视，曾说"为国之本，在乎教育"。其撰写的《谦受图书馆记》，有600余言，字体庄秀有力，表达了父亲对自己的教诲，也鼓励地方学子"相与优游于典籍之林，陶渊于诗书之府"。

图1　谦受图书馆近景

图2　谦受图书馆正立面

图3　谦受图书馆远景

东兴市

3 竹山三圣宫
Sansheng Palace in Zhushan

级　别	市级
年　代	明清
地　址	东兴市东兴镇竹山村
看　点	内部梁架、屋脊装饰
开放方式	免费参观

图1　竹山三圣宫入口

竹山"三圣宫"位于东兴市东兴镇竹山村。据对庙内南北面山墙建筑风格考证，此处"三圣宫"庙属明代时期始建。现庙内存一块"口修上下式庙碑记"，为"光绪二十二年岁次丙申仲秋月吉旦立"，碑文记载捐资修庙人姓名。此庙坐东朝西向，系青砖砌筑的硬山顶抬梁式砖木结构建筑。占地面积约300平方米，建筑面积200平方米。呈二进三开间。庙门前为走廊，两侧分立两根圆形柱，基座为砂岩石凿刻石础。庙门上悬挂"三圣宫"匾额。一进正堂两侧为厢房，进中为天井庭院，地板面为砂岩条石铺筑。二进正堂设神坛，供"妈祖"神像，两侧分供"关帝""北帝"像。（图1—图3）

图3　竹山三圣宫屋脊宝瓶

图2　竹山三圣宫内部梁架

4 陈公馆

Chen Gong Mansion

级　　别	市级
年　　代	民国
地　　址	东兴市永金街
看　　点	陈济棠陈列馆
开放方式	免费参观

"陈公馆"即陈济棠先生旧居，位于东兴市永金街南面。坐北朝南，系青砖、石灰砌筑硬山顶平顶建筑，建于20世纪20年代。陈公馆的主体建筑，分主楼和副楼两部分，这是一座两层西式豪华别墅，两楼之间用天桥连接。现在的主楼是陈济棠陈列馆，副楼是中越友谊馆。陈公馆面世将近百年，历经沧桑，饱受风雨洗礼，房屋和墙壁虽斑驳依稀，略显陈旧，仍气宇轩昂，风姿依然。东兴陈公馆主要景观有陈济棠陈列馆、陈济棠雕像、中越友谊馆、北炮楼、西炮楼、南门、瑞气池、紫气亭、金花茶、百年古树等，现为国家AAA景区。（图1—图2）

图1　陈公馆正面

图2　陈公馆侧面

5 罗浮天主教堂

Luofu Catholic Church

级　别	自治区级
年　代	清
地　址	东兴市东兴镇楠木山村
看　点	钟楼、八卦图
开放方式	要许可

罗浮天主教堂是一座典型的法式建筑，始建于清道光十二年（1832年），位于东兴市东兴镇楠木山村，为防城港市级文物保护单位。

罗浮天主教堂始建时占地10447平方米，设有教堂、钟楼、育婴室、男校、女楼、织纺堂等组成部分。目前罗浮天主教堂仅剩大礼堂、钟楼、修女楼三座单体建筑，相距十几米，呈三角形分布。

大礼堂背靠神父楼，在前、左、右三方被14根圆柱包围，占地约503平方米，早期称为"圣堂"。大厅内立有8根柱子，5个连环拱门，顶部为天主教的十字架，还有一处引人注目的八卦图，图案精致，位于正上方的中间位置，直径约1.6米（图1—图3）。

仁爱楼也保存了下来，现称为"修女楼"，早期为修女居住和做功课的场所，平面为"T"字形，共两层，占地300多平方米。修女楼不同于大礼堂，建筑结构合理紧凑，线条简洁，青砖瓦面，典雅庄重。

钟楼平面长约5米，宽约4米，共5层，高达12米，内外饰有彩色图案，是罗浮教堂保存下来的最为完整的单体建筑。钟楼的一侧设有台阶，可达钟楼的二楼。在钟楼的顶端悬挂一口大铜钟，平时做圣事便上二楼进行敲钟（图4）。

图1　罗浮天主教堂1

图2 罗浮天主教堂2

图3 罗浮天主教堂室内

图4 钟楼

防城港市其他主要文物建筑列表

区 县	文物名称	级 别	地 址	年 代
防城区	刘永福故居	自治区级	防城区那良镇那营村木场组	清
东兴市	交东贝丘遗址	自治区级	东兴市江平镇交东村	清
港口区	石龟头炮台遗址	自治区级	港口区企沙镇防城港市钢铁厂南边	清

7 钦州市
QINZHOU

钦州市古建筑
Historical Architecture of Qinzou

- 01 刘永福旧居
- 02 冯子材旧居
- 03 久隆古墓群
- 04 冯子材墓
- 05 黄明堂墓
- 06 钦州广州会馆
- 07 大芦村古建筑群
- 08 钦江县故城遗址
- 09 苏村古建筑群
- 10 大朗书院

广西壮族自治区地图院 编制

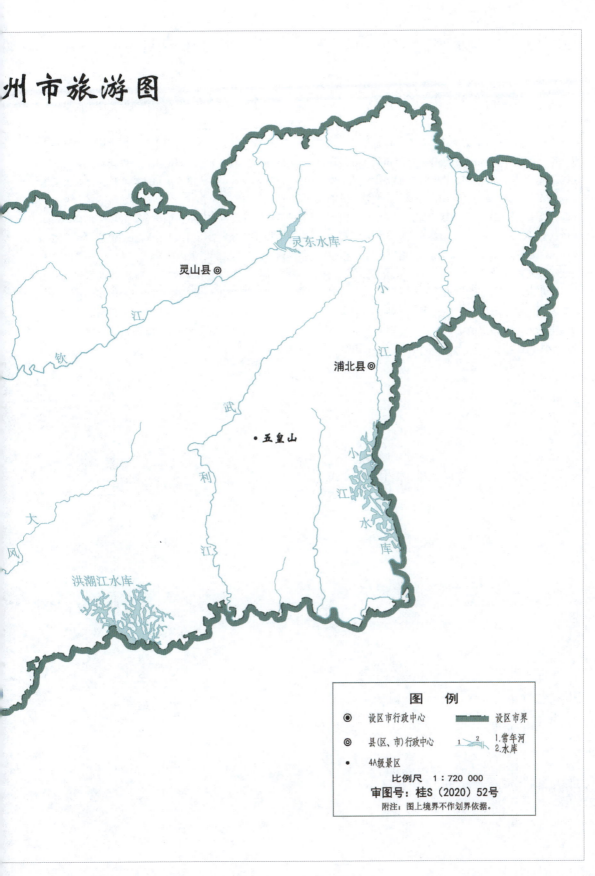

概　述

钦州在广西南部，是大西南地区最便捷的出海通道。

钦州东临玉林市、北海市，西邻防城港市，北接南宁市，总面积10843平方公里。钦州市属于丘陵地貌区，地质结构复杂，东、西、北三面环山，地层发育较为齐全。全境地势自北向南倾斜，东北及西北部较高。由于钦州市在北回归线南部，属于海洋性热带季风气候区，太阳辐射强，湿热多雨。其海域面积较为广阔，南部有辽阔的钦州湾，水温适宜，阳光充足，适合度假旅游。

钦州市是一座具有1400多年历史的古城，古时称为安州。秦朝隶属于象郡辖地，汉朝起归为交州合浦郡辖地，直到南朝建制末寿郡。在隋开皇十八年（598年）改为钦州，一直沿用至今。自1994年将钦州设立为地级市起，其管辖范围包括钦南区、钦北区、灵山县、浦北县。

钦州人杰地灵，文化底蕴丰厚，民族风情丰富多彩。钦州古城内坐落着多座庄重古朴的建筑，有我国传统的砖木建筑，也有南洋风格的小洋楼，比如大家熟知的冯子材、刘永福故居等。这些建筑落在古老街巷的两侧，散发着浓郁的古韵气息。老城区就有多条这样的街巷，大多为明清或是民国时期建造，有骑楼街、白沙街、竹栏街、城内街等。

在这样一座底蕴丰厚的城市，文化内涵当然相当丰富。这种文化的载体除了一座座古朴的建筑外，还体现在多姿多彩的民风上。在这里有极具当地特色的戏曲、民谣或是其他的文化活动，有的还被列入非物质文化遗产。

钦南区

1 刘永福旧居
Liu Yongfu Former Residence

级　别	国家级
年　代	清
地　址	钦南区板桂街 10 号
看　点	建筑功能、室内展陈
开放方式	购票参观

刘永福旧居，原名三宣堂，始建于 1891 年，坐落在钦南区板桂街 10 号。该旧居为院落式布局，有门楼、影壁、正房、厢房、谷仓等 119 间，大小不一，均为砖木结构，硬山顶。还配备戏台、花园、鱼塘等游玩休憩的场所，占地面积 22700 平方米，建筑面积 5600 平方米，是钦州市现存最完整的清代建筑群。

在刘永福头门与二门间有一条 30 多米的过道，并且头门、二门均书有对联。头门对联为"枝栖古越、派衍彭城"，二门对联为"恩承北阙、春满南天"，在二门门顶挂写有"建威第"的金子大匾。走进二门为宽阔的广场，在广场南侧有一处影壁，影壁的北侧为主座，先为前座，面阔三间，门高 3 米有余，门顶悬挂"钦赐花翎"的牌匾，门两侧对联书写"天阶深雨露、庭砌长芝兰"（图 1）。

前座与中座间为天井，左右为花厅，现花厅展陈有党政领导、文人学士、社会名流的墨宝或是留名，还有一些国际友人的馈赠。中座两侧为中轴对称的二层楼房，厅内装饰有精美细致的壁画、木雕。再进为后座，称为"请缨堂"，也就是刘永福请缨抗日的地方，陈列《中法战争历史文物展览》。后座是整个建筑群最高的一座，与其并列的有一座占地 1500 平米的"济民仓"（图 2）。主座西侧末端有处平房，为刘永福的书房。

刘永福（1837—1917），广东钦州人（今广西人），早年组建反清黑旗军，晚期为爱国名将。中法战争时，归顺朝廷，赴越南击退法军。《马关条约》签订后，又被调往台湾抵抗日军，晚年加入中国同盟会（图 3）。

图 1　刘永福故居外立面

图 2　刘永福故居济民仓

图 3　刘永福塑像

2 冯子材旧居

Feng Zicai Former Residence

级　　别	国家级
年　　代	清
地　　址	钦南区沙埠镇
看　　点	建筑模式、院内景观
开放方式	购票参观

冯子材旧居，原名宫保府，始建于 1875 年，是冯子材退居时的住所，距刘永福故居直线距离 1 千多米，位于钦州市沙埠镇白水塘区内。该旧居坐南朝北，院落式布局，砖木结构，总占地面积 15.22 公顷，其中主体建筑面积 2020 平方米。院内包括三山一水一田，有六角亭、书房、虎鞭塔、菜园等，为典型的岭南地区清代府第建筑群（图1—图2）。

故居主体建筑为抬梁穿斗式砖木结构，共三进，每进有三面阔，每面阔再分三小间，共九间，二十七小间，形成富有特色的"三排九"建筑模式。室内大木构件及门窗等装饰木构件多采用珍贵的格木制作，朴实严谨，用料考究。屋顶瓦件采用筒瓦，屋顶形式为硬山顶。

冯子材为广东钦州（今广西）人，是清代晚期爱国名将。中法战争爆发后，年近古稀的冯子材仍率领部队奔赴越南边境，击退法军，收复失地，史称"镇南关大捷"。

图1　冯子才旧居入口

图2　冯子材旧居院落

3 久隆古墓群

Jiulong Ancient Burial Site

级　别	自治区级
年　代	隋唐
地　址	钦南区久隆镇
看　点	墓葬样式、出土文物
开放方式	无参观条件

图1　久隆古墓群远景

久隆古墓群位于钦南区久隆镇，于1981年8月被公布为自治区级文物保护单位。

久隆古墓群北起久隆平心，南至新明石狗坪，绵延20多公里，主要分布在新圩、青草、新明、高明等地（图1）。据记载，清道光六年（1826年）在新圩出土了隋大业五年（609年）宁赞墓碑。民国九年（1920年）在平心圩山麓出土了唐开元二十年（732年）的宁道务墓碑。新中国成立后，1976年、1977年进行了全面调查，1977年在青草附近发掘6座墓葬。之后又在石狗坪发掘1座墓葬。墓葬样式多为券顶砖室墓，体量都不是太大。墓坑为"凸"字形或其他布局，分墓室、甬道等部分。墓门为券拱样式，上部采用双层砖砌起一道拦额，封墙高出甬道券顶。墓门外有斜坡墓道或阶梯式墓道。墓壁砌筑样式为三顺一丁，由红砖、青砖组砌而成，设有壁龛。有的后室设棺床，三面留有边沟。有的是夫妇合葬墓，双室并列，"同坟异穴"。墓室里的随葬品以青瓷器、陶器居多，还有少量的金属器和琉璃器。

4 冯子材墓

Feng Zicai Tomb

级　别	自治区级
年　代	清
地　址	钦南区沙埠镇
看　点	碑文、石雕
开放方式	免费参观

冯子材墓位于钦州市钦南区，在距合浦旧公路13公里的沙埠镇泥桥村东北方向的小山丘上，于1981年被公布为自治区级文物保护单位。

冯子材墓包含4个部分，即牌坊、碑亭、六角亭、主墓（图1）。

牌坊在墓前约300米的位置，原为四柱三间，由花岗石砌筑，并雕饰图案，宽6.5米，高5米。原碑亭始建于清光绪三十三年（1907年）。现存碑亭重建于1981年。其内部放置一座高2米的石碑，雕刻着"大清诰禄大夫建威将军太子少保尚书衔贵州提督世袭轻车都尉加一云骑尉冯勇毅公神道"的碑文，碑文两侧还雕饰九龙戏珠的图案。六角亭位于牌坊的西侧，现已无存。据史料记载，六角亭内竖立着一座叙述冯子材在镇南关大捷事迹的《冯勇毅公神道碑》，该碑由林绳武撰，以缅怀和颂扬冯子材将军。主墓占地面积约1200平方米，坐北朝南。墓前有约24平方米的三级拜台，两侧放置虎、狮、马等石雕。并且，拜台横排放置这8条狮头石柱。墓碑前一组盘龙石柱，墓碑还做有边框，框顶端做成大理石砌筑的圆柱式屋檐状，长5米，宽0.5米。

图1　冯子材主墓

5 黄明堂墓

Huang Mingtang Tomb

级 别	自治区级
年 代	清
地 址	钦南区大寺镇三益村委米利村边的龙狗岭上
看 点	拱门设计
开放方式	免费参观

黄明堂墓位于钦南区大寺镇三益村委米利村边的龙狗岭上，于1994年7月被公布为自治区级文物保护单位。

黄明堂墓建于1939年，是为纪念抗日名将黄明堂而修建。墓长26米，宽13米，占地约3公亩，为露天砖室结构。墓碑为大理石材质，墓前为台阶，有拜台与供案。墓身采用青砖砌筑，两侧的出入口设计为拱门样式，门上放置泥塑寿桃、花盘。坟头上塑有国民党党徽，横额书写"功在党国"，两侧的对联书写"遗爱岂独桑梓，勋名不让刘冯"（图1）。

黄明堂，字德新，为钦州市大寺镇三益村委会米利村人。1907年加入中国同盟会，组织过镇南关起义、云南河口起义，一直追随孙中山先生，曾经讨伐过桂系军阀，古稀之年想领兵抗日，未能如愿，后于1938年在回乡组织民众抗日的途中病逝。

图1　黄明堂墓正立面

6 钦州广州会馆

Guangzhou Hall in Qinzhou

级 别	自治区级
年 代	清
地 址	钦南区胜利路
看 点	雕刻、壁画
开放方式	要许可

钦州广州会馆始位于古钦州城东门外，建于清乾隆四十八年（1783年），后又于清道光十四年（1834年）、光绪十六年（1890年）重修，是钦州市现存最古老的建筑物之一，造型优美，用料精细，工艺高超，结构牢固，极具研究价值。

会馆坐西向东，为合院布局，有前后两大厅，左右为厢房，中为天井，主厅与厢房间有游廊相通，建筑面积449平方米，总占地面积约1180平方米。在前厅入口正门上刻着由清乾隆年间状元、书法家庄有恭（广东番禺人）书题再刻制的匾额"广州会馆"四个大字。建筑外部栏杆、柱头有精美细致的浮雕，清水砖墙画有彩绘，屋顶有仙人走兽雕塑。建筑内部地面采用花砖墁地，窗格采用瓷制花窗，厅内还有壁画。整座建筑装饰典雅，富有古朴气息。据了解，会馆在早期门前还是水路，各路商人来此都要撑船，来往人员相互作揖，一片繁华景象（图1—图2）。

图1 钦州广州会馆正门

图2 钦州广州会馆内院俯视

灵山县

7 大芦村古建筑群
Dalu Ancient Architectural Complex

级　别	第一批国家级历史文化名村
年　代	清
地　址	灵山县东郊8公里处
看　点	雕饰、文物珍品
开放方式	免费参观

大芦村古建筑群位于灵山县东郊8公里处，有"荔枝村"之称。古村依山傍水，古静幽深（图1）。

大芦村古建筑群形成于明代中期到清代末期，共分为九处，有沙梨园、镬耳楼、三达堂、双庆堂、东明堂、东园、蟠龙堂、陈卓园和富春园以及克中公祠。此外，村内还有6棵大楷树、3棵樟树和一些荔枝树。镬耳楼为祖屋，始建于明嘉靖二十五年，面阔近50米，进深90米，占地面积4460平方米，由门楼（图2）、主屋、斗地屋、廊屋组成。整座建筑平面呈院落式布局，即北屋为尊、两厢为次、倒座为宾、后院为仆的分布顺序。前门与主屋均建有镬耳形状的山墙，俗称封火墙。大门上有"武阳世泽，江左家风"的对联（图3）。主屋由四组院落组成，每组院落内均有天井，天井前后为正房，两侧为厢房，分别居住着主人及其家眷，或是私塾先生。长幼分明，主次有序。后庭院为斗地屋，单檐斜坡建筑，

图1 大芦村全貌

是仆人生活、活动的场所。

大芦村古建筑群占地面积达22公顷，纳入保护面积达45公顷。这里珍藏着文天祥手迹等大量的文物珍品，还有三百多副明、清时期创作的传世楹联。整个村落洋溢着浓郁的文化气息，有着丰富的物质和精神财富。这些古建筑极具岭南建筑特色，规模宏伟、装饰精美、浓郁优雅，堪称明清时期的历史缩影。

图2　古建筑门楼

图3　大芦村古建筑庭院

8 钦江县故城遗址

Qinjiang County Ruin

级　　别	自治区级
年　　代	隋—宋
地　　址	灵山县旧州镇旧州圩两旁
看　　点	检阅台残迹，出土文物
开放方式	无参观条件

钦江县故城遗址位于灵山县旧州镇旧州圩两旁，于1981年8月被公布为自治区级文物保护单位。

钦江县故城遗址坐北向南，面临旧州江。平面呈"日"字形，东西长270米，南北宽135米，面积约36450平方米。目前，遗址已作为耕地使用（图1）。故城仅存围墙，残败破落，最高处约5米，城基厚14米，为杂土夯筑。城外原有9米余宽的护城河，现在只剩约10米的遗迹。城内的东北位置，有一处似检阅台残迹的方形平面土墩，长12米、宽11米、高1.5米。遗址中还出土了隋唐至宋代的砖瓦、陶瓷器及金属。

图1　钦江县故城遗址现状

9 苏村古建筑群

Sucun Ancient Architectural Complex

级　　别	自治区级；第二批国家级历史文化名村
年　　代	清
地　　址	灵山县石塘镇
看　　点	石雕、脊饰
开放方式	免费参观

苏村古建筑群位于灵山县城东的二级公路旁，始建于清康熙年间，距今已有400多年历史。

整座村落建筑整体保存完好，规模宏大。青砖白瓦，砖木结构，并有精美细致的砖雕、石雕及木雕，极具岭南建筑特色。现存32个群落的明清建筑，其中有刘氏家族的宅院建筑18座。苏村古建筑群还与大芦村、马肚塘、龙武庄园等多处古村合成"古村落群"（图1—图2）。

刘氏建筑群建于清初，占地面积8000多平方米。相比其他古建筑，它有七座大理石表砖、童子瓦结构的镬耳楼。屋内还有珍贵的石雕、鱼池等，屋檐上雕刻着精细的莲花瓣，是一座古朴而又独具特色的建筑群。

并且，苏村的自然风光优美，有河水缓缓流淌，有古树郁郁葱葱，再加上一座座古香古色的优美建筑，形成一幅优美岭南乡村画面。

相传苏村还是太平天国女杰苏三娘的故乡，她智慧非凡，骁勇善战，在农民起义中留下了辉煌的一页。至今，还被人们作为佳话传颂着。

图1　灵山苏村鸟瞰

图2　灵山苏村民居

浦北县

10 大朗书院

Dalang Seowon

级　别	自治区级
年　代	清
地　址	浦北县小江镇平马小学
看　点	题刻
开放方式	要许可

大朗书院位于浦北县小江镇平马小学，于2009年5月被公布为自治区级文物保护单位。

大朗书院修建于清光绪二十五年（1899），为三进院落式布局，建筑面积约2000平方米（图1）。在书院大门上方，刻有宋体的"大朗书院"门匾，门匾为花岗岩石板，长2.5米、宽0.9米（图2）。门两侧刻写"大成声振尼山铎、朗润文方浦水珠"的对联。整座建筑共有16间教室，并建走廊，将住房与教室相连。院内有天井，天井两侧为厢房，还种植着百年古树，给书院增添一份古朴气息（图3）。整座书院没有繁华的砖雕、木雕、石雕，青砖灰瓦，木结构轻巧秀丽，高雅别致。

大朗书院建造之时正处于帝制王朝没落时期。在这样的社会背景下建造一座书院，寄托了建造人希望国家人才辈出、振兴中华的强烈愿望。

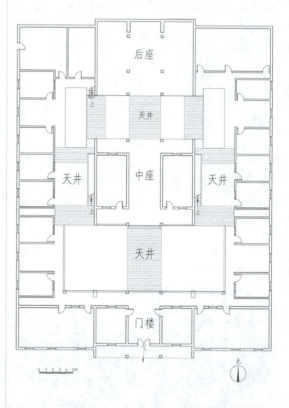

图1　大朗书院平面图测绘图

图2　大朗书院正立面

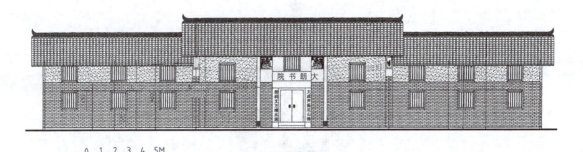

图 3　大朗书院正立面测绘图

钦州市其他主要文物建筑列表

区　县	文物名称	级　别	地　　址	年　代
灵山县	连科坪荣封第	自治区级	太平镇永安村委连科坪自然村	清
浦北县	越州故城	国家级	石埇镇坡子坪村	南朝
浦北县	香翰屏旧居	自治区级	石埇镇坡子坪村委老城自然村	民国
钦南区	缸瓦窑村坭兴陶古龙窑址	自治区级	水东社区缸瓦窑村	明
钦南区	苏廷有旧居	自治区级	占鳌巷52号	民国
钦南区	冯承垿旧居	自治区级	四马路2号	民国

8 贵港市
GUIGANG

贵港市古建筑
Historical Architecture of Guigang

- ① 东塔
- ② 寿圣寺
- ③ 金田起义地址
- ④ 辛亥革命黄花岗起义平南县五烈士纪念碑
- ⑤ 大安古建筑群
- ⑥ 罗泊湾漪澜塔
- ⑦ 南江古码头遗址

设区
县（
4A级

贵港市旅游图

广西壮族自治区地图院 编制

概 述

贵港市位于广西东南部，是我国西南地区最大的内河港口之一，因城区多种植荷花，素有荷城之称。

贵港北面靠山，中部为浔郁江平原，南部为丘陵地带，又地处珠江水系，依山傍水，与我国古代建造城池的选址相吻合。

贵港市是一座具有两千多年历史的古郡新城，历史悠久，人杰地灵，文化底蕴深厚。在秦以前，隶属于百越之地。自汉代起，由桂林郡改为玉林郡，唐贞观九年（635年）改称贵州，明代又改州为县，之后称为贵县。1988年撤县建县级市，更名贵港市，1995年升格为地级市。该地自古以来就是我国南部的军事与政治要地，并且商贸业也非常繁华。

在贵港市这座文化底蕴丰厚的城市里，本土的西瓯文化与南下的中原文明汇聚，产生了丰富的古代建筑资源、遗迹及透着历史韵味的风景名胜。贵港还是一个具有光荣的革命传统的城市，代管的桂平市是太平天国运动的原点。1928年6月1日，中共广西省第一次代表大会在贵县圩心街广东巷张国才家二楼秘密召开，有着非常重要的革命历史意义。

桂平市是获得广西首个县级市"中国优秀旅游城市"的荣誉称号的城市，旅游资源丰富，有四个国家级景区，分别为桂平西山风景名胜区、桂平太平天国起义金田旅游区、桂平龙潭国家森林公园和平天山国家森林公园。还有自治区级的文物保护单位或风景名胜区，分别为桂平大藤峡景区、桂平白石洞天景区、东塔、东湖—南山风景名胜区、桂平北回线标志公园、平天山森林公园。其中，桂平西山被称为"南天第一秀山"，是著名的佛教圣地，这里还保存着释宽能法师圆寂后留下的世界上第一个比丘尼舍利子。贵港市名人辈出，有清代文官将领袁崇焕，太平天国领袖洪秀全，还有近代黄花岗七十二烈士之平南五烈士。

提及贵港的建筑文化，必须介绍贵港的历史文化街区，即东井名区、古郁名区、橘井名区。走进这些古街区，看着一座座古朴庄重的古建筑，有的历经沧桑依然矗立，有的则因为历史的变迁已成残垣断壁。无论它们是否完好无损，总给人一种宁静的归属感，让人透过这些珍贵的建筑，感受着历史文明的无限魅力。

桂平市

1 东塔
East Tower

级　别	自治区级
年　代	明
地　址	桂平市东塔村东塔小学旁
看　点	檐口设计、塔门设计
开放方式	免费参观

东塔位于桂平市东塔村东塔小学旁，始建于明万历初年，刚开始建成为两层，后于明崇祯时期，增建至9层，被称为"广西第一塔"，是我国目前保存最为完好的砖塔之一。该塔于1981年8月被公布为自治区级重点文物保护单位。

东塔底径12米，高50米，壁厚4米，内部有14层楼。由于该塔临近黔郁两江汇流处，故在塔底设计外廊，以达到通风除湿的效果，也增强了塔整体的稳定性，提高塔的寿命。塔身为正八角形厚壁空筒楼阁式砖塔，塔身每层的间距相近，并有短檐，檐口设计为阶梯式的棱牙叠涩样式，并饰以红色涂料。塔身内部设有楼梯，楼梯采用砖石砌筑，直达塔顶。塔顶上部砌筑有圆锥形刹座，并在其上装饰葫芦刹顶。塔门设计也颇具新意，塔每层都设有葫芦样式8个拱门，其中两个是真门，6个是假门，塔门单数层设计同层对开门，双数层设计错层对开门。

东塔直指云天，整体以红白色为主，简洁大方，登上塔顶，俯瞰江山，给人以"一览众山小"之感。这座明代的砖塔，是中国古代建筑艺术真实的写照，体现了岭南人民的劳动智慧，丰富了是我国的文化遗产（图1）。

图1 桂平东塔

2 寿圣寺
Shousheng Temple

级　别	自治区级
年　代	宋—清
地　址	桂平市麻垌镇白石山
看　点	木雕、壁画、石刻
开放方式	免费参观

寿圣寺位于桂平市麻垌镇白石山，始建于宋嘉祐三年（1058年），历时十年建成。据记载，该寺在明正德年间得以扩建，后期也均有不同程度的维修，目前现有的建筑为清道光二十八年（1848年）由黄熵祖等人重建，是我国古代岭南地区享有盛名的佛教道场，于1994年8月被公布为自治区级文物保护单位。

寿圣寺原名为三宝殿，总占地面积达到1826.5平方米。该寺坐西向东，依次有前殿、中殿、大殿、后殿（图1—图2）。现后殿破坏严重，其余的三座大殿还供奉着1988年重塑的佛像。整座寺庙为院落式布局，每座殿的两侧都建有配殿，相邻的两殿与两侧配殿围合成天井。每座单体建筑均采用穿斗式砖木结构，屋顶采用硬山顶，极具岭南传统建筑风格（图3）。在前殿外侧设有前廊，大门居于房中布置，门上石匾书写"寿圣寺"三个大字，由宋神宗赵顼于熙宁元年敕赐题额（图4）。现在寿圣寺保留着很多历史遗物，有极具历史价值的壁画和技艺高超的木雕，有自宋朝保留下来的石碑、石刻等，还有历朝文人志士等题写的诗词，以及摆放的铸品等名贵物件。

寿圣寺还包括寺前的仙宫牌坊，只可惜仙宫牌坊因 1997 年一场大风被刮倒，仅保留基座。据史料记载，该牌坊原为三间四柱重檐歇山顶，正面居中的二重檐枋上刻"仙宫"二字，额枋的浮雕刻有八仙、动物等图案。

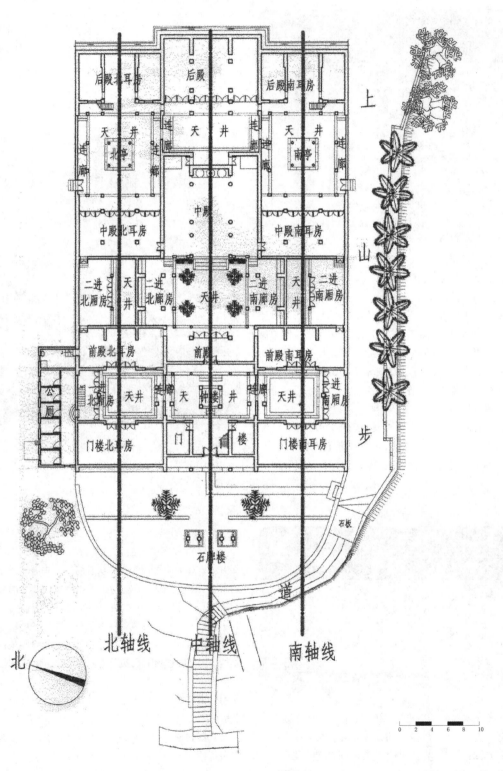

图1 寿圣寺平面图

寿圣寺I—I剖面图

图2　寿圣寺剖面图

图3　寿圣寺大殿

图4　寿圣寺山门

3 金田起义地址

Site of the Jintian Uprising

级　　别	国家级
年　　代	1851年
地　　址	桂平市北部金田镇金田村西侧的犀牛岭上
看　　点	起义遗址、旧址、展陈
开放方式	购票参观

金田起义地址又称金田营盘，位于桂平市北部的金田镇金田村西侧的犀牛岭上，于1961年被公布为全国重点文物保护单位，并列入《全国红色旅游经典景区名录》。

在1851年，由洪秀全领导的太平天国农民起义运动在桂平市金田镇金田村爆发，是一次规模巨大的反封建的农民革命运动。而金田起义地址则是太平天国农民起义运动最为有利的见证。对于现在来说，金田起义地址的保护与利用，可带动地区经济的发展。

金田起义地址有五处文物点，分别为新圩三界庙、傅家寨、古林社、风门坳、韦昌辉故居（图1）。在1979年，建造了近250多平方米的金田起义陈列馆，之后又对遗址及周边设施进行了完善与发展。

三界庙始是起义运动时的前线指挥场所，建于清顺治十八年（1661年），合院布局，坐北朝南，分为前座、天井、后座和庑廊，建筑面积302平方米。三界庙整体保留了岭南建筑的风格，装饰丰富，庙内墙上有清代的官府告示等碑刻，室内有清康熙道光年间的官府告示、规条等，碑刻23块。三界庙为研究太平天国历史提供了宝贵的历史依据。

傅家寨为清咸丰年间的一处庄院，占地面积约4281平方米，原为四进三开间，后座建有五层的炮楼，

是太平军的前军指挥所。由于后期清兵对莫村进行洗劫，傅家寨被毁，如今只剩下残垣断壁。（图2）

古林社是太平天国时期宣传组织广大劳苦群众"拜上帝"的地方。

风门坳是太平军与清军展开激战之地，也是金田平原出入紫荆山的必经之路。

韦昌辉故居后建于1987年，坐北向南，为二进三开间四合院式的砖木结构建筑，占地面积1280平方米。（图3）

此外在2003年，增设了犀牛潭、演武场、洪秀全金像、道路广场天王府、碑廊、明清街市、钟楼、炮台展示区、天王龙舟展示区、战舰表演区、乘战舰巡游区、书馆遗址等项目。

图3 韦昌辉塑像

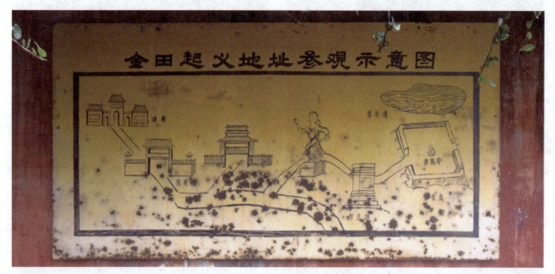

图1 地址平面图

图2 傅家寨

平南县

4 辛亥革命黄花岗起义平南县五烈士纪念碑

1911 Revolution Huanghuagang Uprising Pingnan County Five Martyrs Memorial

级　别	自治区级
年　代	1935 年
地　址	平南县平南镇罗冲桥畔
看　点	碑文
开放方式	免费参观

辛亥革命黄花岗起义平南县五烈士纪念碑，位于贵港市平南县平南镇罗冲桥畔。该碑是 1935 年平南县县长黄纬芳为遵循广大人民的意愿，缅怀在 1911 年牺牲于"三二九"广州起义的 5 名平南县烈士而建，纪念先烈分别为：韦荣初、林盛初、韦统铃、韦树模、韦统淮。纪念碑基座为方形，塔身底部较顶端稍大，通高约 10 米。在纪念碑的碑身上刻有"平南县殉国烈士纪念碑"几个大字。在中座位置处刻录了黄纬芳县长撰写的碑文及 5 名烈士的籍贯、年龄和事迹，并雕刻了"浩气长存"几个字。碑文赞颂了先烈们舍生取义的革命精神，阐述了"三二九"广州起义的伟大革命意义（图1）。由于该纪念碑位于罗冲桥的西江岸畔，在民国时期，时常有人来此参观。在"大跃进"期间，纪念碑一度被阻隔，无法靠近。直至 21 世纪初防洪修坝，纪念碑才再次进入人们的视野，游人在远处就可以清晰地看到屹立在堤坝上的五烈士纪念碑（图2）。

图 1　平南五烈士纪念碑正面碑文

图 2　五烈士纪念碑正面全貌

5 大安古建筑群

Daan Ancient Architectural Complex

级　别	自治区级
年　代	清
地　址	平南县大安镇
看　点	建筑琉璃装饰、古桥八卦理数设计
开放方式	免费参观

大安古建筑群由大王庙、大安古桥、粤东会馆等建筑组成，位于平南县大安镇，于1994年被公布为自治区级文物保护单位。

大王庙又称为列圣宫，始建于清康熙元年，扩建于康熙五十九年（1720年），并更名为列圣宫。之后，在乾隆、嘉庆年间又扩建、维修，总建筑面积为400余平方米。大王庙重修后的基本规模形成于嘉庆年间，除了乾隆年间增设的后殿三楹外，还增建了一处高阁，及附庙左右耳祠。整座建筑有三进院落，面阔三间，主体为砖木石结构，屋顶为硬山顶，屋脊采用琉璃脊饰（图1—图5）。

大安古桥始建于清道光六年（1826年），是一座多跨石梁桥。桥梁、桥墩及栏杆均采用花岗岩砌筑而成，桥长35米，宽3米，有7跨，固若磐石，是昔日大安往西江武林港口必经之道。相传桥体是按照"易有太极生两仪，两仪生四象，四象生八卦"的理数建造而成，桥墩的设计为"石排架"桥墩，是桥梁史上运用较早的轻型墩设计方法，有很高的科学研究价值。

大安粤东会馆始建于清乾隆五十八年（1793年），由于道光二年迁建于大王庙的左侧，原是明清时期各地商帮设立的组织机构，现存的建筑面积将近1000平方米。会馆原为三进建筑，主体结构为砖木石结构，有头门、中座、后座及厢房，主体建筑与厢房围城天井，屋顶为硬山顶。在咸丰初年后座及后天井和廊房毁于战火，后来予以修复。

大码头由新低梁姓人所建，在白沙江边。大码头由花岗岩条石砌筑，长50米，宽4米，是附近水运的交通要道。

图1　大王庙正门

图2　大王庙正殿

图3　大王庙正殿梁架

图4　大王庙门厅石梁

图5　大王庙正门外廊梁架

港南区

6 罗泊湾漪澜塔

Ripple Tower in Luobowan

级　别	自治区级
年　代	清
地　址	江南街道办罗泊湾村郁江右岸上
看　点	门窗设计、题刻
开放方式	免费参观

罗泊湾漪澜塔，又名安澜塔，建于清嘉庆三十二年（1831年），位于贵港市城区东侧罗泊湾自然旁村。该塔由知县林大宏建造，依河而建，塔身为八边形，墙厚约1.9米，底层周长36.62米，塔高九层，高度30余米。整座塔底座采用石材砌筑，上身青砖垒砌，塔身开设32个形状各异的门窗，窗上额书写有依稀可见的"拔地冲霄""文峰卓立"等字样，每层塔檐与其上层的底部均采用逐层拔檐处理，丰富了塔身的立面效果。在塔北侧塔门两边，有一副对联写着"撮土为山陪地脉，引人成事补天功"，表达了古人建塔的美好愿望（图1—图3）。

根据清光绪《贵县志》记载，在当时称之为贵县的该地，紧邻郁江，水路通达，但也一直受水患灾害，民不聊生。当时有位通晓地理风水的师爷在陪林知县来此勘查时发现，按"金、木、水、火、土"五行算来，少了一行，即贵县有东山、南山、西山、北山，唯独中部缺了一座中山，故建议建一座中山，于是开始建造一座高塔。塔名为"安澜"，寓意百姓不再受水患影响。知县又给该塔书写了一个别名——"漪澜塔"。

图1　漪澜塔全景

图2　漪澜塔内部仰视

图3　漪澜塔塔基及第一层的保存情况

7 南江古码头遗址

Nanjiang Ancient Wharf Site

级　　别	自治区级
年　　代	明—民国
地　　址	港南区南江村郁江岸边
看　　点	石阶、牌坊
开放方式	免费参观

南江古码头遗址位于贵港市港南区郁江岸边，遗址包含南江渡口石阶、中山公园驰道牌坊、南江旧街、亚魁牌坊、古驰道。

南江渡口石阶建于清道光二十一年（1841年），由当时邑绅罗上锦出资修建，共修筑有九十多级石阶，由踏跺和石帮组成。石阶中间踏跺为宽约35厘米的红砂条石，两侧近似垂带的护石为双线纵向铺砌，采用青石。由于后期多次受到洪水冲击，石阶破坏严重，现存的石阶总长120余米，宽5米（图1）。

中山公园驰道牌坊位于石阶的尽头，南北朝向，为一字形三间柱出头牌坊，顶部为半圆形砖饰，下部额枋南北侧都刻有"中山公园驰道"六字。牌坊面宽11米，高8.5米，砖石结构，极具民国风格。

南江旧街中间街道采用青石铺墁，店铺、民宅居于两侧。古街早已没有当年的繁华景象，仅仅保留了一段长约80米、宽10米的街道。

亚魁牌坊为四柱三间牌坊，通宽6.5米，高5米，采用花岗岩建造。牌坊柱脚前后安置抱鼓石，饰有云纹、花饰浮雕，顶部为双坡筒瓦屋顶，屋脊起翘，中部额枋前后两面阴刻楷体"亚魁"二字。南面上款"巡按广西监察史"，下款为"嘉靖甲子科第九名举人黄守规立，万历己丑年仲春吉旦"等字，楷体（图2）。

古驰道在南江村的中段，青石铺墁。该驰道又称为"秦汉驰道"，具体建造年底不详，现南北残存400多米。驰道北连南江旧街、亚魁牌坊，往南为村道路，东西向为民宅。

图1 南江古码头正面

图2 亚魁牌坊（明代）与古驰道

贵港市其他主要文物建筑列表

区 县	文物名称	级 别	地 址	年 代
平南县	畅岩石山二程夫子读书遗址	自治区级	官成镇双马村岩脚屯	宋
	登塘冶铁遗址	自治区级	六陈镇	西汉
桂平市	黄埔军校旧址桂山钟楼	自治区级	西山镇桂山村乳泉酒厂内	民国
	大唐城遗址	自治区级	寻旺乡大塘城村西北浔江、郁江河岸台地上	新石器时代
港北区	中秋起义纪念碑	市级	奇石乡政府南部1公里可架岭上	1987年
	中共广西省第一次代表大会旧址	国家级	广西壮族自治区贵港市港北区	1928年
	平塘郑氏祖祠	市级	中里乡平塘屯57号门牌	清
	下街李氏祖祠	市级	贵城镇振塘村下街	清
	东湖登龙桥	市级	贵城街道办永明小学东北东湖东岸边	清
覃塘区	中共广西省第三次代表大会旧址	市级	三里镇三里村罗村屯	1936年
	黄练潘氏祖祠	市级	黄练镇居仕小学内	民国
港南区	君子垌客家围屋群	自治区级	木格镇云垌村君子垌	清
	南山舍利塔	市级	南山公园内驴山北麓	民国
	万固桥	市级	木格镇班凤村刁屋屯西350米的清源河上	清
	平坡邱氏祖祠	市级	木格镇东坡村平坡屯	清
	南江村黄氏祖祠	市级	江南街道办南江社区上黄屯南江村小学北侧边	明
	茶山李焕华旧居	市级	瓦塘镇乌柳村茶山屯	民国

9 玉林市
YULIN

玉林市古建筑
Historical Architecture of Yulin

01 高山村古建筑群
02 勾漏洞石刻
03 中共广西省委机关
04 经略台真武阁
05 容县近代建筑
06 容县城关窑址
07 谢鲁山庄
08 青茹馆
09 宴石山摩崖造像
10 朱锡昂烈士故居遗址
11 庞村古建筑群

玉林市旅游图

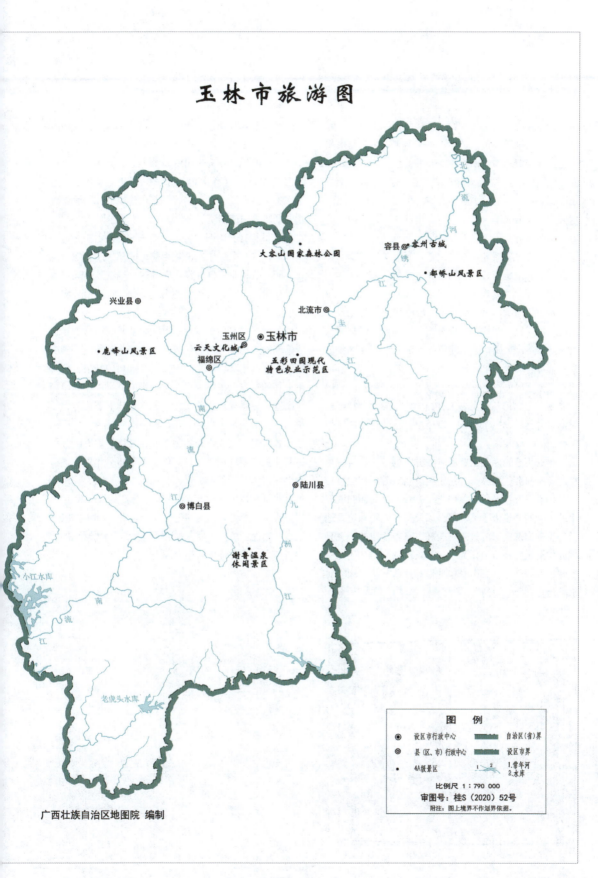

概 述

玉林，位于广西东南部，古称郁林州，是一座拥有两千多年历史的文化古城。玉林西接钦州市，南邻北海市，北毗贵港市，东连广东茂名市，东北与梧州市相连。全市总占地面积12838平方公里，占广西总面积的5.42%。玉林地处桂东南丘陵台地，境内山地、丘陵、谷地、台地、平原相交错，东北大容山和西南六万山之间形成了玉林盆地，在中部寒山、东山、葵山和西面圣山之间形成了石南谷地。

玉林在先秦时期是百越之地，秦时隶属象郡、桂林郡，汉初隶属南越国，西汉元鼎六年（前111年）始设郁林郡。唐贞观年间始设郁林州，治所在今兴业县境内；宋至道二年（996年）治所徙南流县（今玉州区）；元代、明代续设郁林州。清顺治，郁林州从梧州府分出，隶属桂平梧郁道；雍正三年（1725年）升置郁林直隶州。光绪十三年（1887年）隶属左江道。清嘉庆初至清末，辖博白、北流、陆川、兴业4个县。1956年3月，郁林县更名玉林县，1983年10月8日，撤销玉林县，设立玉林市。以原玉林县的行政区域为玉林市的行政区域。

被誉为"岭南美玉，胜景如林"的玉林，自古享有"岭南都会"之美誉，是中国著名旅游城市之一。玉林拥有得天独厚的自然风光，有着地处北回归线以南的温和的亚热带季风气候，以及丹霞地貌和熔岩地貌产生的丰富多彩的景观。玉林更有着优质的人文景观，勾漏洞、宴石山作为自然风景区的同时，还拥有着勾漏洞石刻、宴石山摩崖造像等这些直接、间接对玉林历史有所记述的古迹古文物。

容县拥有被誉为"天南杰构"的江南四大名楼之一的经略台真武阁，堪称中国古建筑中的杰作，精妙的结构设计体现了古代建筑工匠的智慧。

民国时期，容县走出的军政界名人甚多，仅将军就多达77位，是著名的将军县，因此，容县也产生了一批中西合璧、造型别致的近代建筑群，如罗奇别墅、夏威夷国璋别墅、容县中学旧教学楼等。

陆川县有全国四大名庄之一——谢鲁山庄，这一以读书育人、弘扬中国文化为初衷的私人园林融合了北方园林的稳重大气和江南园林的玲珑精致，同时也极尽朴素之美，兼具浓厚的书香文化，在岭南造园史上可圈可点。

玉州区的高山村古建筑群和兴业县的庞村古建筑群是广府式传统聚落的代表，这类聚落是历史上多次汉族由北向南移民带来中原文化和人口的结果，分布于玉林的这支除受中原汉文化的影响外，由于地域相对闭塞，更具当地土著文化。聚落整体形态均为整体规划、巷道横平竖直犹如棋盘的格局，巷道结构采用"梳式布局"模式，横巷为主巷，与横巷垂直的数条纵巷作为支巷联通各家。另外，建筑布局模块性强，大多民居为相同朝向，平面格局也大致相同，祠堂等重要建筑在建筑规模等方面显示出更高的等级。

综上，本章对玉林古建筑进行介绍，其中国家级重点文物保护单位3处，自治区级文物保护单位8处，并对其余6处古迹进行列表说明。

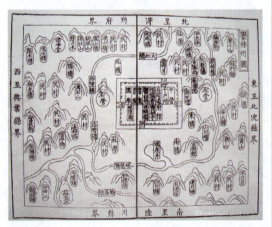

玉林州

玉州区

1 高山村古建筑群
Ancient Building Complex of Gaoshan Village

级　　别	自治区级
年　　代	明清
地　　址	玉州区城北街道办事处高山村
看　　点	宗祠、青石巷道、彩绘壁画
开放方式	免费参观

高山村距玉州市区约6公里，始建于明代，至清末逐渐形成今日村落的规模，目前占地面积约4.5平方公里，北、西、南三面环山，东部地势较低，为广阔的田园。由于地势较高且选址巧妙，周边村落经常发生洪灾但高山村却从未被淹，因而得名。

高山村古建筑群，包括宗祠12座、古民居60多座，总建筑面积达5.2公顷。村落布局为典型的岭南风格，村前为鱼塘，村背坡种植树木，村落与村中巷道沿南北、东西走向划分为大小不一的方块，房屋在方块中以梳式布局（图1）。高山村于清咸丰二年（1852年）在外围修筑了围墙，并设5个外闸门，将整个村落进行封闭式管理，现闸门仅存丹凤门一处。另外，在村中每条巷道首末两端也设置了小闸门，以辅外围闸门，加强防御能力。村中有14条巷道，路面以青砖铺砌，总长约2000米。

保留下来的古建筑为明清时期建造，其中古民居规模大多在200至300平方米，一般为二进院落，宗祠建筑则规模较大，三进或四进，面积在300至1200平方米不等。单体建筑风格民居和宗祠大体相似，均为砖木结构，硬山屋顶，三开间，灰瓦青砖墙或外青砖内泥砖墙（图2），有的宗祠建筑比普通民居在建筑装饰构件上更繁复一些。宗祠及部分民居的屋顶正脊、垂脊雕绘有象征吉祥如意的图案，如松梅、牡丹等，有的饰有吻兽；封檐板或筒瓦上则雕刻云纹图案等（图3—图4）。当地建筑的另一特点是诗文题字和彩绘壁画，多见于檐下枋、墙等部位，现已斑驳。

高山村是几个姓氏家族聚居形成的村落，其建筑布局也遵循了古代农村以宗祠为中心，民居排列两侧或四周的形式（图5）。

图2　高山村民居

图1　高山村鸟瞰

图3　牟绍德祠

图4　牟思成祠正门

玉林高山村牟廷典故居

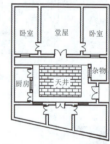

玉林高山村青云巷1号

图5　玉林高山村广府式三间两廊

北流市

2 勾漏洞石刻

Stone Sculpture in Goulou Cave

级　　别	自治区级
年　　代	宋—清
地　　址	北流市城东三路889号勾漏洞景区勾漏洞内
看　　点	洞中石刻
开放方式	购票参观

勾漏洞石刻位于现勾漏洞风景区的勾漏洞内及周围石山崖壁上，汇集了汉、唐、宋、元、明、清、民国、新中国时期的石刻120余方。

勾漏洞是一个天然溶洞，洞内石柱、石笋和各种造型奇特的天然石钟乳千姿百态，极具自然之美。而可以与其自然之美齐名的，就是洞内历代名人留下的真迹石刻。未到勾漏洞，就可见洞口门额上隶书题"勾漏胜景"四字（图1），为当代女书法家于立群题写于1965年；洞口两侧题有"勾穿四洞迎新客，漏曲三更待故人"楹联一副，为原自治区人民政府副主席罗立斌所作、广西著名书法家李雁所题。入门后，经过古朴的葛仙祠、碧虚亭，迎面是一方巨幅的题壁"勾漏洞天"（图2），苍劲雄浑，下笔有力，据传说刻于唐朝末年。洞壁上点缀着各类石刻，让人目不暇接，其中最珍贵的是《唐相卫国李公上西岳书真迹》碑及刻于汉代的《王符弹琴处》。

勾漏洞石刻多为历代文人士子游经此处所赋游记诗，这些诗可被统称为"勾漏诗"。勾漏诗对于勾漏洞有十分重要的意义，在描绘景致、记录游览史实、了解当时当地风土人情等方面也颇具价值。

图1　勾漏洞洞口题额

图2　勾漏洞天

3 中共广西省委机关
Guangxi Provincial Party Committee Organization

级别	自治区级
年代	1928年
地址	北流市城东南郊瓦窑头黎家庄
看点	红砖建筑
开放方式	要许可

1927年，由于新桂系军阀的反动叛变，广西党组织也遭到了严重破坏。为恢复广西党组织，中共广东省委于1928年春派遣朱锡昂、俞作豫等同志从香港返桂开展党组织工作。一行人到达北流，隐居于黎屋，黎屋即成为中共广西省委当时的办公场所。黎屋是当时共青团员黎衍的家，有前、中、后三进院落，正房、厢房、走廊、炮楼、围墙等，屋前有池塘，建筑为砖木结构。1929年6月，朱锡昂在玉林被捕牺牲，特委机关也随之转移，黎家庄的省委机关办事处便不复存在。

现黎屋作为中共广西省委机关旧址被列为自治区级文物保护单位，经过历次修缮，建筑旧址的头座、二座、三座的正房经过了新的修缮，而门楼和围墙仍按原状保存下来。这里是当时社会背景下广西党组织坚持斗争的历史见证，也是人民群众响应号召积极展开群众运动的见证。（图1—图4）

图1　入口

图2　中共广西省委机关全貌

图3 中共广西省委机关正立面

图4 中共广西省委机关室内梁架结构

容县

4 经略台真武阁

Zhenwu Court

级　别	国家级
年　代	明
地　址	容县城东真武阁景区内
看　点	精妙的结构体系
开放方式	购票参观

真武阁位于容县城东的现人民公园内，是一座全木结构的明代建筑，全楼不含一个钉子，但巧妙运用榫卯和杠杆结构，使得此楼历经400多年的风雨洗礼和地震灾害依然完好无损，堪称中国古建筑中的杰作，体现了古代建筑工匠的智慧。

唐乾元二年（759年），诗人元结任容管经略使，在县城东建经略台以操练兵士，真武阁也始建于此时，用于供奉真武帝以镇火灾（图1）。明万历元年（1573年），大兴土木，明初时建于经略台上的真武阁被扩建为三层楼阁，这就是我们现在看到的真武阁（图2）。

真武阁为方塔式三层楼阁，建筑整体高13.2米，面宽13.8米，进深11.2米，整座楼用3000余条大小不等的铁梨木构件建成。真武阁檐口开阔，挑檐深远，黄瓦绿雕，檐角和屋脊精雕云龙、麒麟，精致却雄壮。且每层的斗栱均为不同样式——首层为如意斗栱，二层为插栱，三层为带有下昂的斗栱，集中国古建筑的精华于一身，让人眼界大开（图3）。

然而，真武阁的神奇之处却并非这些工艺上乘的雕梁画栋、斗栱挑檐，而是它独特的结构体系。真武阁首层架空，仅有20根圆柱根据一定逻辑排列，圆柱落在石墩柱础上，而石墩直接根植于2米深的沙土中。也就是说，真武阁并没有坚固的地下基础，而是完全借助"动态抗震"的原理，反而使其比同时期有坚实基础的建筑更加屹立不倒。在直立的20根结构柱中，中间的8根直通顶层，是荷载全楼的主要支撑，柱之间用梁、枋相互连接扶持。最巧妙的是，二层楼为更好地支撑上部荷载，增加了4根大内柱，但这4根柱却不是直接立在二层楼板上，而是完全悬空，距地有3厘米之多。这就是真武阁的结构中利用"杠杆原理"而产生的悬柱奇观。结构体系利用底层通上来

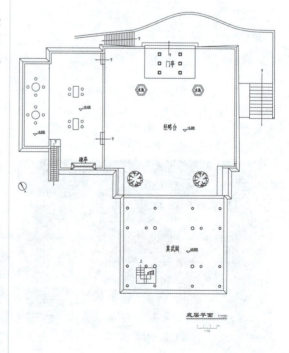

图1 经略台及真武阁平面图

图2 真武阁全貌

图3 真武阁一层前檐轩棚梁架

的 8 根立柱作为支点，二层顶的挑枋类似于天平的横杆，外侧一端挑起出挑的厚重瓦屋檐，内侧一端挑起增加的 4 根内柱，经过精确计算测量，使得内外结构达到完美的平衡且相互制约（图 4—图 5）。

真武阁作为道教宫室建筑，在建造上充分地体现了道教的"静为躁君""柔弱胜刚强""无为而无不为"等哲学思想。

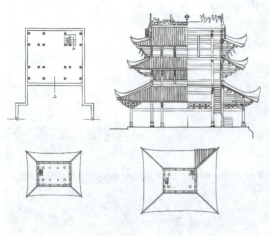

图 4　真武阁建筑平立剖图示

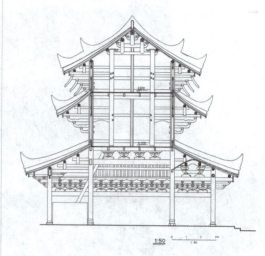

图 5　真武阁侧剖面图

5 容县近代建筑

Modern Buildings in Rong County

级　别	国家级
年　代	清—民国
地　址	容县县城及黎村、杨村、杨梅、松山等乡镇
看　点	中西合璧或地域性的建筑风格
开放方式	要许可

容县自晋代开始设县建制，历史悠久，而近现代以来，也因诸多历史、自然、社会因素，成为全国民国时期将军最多的县份之一。因此，2006 年 5 月 25 日，国务院公布的第六批全国重点文物保护单位中，容县以民国将军别墅、故居为代表的 11 座近代建筑入选，分别是黄绍竑别墅、黄绍竑故居、黄旭初别墅、黄旭初故居、罗奇别墅、苏祖馨别墅、韦云淞别墅、夏威夏国璋别墅、马晓军别墅、容县中学旧教学楼、容县图书馆旧址。

容县近代建筑群不仅具备中国特有的建筑风格和当地传统风貌，更是汲取了西方的一些适用的建筑技巧加以利用，与当地气候、生活特点相适应的同时，建筑空间更加富于变化，建筑装饰更具艺术效果。

5-1 黄绍竑别墅

黄绍竑，新桂系三巨头之一。别墅又名"万松山房"，位于容县容州镇南门街 36 号，建于 1927 年。别墅坐西向东，平面呈长方形，分院门楼座和主体别墅两部分。院门楼座临街，两层，面阔三间，进深一间，上下层均有外檐廊，屋面女儿墙为镂空围栏的形式（图 1）。院门与主体建筑间是一个纵深

图 1　黄绍竑别墅门楼座

23 米、宽 14 米的长方形大院，院中一棵高大的杧果树郁郁葱葱，给院落带来绿荫。别墅主体占地 288 平方米，面阔三间，进深一间，三层，砖混式建筑，主立面各层均有檐廊。别墅整体以青砖砌筑，门窗也以灰色塑框，方形檐柱，且檐柱、栏杆均有简单的花纹雕饰，在设计上既具中国古典韵味又有西洋建筑的风格（图 2）。

图 2　黄绍竑别墅主体

5-2　黄绍竑故居

黄绍竑故居位于容县黎村镇珊萃村，始建于清代中叶，当地政府于 2010 年对故居进行修缮。故居是其父黄玉梁所建，是一座典型的中式风格的大庄园，四进五开间，砖木结构，前有护院后有炮楼，两侧有厢房、檐廊，占地 3000 多平方米。整座建筑布局严谨工整，风格古朴稳重（图 3）。

图 3　黄绍竑故居鸟瞰

5-3　黄旭初别墅

黄旭初，桂系军阀。别墅位于容县容州镇新南街，与西面容县县委大楼同处一院，现为容县政协办公楼。别墅属于带院落的二层砖木结构洋楼，分南北两部分。南楼主楼面阔三间，进深两间，南立面墙体砌成半六边形，北楼与南楼紧连，为长筒形的四间房间。整幢别墅布局上少了中国传统建筑的工整规则，细节上处处体现着仿西洋建筑的风格（图 4）。

图 4　黄旭初别墅

5-4　黄旭初故居

黄旭初故居位于容县杨村镇东华村，建于民国，为黄旭初出生地。故居颇具我国南方民居建筑的特点，为一组砖木结构建筑，由两座面阔五间的正房和两侧横廊围合出天井，建筑为悬山顶，灰瓦覆面（图 5）。

图 5　黄旭初故居

5-5　罗奇别墅

罗奇别墅位于容州镇北门街 195 号，始建于 1937 年，是国民革命军陆军副总司令、上将罗奇的别墅，又名"乔园"。别墅为砖木结构的二层洋楼，体量敦实厚重，墙体全部以青砖砌筑，四坡屋顶，青瓦覆面，屋脊以灰砂砖砌筑。建筑整体色调以青白为主，素雅简洁、大气。主立面正中间首层为主入口，二层楼板向外延伸形成弧形月台，装饰构件具西洋风格；左右两侧两间也相呼应地处理为凸多边形（图6）。

以4根二层通高的西式立柱支撑挑檐。进入大门为一设计考究的内院，以草坪和硬质铺装限定划分空间，种植了各种花草树木（图8）；院落左右为横廊。主体别墅为二层砖木结构洋楼，体量、平面布局方正，青瓦四坡屋面（图9）。

图6 罗奇别墅

图8 从韦云淞别墅看内院

5-6 苏祖馨别墅

苏祖馨，陆军中将。别墅位于容县杨梅镇政府大院内，始建于1931年，现为杨梅镇党委、政府办公用房。别墅为一栋砖木结构、硬山顶的二层洋楼，分为坐北朝南的正房主体和东西两侧厢房两部分，平面呈"凹"字形三面围合。主体建筑正立面上下两层均有檐廊，二层檐廊外侧为拱形砖砌门洞，再加上一些栏杆、线脚的装饰，颇具西洋建筑的特点（图7）。

图9 韦云淞别墅主体

5-8 夏威夏国璋别墅

夏威夏国璋为同胞兄弟二人，一位是国民党上将，一位是陆军中将，别墅原名三凤堂，是夏家三兄弟于1930年共同建造的。

整座故居分前、中、后三座，主楼为中座。中座为砖木结构三层洋楼，首层较为低矮封闭，实体墙面上向各个方向开有射击口，为建筑的军事防御空间；从入口大台阶可直通二层，二三层均为面阔三开间、进深两开间，两侧开间为凸多边形，外立面青砖墙面之间有雕花拱窗，精巧别致（图10）。

主楼后为并列的长条形的二层护楼，护楼两侧尽头各有一座三层高碉楼，遥相呼应。主楼与护楼之间，以一座造型别致的双拱廊桥相连，既作为交通空间使两楼成为一个整体，又以精巧的造型成为整座建筑的点缀。

图7 苏祖馨别墅

5-7 韦云淞别墅

韦云淞，曾担任国民革命军陆军军长、集团军上将副总司令等职，其别墅位于容县松山镇政府院内，始建于1930年。别墅是一整体院落，坐东向西，前为入口大门楼座，面宽五开间，中间三开间向内凹进，

图10　夏威夏国璋别墅主楼

图12　马晓军别墅门楼

5-9　马晓军别墅

马晓军曾任国民革命军总司令部高级参谋、立法院立法委员等职，其别墅位于容县松山镇慈堂村，始建于1919年，历时8年建成。整座建筑风格中西合璧，像是一座四方城池，又像是一座城堡（图11）。

别墅依山而建，由三进主屋、两侧横廊、门楼等组成一组较为封闭的砖木结构建筑群。门楼共十一开间，两层，中间五开间凸出于主立面，壁柱、拱券等作重点装饰，两端为炮楼，略高于门楼主体（图12）。门楼后院落作为晒场，其后即主体建筑，中轴对称，纵深方向层层布局，共有三座。前座为二层西洋式建筑，面阔十一间，进深一间，两侧也设有炮楼，楼顶用青砖砌出镂空式女儿墙。中、后座为中式二层小楼，中座面阔五间，进深两间，前后均设檐廊；后座面阔五间，正中开间现设有马家后人供奉祖先的龛位，后座正立面前设外廊。

整组建筑共有厅房130间，占地5000余平方米，建筑面积3775平方米。各个厅室之间由回廊、院落串联成一个整体，大院落、小天井嵌套有序，使得每座建筑都能得到较好的采光和通风。

5-10　容县中学旧教学楼

容县中学旧教学楼位于容州镇容县中学内，始建于1917年。学校1912年创办初始原名容县诗塾，后有众多侨胞学者支持创学，建立此楼。此教学楼仿照日本早稻田大学教学楼设计，为带有罗马式建筑特点的二层砖木结构建筑。

建筑占地930平方米。平面呈"山"字形，首层在正中开间向前凸出抱厦一间形成主入口，主体面阔十一间，上下两层立面均为连续券柱式外廊，主体两侧各为面阔三开间、进深四开间的体量，无外廊。除正中开间为敞开式交通空间外，其余均作为教室，券柱廊为教室外走廊，楼梯设在两侧。整座建筑装饰、线脚等格外考究，券柱均为青砖砌成，灰砂抹面；檐口、外墙和门窗的线脚用西洋式的层叠或曲线线条装饰；一二层栏杆和女儿墙用绿釉陶瓶装饰（图13）。

此教学楼近百年来一直作为容县中学的教学楼使用，现在看来其建筑风格、样式仍典雅现代，毫不过时。

图11　马晓军别墅远眺

图13　容县中学旧教学楼

5-11 容县图书馆旧址

容县图书馆位于容县中学院内,始建于1921年,一直作为县里的图书馆在使用(图14)。

综上,容县近代建筑群均结构合理,建筑形制、建筑布局、建筑装饰考究到位,在建筑风格上中西合璧且能适应于当地的气候环境。这批建筑同时也作为爱国主义教育题材的文物,具有很高的历史价值和建筑艺术价值。

图14　容县图书馆旧址

6 容县城关窑址
Chengguan Kiln Site in Rongxian County

级　别	自治区级
年　代	宋
地　址	容县容城长约6公里的绣江两岸边
看　点	宋代窑炉遗址
开放方式	购票参观

容县城关窑址建于宋代,共有五个窑区,分别为变电所窑区、松脂厂窑区、河南上垠窑区、东光下垠窑区和红光缸瓦窑窑区,共有几十座窑炉。

窑区出土的瓷器种类较多,以青白瓷为主,另还有酱釉、黑釉、红釉、绿釉等,瓷器类型有碗、杯、碟、盘、钵、洗、盏、壶、瓶、尊、盅、罐、罈、香炉、腰鼓等,达30余种,涉及生活日用品的方方面面。出土的青白瓷胎质洁白细腻、轻薄精巧,有的轻薄如纸,厚度不足2毫米,晶莹剔透,透光感强(图1)。另外瓷器上已经有诸多装饰,刻花、印花、划花、镂空、堆叠以及印划结合等多种装饰手法,纹样丰富,细腻精致。当时的城关窑产量丰富,生产的瓷器远销南宁、桂林、广州等地,有的还沿着绣江被运送出口到东南亚、日本等国家和地区。

到了南宋末年,容县地区的瓷业因地区动乱而开始没落,城管窑也关停废弃。如今,城关窑址中尚可辨认的残存窑炉已所剩无几,从遗址上当年窑区废弃瓷器堆积物形成的土堆中,似乎还可看到当年城关窑的繁华鼎盛,以及当年窑炉林立、商贾云集的场景。(图2)

图1　1990年容县容城镇城关窑址下沙窑区出土

图2　容县城关窑址

陆川县

7 谢鲁山庄

Xielu Mountain Villa

级　别	国家级
年　代	1920 年
地　址	陆川县城南部 26 公里
看　点	岭南园林建筑
开放方式	购票参观

谢鲁山庄原名树人书院，始建于1920年，历时7年建成，原为国民党少将吕芋农的私家园林。山庄占地400亩，据传庄主有藏书数万册，意在建书院以宣扬儒家文化、孔孟之道，故又名谢鲁花园。

整个山庄兼具北方园林的稳重大气和江南园林的玲珑精致，曲径回廊，花草石山，还有依山而建的亭台楼阁，层次丰富，错落有致。庄内建筑面积达2565平方米，游览道路达5000米，建筑外貌与当地普通农舍相似，都是砖墙瓦顶。谢鲁山庄的景致从一至九，每个字各建其景，足见设计者精巧的构思。一股山泉，绕庄而过，使庄内风景又灵动了几分；二重围墙，类似于园中园的形式，外园栽种果树，内园培育花草；三个层次，分别为琅环福地、前山和后山；四个大门，寓意招徕四方宾客；五处假山，可看作五岳的微缩；六幢房舍，意指六亲常临；七口池塘，宛如七面镜子，供七仙女下凡梳洗之用；八座凉亭，每座亭子样式各异，八面玲珑；九曲巷道，谐音比作地久天长。此外，山庄周边还开有十二个游门。

山庄第一层次前山包括大门、二门、折柳亭（图2）、迎屣、含笑路。拾级而上，眼前的大门为一门楼，面阔三间，当心间高出两侧，门洞上方刻匾"树人书屋"，两侧为对联"安得奇书三千车娱兹白首，再种名花十万本缀此青山"（图1）。紧接着为二门，门洞两侧又一副对联"绿树碧檐相掩映，小桥虚阁自高低"，该对联道出了山庄的造园特点和建筑特点。通过二门后过小桥，沿登山道而上，左手边即一座类似于普通农家的院落，门额题"迎屣"，意为迎接宾客，此院的正面即进入第二层次的入口，上书"琅环福地"（图3）。

图1　山庄入口

山庄第二层次琅環福地为山庄的中心区，包括湖隐轩、水抱山环处、树人堂、倚云亭、半山亭等。湖隐轩位于眼镜塘边上，就像隐藏泊于湖中的一座轩榭，白墙瓦顶，拱形门窗，质朴中又显出几分泰然（图4—图5）。湖隐轩之后半山上是树人堂，正门上方有一"树人堂"匾额，两侧楹联为"花色欲迷仙半阁，书声常伴月三更"。树人堂面阔三间，外观看似单层坡屋顶平房，实则内部为二层小阁楼，底层为学生课堂和老师卧室，上层为藏书阁（图6）。

山庄第三层次为后山，包括白云路、白云深处、梅谷等。

图2　折柳亭

图3　琅環福地门坊

图4　湖隐轩正面

图5　湖隐轩侧面

谢鲁山庄在建筑风格上南北兼收并蓄，且洋为中用，部分建筑构件（如弧形拱券廊等）多为改良版的西式建筑手法。可以说，谢鲁山庄既保持了本土特色，又在诸多方面如建造手法、构造技术、细节节点上进行了有益的探索和推进。如全部用砖墙承托屋檩，局部用拱代替梁等。

谢鲁山庄整体偏向于朴素风格，虽未雕梁画栋，但小巧别致中显出雅秀，且山庄修建初衷是教书育人、造福后人，更显其高雅。因其较大的规模和布局精巧的园林，谢鲁山庄成为岭南地区少见的典型园林建筑，为研究南方园林、客家文化提供了重要史料。

图6 树人堂

8 青莪馆

Qing'e House

级　别	自治区级
年　代	清
地　址	陆川县温泉镇新洲北路 140 号
看　点	中西合璧的建筑风格 雕饰
开放方式	免费参观

青莪馆，又名陈家祠堂，始建于清光绪九年（1883年），由陈氏族人集资建造，历时两年建成。当年此处为陈氏族人祭祖集会、赶集栖息、子弟到县城读书考试时住宿之处。

青莪馆是一座砖木结构的二层洋房，楼房坐北朝南，占地面积414平方米，建筑面积692平方米。建筑整体为围合式，平面呈"日"字形，形成前后两进院落，院内设假山、鱼池。前后两进正房均为二层楼房，面阔五间，一二层都设外廊相通，外廊为西洋式券廊形式。前座门楼正面门洞顶部为一长方形牌匾，阴刻楷书"青莪馆"三字。前后两座在二层设钢筋混凝土结构的天桥相通（图1）。

正房拱券上以灰塑凹凸线条作为线脚，精美流畅；外廊廊柱间的栏板也雕刻以精致的花卉图案，颇具西方古典建筑的风格。但另一方面，建筑屋顶采用硬山顶，覆以当地产的小青瓦，则为本土的传统风格样式。青莪馆在建筑风格上取中西之所长，因地制宜，于2009年公布为自治区文物保护单位。

图1 菁莪馆及其连通天桥

博白县

9 宴石山摩崖造像
Stone Sculpture in Mount Yanshi

级　　别	自治区级
年　　代	唐
地　　址	博白县顿谷镇石坪村
看　　点	唐代造像
开放方式	购票参观

宴石山摩崖造像开凿于唐代，准确的开凿时间不详。摩崖造像位于宴石山西面的一处天然崖壁的背阴面，离地面约5米，整个造像雕刻面宽5.5米，高3米，为浅龛式。

造像三龛相连，中龛为释迦牟尼像，身披袈裟，盘膝坐于束腰式须弥莲花宝座上，像高约1.15米（不含须弥座）。左右龛分别为菩萨像，均坐于须弥莲花宝座上，菩萨左右各有一名站立的侍女，长裙及地。其中左侧龛菩萨坐像高1.06米（不含须弥座），左右侍女均高1.21米；右侧龛菩萨坐像高1.08米（不含须弥座），左右侍女均高1.24米。由于年代久远，佛像头部玉簪略有残缺，手掌残缺；女侍发簪残缺；所有造像的面部风化严重，仅可辨认轮廓。

从造像特点来看，宴石山摩崖造像属于唐代早期的造像，雕刻手法是由浮雕过渡到立体圆雕的阶段，造型古朴洗练。造像不仅反映出当时当地的艺术审美特点，同时也是佛教传入当地的标志。

图1 宴石山1

图2 宴石山2

图4 摩崖造像局部1

图 3 摩崖造像

图 4 摩崖造像局部 2

10 朱锡昂烈士故居遗址

Former Residence of Zhu Xi'ang

级　别	自治区级
年　代	近代
地　址	博白县沙河镇山桥村上垌屯
看　点	红色墓地
开放方式	免费参观

朱锡昂烈士故居原建成于清末，是朱锡昂父亲朱慎亭所建，为朱锡昂出生地和开展革命活动之地。1996年因房屋破损严重，由当地政府和朱锡昂亲属对故居进行按原样重建。

朱锡昂（1887—1929），字识惺，广西博白人。清末秀才，曾任广西省议会秘书长、中共广西特委书记、临时省委主要负责人、省立第二高级中学校长，1929年被捕后英勇牺牲。

故居占地面积约216平方米，周边依山傍水，为山水之间的独栋院落。故居为砖木结构建筑，正房共五室，另有厢房做附属用房，二进院落（图1）。朱锡昂在此曾召开农民大会，宣传革命，组织周边地区沙河、菱角的群众运动。

图1　朱锡昂故居正立面

兴业县

11 庞村古建筑群

Ancient Building Complex of Pang Village

级　别	自治区级
年　代	清
地　址	兴业县石南镇庞村
看　点	清代民居建筑形制；丰富的建筑雕饰
开放方式	购票参观

庞村古建筑群所在的庞村距兴业县城约1公里，始建于清乾隆四十一年（1776年），后于嘉靖年间大规模扩建，晚清基本定型，后没落失修。直至最近，当地政府对这片古民居群又加以修缮保护。

该建筑群是庞村梁家的祖屋，最初由梁标文修建，盛期共有建筑34座，包括将军第、进士府邸、秀才府邸、梁氏祠、大冲庙等，总面积25000平方米，现保存较为完整的有19座。环村城墙将整个古建筑群包围保护起来。村落中，参天的古树郁郁葱葱，似乎在讲述着村子的过往，有16座高出民居的宏伟的古炮楼置于其间。古建筑群在设计建造初始经过了周密的规划，所有建筑遵循着共同的准则，布局严谨，排列整齐，和谐不冲突（图1—图2）。

所有房屋均坐北朝南，一般民居多为三间两廊或四合天井的平面形制。三间两廊，即正房面阔三间，包括明间的厅堂和两侧次间的居室，两侧厢房为廊，一般右廊设门房与街道相通，左廊则多作为厨房。三间两廊在天井前再加前屋就构成了四合天井式，大门可设在前屋正中开间，两侧厢房除了设厨房外还可设杂物间等。另外也有在四合天井的基础上横向添加辅助性房屋，以满足更多如加工、储藏、居住等方面功能的。

梁氏宗祠（图3）、将军第为建筑群中规模较大的宅第，其中将军第最能体现这一古建筑群的建筑风格。将军第共有三进、两天井，天井两侧各有两间厢房，建筑均为歇山式屋顶。另外该第最特别之处在于每房均暗设阁楼，阁楼间相互联通，设暗门闩，使外人不易察觉通道。（图4）

庞村古建筑群另一值得称道的特色就是它豪华丰富的建筑装饰，尤以梁氏宗祠、将军第等为甚。青砖墙体上部、檐口、额枋、屋脊、门窗、栏杆、屏风等各类可装饰构件均饰以绘画雕刻，木雕、石雕、泥塑、壁画等，内容丰富，工艺精湛。木刻、泥塑设计以喜鹊、松树、仙鹤和龙凤等吉祥图案为主，壁画、梁枋雕刻设计以花鸟草虫、祥云纹刻、民间故事传说等为主，精美耐看，又体现了主人美好的生活愿景（图5—图6）。

庞村古建筑群至今已有200多年的历史了，是桂东南现存较为完整的规模较大的清代建筑群，值得我们去一睹它的风采。

图1　庞村屋面鸟瞰

图2　庞村古建筑风貌

图3　庞村梁氏宗祠

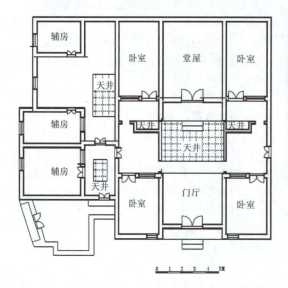

图4　庞村156号宅平面图

图5　庞村建筑装饰

图6 庞村建筑山墙装饰

玉林市其他主要文物建筑列表

区 县	文物名称	级 别	地 址	年代
北流市	岭峒窑址	自治区级	平政镇岭峒村境内	宋
	铜石岭冶铜遗址	自治区级	民安镇北圭江东岸	汉—唐
	北流市农民运动讲习所旧址	自治区级	北流市讲习所旧址	1927年
	俞家舍	自治区级	市区大兴街	1924年
容县	西山冶铜遗址	自治区级	城厢公社西山大队	汉—唐
兴业县	绿鸦冶铁遗址	自治区级	龙安圩	宋

10
百色市
BAISE

百色市古建筑
Historical Architecture of Baise

01 中国工农红军第七军军部旧址（粤东会馆）
02 中国工农红军第七军政治部旧址（清风楼）
03 灵洲会馆
04 右江工农民主政府旧址（经正书院）
05 西林教案遗址
06 岑氏家庭建筑群
07 达文屯
08 弄平炮台
09 丹桂塔
10 田阳粤东会馆
11 十二道门炮台
12 岑氏土司墓群
13 岑氏土司墓
14 水源洞石刻
15 凌云中山纪念堂
16 那雷屯
17 中国工农红军第七军第八军会师纪念馆旧址

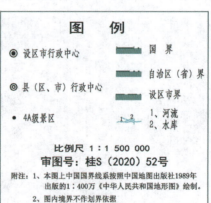

图　例

◉ 设区市行政中心
◎ 县（区、市）行政中心
• 4A级景区

—— 国界
—— 自治区（省）界
—— 设区市界
1、河流
2、水库

比例尺 1 : 1 500 000
审图号：桂S（2020）52号
附注：1、本图上中国国界线系按照中国地图出版社1989年
出版的1：400万《中华人民共和国地形图》绘制。
2、图内境界不作划界依据

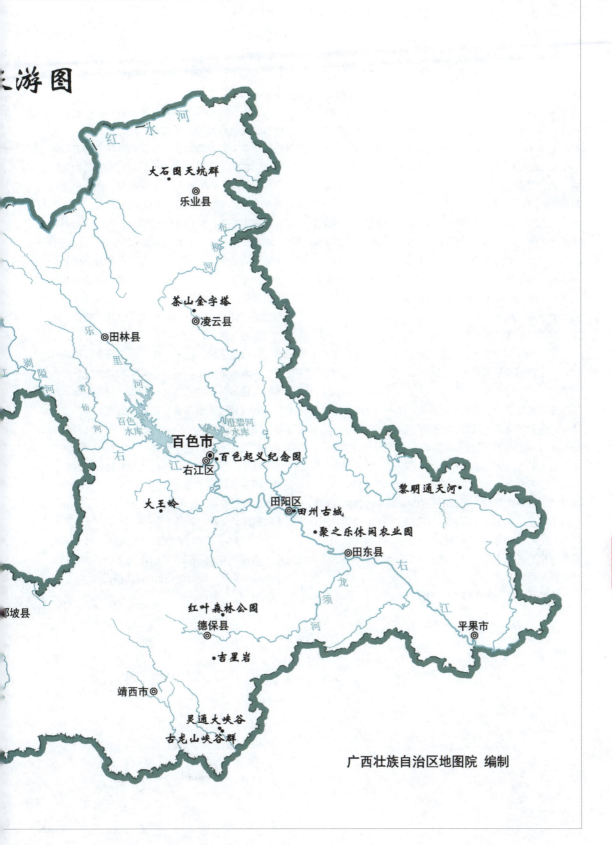

概 述

百色，位于广西西部，右江上游。由壮语中的原始村落"博涩寨"的名称而得名，意思是洗衣服的好地方。百色还被称为"鹅城"，北与贵州省接壤，西与云南省毗邻，南与越南交界，东南与南宁市相连，东北与河池市为邻，总面积3.63万平方公里，总人口368万人，有壮、汉、瑶、苗、彝、仫佬、回7个世居民族，其中壮族人口占总人口的80%，是个多民族聚居地。

百色曾是人类的重要发祥地，是以壮民族为主体的多民族文化共生地，是骆越文化和云贵高原文化的结合部，是世界壮泰语系民族的文化轴心地带，也是中国的革命圣地之一，历史文化积淀相当深厚。悠久的历史、灿烂的文化、秀美的山河、光荣的革命传统、多彩的民族风情、丰富的人文景观，使百色的历史文化具有极其丰富的内涵。

百色地区历史悠久，早在一百万年以前的旧石器时代，右江河谷就成了古人类的活动中心。百色盆地分布着近百处旧石器时代遗址，百色旧石器时代遗址群由于其重要的考古发现，特别因为百色手斧的研究成果，被公认为东亚最为重要的早期人类遗址之一，是研究东亚乃至全球人类起源和发展变迁的重要基地。近几年来，百色发掘出土新旧石器标本达3万件。成为广西新旧石器文化的富矿区。先后发掘大型手斧、崖壁画、石雕画像等许多新旧石器时代珍贵文物，以及战国时代的铜剑、西汉时代的铜棺、唐代时期的银器和明清时代的碑帖等文物珍品。这充分说明繁衍生息在这里的各族人民，共同创造出了中华民族大家庭的光辉灿烂的历史文化。

秦始皇在岭南置三郡（桂林郡、南海郡、象郡），今百色属象郡。秦末汉初，百色为南越国属地；汉武帝平定南越国后，今百色属郁林郡增食县地。三国时，今百色属吴，仍归郁林郡增食县地。晋初，增食县改为增翊县，今百色属晋兴郡增翊县地。南北朝，百色属晋兴郡增翊县地。隋朝，百色属郁林郡宣化县地。雍正七年（1729年）分田州土州地设厅制，迁思思府理苗同知驻百色，谓百色厅。翌年建城，这是百色得名之始。光绪元年（1875年）田州改土归流，升百色厅为百色直隶厅（厅治驻今百色镇），这是百色有属之始。民国元年（1912年），百色直隶厅改称百色府；二年废府设百色县。原百色直隶厅、百色府所属的土州、土县均划出另置县，与百色县同属田南道（1913年设，道治驻百色）。

百色不但拥有光辉灿烂的史前考古文明和反映历史发展的古迹遗址，而且还发生了在历史上有深远影响的事件。这些事件，不仅演绎了百色历史前进的踪迹，还为后人留下了进行爱国主义和革命传统教育的重要场所。1929年邓小平等老一辈无产阶级革命家在这里发动和领导了著名的百色起义，创建了中国工农红军第七军，建立了苏维埃人民政府，百色已开始成为我国继延安、井冈山之后的又一个具有革命老区特色的旅游胜地。建立了诸如以百色起义纪念馆为代表的全国爱国主义教育示范基地；以凌云弄福公路为代表的艰苦创业教育基地；以靖西烈士陵园、十二道门为代表的国防教育基地等。

综上，本章对百色市古建筑进行介绍，其中国家级重点文物保护单位8处，自治区级文物保护单位8处，并对其余几处文物古迹进行列表说明。

右江区

1 中国工农红军第七军军部旧址（粤东会馆）

The Old Site of the Military Ministry of the Seventh Army of the Red Army of the Peasants and Workers of China

级　别	国家级
年　代	清
地　址	右江区解放街 39 号
看　点	石雕；瓷塑；壁画
开放方式	免费参观

中国工农红军第七军军部旧址位于广西百色市右江区解放街 39 号，旧址原址为"粤东会馆"，始建于清康熙五十六年（1717 年），系广东商人梁煜带头捐资兴建。会馆坐西向东，占地面积 2331 平方米，建筑面积 2661 平方米。为一组三进九间砖木结构的四合院式建筑，以前、中、后三大殿为主轴，两侧配以对称的厢房和庑廊，结构严谨。硬山顶，叠梁式梁架，脊檐、梁柱多饰以石雕、瓷塑等，融古建、书法、雕塑、绘画艺术于一体，具有典型的南方古代建筑风格。（图 1—图 6）

1929 年 12 月 11 日，邓小平、张云逸等无产阶级革命家领导发动百色起义，会馆成为党委机关和起义指挥部；中国工农红军第七军成立后，军部也设在这里。1977 年 8 月 17 日，邓小平亲笔为旧址题字"中国工农红军第七军军部旧址"；1988 年 1 月，国务院公布为全国重点文物保护单位；1997 年 6 月，被中共中央宣传部授予"全国爱国主义教育基地"称号。

会馆建成后一直是广东商人往来百色经商歇脚住宿、汇聚议事的场所，久负盛名。至今已有 290 多年的历史，是广西至今保存得最完好的古建筑之一。

图 1　粤东会馆鸟瞰

图 2　会馆正立面

图 3　中座立面

图4 门楼庭院

图5 斗栱梁架

图6 墙楣壁画

2 中国工农红军第七军政治部旧址（清风楼）

The Old Site of the Political Ministry of the Seventh Army of the Red Army of Chinese Workers, Peasants and Peasants

级　别	国家级
年　代	民国
地　址	右江区中山一路原八一希望小学（现右江区政府第二办公区）
看　点	外廊
开放方式	免费参观

中国工农红军第七军政治部旧址（清风楼），始建于宣统三年（1911年），占地面积120平方米，建筑面积267.6平方米，是一座三层砖木结构的独立建筑，四面均可凭栏迎风，故称"清风楼"。百色起义胜利后，百色县苏维埃政府设在此处。清风楼为红七军政治部使用，政治部主任陈豪人和所属机构总务科（办公室）、组织科、社会科和宣传队在这里办公。清风楼作为红七军军部旧址的组成部分，被列为全国重点文物保护单位和全国爱国主义教育示范基地。（图1—图2）

图 1　正立面

图 2　侧立面

3　灵洲会馆

Ling Chau Guild Hall

级　　别	国家级
年　　代	清
地　　址	右江区解放街 6 号
看　　点	木雕、石雕、壁画
开放方式	免费参观

灵洲会馆位于右江区解放街 6 号，与粤东会馆仅百米之隔，始建于清乾隆五十六年（1791 年），系广东新会商人捐资兴建，用作广东新会商人往来百色歇脚住宿、汇聚议事之所。清光绪二年（1876 年）重修。其布局较为简单，建筑平面呈长方形，为三进五间砖木结构的四合院式建筑，硬山顶，穿斗式梁架。墙面为青砖砌筑。会馆建筑采用了木雕、石雕、壁画等多种精美的装饰工艺，集晚清雕刻装饰技艺之大成。脊檐、梁柱多饰以石雕、瓷塑等，具有典型的南方古代建筑风格。室内现保留着多幅水墨彩绘壁画，多位于山墙顶部，内容涵盖山水、花鸟、人物故事等，画面细腻、生动。占地面积 860 平方米，保存完好。灵洲会馆的存在，是当时百色城经济繁荣的证明，更是对百色城三省交界中心城市，右江流域政治、经济、文化中心地位的肯定。（图 1—图 5）

图 1　灵洲会馆正立面

图 2　侧立面

图 3　中庭

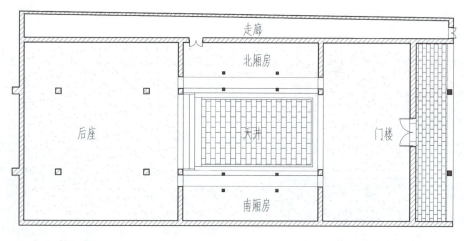

图 4　灵洲会馆平面图

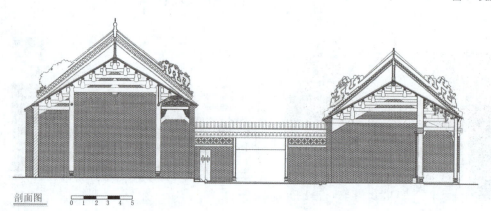

图 5　灵洲会馆剖面图

田东县

4 右江工农民主政府旧址（经正书院）

Former Site of the Democratic Government of Workers and Peasants in Youjiang

级　别	国家级
年　代	清
地　址	田东县南华路一号
看　点	合院布局、陈设
开放方式	免费参观

右江工农民主政府旧址位于田东县平马镇南华路1号，旧址原为经正书院，始建于清代光绪三年（1877年），辛亥革命后改为经正学堂。是当时浙江陈如金到恩隆县（1934年改为田东县）做知事时，发动平马各界人士捐资兴办的一所学堂。旧址占地面积7851.25平方米，分前、中、后三院，各院自成体系。整座建筑古香古色。

新中国成立后，右江工农民主政府旧址一直备受党中央及地方领导的高度重视，1963年自治区人民政府将右江工农民主政府旧址核准公布为自治区文物保护单位，同时拨款按原貌进行修缮；1977年8月17日，邓小平同志为旧址题写址名"右江工农民主政府旧址"；1996年11月20日，国务院将旧址公布为全国重点文物保护单位；2005年11月20日，中共中央宣传部将旧址公布为全国爱国主义教育示范基地，是广西壮族自治区廉政文化教育基地，广西区委党校的革命传统教育教学基地，广西中共党史教育基地，是国家确立的十三条红色旅游精品线路之一。

右江工农民主政府旧址，属地方性革命纪念馆，馆内现有基本陈列四个："旧址原状陈列""右江革命根据地""邓小平在恩隆""田东县科学发展成就展厅"。陈列展览形式新颖，陈列展厅科学地采用声、光、电、多媒体等现代科技手法，以1000余幅照片、珍贵的革命文物及油画、图表、场景复原等陈列，生动地再现中国共产党领导右江人民进行艰苦卓绝的革命斗争并取得胜利的光辉历程，讴歌了邓小平等老一辈无产阶级革命家在右江地区领导革命斗争的光辉业绩。

图1　经正书院俯瞰

图2　经正书院讲堂

图3　经正书院后院

田林县

5 西林教案遗址
The Site of the Silin Teaching Case

级别	国家级
年代	清
地址	田林县定安镇
看点	民居
开放方式	要许可

咸丰三年（1853年）法国天主教神父马赖非法潜入广西西林县城（今田林县定安镇），在定安、央荣、白家寨、常井等村屯搜罗地痞、流氓，勾结土豪进行非法传教活动，借传教活动奸淫妇女，引起命案发生。咸丰六年（1856年），新任知县张鸣凤顺民意，逮捕马赖等15人，并依法判决马赖等3人死刑。同年10月，法国以"马神甫事件"、英国以"亚罗号船事件"为借口联合向中国发动了第二次鸦片战争。

咸丰十年（1860年），鸦片战争结束，中国战败，清政府被迫签订《天津条约》，赔偿英国白银四百万两，法国二百万两，同时，还要西林赔偿二万两银子作修建天主教堂之用。

光绪二十二年（1896年），法国殷神父在事件发生地西林县城（今天的田林县定安镇）修建天主教堂，今称之为"西林教案"（马神甫事件）遗址。教堂为西洋式建筑，面积不详，遗址占地总面积2040平方米，现遗址保存着神父房、两间修女房、通讯房等四栋房子，总面积324平方米。（图1—图4）

鉴于"西林教案"曾经是近代中国人民反洋教斗争高潮的前奏，有特殊历史意义，是震惊中外的一起重要历史事件，2019年10月被公布为国家级文物保护单位。

图1 田林县定安镇全景

图2 "西林教案"遗址侧面

图3 神父住房

图4 "西林教案"遗址教堂正门

西林县

6 岑氏家族建筑群
Cen Family Building Group

级　别	国家级
年　代	明清
地　址	西林县那劳镇那劳村那劳屯
看　点	土司府、孝子孝女牌坊、宫保府
开放方式	免费参观

西林岑氏家族建筑群位于西林县那劳镇那劳村。是由明代上林（今西林）长官司土司岑密始建于弘治年间（1488—1505），经其第十代后裔清云贵总督岑毓英和著名清末封疆大吏岑春煊父子不断维修、扩建而成的建筑群。组群依山而建，其建筑为硬山顶式砖木结构，至今仍保留有岑氏土司府、将军庙、宫保府、旧府、南阳书院、增寿亭、荣禄第、岑氏祠堂、思子楼、孝子孝女坊、围墙、炮楼、南北闸门等13座建筑，总占地面积40000平方米。（图1—图2）

岑毓英因为清廷屡立功勋，被朝廷封为"太子太

图1 西林岑氏家族建筑群全貌

图2 岑氏家族建筑群复原图

保",并下旨赐银建府。光绪初年开始,岑毓英便在那劳老家扩建府第。光绪二年(1876年)岑毓英兴建了南阳书院。光绪五年(1879年)建成宫保府(因岑毓英受封"太子太保"得名)。光绪十年(1884年)建成增寿亭。岑毓英逝世后,其弟岑毓琦根据他的遗愿于光绪三十年(1904年)兴建了荣禄第,因他们的父亲岑苍松被诰封"荣禄大夫"得名。光绪三十四年(1908年)兴建了思子楼。岑春煊于光绪十八年(1892年)、三十年(1904年)先后扩建了南阳书院,三十二年(1906年)兴建了岑氏祠堂。光绪二十九年(1903年)岑春煊之子岑德固于湖北武昌以身殉母,为旌表其孝,清廷旨令地方官府拨款在那劳修建孝子孝女坊。坊中刻有清廷上谕和两江总督张之洞、湖北巡抚端方请旌表岑德固的奏文。光绪三十四年(1908年)岑春煊为宣扬岑氏子孙的孝道,又在老街兴建"孝子孝女坊"石牌坊。

6-1 岑氏土司府

原占地面积6000平方米,现存建筑面积820平方米。坐西向东,由府闸门、正殿、左右厢房、后院组成,沿中轴线南北对称布置。前座面阔三间,进深一间,硬山顶式,明间通透设厅;正殿位于中轴线上,设前、后两座,其间设有天井;两次间以木楼板分上下两层。后座面阔三间宽,进深一间。

6-2 将军庙

始建于明末,清光绪元年(1875年)扩建成四合院式。现存建筑面积1000平方米,为硬山搁檩小青瓦屋面的砖木结构建筑。(图3)

6-3 宫保府

位于该村的中央,始建于清光绪二年(1876年),落成于光绪五年(1879年)。坐西向东,现存建筑面积1800平方米。为三间三进、两天井四合院式建筑,有门楼、中堂、后堂三座主体和左右厢房多间附属建筑,门楼与中堂间为大天井,中堂和后堂间为小天井,两侧为厢房和廊房构成,是整个建筑群中最大一栋。(图4—图7)

6-4 旧府

始建于清同治年间,后于光绪年间维修。该府坐西向东,为面阔五间砖瓦结构,现存建筑面积1300平方米。

图3　将军庙全景

图7　宫保府内部梁架

图4　宫保府入口

6-5　南阳书院

是岑氏家族私塾，始建于光绪二年（1876年），光绪十八年（1892年）落成，光绪三十年（1904年）扩建为四合院式硬山顶砖木结构，坐西向东，面阔三间，二进。（图8）

6-6　增寿亭

光绪十年（1884年）建，坐西向东，八角形三层楼阁式，攒尖顶，盖板筒瓦，砖木结构建筑。

6-7　荣禄第

光绪三十年（1904年）建，因云贵总督岑毓英父亲被诰封"荣禄大夫"得名，坐西向东，现存建筑面积1700平方米，由前、中、后三座和厢房组成的三进二天井多厢房四合院式建筑。（图9—图10）

6-8　岑氏祠堂

清光绪三十二年（1906年）清邮传部尚书两广总督岑春煊投资所建，由前座、后座和左右厢房构成，小青瓦硬山顶式建筑，中为天井和六角"鹤亭"。现存建筑占地面积1600平方米。（图11）

图5　宫保府鸟瞰

图6　宫保府正立面

图8　南阳书院

图9　荣禄第全景

图10　荣禄第内院

图11　岑氏祠堂头门

楼式青石牌坊，以青石料为主砌成，三层飞檐。坊高11.55米，面阔8.4米，明、次间设券拱门。牌坊顶端有青石浮雕观音坐莲像，该坊多为阴刻书体，各层飞檐雕龙刻凤，栩栩如生。（图13）

该建筑群是桂西、桂西北壮族地区保存规模最大、延续时最长、保存最为完整的土司建筑群，在广西乃至西南地区现存的土司府第、衙署中占有一定的地位。尤其岑氏家族建筑群历经明、清两朝，其演变、发展反映了我国西南少数民族地区土司制度的衰亡历程及中越两国间关系。在壮族的古建筑中占有极其重要的地位。

因岑氏家族有其独特的建筑艺术风格和历史渊源而名闻内外。从中央到地方及有关专家对岑氏家族建筑保护工作十分重视，自治区人民政府于1994年将岑氏土司府公布为广西壮族自治区文物保护单位，2013年国务院将岑氏家族建筑群公布为全国重点文物保护单位。

图12　思子楼侧面

6-9　思子楼

坐西向东，为岑毓琦于清光绪三十四年（1908年）所建，面阔三间，进深一间，高三层。各层向上逐渐内收，抬梁式木构架，青砖墙，硬山项盖板筒瓦，三层均为木板隔楼，各层由木楼梯搭上，二楼悬挂黑体黄字魏书思子楼横匾。（图12）

6-10　孝子孝女坊

清光绪三十四年（1908年）岑氏家族为纪念逝世的几个孝子孝女奉旨所建。坐西向东，四柱三间五

图13　孝子孝女坊

那坡县

7 达文屯

Darvun in Napo County

级　别	传统村落
年　代	清
地　址	那坡县龙合镇北部大石山区
看　点	干阑民居
开放方式	免费参观

达文屯地处大石山腹地，距离县城41公里，距镇政府所在地11公里，为黑衣壮族聚居的村屯，共有70户村民。由于长年处于大石山区，几乎与世隔绝，信息相对闭塞，仍保持着黑衣壮族原汁原味的传统生产生活方式，如服饰、银饰、语言、婚嫁、丧葬等仍沿袭千百年来的习俗。它被认为是广西能体验到最"原汁原味"壮族文化的地区。居民以梁、马、黄三个姓氏为主。整个村屯坐西南望东北，民居依山而建，错落有致。面朝土地庙方向略呈扇形布局，整体没有明显的向心性。各户的组合关系有较强的宗族观念，一般相邻的住宅多为直系亲属，很多家族连接成类似长屋的联排住宅，大都各自独立入户。同姓血缘较近的家族比邻而居，各自成组。（图1）道路为山石砌筑，各级高差甚大。村中民宅多为典型的土木干阑，房屋一般五六户连在一起。房子规模不一，有的建五行4列共20柱三开间，面积约80平方米；有的建七行4列共28柱三开间，面积约102平方米。通常为三开间、七进深。进深相比桂北龙脊地区的壮族民居要深3至4米，一般在13.5米左右。所有木柱都立在石墩上，由竖立的木柱作屋架支柱，屋顶用瓦片盖，形状是双斜面屋顶柱架，横、竖穿方将木柱牵牢成架，不用一钉一卯，完全靠手工制作。（图2）

干阑房共三层，建筑首层平面架空，饲养牲畜及堆放生产生活工具。入户楼梯依习俗大多设在房屋东

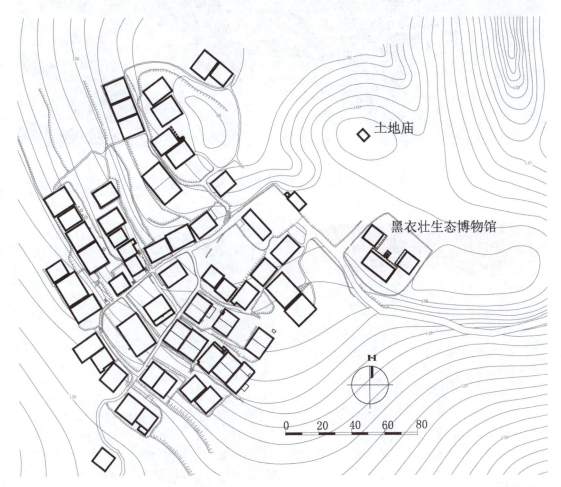

图1　达文屯平面图

侧。楼梯进入宽敞的前廊空间。第二层供人居住，内设厅堂，厅堂边是火塘。火塘是家庭的活动中心，是日常生活中取暖、烧水煮饭、照明、接客、议事的场所。起居室以堂屋为中心，呈标准的"前堂后室"平面格局。寒冬时节，每当有宾客到来，家人都主动让出凳子给客人坐到火塘边烤火取暖，这是黑衣壮待客的一种礼仪。厅堂上方为神台，神台后面有一间卧房，是给家中年岁最高的人居住，左右两边各有一间厢房，一般为新娘用房，接近大门有一间房，一般是未婚女孩卧室或接待房。第三层用横条铺盖，用来置放玉米和一些不常用的劳动工具。外檐基本使用1.5米高的整体石柱，屋顶为悬山式。由于进深较大，一般没有生起和起翘等构造做法，外观轮廓平直朴素，且显得低矮。

黑衣壮居住的整个地区就是一个"生态博物馆"，里面所有的东西都是"展品"，都是壮族文化的"活化石"，具有较高的文化遗产价值。

图2　达文屯的木构干阑建筑

8 弄平炮台

Nongping Battery

级　别	国家级
年　代	清
地　址	那坡县平孟镇弄平屯旁
看　点	门额、壕、坑
开放方式	免费参观

弄平古炮台位于那坡县平孟镇弄平屯旁的一座海拔1000多米的山顶上，与边境线直线距离不到200米。炮台基地占地150平方米，是清代广西提督苏元春于光绪二十二年（1896年）建成的边关战略防御遗迹，也是苏元春在广西边境上构筑的165个炮台中因施工难度最大而最后竣工的一个。坐落于峭壁尖峰之巅，坐南朝北，四面绝壁，只有西面有人工开凿的羊肠小道可通到山顶。炮台地势险要，易守难攻。炮台正门门额上刻有"金城"二字，为清代广西提督兼边防督办苏元春所题，意为固若金汤。整个炮台呈方形，周围砌成墙垛，四面建有交通壕、蔽兵坑、重掩蔽部、观测台、炮座等。炮台的墙壁、顶拱和护墙全部采用大块加工好的方石料构筑而成，石料最长的有2.2米，宽4.6米，厚2.6米，石块接缝处不用灰浆黏结，全靠互相紧密锁扣，而且平整划一。清代时炮台共设置大铜炮2门，小铜炮10门。（图1—图4）

弄平炮台1994年被列为广西壮族自治区重点文物保护单位，是广西中越边境公路旅游带上具有军事战略意义的重要景点之一。

图1　弄平炮台远景

图2　炮台兵营和指挥部

图3　炮台正门

图4　炮台里的炮位

9 丹桂塔

Dan Gui Pagoda

级 别	自治区级
年 代	清
地 址	那坡县城厢镇人民公园内
看 点	飞檐
开放方式	免费参观

　　丹桂塔建在涝水、孟河、龙泉河三条河流交汇处一凸起的盘石上，清光绪二十二年（1896年）筹建。坐北向南，四周环水，塔身呈六边形，六角攒尖顶，塔顶有一个用三合土塑制的葫芦，砖木结构，共三层，只朝南面开门窗，各门、窗皆有对联。一楼门额竖写楷书"桂宫"，门联为"宝塔崇隆宛若群山集岚，龙潭浩瀚依然万派朝宗"。二楼开拱窗，窗额横写楷书"琼台"，窗联为"聆听驮岩滴声脆，斜看螃蟹戏珍珠"。三楼开圆窗，窗额竖写楷书"奎阁"，窗联为"双眸观北斗，一笔转春风"。除南北两面墙外，各层外墙均画有山水花鸟壁画。塔内有木梯，通到第三层，供奉诸佛的神台置于其中。（图1）

图1　那坡丹桂塔

田阳县

10 田阳粤东会馆

Tianyang East Guangdong Guild Hall

级 别	自治区级
年 代	清
地 址	田阳县田州镇隆平村牌楼屯西田阳南华糖业厂内
看 点	穿廊庭院式
开放方式	免费参观

　　粤东会馆位于田阳县田州镇隆平村牌楼屯西约200米的南华糖业公司厂区内，建于清代同治年间，由广东商人集资建造。会馆坐东北向西南，占地面积约500平方米。二进穿廊庭院式砖木结构建筑，前进面阔三间，宽13米，深8米，高6米，后进面阔三间，宽13米，深12米，高6米，穿斗式梁架，悬山屋顶，琉璃瓦面，前后进之间有走廊，地面铺阶砖，两进房均雕梁画栋，墙上有壁画。20世纪50年代建糖厂时将庭院及后进屋檐加建用作机电仓库，现已闲置。粤东会馆具有重要的历史和艺术价值，2009年5月广西壮族自治区人民政府公布为自治区文物保护单位。（图1）

图1　粤东会馆

靖西县

11 十二道门炮台

Twelve-Door Turret	
级 别	自治区级
年 代	清
地 址	靖西县龙帮镇帮街南
看 点	拱门、内堡、通道
开放方式	免费参观

龙邦十二道门炮台位于靖西县龙邦街南 1.5 公里公路西侧，建于清光绪十八年（1892 年），是建在山顶土层下的一个圆盘状军事大堡垒。炮台用正方形料石垒成，东西长 31.5 米，南北相距 22.5 米，面积 708.8 平方米。内外共有 12 个拱门，由 12 条约 1 米宽的通道与内堡连接，因名"十二道门"。台内巷道各长 10 米，宽 1.7 米，高 4 米。北为正门，门额刻有"边民永赖"四字，台内道道相连，门门相通，巷廊纵横交错，内设粮仓、弹库、水池、观察所、隐蔽部等。可屯兵五六十人，顶部设多个炮位。有 5 处台阶通门顶，设多处炮位。堡垒外沿山边，有一道半环形的战壕，为前沿防御阵地。（图 1—图 2）

十二道门炮台由清将领蔡任祥督建，用于防备侵越法军入侵。十二道门东南可望金鸡山，西望巴恩山，南方不远即中越边境线。该地势险要，易守难攻。炮台向外有 6 个石拱门，构成梅花图形。今为边防驻军哨站。

图 1　龙邦十二道门炮台南门局部

图 2　龙邦十二道门炮台北门门额

12 岑氏土司墓群

Cen's Tusi Tombs	
级 别	自治区级
年 代	清
地 址	靖西县旧州圩壁零村赞山
看 点	岑氏土司墓 1 号墓
开放方式	免费参观

土司制度是唐宋以来我国封建王朝在少数民族地区，通过分封地方首领世袭官职，以统治当地人民的一种特殊的政治制度。靖西土司制度，从明永乐年间到清雍正八年（1730 年），一直是岑氏掌权。岑氏土司墓群位于旧州西农赞山麓，方圆约 500 米葬有 4 座墓冢，其中明代墓 3 座、清代墓 1 座，墓群方向为坐南朝北，1、2 号墓为土司岑瑾及其子岑琅官之墓，墓冢呈八角形圆顶状，高 2.65 米，半径 1.6 米，碑高 2.6 米，宽 0.7 米；2 号墓碑缺失，墓顶酷似盔帽，位于坡内东侧；3 号墓为清代奉训大夫健翁岑公之墓，墓冢呈三角形亭阁式，刻有龙、凤、龟、麒麟浮雕图案，镶青石板，总高 2.65 米，直径 1.68 米，碑高 2.6 米，宽 0.48 米，碑座厚 0.6 米，长 1.8 米；4 号墓明代岑琅瑄之妻赵淑人之墓，墓冢呈平顶圆堡形，高 2.1 米，直径 3.2 米，墓碑嵌进墓堆 0.25 米，碑磋油竹节浮雕。岑式土司墓群采用黄糖、油、石灰、沙混合构成，很坚固，结构独特、工艺高超，对研究明清时代的浮雕艺术、岑氏族谱、土司制度及葬制都有参考价值。（图 1）

图1 岑氏土司墓1号墓

平果县

13 岑氏土司墓

Cen's Tusi Tombs

级 别	自治区级
年 代	元—明
地 址	平果县旧城弄良
看 点	墓前石作
开放方式	免费参观

岑氏土司墓,又称弄良明墓,位于平果县旧城镇兴宁街西南约1.5公里处。建于明永乐年间(1428年)。占地约17亩,是当时思恩(旧城兴宁)土司知府岑瑛祖先的坟墓。该墓背靠东北,面向西南,分为四个部分:一为墓冢,封土堆呈圆锥体,底面半径为4.6米,高2.4米;二是围墙,长76米,宽60米,高2.2米,用料石干砌而成;三是墓前石作,有石龟、石蛇各一只(条),石麒麟、石人、石马、石羊、石虎、石狗、石柱各一对,石作造型端庄,雕刻刀法洗练;石柱呈八角形,有莲花底座和盖顶,顶有一小狗石雕,通高5.4米,角对角直径0.58米;四是墓前左前方有一人工湖,呈椭圆形,长径82米,短径64米,深2.5米。整座墓地宏伟壮观,是广西乃至中国西南最大的土司陵墓。我们从墓地的规模、守墓俑的神武、环境的优越可略窥一斑。壮族土司制度始于元代,明代已臻完善。土司是世袭的,但须朝廷任命。明代各地土司中,以岑姓土司势力最强,占地最广。该墓有较高历史艺术价值,是研究明代当时社会政治、经济及人文习俗不可多得的历史物证。(图1—图5)

图 1　弄良明墓

图 3　墓前石羊

图 2　墓前石人

图 4　墓前石马

图 5　弄良明墓墓前石作

凌云县

14 水源洞石刻
Stone Carvings in Water Source Cave

级 别	自治区级
年 代	清
地 址	凌云县泗城镇旦村村百花屯东北面
看 点	摩崖石刻
开放方式	免费参观

水源洞是一个天然岩洞，因有流水而得名，又叫"灵岩""灵洞响泉"。洞内大厅高15米，宽36米，深45米。清康熙初，泗城土司始在洞内修建佛堂，现有7尊佛像；清乾隆时始有地方官吏、文人墨客在洞壁上题字。现有石刻45幅，石刻的内容大多是赞美水源洞景色和一些佛教语言，记录了当时文学之精华；内容有题额、对联、诗词、联诗、散文、碑记等，书体有行、草、楷，多为阴刻，小部分为阳刻。风格各异，书艺功底精湛，具有较高的文学、艺术价值。其中洞顶最高的石崖上刻有"第一洞天"雄伟苍劲的四个大字，为乾隆四十三年（1778年）左江观察使王玉德所题。在"第一洞天"里有一个大大的"佛"字石刻。它高1.7米，宽1.2米，笔力雄健。"佛"字的左下方原有落款，写着"楚南八十老人刘璜书"，"文革"时期惨遭敲坏，落款人名已难辨认。这些石刻对研究凌云的政治、文化、宗教都有重要价值，此洞被《中国名胜词典》收录为"人文自然景点"。（图1—图2）

图1 水源洞

图2 水源洞石刻

15 凌云中山纪念堂
Sun Yatsen Memorial Hall in Lingyun

级 别	自治区级
年 代	民国
地 址	凌云县城城东后龙山脚下
看 点	牌坊式牌楼
开放方式	免费参观

凌云县中山纪念堂位于凌云县泗城镇胜利社区正东小区，占地面积3000多平方米，始建于1938年，是目前广西现存的两座中山纪念堂之一（另一座在梧州市）。1925年孙中山去世以后，国民党内部众多派系之间互相明争暗斗，特别是桂系军阀和蒋介石斗得最厉害。桂系军阀的李宗仁和白崇禧为了达到一定的政治目的，都标榜自己是继承孙中山的正统国民党，所以号召广西各地修建中山纪念堂。当时凌云县是广西最大的一个县份，历史上泗城府改土归流的时候又遗留下不少公产田庄，完全有能力修建中山纪念堂，于是政府就卖了部分田庄。两任凌云国民政府县长曾经跟随孙中山搞辛亥革命，1913年孙中山发动讨袁护法时，任广州军政府内政部次长。在凌云人王彭年先生的发动下，全县地方绅士和民众纷纷捐资，建成了这座中山纪念堂。

凌云中山纪念堂坐东向西，砖木结构瓦屋面建筑，三间两厦。正面是牌坊式牌楼，大门正中横书"中山纪念堂"几个大字，两侧是夯土山墙，屋面是歇山式裹拢瓦。建筑四周是古代土司的"荷花池"，屋前有一座混凝土石栏杆拱桥，名为"清风桥"，屋后有一

座石板桥与荷花池里的"听荷轩"相连。（图1—图3）

凌云县中山纪念堂自建成以来，一直都是凌云县开展爱国主义教育活动的重要场所。现为自治区级文物保护单位。

图1　中山纪念堂大门

图2　中山纪念堂门前的孙中山雕像

图3　中山纪念堂院落

德保县

16 那雷屯

Nalei Tun

级　别	第二批中国少数民族特色村寨名录
年　代	清
地　址	德保县那雷屯
看　点	干阑建筑
开放方式	免费参观

那雷屯坐落在山腰之上，总共72户干阑式民居连接成排，呈六列自上而下分布，坐北朝南面向山脚下的小河，聚落分布较为分散。当地的居民均为黑衣壮族。屯内石板路随坡而上，民居之间间距狭窄，仅为1至2.5米。民居属于较为典型的石土木混合干阑式。两侧山墙为夯土筑造的承重墙，正面为木板墙，建筑内部及屋顶采用穿斗木构架形式。房屋多为三开间，三进深。一明两暗的格局，中柱不落地。堂屋占一个开间，正中为神龛。两侧为厢房。从左侧门进入神龛，背后是三开间的灶房。每座民居面前都有一座晒台，用于晾晒衣物粮食。那雷屯的民居，从平面格局和火塘间后置等情形看，汉化痕迹较为明显。（图1）

图1 那雷屯干阑建筑

乐业县

17 中国工农红军第七军第八军会师纪念馆旧址

The Old Site of the Eighth Army and the Seventh Army of the Chinese Red Army

级　　别	自治区级
年　　代	清
地　　址	乐业县同乐镇三乐街292号
看　　点	雕檐、山墙
开放方式	免费参观

中国工农红军第七军第八军会师纪念馆旧址，位于乐业县同乐镇三乐街292号，始建于清乾隆十八年（1754年）冬，原为一幢三进一花园，卧龙式的木质结构房屋，坐东向西，是乐业县唯一现存的清代古建筑。整个建筑占地面积442.8平方米，现仅存第二进。建筑物古朴别致，麟片封壁，雕梁画栋，栩栩如生；在此屋曾出过贡生、进士三人。（图1）

旧址是自治区级爱国主义教育基地和广西中共党史教育基地，全国一百个"红色旅游"经典景区之一。

图1 红七、红八军会师旧址图片

百色市其他主要文物建筑列表

区 县	文物名称	级 别	地 址	年 代
右江区	百谷和高岭坡遗址	国家级	那毕乡大和村百谷屯东北	旧石器时代
田东县	布兵盆地洞穴遗址群	国家级	田东县百色盆地东南部	旧石器时代
	田东印茶摩崖造像	自治区级	田东县江城镇南八仙山	宋
	田南道农民办事处旧址	自治区级	田东县平马镇德新街29号	1927年
	檀河遗址	自治区级	田东县林逢镇檀河村坡算屯东南高坡岭	旧石器时代
那坡县	感驮岩遗址遗址	国家级	那坡县城厢镇北后龙山中部山脚	新石器时代—战国
田阳县	那赖遗址	国家级	田阳县田州镇兴城村那赖屯西约200米	旧石器时代
	瓦氏夫人墓	自治区级	田阳县田州镇隆平村那豆屯北面	明

11
贺州市
HEZHOU

贺州市古建筑
Historical Architecture of Hezhou

- 01 临贺故城
- 02 黄田戏台
- 03 封阳石城
- 04 孝穆皇太后先茔
- 05 开宁寺
- 06 祉洞古寨建筑群
- 07 凤凰塘村古建筑群
- 08 龙井村古建筑群
- 09 富川瑶族风雨桥
- 10 富川旧城
- 11 慈云寺和瑞光塔
- 12 凤溪瑶寨古建筑群
- 13 秀水村古建筑群
- 14 福溪村古建筑群
- 15 大莲塘古建筑群
- 16 深坡村古建筑群
- 17 钟山大田戏台
- 18 英家起义地址
- 19 龙道村古建筑群
- 20 石龙桥
- 21 莲花戏台
- 22 玉坡村古建筑群
- 23 中共广西省工委黄姚旧址
- 24 黄姚文明阁
- 25 黄姚古戏台
- 26 北陀古墓群

广西壮族自治区地图院 编制

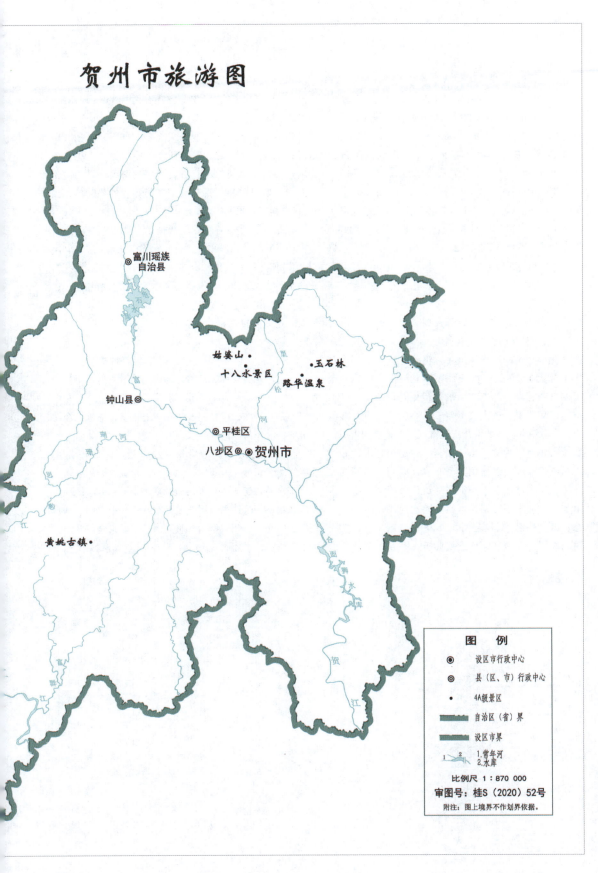

概 述

贺州位于广西东部，距今已有两千多年的历史，自然风光秀丽多姿，文物古迹种类繁多，风土民情古朴浓郁，被称为中国的客家之乡、名茶之乡、奇石之乡、脐橙之乡以及马蹄（荸荠）之乡，在2015年被列为"全国生态保护与建设示范区"。

贺州地处湘、粤、桂三省（区）交界地，东邻广东肇庆市、清远市，北连湖南永州市，是大西南东进粤港澳最便捷的出海通道。贺州占地面积达到11855平方公里，下辖地区有八步区、平桂区、昭平县、钟山县、富川瑶族自治县。

贺州是一个多民族聚居的城市，有着少数民族的浓郁风情。贺州境内有20多个民族，包含了汉族、瑶族、苗族、壮族、回族等民族。这里的文化种类丰富，有中原文化、百越文化、湘楚文化等其他众多文化。贺州的历史发展可以追溯到秦始皇三十三年（前214年），秦始皇派军占领岭南，就包括今天的贺州辖地。随着之后的朝代更迭，历史变迁，造就了贺州丰富的人文景观、名胜古迹，有众多的文化资源遗存。譬如贺州八大富有历史特色的古镇，黄姚古镇奇峰耸立、山清水秀；钟山镇环境优雅、绿树成荫；富阳镇神秘莫测、节日期间人声鼎沸；桂岭镇历史悠久、人杰地灵，黄田镇峰峦起伏、古木幽深；邵平镇陆路、水路畅通便捷、风景如诗如画；西湾为新农村石梯村，工艺品精致丰富；贺街镇四季郁郁葱葱、河流蜿蜒曲折；南乡镇有神奇的温泉，也有地道的美食。贺州还有很多古城、风雨桥、寺庙、塔等建筑，例如临贺故城、慈云寺、瑞光塔等。贺州也有很多战争时期的文化名人寓所，包括"广西省工委旧址"纪念馆，还有孙中山等仁人志士所用过的寓所。贺州还有种类繁多、精致珍贵的出土文物，如战国时期具有岭南文化特色的兽麒麟，出自汉代珍贵的铜人吊顶，等等。

此外，贺州的民俗风情也是多姿多彩，苗族有古朴奇异的"芦笙踏堂舞"，壮族有"三月三""庙会""炮期""舞火猫"，瑶族有"盘王节""情人节""打油茶""长鼓舞"。贺州还被称为"语言博物馆"，统计在内的方言就有29种，还有一些系属未定的土话。这些多样的语言也为这个城市增添了一份古朴气息。

提及贺州，很多人会想到"潇贺古道"。这条古道连潇水达贺州，故将之命名为潇贺古道，全长为170多公里，路宽1至1.5米不等。路面以碎石和鹅卵石铺垫为主，少数路段采用青石铺垫，遗迹如今在五庵岭村还可以清晰看到。

潇贺古道又称为岭口古道，最早建于秦始皇二十八年（前219年），以便于对岭南三郡的管辖。后来这条古道成为楚粤通衢、富川驿道。据清地理学家顾祖禹在《读书方舆纪要》卷八十一中提到，其具体走向是"道州—富川—临贺新道"。它逢山开路，遇水搭桥，水陆兼程，途经三十多个村寨和城镇。

八步区

1 临贺故城
Linhe Ruins

级　别	国家级
年　代	汉
地　址	八步区贺街镇
看　点	城址遗迹、岭南建筑
开放方式	购票参观

图2　护城河

临贺故城位于贺州市八步区贺街镇，2001年6月25日，临贺故城作为汉至清时期古建筑，被国务院批准列入第五批全国重点文物保护单位名单。

1-1 临贺故城

始建于西汉元鼎六年（前111年），包括四个城址，即旧县肚城址、洲尾城址、河西古城、河东古城，还有六大古墓群、寺庙两座及宋代营盘一处，存有大量富有地方特色的古建筑。整个故城被贺江从南北走向一分为二，分称河东和河西（图1—图2），积淀了丰富的文化金矿，古城内有寺、庙、祠、馆、观30多座，中原文化、百越文化、楚文化在这里交汇融合。

1-2 旧县肚城址（大鸭村城址）

建于西汉早期，长方形，版筑土城垣，南垣中部有缺口为城门，东、西垣外有宽10米、深2米的护城壕。

1-3 洲尾坡址

西汉晚期县坡新址，现四周残存版筑土城垣，纵横约1000米。

1-4 河西城址

位于临江西岸，西、北、南三面现残存着一道长1100余米的夯土城墙。是东汉时由洲尾迁此的新县城址，略呈长方形，版筑夯土墙，残高3至6米，宽23至25米，东、南、西垣分别长840、879、569米。河西古城分东、西、南、北共有四个城门，南宋德佑年间修建城垛。古城内的街道均采用青石板铺垫，以小街、横街、十字街分为单块石板铺垫的街道河，西码头上是一座入城的城堡式东门楼。

1-5 河东古城

是明代以后自发形成的一个次生城区，街道沿临江河岸而建，长1000余米，虽然形成较晚，但也遍布较多文物古迹，如南岳寺、粤东会馆（图3）、杉行工会、真武观、慧园、廖氏宗祠等建筑，河东码头上入城的是一座五层楼高的魁星楼（图4），具有典型的明清时期建筑风格。其中的廖氏宗祠是一座典型的清晚期祠堂建筑，建于清光绪年间，砖木结构，青砖青瓦，总占地面积1050平方米，建筑面积400平方米。有平仄和谐的词联，也有朴素淡雅的墨画，一门一殿，气势宏伟（图5）。

明清以后，河西古城是行政、文化中心区，河东

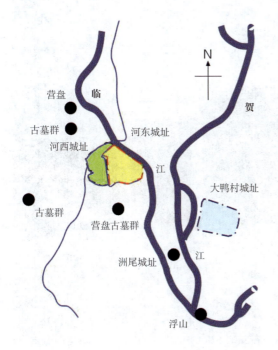

图1　临贺故城城址分布图

次生城区成为重要的商业贸易区。在两个城区之间，建有一座特大型的跨江浮桥。这里一应俱全，是民国以前岭南地区一座郡县级城市的缩影。这些名胜古迹突出了多元文化融汇的地方文化特色。

临贺故城外围，有香花、高基、寿峰、蛇头岭、蝴蝶岭、大坪岭六大古墓群。其中寿峰古墓群是目前广西境内发现的唯一一处三国时期的古墓群，并出土了金头簪、瓷器、铜镜等文物，对研究汉、三国、南北朝、明代等时期的古代岭南文化具有极其重要的实物价值。

图3　粤东会馆

图4　魁星楼

图5　廖氏宗祠

2 黄田戏台

Huangtian Stage

级　　别	自治区级
年　　代	清
地　　址	八步区黄田镇黄田圩建设路 42 号
看　　点	戏台台基设计
开放方式	免费参观

　　黄田戏台位于八步区黄田镇黄田圩建设路 42 号。黄田古戏台原为清代建造，由于历史原因被拆毁。现存的黄田戏台为民间集资在原址原位重建（图1）。

　　黄田戏台占地 105 平方米，平面呈"凸"字形布局。戏台台基采用青石垒砌而成，看台人员容量达 1000 余人。并且，为增强看戏人员的音响效果，在台底浅埋 36 口水缸。戏台屋顶翘角飞檐，廊柱上有两只倒垂的麒麟。古戏台不远处有座庙宇，两座建筑遥相呼应，一座祈福，一座唱戏。

　　戏台隶属于湖南会馆，会馆建于清同治十一年（1872 年），由门楼、戏台、正殿、两边厢房组成，为当时三湘同乡会集资所建，占地面积有 184 平方米。大门有石刻对联一副，里侧大殿也是精致华丽。为配合戏台演出，馆内设有"八桂第一壶"紫砂壶，以及瑶乡特有的油茶、中国茶，再加上各种茶艺、风情表演，到处体现着中国传统民俗文化的博大精深。

图1　黄田戏台

3 封阳石城

Feng yang Stone City

级　　别	自治区级
年　　代	汉—民国
地　　址	铺门镇中华村
看　　点	城墙、城门
开放方式	免费参观

　　封阳石城又称中华石城，位于广西贺州铺门镇的中华村。石城俨然为天然的军事城堡，早在西汉年间就是军事防御的重地。这座石城后边的南北城墙和城门始建于明隆庆五年（1571 年）。城池共计 4 公顷，四面石山峭壁。石城的城墙只有南门和北门一段用石砌成，其他都是由一座座石山组成，隐藏于绿茵之中，远远望去很难发现。（图1—图2）

　　石城入口的圆拱城门高 2 米，城墙高 3 米（图3）。在城墙上镶着一块记载了石城历史的石碑。早在公元

图1　石城北城墙

前 111 年，汉武帝就将铺门镇高寨村划于封阳县。直至 1447 年，首次将巡检司驻扎在铺门镇的中华石村石城门外。之后在明隆庆五年（1571 年），修筑了南北城墙和城门以抵御战事。清光绪年间，改封阳巡抚司为信都巡检司。太平天国时期，信都巡检司被毁，到了 1911 年将信都县设在石城北门外。抗战期间，信都县又再次迁回石城内，直至 1943 年被撤。由于时间久远、未经修缮，石城也日益荒芜（图 4—图 5）。

图 2　石城南门及南城墙

图 3　石城北门门洞

图 5　誓旗肚石歧关关门

图 4　半边城与石城相连地道口上的防御工事

4 孝穆皇太后先茔

Xiaomu Empress Dowager Tomb

级　　别	自治区级
年　　代	明
地　　址	桂岭镇善华村
看　　点	石碑
开放方式	免费参观

孝穆皇太后先茔位于桂岭镇，是明孝宗为纪念自己的母亲，在桂岭善华村为太后祖辈、父辈先人所设的坟茔。

孝穆皇太后，名李唐妹，桂岭人，瑶族。太后先茔由墓墩和神道两部分组成。目前，保留下来的先茔一处为田屋寨边的先茔，另一处是一座墓。在"文革"期间墓被破坏严重，仅剩少量的石条。现在保留的墓是后人用卵石垒叠修复而成。神道采用体量较大的石雕群组成，在墓东南约 70 米处，石雕毁坏严重，只保存着两块石碑头和一块石龟底座的无字巨碑。巨碑主碑长 2.68 米，上端宽 1.25 米，下端 1.28 米，碑脚榫长 25 厘米，宽 50 厘米，碑头半圆形，底边长 1.25 米，高 1 米（图 1）。

孝穆皇太后先茔保护范围：墓地的整座土墩。神道南到新田尾寨脚，北到于桥勇家，东、西两旁各外延 10 米。建设控制地带：南起新田尾寨脚，北到墓地北大路，神道东、西各外延 100 米。

图 1　孝穆皇太后先茔石碑

5 开宁寺

Kaining Temple

级　　别	自治区级
年　　代	明
地　　址	开山镇南和村
看　　点	雕刻
开放方式	免费参观

开宁寺始建于明万历年间（1573—1620），位于开山镇南和村。2000 年 7 月 19 日被公布为自治区级重点文物保护单位。

开宁寺为二进砖瓦建筑，寺前原有两根大理石雕刻的龙柱，雕刻精细，栩栩如生，每根龙柱下部的柱础雕刻有石狮，惟妙惟肖。在开宁寺外的河滩上，建有一座 5 米高的石塔，石塔的雕刻工艺也相当精湛。（图 1）

1931 年 1 月，红七军来到开山镇开宁寺，此地势险峻，山下有一峡谷，寺前河面的独木桥是唯一通道。当地 200 余人的民团和地主武装试图堵截红军于此地，便向红七军开枪射击。红七军的先锋部队是地方武装，喊话宣传红军政策，要求他们不要开枪，让红七军通过，但没有效果。红七军的炮兵营便向对岸发射了两发炮弹，将民团和地主武装吓得仓皇逃窜。红七军由此顺利通过独木桥，经登斜领界、爬百步梯翻越山岭前往桂岭。

由于开宁寺远离村寨，无人看管，2003 年 11 月 21 日一对石狮被人盗走，之后两根龙雕石柱又被盗走。目前，人们只能用两根木头代替石柱，以支撑寺的屋檐。整个建筑残旧不堪，文物建筑受到严重的破坏。

图 1　开宁寺近景

6 祉洞古寨建筑群

Zhidong Ancient Architectural Complex

级　别	第二批国家级历史文化名村
年　代	明清
地　址	八步区信都镇
看　点	宗祠、题刻
开放方式	免费参观

八步区信都镇祉洞古寨建于明万历年间，距今已有500多年历史。祉洞古寨早期叫作"迎福村"，又因村寨柳姓居多，被往来商贾等称为"柳家庄"。在祉洞古寨的主门，门上红底牌匾上写有"迎福村"三个大字，该门也作镇寨之用（图1—图2）。

古寨依山而建，有小溪流淌而过。寨内屋顶相连，巷道纵横分布。寨中曾建造有一座武书堂和"三余""留耕""育英""大雅""福初"五个书室。寨中族人很看重读书，并将其作为一条重要家规。

古寨中有一座保存较为完整的柳氏宗祠，建造于清嘉庆二十一年（1816年），原址在村寨的东南部位，民国二十九年（1940年）迁址于"凤尾岗"，并按照宗祠原有格局进行重建。祠堂正门上挂着"兰桂腾芳"匾额，字迹苍劲工整，是当时任信都县长邬士华题赠（图3）。

古寨还有一处特色，就是在楼上供奉土地神。传说古寨先祖玉秀公做了一个梦，梦里土地神说"立吾魂于此门之上，族人当盛矣"，故将土地神位请到了楼上，并且该供奉方式也保留至今。

图1　古寨远景

图2　古寨屋顶鸟瞰

图3 古寨柳氏宗祠

7 凤凰塘村古建筑群

Fenghuangtang village Ancient Architectural Complex

级　　别	第一批自治区级历史文化名村
年　　代	清
地　　址	八步区桂岭镇
看　　点	壁画、字幅
开放方式	免费参观

　　八步区桂岭镇凤凰塘村依山而建，坐北朝南，总建筑面积约10000平方米。村落始建于清乾隆末年，建成至今已有200多年历史，是贺州市目前保存较好的古村落之一。

　　凰塘村全村村民均为姚姓，古屋的设置以姚氏祖屋为中心向两侧扩散而建，整体排列为纵向布局。现存39座清代古民居，古民居多为三间两廊院落式布局，每座单体院落建筑面积约200平方米。古屋高达6米，砖木结构，人字灰瓦屋顶。在古屋重门外的屋檐下都绘有麒麟、凤凰、鹿、松、梅、菊等寓意吉祥的壁画或是字幅，描绘精细，古朴雅致。

　　村落巷道纵横排列，目前保存较好的有6列，每列7个单元院落，在列与列之间，形成了5条横巷和4条纵巷，这一条条老街巷采用大河石块或鹅卵石铺墁（图1—图2）。

图1 凤凰塘村巷道近景

图2 凤凰塘村鸟瞰图

平桂区

8 龙井村古建筑群

Longjing Ancient Architectural Complex

级　　别	第一批自治区级历史文化名村
年　　代	清
地　　址	平桂区沙田镇
看　　点	木雕、彩画、古井
开放方式	免费参观

平桂区沙田镇龙井村属于历史文化类人文风景旅游区，建于清同治至光绪年间，有大量清代建造的古民居。民居一般为两进院落式布局，主座居中，两侧为厢房，中间围合成天井以利于采光，天井地面采用大块青石铺砌以利于排水。砖墙采用三层青砖砌成，大门总是横向打开，都不朝向厅堂开设。室内神龛前面要有挡风屏门，神龛和屏门均采用樟木。木料上雕刻花鸟动物等寓意吉祥的图案，墙顶屏风也刻有浮雕或画有彩画，图案栩栩如生、精美雅致。村落建有门楼，各户也建造有自家门楼，这些门楼的门柱、门头及门槛均用厚10厘米多的石板镶嵌而成，门扇采用樟木做成实榻门样式，有的门槛上还雕刻有精致的花草图案（图1）。

根据当地人说，之所以大门不对厅堂开，且人们进出都走侧门，是为了祖宗不被行人打扰，还有一说是大门横开可以敛聚财富。村落的巷道设计也跟当地特有的风俗有关，即"男女有别"，分为专供男子行走的拱北巷和专供女子行走的镇龙巷。在街巷的端头，也分别建造一座上书"拱北巷"和"镇龙巷"的门楼。

龙井村是一座建在一条"龙脉"龙头上的古村落，在村子旁边有一眼古井，龙眼就是古井。村里门楼还有一副对联写道"井沸能征晴雨时，龙潜自有风云会"。

图1 龙井村张廷辅故居

"旭升楼"门楼在古井的后方,是一座有着 400 年历史的牌坊式门楼,也是旧时进村的唯一入口。在距离古井约 10 米的地方还有一棵 700 年树龄的古榕,树上自清代起就有一窝蜜蜂。

富川瑶族自治县

9 富川瑶族风雨桥

Fuchuan Yaozu Covered Bridge

级　别	国家级
年　代	明
地　址	富川瑶族自治县
看　点	石拱、砖雕、脊饰
开放方式	免费参观

富川瑶族风雨桥群于 2013 年 3 月被国务院公布为全国重点文物保护单位。

瑶族位于山地丘陵地带,具有大杂居、小聚居的分布特点。风雨桥是瑶族地区特色的公共建筑,瑶族群众又称之为"凉桥"或者"风水桥"。风雨桥除了提供游人休憩、避雨之外,还取威龙围绕,以保佑附近村寨风调雨顺、平安如意的寓意。目前,富川县保留有 27 座古代风雨桥,主要分布在城北、朝东、麦岭和十家的溪流上。

9-1 回澜风雨桥

建于明万历年间,崇祯十四年(1641 年)重修,位于朝东镇油沐村的黄沙河上。根据桥上立的 12 块石碑记录,回澜桥进行过多次修建。回澜桥全长 37.54 米、宽 4.6 米、高 4 米,占地面积 270 平方米,建筑面积 187.7 平方米,是一座三孔石桥,上由桥廊、桥亭、楼阁组成。三孔每拱跨度 6.22 米。桥廊、桥亭、楼阁均为传统木结构建筑,其中桥廊和桥亭面阔共十一间。桥廊长 30.43 米、宽 4.64 米、高 5.6 米,建筑面积达到 190.5 平方米,屋顶采用硬山屋顶。桥亭位于桥廊中间,采用 34 根木头榫卯相连,主要结构形式为穿斗式木结构,歇山顶,通高达到 6.7 米。楼阁位于桥头东侧,通高 10 米。平面布局呈正方形,并设有三道门,每道门均与桥相通。楼阁主体为砖木结构,砖墙上有精致的砖雕图案。屋顶采用等级较高的重檐歇山顶,脊饰采用泥塑葫芦形图案(图 1)。

图 1　回澜风雨桥

9-2 青龙风雨桥

亦建于明万历年间,与回澜桥并称为阴阳桥,全长 34.4 米、宽 4.7 米。青龙桥为单孔石桥,桥廊和桥亭为木结构建筑,面阔八间。桥廊通高 5 米,硬山顶。桥亭通高 5.5 米,歇山顶。桥台阁楼为三层砖木结构建筑,通高 14.5 米,三重檐歇山顶,每层檐口下皮有 32 扇木花窗围绕(图 2)。

图 2　青龙风雨桥

9-3 福寿风雨桥

始建于明万历三十六年(1608 年),先后于清乾隆三十六年(1771 年)、道光八年(1828 年)重修,现存为道光年间重建。福寿风雨桥位于富川县城北镇凤溪村,桥总长 17.35 米、宽 5.66 米。其中拱跨为 8.5 米,桥面至河床高约 1.9 米。因凤溪村有河流穿过,桥台利用溪流两岸的基岩砌筑,上部架有直径 30 至 35 厘米的杉木主梁,梁上铺设木板作为桥面,并在两侧的桥台砌筑马头墙。桥上再架木结构的桥廊、桥亭,面阔五间,桥亭高约 5.19 米。新中国成立后,在凤溪下游兴建了一座木桥,福寿风雨桥逐渐废弃不用。2003 年自治区文化厅拨款维修,使之重焕光彩(图 3)。

图 3　福寿风雨桥

9-4 新桥风雨桥

始建于明天启元年(1621 年),位于城北镇凤溪村,桥总长 8.9 米,宽 4.5 米,桥高 3.5 米,桥面至河床高 0.75 米,占地面积 47.3 平方米。新桥风雨桥是一座木结构桥,桥台利用溪流两岸基岩砌筑,上部架有直径 15 厘米左右的杉木主梁,梁上铺设木板作为桥面,并在两侧的桥台砌筑马头墙。桥廊面阔三间,为穿斗式木结构建筑,屋面铺设小青瓦(图 4)。

图 4　新桥风雨桥

9-5 朝阳风雨桥

始建于明万历三十年(1602 年),位于城北镇凤溪村,是一座横跨小溪的木梁桥。桥总长 16.3 米,宽 4 米,桥高 5.9 米,桥面至河床高 3.3 米,占地面积 68 平方米。桥台利用溪流两岸基岩砌筑,桥孔跨度 3 米,上部架有直径 22 厘米左右的杉木主梁,梁上铺设木板作为桥面,并在两侧的桥台砌筑马头墙。桥廊、桥亭面阔共五间,为穿斗式木结构建筑(图 5)。

图 5　朝阳风雨桥

9-6 黄侯泉风雨桥

始建于明天启六年（1626年），位于麦岭镇黄侯泉村，是横跨于田间小溪的一座石梁桥。桥全长9.7米，宽3.2米，桥面至河床高1.86米，占地面积39.2平方米，由石梁、桥廊、桥亭、马头墙组成。石梁跨度1.8米，上为桥廊与桥亭，进深五间，主体为穿斗式木结构（图6）。

图6　黄侯泉风雨桥

9-7 高桥风雨桥

建于清雍正十年（1732年），位于麦岭镇高桥村距村30米的麦岭河支流上。桥全长16.6米，宽4米。桥台利用溪流两岸岩石为桥基，再采用5层直径约42厘米大木梁横纵交叉铺设，上部为三层抬梁式木结构建筑，面阔五间，一进深，桥亭通高5米，宽4米（图7）。

图7　高桥风雨桥

9-8 迴龙风雨桥

建于清乾隆六年（1741年），位于城北镇石曹母村，总长20.4米，宽4.7米，桥面至河床高2.51米，占地面积95.7平方米。桥台为料石砌筑，分两跨，上架直径约24厘米的木梁，木梁上再铺设木板做桥面。上部架设桥廊和桥亭，面阔五间，主体结构为穿斗式木结构，桥台两侧砌筑马头墙，屋顶逐渐缩进，共三层，屋面铺设小青瓦（图8）。

图8　迴龙风雨桥

9-9 东辕风雨桥

建于清乾隆三十四年（1769年），位于朝东镇白面寨，总长15.4米，宽5.4米，占地面积82平方米，是一座石梁桥。桥梁上有桥廊、桥亭，面阔五间，为穿斗式木结构建筑，桥台两侧砌筑马头墙，屋顶顶中为歇山顶（图9）。

图9　东辕风雨桥

9-10 鸬鹚塘澜通风雨桥

始建于清乾隆三十五年（1770年），位于富川县城麦岭镇宝剑村，是横跨于宝剑村乡道的小溪上的一座石梁桥。桥总长27.2米、宽4.3米。桥面至河床高约2.4米，桥亭高约6.2米，占地面积65.1平方米。桥台采用料石砌筑，分4跨组成，总跨度为9.59米，两端均设有拴马石。桥台上架直径16厘米石梁，梁上直接铺桥面，桥面上再架设桥廊和桥亭，进深五间，穿斗式木构架、小青瓦屋面（图10）。

图 10　鸬鹚塘澜通风雨桥

图 12　兴隆风雨桥

9-11　龙归风雨桥

始建于清乾隆四十年（1775年），位于富川县朝东镇龙归村，是横跨于该村田野间溪流上的一座木梁桥。桥总长14.3米、宽5.62米，桥面至河床高约2.45米，占地面积89.7平方米，桥亭高约6.32米。风雨桥共分两跨，总跨度7.91米，桥台使用料石砌筑，上架直径24至30厘米的杉木梁，木梁上铺木板为桥面，桥面上架设小青瓦屋面的桥廊和桥亭，进深五间、穿斗式木构架，桥头两端建马头墙入口（图11）。

9-13　阳寿风雨桥

始建于清嘉庆二十二年（1817年）的一座木梁桥，位于城北镇两源村，横跨于该村中部的小溪。桥总长9.9米、宽3.4米，横跨为3.9米，桥亭高约4.8米，占地面积38.14平方米。两端桥台使用毛石砌筑，上架直径22至24厘米杉木梁，梁上铺木板为桥面，桥面上架设小青瓦屋面的桥廊和桥亭，进深三间、穿斗式木构架（图13）。

图 11　龙归风雨桥

图 13　阳寿风雨桥

9-12　兴隆风雨桥

始建于清嘉庆十八年（1813年）的一座木梁桥，位于富川县朝东镇岔山村里的小溪上。桥总长22.3米、宽6.23米，桥跨为6.4米，桥亭高约7.2米，占地面积131.2平方米。端桥台使用料石砌筑，上架直径22至24厘米杉木梁，梁上铺木板为桥面，桥面上架设小青瓦屋面的桥廊和桥亭，进深八间、穿斗式木构架，桥亭设两层、歇山屋顶，桥头两端建马头墙入口（图12）。

9-14　永济福风雨桥

始建于清道光七年（1827年）的一座石梁桥，位于富川县城北镇巍丰大村，横跨于该村旁的溪流。桥总长12.3米、宽4.6米，桥跨为2.3米，桥面至河床高约1.1米，桥亭高约7.1米，占地面积59.8平方米。地面及两岸桥台均使用料石砌筑，桥面上架设小青瓦屋面的桥廊和桥亭，进深三间、穿斗式木构架，桥头两端建马头墙入口（图14）。

图 14 永济福风雨桥

图 16 锦桥风雨桥

9-15 环涧风雨桥

始建于清道光二十二年（1842年）的一座木梁桥，位于富川县朝东镇长塘村，横跨于该村的溪流。桥总长 9.8 米、宽 3.9 米，桥共设 3 跨，总跨度为 9 米，桥亭高约 7.1 米。风雨桥占地面积 40.6 平方米，建筑面积 40.6 平方米。两端桥台使用料石砌筑，地面已改造为钢筋混凝土板，桥面上架设小青瓦屋面的桥廊和桥亭，桥亭为歇山屋顶，进深三间、穿斗式木构架，桥头两端建马头墙入口（图 15）。

9-17 下井风雨桥

始建于清道光二十七年（1847年），位于富川县城城北镇下井村，是横跨于该村田野间的小溪上的一座石梁桥。桥总长 16.2 米、宽 5.4 米，桥面至河床高约 2.1 米，桥亭高约 4.9 米，占地面积 87.8 平方米。桥墩使用料石砌筑，共设 2 跨，每跨为 1.88 米，上架直径为 26 厘米的石梁，桥面上架设小青瓦屋面的桥廊和桥亭，进深五间，穿斗式木构架（图 17）。

图 15 环涧风雨桥

图 17 下井风雨桥

9-16 锦桥风雨桥

始建于清道光二十二年（1842年）的一座石拱桥，位于富川县朝东镇福溪村，横跨于该村田野间的溪流。桥总长 21.7 米、宽 4.6 米，石拱跨度为 7.2 米，桥面至河床高约 4.6 米，桥亭高约 6.3 米，占地面积 100 平方米。桥面为青石板，桥面上架设小青瓦屋面的桥廊和桥亭架，进深三间、穿斗式木构架，均使用歇山屋顶，桥头两端建马头墙入口（图 16）。

9-18 茅家青龙风雨桥

始建于清咸丰五年（1855年），位于富川县城北镇茅家村，是横跨于该村田野间的小溪上的一座木梁桥。桥总长 10 米、宽 6.3 米。风雨桥占地面积 53.4 平方米。两端桥台均使用红砖砌筑，上架直径 14 至 16 厘米的杉木梁，梁上铺木板桥面，桥面上架设小青瓦屋面的桥廊和桥亭，进深三间，穿斗式木构架，桥亭为歇山屋顶，桥头两端建马头墙入口（图 18）。

图18　茅家青龙风雨桥

图20　龙湾风雨桥

9-19　长塘回龙风雨桥

始建于清同治五年（1866年），位于富川县朝东镇长塘村，是横跨于小溪上的一座木梁桥。桥总长7米、宽4米。桥共设二跨，总跨度为4.4米，桥面至河床高约1.1米，桥亭高约6.4米，占地面积34.36平方米。两端桥台使用毛石砌筑，地面已改造为钢筋混凝土板，桥面上架设小青瓦屋面的桥廊和桥亭，进深三间、穿斗式木构架，桥亭为歇山屋顶，桥头两端建马头墙入口（图19）。

9-21　儒子西门风雨桥

始建于清光绪十年（1884年）的一座石梁桥，位于富川县朝东镇儒子村，坐落于儒子村村中落。桥总长7.3米、宽3.7米，占地面积26.7平方米。桥面采用青砖墁地，桥面上架设桥廊和桥亭，进深三间、穿斗式木构架、小青瓦屋面，桥头两端建马头墙入口（图21）。

图19　长塘回龙风雨桥

图21　儒子西门风雨桥

9-20　龙湾风雨桥

始建于清光绪五年（1879年），位于富川县石家乡龙湾刘家村，是横跨于该村乡道的小溪上的一座木梁桥。桥面总长25米、宽4.1米，桥设三跨，每跨3.9米，桥亭高约3.9米，占地面积为124.1平方米。桥墩（台）使用料石砌筑，上架直径20至22厘米的杉木粗梁，梁上铺木板桥面，桥面上架设桥廊和桥亭，进深七间、穿斗式木构架、小青瓦屋面，桥头两端建马头墙入口（图20）。

9-22　集贤风雨桥

始建于清光绪十一年（1885年），位于富川县朝东镇油沐村，是横跨于村中部的小溪上的一座木梁桥。桥总长16.9米、宽3.9米，桥设三跨，总跨度13.9米，桥面至河床高约2.5米，桥亭高约6米，占地面积64.5平方米。桥墩（台）使用料石砌筑，上架直径24至26厘米的杉木粗梁，梁上铺木板桥面，桥面上架设桥廊和桥亭，进深五间、穿斗式木构架、小青瓦屋面，桥头两端建马头墙入口（图22）。

图 22 集贤风雨桥

图 24 社尾岗风雨桥

9-23 双溪风雨桥

始建于清光绪十一年（1885年），位于富川县朝东镇东水村，横跨于村中部的小溪上。桥总长20.7米、宽4.4米，桥设三跨，总跨度为17米，桥面至河床高约2.5米，桥亭高约5.7米，占地面积88.04平方米。桥墩使用料石砌筑，上架直径22至26厘米杉木粗梁，桥面上架设桥廊和桥亭，进深七间、穿斗式木构架、小青瓦屋面，桥头两端建马头墙入口（图23）。

9-24 社尾岗风雨桥

始建于清光绪十一年（1885年），位于富川县朝东镇油沐村，是横跨于该村田野间的小溪上的一座石拱桥，桥总长6.1米、宽3.1米，石拱跨度为5.3米，桥面至河床高约3.6米，桥亭高约4.43米，占地面积20.07平方米。桥面为青石板，桥面上架设桥廊和桥亭，进深三间、穿斗式木构架、硬山屋顶，桥头两端建马头墙入口（图24）。

9-25 毓秀风雨桥

始建于清光绪十一年（1885年），位于富川县朝东镇油沐村，是横跨于该村中部的小溪上的一座木梁桥。桥总长17.5米、宽4.4米，桥设二跨，每跨为5.4米，桥面至河床高约3.3米，桥亭高约6.4米，占地面积77.13平方米。桥墩使用料石砌筑，上架直径22至24厘米杉木粗梁，梁上铺木板为桥面，桥面上架设桥廊和桥亭，进深五间、穿斗式木构架、小青瓦屋面，桥头两端建马头墙入口（图25）。

图 25 毓秀风雨桥

图 23 双溪风雨桥

9-26 儒子东门风雨桥

始建于清光绪十三年（1887年），位于富川县朝东镇儒子村，是横跨于该村中部的小溪上的一座木梁桥。桥总长9.2米、宽3.7米，桥总跨度为7.7米，桥亭高约3.4米。目前，桥被改造为钢筋混凝土板桥，两端桥台使用毛石砌筑，桥面上架设桥廊，进深三间、穿斗式木构架、硬山屋顶，桥头两端建马头墙入口（图26）。

9-27 钟灵风雨桥

始建于清光绪十三年（1887年），位于富川县朝东镇福溪村，是横跨于福溪村中部的小溪上的一座木梁桥。桥总长10.3米、宽4.3米，桥总跨度9.1米，桥面至河床高约2.24米，桥亭高约7.8米。曾在2013年由自治区文物保护研究中心进行修缮，桥墩（台）使用料石砌筑，木梁为杉木制作（直径14至16厘米），木梁上铺木板为桥面，桥面上架设桥廊和桥亭，进深三间、穿斗式木构架、小青瓦屋面（图27）。

图26 儒子东门风雨桥

图27 钟灵风雨桥

10 富川旧城

Fuchuan Old Town

级　别	自治区级
年　代	明清
地　址	富川瑶族自治县都庞岭
看　点	城门、道路卵石铺墁
开放方式	免费参观

富川旧城，即现在大家熟知的古明城，位于富川瑶族自治县都庞岭余脉的西屏山下，始建于明代洪武二十九年（1396年），原是一座进可攻、退可守的军事城池。

旧城以"十"字对称，整个围墙长2373米，高约6米，大概有909个跺。城墙初期采用夯土而筑，后于明万历年间，改为青砖护砌。富川旧城原有4个城门楼，分为东西南北门，东曰升平，南称向日，西为泰定，北名迎恩，现西门被毁。四个城门门墙内窄外宽，均为青石构筑，门道高5.1米、宽4米，纵深14.7米。门顶上采用雕栏飞檐的城楼，青砖鲁瓦，甚是气派（图1）。城东西相距500米，南北距600米，总面积0.3平方公里，自北门入而从南门出。城外有护城壕，城内有镇升、仁义、镇武、阳寿街4条街道，交叉分成12方阵，呈"井"字形布局。街道地面皆为鹅卵石铺墁，铺成古雅别致的金钱图案，俗称"花街"。城内设有县衙、文庙、武庙、祠堂、神楼、民居等建筑（图2）。

图1 城门

图2　古戏台

11 慈云寺和瑞光塔

Ciyun Temple & Ruiguang Tower

级　别	自治区级
年　代	清
地　址	富川瑶族自治县瑞光路
看　点	五龙影壁、室内展览文物
开放方式	购票参观

慈云寺位于富川瑶族自治县瑞光路附近，始建于清康熙十六年（1677年），又于康熙五十六年、乾隆十一年（1746年）重修，咸丰五年（1855年）毁于战火，同治六年（1867年）重建。民国四年（1915年），陆荣廷建议修建花街路，接慈云寺至回犀桥。后经有关方面努力，终于修成。民国期间曾将寺改为"中山纪念堂"。现作为县文物管理所办公用地，内有两个展览厅，分别展览革命文物和古代文物。

慈云寺由三个神殿相连。每座殿堂均由六柱抬梁构架组成。进入慈云寺，首先看到的是刻着红、褐、黄、白、金五条天龙的影壁。踏上由鹅卵石铺成的路面，进入第一重殿——弥勒殿。弥勒殿神台上端坐着笑口常开的大肚金身弥勒菩萨。第二重殿为大雄宝殿，香龛里端坐着"华严三圣"：文殊菩萨，释迦牟尼，普贤菩萨。第三重殿为观音殿，又称大悲坛，香龛里的供奉的是面容柔丽慈祥的观音，结跏趺坐在莲花台上。左边站立着双手合十的善财童子，右边为双手托着红宝珠的龙女。

瑞光塔，俗称观音塔、观音阁，始建于明嘉靖三十四年（1555年），清咸丰五年毁于兵火。现存的瑞光塔为同治十一年（1872年）重修。之后于1980年和1988年，县人民政府又组织进行了维修。瑞光塔为六角形砖塔，塔基埋深4.8米，高28米，有7层楼阁，内有73级砖砌螺旋梯通向塔顶，塔尖有重达400公斤的铜刹盖顶（图1—图2）。

图1 瑞光塔外观

图2 瑞光塔壁边折上式塔梯

12 凤溪瑶寨古建筑群
Fengxi Ancient Architectural Complex

级　别	自治区级；第一批自治区级历史文化名村
年　代	明清
地　址	富川瑶族自治县凤溪村
看　点	脊饰
开放方式	免费参观

凤溪瑶寨位于广西富川瑶族自治县，山清水秀，文化底蕴深厚。由于该地历史悠远，遗留了丰富的文物古迹，包括门楼、祠堂、寺院、庙宇、古戏台、桥梁亭等，凤溪瑶寨的古建筑群是自治区级重点文物保护单位（图1—图3）。

凤溪古瑶寨有溪水穿过，依山而建，近水而居。古寨内有2米左右宽的青石板斜坡，弯弯曲曲，头上有残次不齐的屋角。整个古寨红墙黛瓦，古代民居建筑延续着明清时期商业街市的建筑格局。建筑内部的

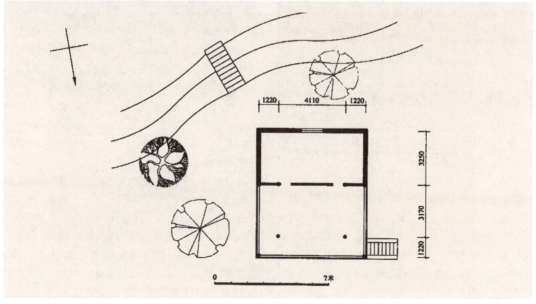

图1 七星庙戏台平面图

门窗、屋檐等造型也很精美，例如屋檐采用葫芦进行修饰，寓意是吉祥、福禄、多子多福。由于建造时间久远，凤溪瑶寨的古建筑也日益破旧，对古代建筑的保护刻不容缓。

此外，凤溪瑶寨的民间文艺也依旧盛行，保留着民族风情表演的剧团。相传，早在清嘉庆和道光年间，翟、苟两个剧种班子就很有名气。

凤溪瑶寨洋溢着浓郁的瑶族文化，从民族服饰、建筑样式、民俗文化等都体现了瑶族特色的民俗文化。

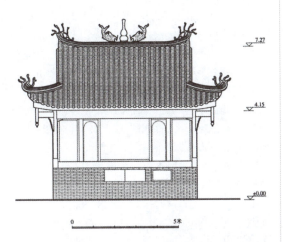

图2　七星庙戏台立面图

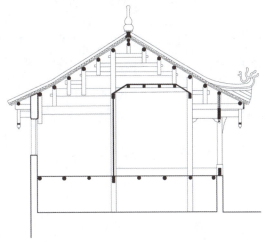

图3　七星庙戏台剖面图

13 秀水村古建筑群

Xiushuicun Ancient Architectural Complex

级　　别	第一批国家级历史文化名村
年　　代	清
地　　址	富川瑶族自治县朝东镇
看　　点	宗祠、石雕
开放方式	免费参观

富川瑶族自治县朝东镇秀水村风光秀丽、景色优美，是广西著名的旅游胜地，建于唐开元年间，建成至今已有1300多年历史。

秀水村被称为"宋元明清民居露天博物馆"，保存着众多明清时期的寺庙、戏台、古民居等众多文物古迹。秀水村又名状元村，人才辈出，据文献记载，自唐朝起，县志上就记载了秀水村有27名状元。

秀水村位于潇贺古道上，建筑也极具特点。在《毛氏族谱》的记录中，村落祠堂、进士楼等门楼做成了舆辕之状，且门的宽度在1.25至1.55米之间，正是秦汉时车舆辕架的宽度。另根据毛氏宗祠及其他现存的古建筑中，多处都有舆辕的印记，门旁有车轮形的石鼓、半车轮形的石月，状元坪前有车轮圆状图案的鹅卵石花等。这些形状、图案，都是长途跋涉来到此处定居生活的先祖，为了让后人铭记建业的艰辛而设计，也承载了古人憧憬美好向上生活的愿望（图1）。

根据当地老人所讲，秀水村在明清时期有位精通洋文的生意才子，曾在美国人开的公司工作，后来在村落买卖洋货，也在村落的建筑上留下了特别的一笔。门楼中有一处特别的"吉美孚"门楼，为半圆顶，墙面白灰粉纸浆糊，墙面牌匾上有黑体的"吉美孚"三字，整个门楼也无瓦盖。而且门楼内的房屋建成了洋房样式，形象鲜明。

图1　秀水村民居

14 福溪村古建筑群

Fuxicun Ancient Architectural Complex

级　　别	第一批国家级历史文化名村
年　　代	宋—清（不确定）
地　　址	富川瑶族自治县朝东镇
看　　点	石雕、字画
开放方式	免费参观

朝东镇福溪村比起与其他村落并没有太大的自然优势，只有一条常年不息的地下河通过，还被群山包围，与其他村庄相隔较远。即便没有得天独厚的自然条件，福溪村的起源发展也依旧悠远，是一个历史文化底蕴丰厚的古村落，现存古庙、古民居、古书堂等众多的历史古迹，还有很多名人字画、古碑刻等历史文物（图1）。

福溪村在北宋时期就开始有人定居，南宋时期发展迅速，明清时期到达高潮。据记载，鼎盛期分别有24座庙宇、戏台及石花广场，还有一座风雨桥。现在还有古庙、古戏台和风雨桥各3座。

村落里有宋理学鼻祖周敦颐的讲学堂和其后代居住的民居，有雕刻精致的宗族门楼13座。

这些古屋室内陈设梅、兰、莲、菊的字画，有花鸟等图案的木雕花窗或是门楣，就连梁架、斗栱都画有龙凤、竹松等图案的彩绘。

古庙中现存最为完整的是百柱庙，俗称马殷庙、灵溪庙，位于富川瑶族自治县朝东镇福溪村，2009年5月被国务院公布为第六批全国重点文物保护单位。

百柱庙坐落在与福溪村口相距26米的船形地带上，坐东朝西，是为纪念和祭祀五代十国时期楚王马殷而修建的庙宇，也是中国南方瑶族地区保存最完整、年代最久远、规模最大的木构古建筑。

百柱庙始建于明永乐十一年（1413年），面阔20.86米，进深21.94米，庙高6.13米，为砖木结构建筑，总建筑面积384平方米（图2）。庙内共有120根木柱，有质坚如石的古楠、大水杉、香檀木等。其中中堂大立柱22根，两厢立柱54根，吊柱及其他托柱44根，

图1　福溪村建筑近景

白根立柱与梁檩榫卯相连，无一铁钉。结构上采用宋代建筑建造风格，将穿斗式与抬梁式相结合。屋顶为重檐歇山顶，在山脊的正中安放如意腰花，屋顶瓦面围绕天井相连（图3—图4）。

百柱庙除了木构件上雕刻有栩栩如生的精致图案外，还有形象逼真的泥塑。如庙宇的山脊正中有蝙蝠泥塑，神殿的两旁屋脊各立一尊琉璃麒麟。此外，神殿之前的祭台上，还有马楚大王的石雕坐像。台面的正中阳刻一太阳，上书"日"字，寓示瑶族百姓对幸福光明的向往和追求，有着深刻的文化内涵。

整座庙宇工艺精湛，结构合理、庄严肃穆，是一座富有岭南特色的宋式木结构建筑（图5—图6）。

福溪风雨桥非常受古人喜欢，人们在桥上喝茶聊天，欣赏山间美景，聆听河水溪流。只可惜风雨桥早已没有了昔日繁华景象，经过历史变迁，较为残破。

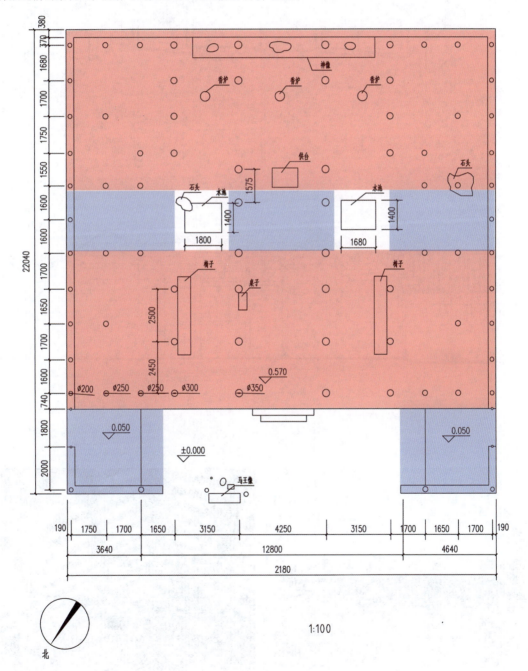

图2　百柱庙平面图

图 3　百柱庙屋顶示意图

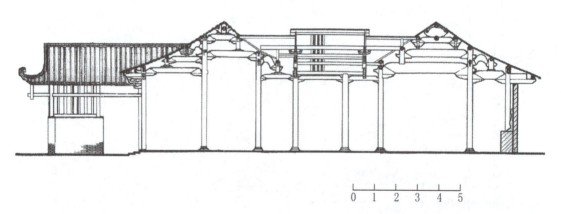

图 4　百柱庙明间纵剖图

图 5　百柱庙正立面

图 6　百柱庙北殿明间金柱间梁架

15 大莲塘古建筑群

Daliantang Ancient Architectural Complex

级　　别	第二批国家级历史文化名村
年　　代	明清
地　　址	富川瑶族自治县莲山镇
看　　点	宗祠、门楼
开放方式	免费参观

莲山镇大莲塘位于富川瑶族自治县东南部，坐落于山间平地，村边有一处河溪流过。整个村落的房屋均采用红砖砌筑，多为一层或是两层，院落布局，中间为堂屋，三开间，左右为配房，房屋两侧砌筑风火墙，在两侧墙头各有一座凶神面相的雕塑。院落的大门一般都在右侧布置，门槛及两侧门方均用条石，上部采用条形杉木，左右突出分别刻有乾、坤二卦相的楔头（图1）。

大莲塘有钟、陈、莫、黎、于、刘、严、袁、徐、杨，姓氏13种，其中陈姓和钟姓是当地的大姓。陈姓迁址于此后，依次经历"帝佑八子富八公—贵—公—德成—友良—文风—福有—会昌—士发—志成—君湖—廷俊—万登—学彬—相态—正远—安祥—永德—荣寿—国良—启玉—开品—天保—宝芳—名荣"，已有三百年左右历史。

村中人很看重宗氏家族，村里较大的姓氏纷纷建造宗祠或是宗祠门楼。并设有族长，定有族规，保存下来的有陈氏老祠堂，只可惜各种牌位在动荡年代被破坏，没有保留下来。现存的陈氏门楼上书写"义门陈"三个大字，两侧青石板上刻写对联"颍川地灵富贵流千古，莲塘人杰天宝传万代"。钟氏门楼的对联为"胡满始祖江州功德绵世宇，八公及第菡池彪炳著名馨"。其他各姓氏的门楼在"文革"时期陆续遭到破坏，基本销毁无存。

图1　富川大莲塘村民居

16 深坡村古建筑群

Shenpo Ancient Architectural Complex

级　　别	第二批国家级历史文化名村
年　　代	宋—清
地　　址	富川瑶族自治县葛坡镇
看　　点	祠堂、雕饰
开放方式	免费参观

葛坡镇深坡村建成于南宋末年，是湘桂蒋氏名门望族居住地。这里还是潇贺古道的途经之地，早期是一条街道，当地人习惯称为"深坡街"。

深坡村在坊间流传着"上有深坡街，下有下城头"的古语，这里有历朝皇帝嘉封题匾数十块。自建村以来，就人才辈出，其中进士4名，举人9名，贡生13名。

潇贺古道的建立对深坡村的发展起到了很大作用。村落内街巷纵横分布，东西向有条主街纵贯全村，整条街道青石铺墁，古屋居于两侧。这些房屋多为明清时期建造，在古时是用于经商的店铺。这一座座古屋、一条条街道，足以证明昔日的繁华景象。

古屋多为院落布局，灰瓦屋面、红砖墙体，有的墙面上粉刷白灰，墙面檐口也多装饰粉刷的线条。建筑内部有雕刻精致的门栅窗棂，有的房屋门楣上还悬挂"进士"牌匾。走在凹凸不平的青石板上，看着一座座风残雨蚀的古房子，总会让人心生幽幽古情（图1—图2）。

图1 深坡村玑公祠门厅

图2 深坡村玑公祠梁架

钟山县

17 钟山大田戏台
Zhongshan Datian Stage

级　别	自治区级
年　代	清
地　址	钟山县公安镇大田村南
看　点	石雕、木雕
开放方式	免费参观

大田戏台建于清光绪四年（1878年），位于钟山县公安镇大田村南，于1981年被列为自治区级重点文物保护单位。

戏台属水口庙附属建筑（东30米有水口庙），坐西朝东，平面呈"凸"字形，呈纵轴线布局，为传统砖木石结构，通高19米，台口宽6.37米，进深9.1米。

该戏台坐落在大田村，村里有老屋、古榕、古樟、池塘，极具有浓厚的古韵气息。戏台基础采用青石垫层，青砖墁地，台基装饰细致、讲究，雕有"八仙贺寿""二龙抢珠""双狮呈瑞"等。台阶上立6根红柱，采用传统穿斗式木结构，承托重檐翘角屋顶。设有前后台，前台上方为八角形藻井，演出时藻井便能起到共鸣扩音效果。屏风上雕刻栩栩如生的图案，有牧童樵夫及文臣武将的人物画，也有楼阁山川、彩凤仙鹤的风景山水画。屋脊是葫芦作顶，吻兽扶角（图1—图2）。

图1 大田戏台正立面

图 2　大田戏台右侧面

18 英家起义地址

Yingjia Uprising Address

级　　别	自治区级
年　　代	1947 年
地　　址	钟山县英家街旁
看　　点	木雕、题刻
开放方式	购票参观

英家起义地址位于钟山县英家街旁,背靠会馆山,前向鱼塘。与英家街民居背相连,右为晒谷场,距县城 27 公里。目前,英家起义地址建有占地面积约 300 平方米的广西省工委旧址纪念亭、英家起义纪念亭,占地面积约 4000 平方米、建筑面积近 1000 平方米的英家粤东会馆(英家起义地址纪念馆),包括中共广西省工委旧址纪念亭、省工委招待所—马头山岩纪念亭、省工委隐蔽处牛垌排楼、英家起义纪念亭、英家起义旧址—英家小学门楼、英家戏台等 6 个建筑点(图 1)。

英家粤东会馆最早建于清乾隆四十二年(1777 年),道光五年(1825 年)重修,民国十二年(1923 年)风灾后修葺,为传统四合院式布局,主要建筑材料有麻石、水磨砖、琉璃瓦、木头。会馆前为三间,设有前廊,前廊两根檐柱落在方形石柱础上(图 2)。整个檐面梁、枋、斗栱等木件雕刻人物或瑞兽等图案。大门的上方石刻有"粤东会馆",两侧配有对联。整座建筑雕刻精致,体现了岭南社会文化融于建筑美学的艺术风貌(图 3—图 4)。

粤东会馆在民国时期曾做粮仓使用。之后于 1947 年 6 月 5 日,爆发了震惊广西的武装起义——英家起义。2000 年被广西壮族自治区人民政府公布为重点文物保护单位。

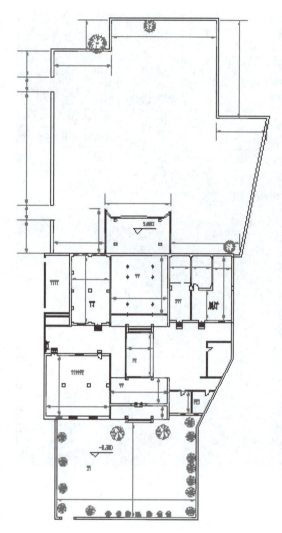

图1 英家起义地址总平图测绘图

图3 英家起义地址正殿

图4 英家起义地址纪念亭

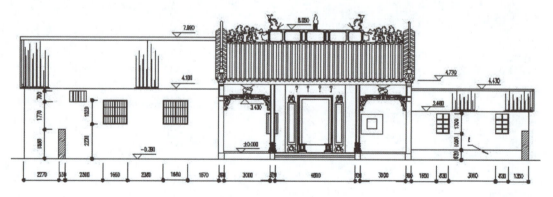

图2 英家起义地址正立面测绘图

19 龙道村古建筑群

Longdaocun Ancient Architectural Complex

级　　别	自治区级；第一批国家级历史文化名村
年　　代	清
地　　址	钟山县回龙镇龙道村
看　　点	院落布局、石库门题刻
开放方式	免费参观

龙道村初建于宋朝，位于钟山县回龙镇龙道村，距县城约15公里。该村古宅遍布，炮楼耸立，拾阶而入，如探古堡（图1）。

由于该村依岭而建，前塘后岭，房屋依地势分两层，第一层为前进；第二层为后进。第一进前设走廊，中间为天井，并且天井旁设有登上后进二层的土梯，后两旁为猪牛圈。第一进与第二进有走廊相连，走进二进，有主屋三间，中为主厅，两旁为房。走廊还通向两头厨房，可进入主屋两旁房间。一般前进走廊与主屋两房间或厨房都与外相通相连，是极具特点的乡村建筑（图2—图4）。

该村巷道拾阶而上如山城，高楼耸立似城堡。古宅户户相通相连，家家青砖青瓦，每户均为石库门，采用麻石作门框，门上雕刻对仗工整的对联，分阴刻阳刻两种，有的还饰以浮雕图纹。（图5）

图2　龙道村龙门祖庙

图1　龙道村古民居群

图3　龙道村古民居部分屋顶或天井

图4　龙道村古民居部分墙头灰塑

图5　龙道村古民居部分石刻对联

20 石龙桥

Shilong Bridge

级　　别	自治区级
年　　代	清
地　　址	钟山县石龙镇石龙街
看　　点	砌筑工艺、浮雕图案
开放方式	免费参观

石龙桥是一座融建筑、雕刻、造型、戏曲艺术于一体的古石桥，始建于乾隆十一年（1746年），又于光绪年间（1880年）重建，坐落在钟山县石龙镇镇政府门前，横跨于石龙河南北两岸，是自治区级重点文物保护单位。

石龙桥全长40米，宽5.2米，高12米，正拱跨度14米，副拱跨度7米，整座桥全部采用青石拱建而成，青石间未采用灰浆黏结。桥面两侧石栏、望柱、华盖内侧饰满浮雕图案，这些浮雕雕刻精细、图案生动、丰富。两侧的石栏雕刻有大家熟知的"八仙贺寿""巧借东风""三顾茅庐"等故事及戏文；望柱外侧采用阴刻，镌刻着"龙蟠东水""石锁珠江"八个雄健横联大字。石桥上的精湛雕刻，不但体现了清代当时文化艺术的繁荣，也充分显示了我国桥梁建设的高超技术和我国劳动人民的智慧（图1—图3）。

石龙桥桥头两端曾各摆放石狮一对，石狮怒目圆瞪，虎虎生威。可惜2005年时某日一夜间4只石狮全被盗走了。

图1　钟山县石龙桥外观

图2　钟山县石龙桥雕刻

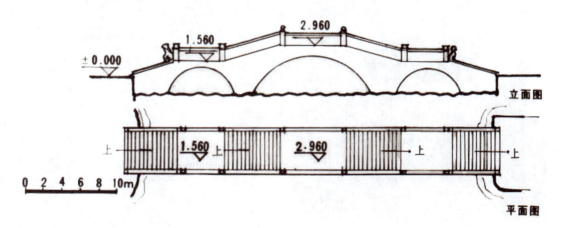

图3　钟山县石龙桥平面、立面图

21 莲花戏台

Lianhua Stage

级　　别	自治区级
年　　代	清
地　　址	钟山两安瑶族乡莲花村
看　　点	木雕、脊饰
开放方式	免费参观

莲花戏台建于清光绪九年（1883年），位于钟山两安瑶族乡的莲花村，于2000年被列为自治区级重点文物保护单位。

莲花戏台平面呈"凸"字形，台基高1.73米，台口宽7.85米，深5.44米，前檐高13米，后台横长12米，进深4.45米，整个建筑面积为96.2平方米（图1—图3）。该戏台采用青石砌基，主体结构为砖木结构。台基上的石浮雕雕饰有龙凤花卉及人物图案等，其下嵌着建造戏台由来的碑文，后台两侧砌筑山字形风火墙。前台与后台两门相同，门上安装"龙飞""凤舞"木雕横匾。屋顶为重檐歇山式项，四周采用翘角，正脊上按饰有双鱼托珠，二层瓦面上饰二龙戏珠，台口上方为八角藻井，藻井的天花板均绘有八宝图案。前台两侧斗栱间的木雕雕饰狮子，后台正中的屏风上画有歌女手抱琵琶起舞图案，上方是"河清海宴"四字大拱额。整个戏台不管是布局、结构，还是扩音、雕刻，都达到较完美的结合，是一件独具特色的艺术品，体现了瑶乡独特的风貌和瑶民的聪明才智（图4—图5）。

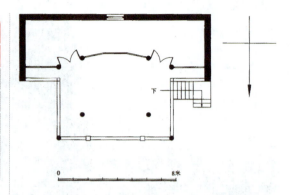

图2　莲花戏台平面图

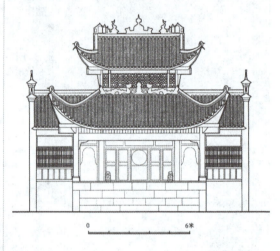

图3　莲花戏台立面图

图1　莲花戏台正面

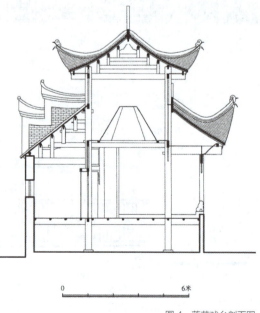

图4　莲花戏台剖面图

图5　莲花戏台右后侧

22 玉坡村古建筑群
Yupo Village Ancient Architectural Complex

级　　别	第一批国家级历史文化名村
年　　代	宋—清
地　　址	钟山县燕塘镇玉坡村
看　　点	牌坊、石雕、石刻
开放方式	免费参观

　　玉坡村位于钟山县西部,地处喀斯特地貌区,东西南三面环山,还有河溪流淌,自然风光秀丽多姿。

　　玉坡村始建于宋朝,最早是由宋元祐进士廖致政组织建立,是一处近900年历史的古村落。

　　玉坡村全村姓廖,其先祖廖致政是一位被贬的文官,故玉坡村的村落文化与风尚有别于其他古村落,自古以来就特别注意教育、礼教的发展。根据廖氏家谱记载,玉坡村进士1人,举人10人,其中文举6人,武举4人,秀才更多,这些人大多进入仕途,任命于全国各地。

　　玉坡村在清代以前一直是一个村落,直至清末民初因为社会动荡不安,为了防御贼寇打劫,当时村落的有钱人家陆续搬迁到大庙山,建了玉西村,所以现在的玉坡村分为玉西和玉东两部分,古屋也主要分布在大庙山下、珠山、三台山。

　　玉坡村整个村落规划有序,古屋布局严谨。根据第三次文物普查记录,村落保存较好的古屋有20多座。此外,还有古庙、祠堂、牌坊、石刻、古墓及防御工事等10处文物点。

　　玉坡村民居为清末及民国时期的建造样式,硬山屋顶，翘角飞檐，雕梁画栋，每座单体都是精良之作。这一座座古屋采用青石铺墁的小巷分隔，并在巷头设置门楼，民居纵向排布，每排基本上坐落三两座。古屋为院落式布局，中轴线布置主体建筑，两侧配以厢房，中间有围合天井。院落前院配房为杂物房，有的还设置阁楼；中间主座面阔三间，中间为大厅，两侧为房，大厅分前后两厅，后厅多设楼梯，以方便上达三层；在主屋的后侧为单层的厨房和杂物房（图1—图2）。

玉坡村还有一处由乾隆皇帝下诏、地方政府出银修建的一座功名牌坊，名为恩荣石牌坊，建于清乾隆十七年（1752年），为四柱三间五楼庑殿顶青石牌坊，占10.4平方米，宽6.2米，通高6.9米。整座牌坊采用榫卯结构，石基座上立柱，柱根前后有抱鼓石。中柱正面的抱鼓石上镂雕石狮，生动形象。柱上架枋，正中的额枋刻有楷书"恩荣"二字，花抬枋及枋间石板枋均有精致的浮雕，有双龙戏珠、骑马出行图等图案，也有卷草纹或铭刻的文字。枋上明间正楼采用庑殿顶，正脊当中为宝葫芦顶，两端装饰反尾上翘鱼形鸱吻，四斗栱间为透雕花窗（图3—图4）。

玉坡村珠海南边的山崖上，还有目前钟山县现存最大的摩崖石刻，阴刻"山辉"两字，字高1米多，苍劲有力。

图2　玉坡村廖氏宗祠

图3　恩荣牌坊正面

图1　玉坡村古民居

图4　恩荣牌坊细部装饰

昭平县

23 中共广西省工委黄姚旧址

The Old Site of Huang Yao of the Communist Party of China, Guangxi Province

级　别	自治区级
年　代	明清
地　址	昭平县黄姚镇北金德街
看　点	建筑雕刻、室内展陈
开放方式	免费参观

中共广西省工委黄姚旧址位于贺州市昭平县黄姚镇北金德街008号，始建于明嘉靖三年（1524年），之后于清乾隆九年（1744年）和光绪二十年（1894年）先后重修，原是一座古建筑——宝珠观，占地面积3666平方米。

宝珠观周围三面临水，有清波泻玉的姚江，有苍翠挺拔的古榕，在观前建有石跳桥，古韵十足。照壁月门拱衬，壮丽雄伟。门前有照壁与月门相映，有一对石狮镇守，走进正屋，宽敞的大厅，石板铺地，前有天井、门楼造型，建筑外青砖黛瓦，建筑内雕梁画栋。距大门35米的广场北端为钱兴烈士塑像，左侧是目前广西保存较好的古戏台之一的黄姚古戏台，宝珠山下有一拱桥，桥头建有佐龙祠一座（图1—图3）。

为纪念何香凝、张锡昌等人在黄姚古镇的革命历史，广西壮族自治区人民政府把宝珠观定为广西省工委旧址，并于1990年列为自治区级重点文物保护单位和自治区级爱国主义教育基地。1984年，由广西区党委、梧州地委组织，根据原来的建筑样式修复广西省工委旧址，并于1986年7月为中共广西省工委旧址纪念馆对外开放。馆内陈列着省工委书记钱兴烈士部分文件和工作用品，配有省工委革命活动情况的相关介绍。

图1　中共广西省工委旧址（宝珠观）前院大门

图2　中共广西省工委旧址（宝珠观）东屋

图3　中共广西省工委旧址（宝珠观）南屋

24 黄姚文明阁

Huangyao Civilization Pavilion

级　别	自治区级
年　代	明清
地　址	黄姚镇东南天马山西麓
看　点	题刻
开放方式	购票参观

文明阁始建于明万历年间，后曾与清乾隆、道光年间修复，位于黄姚镇东南天马山西麓，是旧黄姚八景之首。

文明阁是坐落在山上的庙宇建筑，第一道门楼上书"文明首第"四个大字（1986年7月1日莫乃群所书），两边写有一副对联"春入水逾响，秋高山更青"（丁卯年春箔重书）。沿着石梯向前走，会看到旁边有一块石碑，为乾隆五十五年（1790年）岁次乙巳桂月吉丑刊立，上书"文明阁祀田碑"。继续向前到达霍然亭，亭前柱书写有对联两副，外侧书"上下江涵画阁添，东西岸隔烟波间"，内侧书"诸君到来不妨坐坐，朋友相会随便谈谈"；亭子后面柱上书写"有风花气犹迷阁，无雨岚光尚滴衣"。继续前行到达第二道门楼，门楼上写"有声"二字，旁边写道"星临平野阔，山似络阳多"，门楼内有同治三年（1864年）重修文明阁碑。

由于文明阁立于山峦之中，前倚姚江，旁有螺峰，古刹宝亭与绿树掩映，给人以雅致、幽静之感，当地的居民每逢初一和十五都会上山上香拜见各路神仙，祈祷平安（图1—图2）。

图1　黄姚文明阁近景

图2　黄姚文明阁远景

25 黄姚古戏台

Huangyao Stage

级　　别	自治区级
年　　代	明清
地　　址	昭平县黄姚镇
看　　点	木雕、绘画
开放方式	免费参观

黄姚古戏台位于昭平县黄姚镇，始建于明万历三年（1575年），又在清乾隆与光绪年间曾多次重修，1983年昭平县人民政府再次重修。

戏台平面呈"凸"字形，主体结构为砖木结构。戏台分为前台、后台，中间以木板屏风相隔，两侧有门，左门书"飞燕"，右门写"惊鸿"，分别绘有古松寿鹤图和梅花鸟语图，屏风上镌刻着清代举人林作楫题书的"可以兴"三个金色大字。戏台前长8.7米，宽5.5米，高3米，台面离地1.65米。台基采用方形石板围砌而成，并且地面铺装上相当考究，在前台的地面铺火砖，台面铺木板，与地面架空，达到台腔共鸣的效果。后台长13米、宽3.3米，三侧用火砖围砌，后侧开有花窗。再在台基上立八根柱，并在立柱上雕刻工整的对联，柱上架雕刻精致的梁架，并且，在后台的天花板上绘制双凤奔月图，最后以歇山封顶。整座建筑绘画色彩绚丽、木雕栩栩如生，极具民族艺术特色（图1—图3）。

图1　黄姚古戏台近景

图2　黄姚古戏台正立面

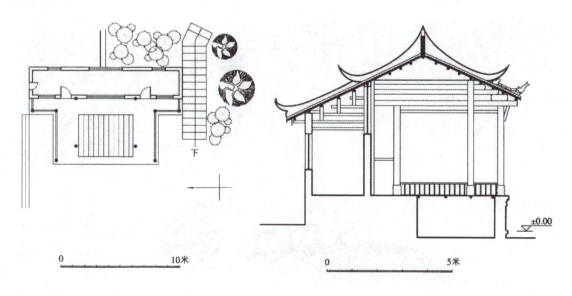

图3　黄姚古戏台平面、剖面测绘图

26 北陀古墓群
Beituo Ancient Tombs

级　　别	自治区级
年　　代	东汉
地　　址	邵平县北陀镇
看　　点	青铜文物、陶瓷器皿
开放方式	无参观条件

在1977年前后，文物工作者在北陀公社发掘古墓葬共计24座，主要分布在乐群村、风清村一带。其中乐群村有13座，位于付屋岭、松树岭、罗坪头及文机岭等地点；风清村有11座，位于风树岭、大坪岭。风清村基本为土坑墓，发掘的石室墓、砖室墓均只有一座。这些墓葬最深的有从封土到墓底达到5.1米，未设墓道，墓内采用原土填埋。少量的墓还经过层层夯打结实，个别的墓底采用木炭、细沙或小河卵石填筑。墓室中有的有棺有椁，也有无棺有椁的情况，据当时墓室发掘现场观察，大部分墓室均被盗过，出土的文物相当至少。未被盗过的墓葬出土文物种类较为丰富，有几十件青铜和四百余件陶器，以及货币、玛瑙珠、龙骨、化石等。青铜文物包括青铜吊灯、青铜镜、青铜马、兽形花槽等，其中青铜吊灯最为引人注目，堪称中国灯具史上的典范之作（图1）。出土的陶瓷器皿有刻划纹釉陶鼎、镂空葫芦形陶灯、釉陶薰炉、刻划水波纹陶壶、弦纹方格纹釉陶壶等。还出土了王莽时期的"货泉"和一枚"大泉五十"，极为稀有。

这次文物考古发掘，通过对出土文物的研究，反映了汉朝时期丧葬习俗与文化。以铜人吊顶为例，高2.8厘米，灯盘口径9.5厘米，铜人高13.5厘米，有一条长16.5厘米铜链的铜人的盘端穿过，人作跪态，赤身，手捧铜盘，头戴莲花形小帽，形貌特征分析，属于外族人，反映了"征服匈奴为奴、巩固西汉政权"的政权意识。另外北陀古墓群也映射了当时的社会经济文化、建筑技术等发展程度，为研究中国古代历史发展提供了宝贵的资料（图2）。

图1　铜人吊灯

图2　兽形铜笔座

贺州市其他主要文物建筑列表

区 县	文物名称	级 别	地 址	年 代
八步区	江氏客家围屋	国家级	莲塘镇	清
	陶少波故居	自治区级	仁义镇保福村象角寨	1915年
	红七军整编旧址张公庙	自治区级	桂岭镇西门街口	明
	乾亨寺铜钟	自治区级	八步人民公园	南汉大宝四年（961年）
平桂区	英民古墓群	自治区级	黄田镇新村	汉
钟山县	松林村石德坛及石刻（本坊业主老尊福德碑、松林绅士碑）	自治区级	回龙镇泉岭村委松林村南	清
	东岭泰山石敢当	自治区级	燕塘镇合群村委东岭村	清

12 河池市
HECHI

河池市古建筑
Historical Architecture of Hechi

- 01 红军标语楼
- 02 会仙山摩崖石刻
- 03 恒里红军岩
- 04 广西农民运动讲习所旧址
- 05 东兰劳动小学旧址
- 06 韦拔群故居遗址及旧墓
- 07 中共红七军前委旧址（魁星楼）
- 08 平洛乐登桥
- 09 凤腾山古墓群
- 10 北宋村石牌坊

广西壮族自治区地图院 编制

河池市旅游图

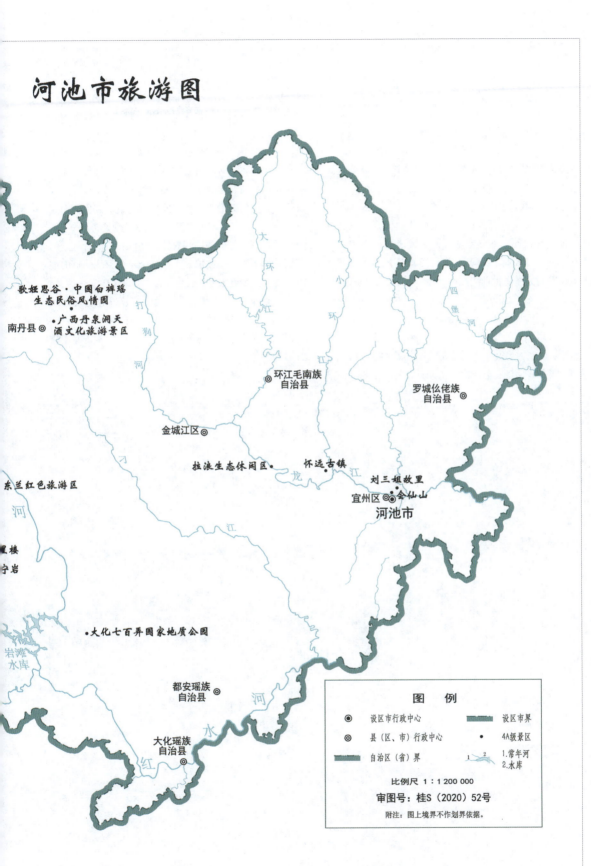

概 述

河池，位于广西北部，云贵高原南麓，东接柳州，西通百色，南连南宁，北通贵州黔南，是一座以壮族为主，汉族、瑶族、仫佬族、毛南族、苗族、侗族等多民族聚居的城市，留有多处少数民族古村落古建筑遗迹。

河池地域，先秦属百越；汉属南越国；三国时期大部分属吴国郁林地；两晋至南北朝时期，分属桂林郡、晋兴郡、南犷峒郡等；唐代隶属岭南道邕州都督府、桂州都督府等；五代至宋朝，多属宜州，文学家黄庭坚去世前曾在此生活一年有余；元代置庆远安抚司，至元十六年（1279年），改庆远路总管府；明清隶属广西承宣布政使司。近代史上，浙江大学曾迁至宜州，留下"求是"校训。竺可桢、丰子恺、巴金、田汉、叶圣陶等诸多文化名人也曾先后来此。

目前，河池下辖1区1市9县，是西南与沿海港口间的交通要道。河池主要位于红水河、龙江流域，境内以山地为主。会仙山、凤凰山上，有古代的石刻墓葬群，留下了许多美丽的传说。

青山耸翠、巍峨峰峦间的石壁洞穴，不仅为先民提供了庇护所，也成为战争时期的重要根据地。近代抗战年间，河池的山崖峭壁间，留下诸多红色革命遗址，如位于甘牢山的恒里红军岩；位于"北帝岩"（后更名"列宁岩"）的广西农民运动讲习所旧址等。河池还是邓小平、韦拔群等无产阶级革命家战斗过的地方，至今保留着浓厚的红色情结。

本章选取河池市主要古代建筑及部分近代建筑做简要介绍，其中国家级重点文物保护单位4处，自治区级文物保护单位6处；并对其余3处古迹进行列表说明。

金城江区

1 红军标语楼

Red Army Slogans Building

级　　别	国家级
年　　代	民国
地　　址	河池镇永康街
看　　点	红军标语
开放方式	现为纪念馆

红军标语楼，建于1926年，原为当地小学教员吴自若先生住宅。百色起义后，红七军三进河池，驻扎于此。邓小平、张云逸、李明瑞等曾在此召开红七军第一次党代会，并进行了著名的"河池整编"。

红军标语楼是一处两层三进式院落，砖木结构，砌夯土实墙，小青瓦硬山顶屋面，红漆木质门窗。占地1200平方米，建筑面积约为600平方米，是一处形式朴素的民居式建筑（图1—图2）。

之所以称之为"标语楼"，是因为墙壁上留有红七军当年留下的58条标语与6组漫画，总面积达90平方米，是国内"面积最大、最集中、保存最完整的红军早期革命纪念性标语"（图3）。其中，以第二进上层最为集中，多用木炭、黑石和墨汁书写。内容包括对国民党罪状的揭露、对共产党性质纲领及革命任务的宣传、对红军性质与纪律的阐述、革命必胜的信念等。标语后留有落款。漫画朴实生动，诙谐活泼。红七军撤离后，标语与漫画曾用石灰覆盖，新中国成立后经文化馆刮削而显露于世。

1963年，吴先生出让房屋作为纪念馆，原名"中国工农红军第七军河池宿营地旧址"，复原了当年的军部陈列，次年起对外开放。

图2　旧址第一进会议室

图1　中国工农红军第七军河池宿营部标语楼旧址

图3　红军标语

宜州市

2 会仙山摩崖石刻
The Stone Carving of the Huixian Mountain

级　别	国家级
年　代	宋—民国
地　址	宜州市龙江北岸会仙山
看　点	白龙洞
开放方式	开放

会仙山，又名北山，因相传曾有仙人乘鹤集会于此而得名。山上草木葱郁，溶洞丰富，明代旅行家徐霞客曾在其游记中留下翔实记述。（图1）

会仙山的白龙洞等处，留有宋代以来的摩崖石刻、造像 60 余处，多为宦游、流寓、游历或地方文人所题。白龙洞位于南侧山腰。洞内的"供养释迦如来住世十八尊者五百大阿罗汉圣号"刻于宋元符元年（1098 年），是我国现存年代最早的五百罗汉名号碑，保存完好。清后期的太平天国翼王石达开及其部将唱和诗石刻是国内唯一存世的太平天国诗作碑刻。洞口的"婺州双林寺善惠大师化迹应观图"，刻于 1097 年，讲述了梁武帝萧衍侍佛的故事。清初的《重修白龙洞记》讲述了康熙初年评定"三藩之乱"的史实。洞中另有普贤菩萨造像、"佛会图"等石窟造像与多处游记题刻。（图 2—图 8）

白龙洞中的石刻内容丰富，涉及当地文化、宗教、军事等诸多方面。其中，许多诗文提及陆仙翁和白龙，即唐代诗人陆禹臣与白龙为洞中一块形似白龙的边石。二者的结合虚实相叠，激发了伫立此处文人墨客的诗兴，留下这些丰富的历史文化遗产。

图1　会仙山远眺

图2　白龙洞口摩崖石刻

图5　明代石刻

图3　宋代摩崖造像

图6　五百罗汉名号碑

图4　摩崖石刻

图7　翼王石达开及其部将唱和诗石刻

图8 翼王石达开唱和诗石刻

凤山县

3 恒里红军岩
Hengli Red Army Rock

级　别	自治区级
年　代	民国
地　址	凤山县凤城镇恒里村
看　点	革命根据地
开放方式	不开放

原名恒里岩,位于恒里村对面的甘牢山山腰上,是一处形似虎口的岩洞,岩口宽10余米,洞深约170米,洞内平坦宽敞,可容千人。(图1)

恒里是凤山县苏维埃政府成立之处,曾开展土地革命。1930年,红七军主力北上。次年,桂系军阀与黔军王海平部反扑东凤革命根据地。留守的红军二十一师、赤卫队和当地民众千余人,曾在此抗击黔军敌兵11个月,誓死不屈,智退敌军百余次,先后转移民众数百人。最后终因寡不敌众,弹尽粮绝,洞内军民壮烈牺牲。

此次战斗是红军反围剿战争中时间最长、最悲惨、牺牲最多的一次。新中国成立后,为纪念这段历史,恒里人民收集死难者遗体374具,安葬于凤山革命烈士陵园,将"恒里岩"改称"红军岩"。如今时过近百年,洞内依然能发现当年军民遗体。岩洞现已封存,内存纪念碑、当年作战武器、红军和民众遗体等。

图1 恒里红军岩

东兰县

4 广西农民运动讲习所旧址
The Old Site of the Guangxi Peasant Movement Workshop

级　　别	国家级
年　　代	民国
地　　址	东兰县武篆镇巴学村
看　　点	列宁岩
开放方式	可参观

原名"北帝岩",因洞内北帝庙而得名,是一处大型天然石洞。洞口宽约65米,高约43米,深约140米。洞内宽敞明亮,深处有泉水,内部可通向山后(图1—图2)。

1922年,韦拔群在此组织革命同盟,发表《敬告同胞》。1925年,韦拔群、陈伯民等人在此开办广西第一届农民运动讲习所,培养农运骨干,为右江农民运动发展与革命根据地建立打下群众基础。1930年,在红七军军长张云逸的提议下,更名"列宁岩"。

"列宁岩"作为天然遮蔽所,清代时即作私塾使用。开办讲习所期间,功能俱全。中为讲堂,两侧为宿舍,后为食堂。还有阅览室、宣传栏等。洞内多处贴有鼓励革命的标语对联与名人画像(图3—图4)。

目前,列宁岩作为红色革命遗址,成为爱国教育基地。洞口的"广西农民运动讲习所旧址",为叶剑英所书。

图1　列宁岩外景

图2　列宁岩东门

图3　列宁岩内景

图4　讲习所讲台

5 东兰劳动小学旧址
The Old Site of Donglan Labor Primary School

级　　别	自治区级
年　　代	清
地　　址	东兰县东兰镇虎头街 62 号
看　　点	红色遗址
开放方式	要许可

原名"东兰小学堂""东兰高等小学堂",是东兰县的第一所高等小学堂,由知州易振兴筹资,建于清光绪三十二年(1906年)。小学堂位于虎头山脚下,原为荒弃坟场。初建时占地18亩,次年春季招生150人,课程全面。小学堂成立以来,曾培养出多位高级将领与干部,教育贡献卓著。

小学堂原为坐北朝南式布局,拱形校门后,由甬道通向一处红砖月亮门。月亮门门上嵌有石板,书"渐入文明"。门后为学堂的"外操场",东侧另有一处"内操场",二者均有高墙围护。外操场上有一条青石板路,向右通向穿堂楼。(图1)

穿堂楼是学堂的主体建筑,坐东朝西,四合院式布局,小青瓦硬山顶。正门为两层三开间式。一层明间开大门,两侧立抱鼓石,门口上方绘有山水壁画,次间对称开拱形窗。门内为横向通廊,连接两侧房间。门后庭院设花池,两侧各有九间,为教室和宿舍,正对面为七开间式礼堂。礼堂右侧有一株古榕树,粗壮繁盛,浓荫蔽日。

民国十八年(1929年),小学堂改称为"东兰县劳动小学"。次年,红七军北上整编,邓小平、陈洪涛、韦拔群等人曾在此设立指挥部办公。目前,劳动小学正门改为向西,增建教学楼与宿舍。原有校舍已经整修,但依旧保留了浓厚的红色情结。

图 1　东兰劳动小学旧址

6 韦拔群故居遗址及旧墓
The Ruins of the Former Residence and the Old Tomb of Wei Baqun

级　　别	自治区级
年　　代	近代
地　　址	东兰县武篆镇东里村
看　　点	红色遗址
开放方式	开放

韦拔群(1894—1932),广西东兰人,中国工农红七军高级将领,早期农民运动三大领袖之一,曾领导百色起义,组建右江革命根据地。1932年被暗害于东兰香刷洞(赏茶洞)。

故居位于特牙山山腰上,面向小溪,由一段阶梯通往山下。阶梯两侧松树林立,蔚为壮观。1926年,国民党进军东兰,镇压农民运动,7月达到高潮。韦拔群选择此居高临下处,建前后两栋砖瓦泥房,总面积约250平方米。前屋五开间,屋顶设有瞭望台,是当年接待同志与召集会议处。后屋为生活用房(图1—图3)。1930年,邓小平曾与韦拔群一同在此创立右江首个共耕社——"东里共耕社",还修建了一条共耕渠,沿用至今。

1931年,国民党大举"进剿"东兰期间,故居被烧毁。现址为新中国成立后原样重建,曾作为"拔群小学"。目前,故居作为纪念馆,前屋置韦拔群烈士半身像和图片文字资料,后屋恢复当年布置,展示革命生活场景。

在特牙山山脚,故居南侧约20米的两棵大榕树下,有一处"特牙庙"("红神庙"),是韦拔群烈士旧墓。墓前立碑,记录了韦拔群烈士遇害及旧墓修建的历史。故居下方一侧的水泥平台上,列有韦拔群烈士亲人墓地(图4—图5)。

图1　韦拔群烈士故居远观

图2　韦拔群烈士故居近景

图3　韦拔群烈士故居侧面

图4　韦拔群烈士旧墓（特牙庙）

图5　韦拔群烈士亲人墓地

7 中共红七军前委旧址（魁星楼）

The Former Site of the Former Communist Party of the Seventh Army of the Communist Party of China (Kuixing Building)

级　　别	自治区级
年　　代	清
地　　址	东兰县武篆镇人民政府
看　　点	红色遗址
开放方式	开放

中共红七军前委旧址，原为魁星楼，由当地民众筹建于清光绪三十二年（1906年）。魁星楼为四层六角式塔楼，高约18米，底宽约7米，木石结构。内设木梯，可登楼而上（图1—图2）。

1923年，韦拔群组织农民攻打东兰县城，曾以此为作战指挥部。1926至1927年，魁星楼为县革命委员会和区农民协会的办公地点。1930年，作为中共红七军前敌委员会办公处，邓小平和张云逸曾驻扎于此，开展革命运动，并创办了右江首个共耕社——东里共耕社。"收复百色"的重要决定即在此提出。

魁星楼作为右江革命遗址之一，是红色爱国主义教育的重要基地。目前，魁星楼内作为展陈室，讲述了这段重要的革命历史（图3）。

图2　魁星楼正立面

图1　魁星楼远景

图3　魁星楼内部

罗城仫佬族自治县

8 平洛乐登桥
Ledeng Bridge in Pingluo Village

级　别	自治区级
年　代	明
地　址	罗城仫佬族自治县东门镇平洛村
看　点	乐登仙迹
开放方式	开放

乐登桥，始建于明洪武十八年（1385年），是一座圆形拱的三孔石桥，跨度27米，桥宽4米，高约3.6米。桥身为方形青石砌筑而成，两侧铺有上桥石级（现改为斜坡）。三个桥孔起拱饱满，接近半圆，每孔孔径约3米（图1）。

桥头原有石狮，桥体两侧尚存明代石栏遗迹。孔间桥墩底部端头，雕有龙头鲤鱼尾纹样。桥面上有两处形似草鞋印的方石，有人称其为仙人足迹，因而此桥也称"乐登仙迹"。

乐登桥造型优美，历史悠久，桥下的小河河床上有多处泉眼，常年活水流动不止，清澈灵动。古桥边草木葱郁，山水环抱，景色清丽而秀美。古桥桥拱与倒影相映相连，圆滑而完整，被列为"罗城八景"之一。

图1　平洛乐登桥

环江毛南族自治县

9 凤腾山古墓群
FengTeng Mountain Ancient Tombs

级　别	国家级
年　代	清
地　址	环江毛南族自治县下南乡堂八村
看　点	毛南族石刻
开放方式	开放

凤腾山古墓群位于凤腾山东南面的斜坡处，距堂八村2公里左右，是当地毛南族祖先的清代古墓群，始祖谭三孝即葬于此。

古墓群位于"凤腾山"的"胸部与两翅"上，占尽地利（图1）。墓群由数百座坟墓组成，从山脚排向山顶，南北宽百余米，东西长约200米，气势宏伟。

古墓有方有圆，单体连体，形式各异。墓前多砌有墓碑与护碑石，一些牌坊式墓碑可高达数米。碑上立体石刻图案丰富，既有蛟龙梅鹿、凤凰仙鹤等吉祥瑞兽，又有水仙画眉等神仙花鸟，意如仙境，雕工精致，颇具民族特色（图2）。

古墓群代表了毛南族的传统艺术文化，又是祖先安息之所，受到当地村民的珍视。然而，由于墓群地处荒野，不便管理，近年来破坏性盗墓频繁。令人疑惑的是，毛南族并无陪葬金银器具的习俗，除遗失部分墓石外，许多盗墓者还开挖进入墓内，其中目的令人费解。

图1　凤腾山古墓群1

图2　凤腾山古墓石刻

图3　凤腾山古墓群2

10 北宋村石牌坊

Stone Monument in the Beisong Village

级　　别	自治区级
年　　代	清
地　　址	环江毛南族自治县明伦镇北宋村
看　　点	"男坊""女坊"、石刻
开放方式	开放

北宋石牌坊，位于北宋村村口，建于清光绪二十年（1894年），是时任云南布库大使的村人卢式慎为纪念其族人为抵抗苗兵所做的牺牲而上奏请建。

牌坊共有两座，称"男坊"和"女坊"，均为四柱三门式，相距约15米。"男坊"正面顶竖"圣旨"，横额刻圣旨内容，两侧门门额题有大字"常昭""义气"；背面门额题"忠孝""之坊"。"女坊"正面刻"一门贞烈"，两侧题"懿德""留光"；背面题"节烈""之坊"。石坊门柱两侧立抱鼓石，石鼓上雕有狮虎，上下相对，造型活泼。门楣与门顶处，浮雕龙凤、仙人、瑞兽、花鸟等。浮雕中的许多吉祥物品上均系有飘带，轻灵飘逸。此外，牌坊上还刻有多处赞美忠义节烈的诗文对联，均为当时云南各级官员所赠。

北宋石牌坊通身青石，榫锁相接，浑然一体。与国内现存的诸多知名石牌坊不同，北宋石牌坊并无过多立体细致的透雕镂雕，装饰以浮雕为主，远观时形态朴实而厚重，加之青石历经岁月洗刷后的凝重色彩，使立于山野间的石牌坊更显肃穆、浑厚，颇具沧桑感。

图1　北宋村石牌坊近景

图2　北宋村石牌坊正立面

河池市其他主要文物建筑列表

区　县	文物名称	级　别	地　址	年　代
凤山县	红七军二十一师秘密指挥所	自治区级	凤山县袍里乡坡心村三门海国家地兵工厂遗址公园燕子洞内	民国
巴马瑶族自治县	韦拔群烈士牺牲地	自治区级	巴马瑶族自治县西山乡弄烈村香刷洞	民国
都安瑶族自治县	九如古墓群	自治区级	都安瑶族自治县拉仁公社九如大队	汉

13 来宾市
LAIBIN

来宾市古建筑
Historical Architecture of Laibin

- 01 莫土司衙署
- 02 三界庙
- 03 文辉塔
- 04 武宣文庙
- 05 武宣北门城楼
- 06 武宣刘氏庄园
- 07 武宣郭氏庄园
- 08 纳禄村古建筑群
- 09 《大瑶山团结公约》石牌
- 10 下古陈村古建筑群

广西壮族自治区地图院 编制

市旅游图

图例

- ◎ 设区市行政中心
- ⊙ 县(区、市)行政中心
- • 4A级景区
- ━━ 设区市界
- ～ 常年河

比例尺 1:870 000
审图号：桂S（2020）52号
附注：图上境界不作划界依据。

来宾市

概 述

来宾市位于广西中部,素有"桂中腹地"之称。来宾市与桂东、桂西、桂南、桂北均接壤,是西南出海大通道的重要组成部分。

来宾市地处丘陵地区,北高南低,东西两端较高,中间位置较低,东部有桂中最高峰的大瑶山山脉,自然条件天时地利,城市风貌独具特色,这里山水相融,有岛有城。

来宾市是一个多民族聚集的城市,汉族、壮族、瑶族等多个民族的文化相互交流碰撞,经过历史岁月的洗礼,创造了绚烂多彩的历史文化,有大家熟知的盘古文化、瑶文化,也有在漫长岁月中沉淀的奇石文化、红水河文化。再加之来宾市青山绿水的自然条件,让这些民族文化渗透于自然及城市,使来宾市成为一座民族风情浓郁、环境优美的山水城市。

来宾市历史悠远,根据1956年中国科学院古脊椎动物研究所考古证明,距今约3.6万年的旧石器时代,以来宾市为中心的桂中地区生活着"麒麟山人",并在麒麟山发现其头盖化石。秦朝时期开始县级行政建制,自汉至南北朝为郡治。这里还是盘古文化的发祥地,有着众多浓郁的盘古文化的古迹或是民风。

忻城县

1 莫土司衙署

Motusi Yashu Building

级 别	国家级
年 代	明清
地 址	忻城县翠屏山麓
看 点	浮雕、脊饰
开放方式	购票参观

莫土司衙署始建于明万历十年（1582年），坐落在忻城县西宁街南路与翠屏西路交汇处，是我国现存最完整、规模最大的土司建筑，于1996年被国务院公布为全国重点文物保护单位。

忻城县莫土司衙署主要建筑有土司衙门、莫氏祠堂、土司官邸、大夫第、三界庙等，总建筑面积达4公顷。整座衙署所有建筑均为砖木结构，主体建筑硬脊飞檐，雕饰精致，被誉为"壮乡故宫"（图1）。

整座衙署建筑呈轴线布置，分为中轴线及东西轴线。中轴线分布的主体建筑有影壁、大门、牢房、兵设、头堂、长廊、东花厅、西花厅、二堂、东厢房、西厢房、三堂、后苑。在大门两侧摆放着一对石狮和石鼓，很是气派（图2）。踏入大门后进入院落，东面为牢房，西面为兵舍，均为前后两栋建筑。院落内有一处近80平方米的月台，并设有4门铁炮、3门地炮。过了月台即头堂，三开间。头堂前面较为明亮宽阔，作为政治活动的场所，后面为衙门布局，有案桌、大鼓。走出头门为长廊，东西花厅居于两侧，前窗采用镂空的花窗，内部陈设高雅。东花厅用于宴客，西花厅则为犯人初审之地。走过长廊，进入二堂，有浮雕图案，也有镂空花窗。二堂两侧为厢房，均为八间，为男孩寝室。三堂与二堂组合为四合院布局，过了三堂为后苑，建筑小巧精致，是女孩闺房（图3—图4）。

东轴线主要建筑有影壁、大门、一进、二进、三进，也皆为砖木结构，屋脊翘角、镂空花窗，是莫氏祠堂。

西轴线有头堂、二堂、后苑，还有建筑围合而成的3个天井及其他附属建筑，为代理土司的官邸，规格及形式上略逊于中轴上的衙署。

此外，除了这三条轴线上的建筑外，还有一些附属建筑，如大夫第、参军第、三清阁、汉堂邸、后花园、礼房等其他建筑。

莫土司衙署建筑群建筑年久久远，后期又多次历经兵火，部分建筑被毁。据记载，曾在1605年、1653年、1830年间进行了三次较大维修。新中国成立后，也曾多次对该建筑群组织维修。

莫土司衙署建筑群对于研究我国土司典章制度提供了重要的事物例证。其内部陈列的石器、金器、骨器、铜器、织锦等历史珍品也为研究岭南文化提供了丰富的实物资料。

图1 莫土司衙署鸟瞰

图2 莫土司衙署大门

图3 莫土司衙署正堂

图4 莫土司衙署室内

2 三界庙

Sanjie Temple

级　　别	自治区级
年　　代	明清
地　　址	忻城县翠屏山麓
看　　点	雕刻、脊饰
开放方式	购票参观

　　忻城县三界庙，原为三清阁，位于翠屏山麓、莫土司衙署的右侧，是莫土司及其家人上香拜神和看戏的场所。三界庙已于2003年重新对外开放，香客众多，香火极为旺盛。

　　三界庙坐南朝北，由五座古建筑组成，占地3亩。在入口大门明间立有两根高约5.6米的方形石柱，柱子迎面的方向题写对联。在柱脚有高约0.62米的青石盘柱础，中间的大门上绘有宋代杨家将画像。走进大门后，首先看到的是戏台，戏台下为四方院落，方便观众看戏。其次为天井，两侧有围合廊庑，再进为大殿，大概有 168 平方米。在大殿中央设神台，供奉着三界公等神像。在神台前面为祭拜的场地，这里还有 300 多年的松柏、石榴树，古色古香。相传供奉的土医冯三界在民间救死扶伤，药到病除，受到百姓的尊敬和爱戴，后来当地的壮民将冯三界当作神一样供奉（图1—图5）。

图 3　三界庙正门

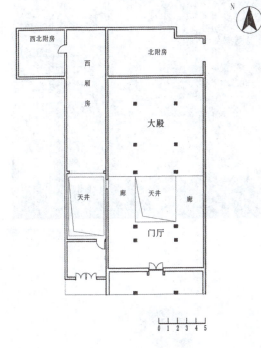

图 1　三界庙平面图

图 4　三界庙正殿轩棚梁架

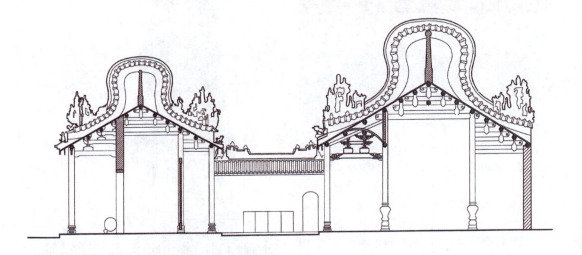

图 2　三界庙明间剖面图

图 5　三界庙正门正脊陶塑

兴宾区

3 文辉塔

Wenhui Tower

级　　别	国家级
年　　代	明
地　　址	兴宾区迁江镇扶济村
看　　点	壁画
开放方式	免费参观

文辉塔位于兴宾区迁江镇扶济村南面红水河的北岸边，于 2019 年 10 月被公布为国家级文物保护单位。

据说，文辉塔是一座"镇妖"风水塔，功能独特。现存文辉塔为明万历年间江县武举、八所指挥、守备、三里营参将黄文辉组织重建，因此叫作文辉塔（图1）。该塔 7 层，通高 35 米，内径 2.72 米，壁厚 3 米，为八角八面的空心砖塔，由塔底至顶逐层收窄。塔基为石板砌筑，底层设有风门，高 2.2 米，宽 0.84 米。二层起南北方向对开拱门，其他 6 面装饰假拱门，

图 1　文辉塔全景

塔顶采用铸铁锅盖样式（图2—图3）。塔内未看到楼梯。在塔内第一级到第六级设有佛龛，除第一级为5龛外，其余均为6龛。在龛内还画有壁画，画像精致丰富。据说，该塔自建成之后，从未进行过任何维修，仍然基本保持着原貌。整座塔结实敦厚、古朴典雅、雄伟壮丽，其规格与形制严格按照明代古塔营造法式的规范进行建造，是广西历史上第一座由壮族土官建造的古塔，具有典型的民族性和特殊性。

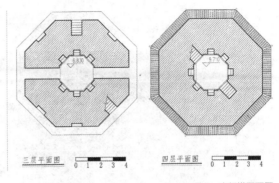

图2　文辉塔平面图

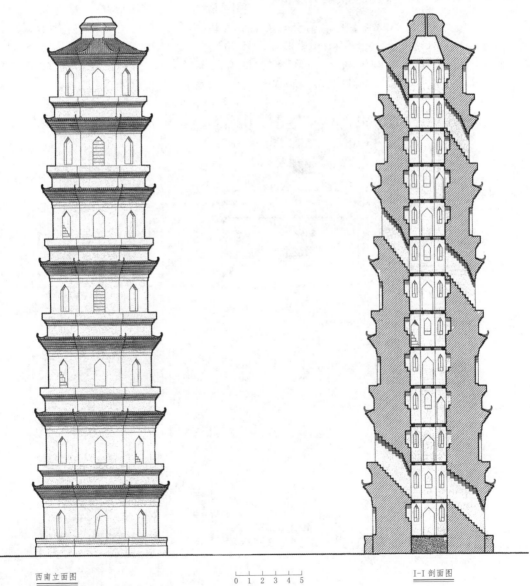

注：本图以塔心室内地面为±0.000

图3　文辉塔立面、剖面图

武宣县

4 武宣文庙
Wuxuan Confucius Temple

级　　别	自治区级
年　　代	明清
地　　址	武宣县武宣镇上南街1巷
看　　点	碑记、壁画
开放方式	购票参观

武宣文庙，又称为黉宫，始建于明代，后于清、民国时期修葺，为纪念与祭祀孔子等文人先辈的祠庙，是目前广西现存规模最大的孔庙，坐落于来宾市武宣县，于2000年被公布为自治区级重点文物保护单位。

武宣文庙为宫殿建筑群，单体建筑包括正门、厢房、棂星门、泮池、状元桥、大成门、东西庑房、大成殿及崇圣祠等其他古建筑，占地面积4760平方米（图1—图2）。

文庙前为照壁，正门在古代是不开的，相传考中状元才在照壁中间开设大门，俗称状元门。新中国成立后，拆墙开门，方便民众参观。在门东西两旁各有一间厢房，专为祭祀者更衣。过状元门为棂星门，面阔五间，皆为青石砌筑，额枋上刻有"棂星门"三个字，横额上有图案精致的浮雕。而后踏入状元桥，桥下为泮池，泮池东西侧各竖有历代修复孔庙的碑记。桥体为青石砌成，两侧有青石栏板，并种植杨柳。状元桥紧接大成门，面阔三间，进深两间，为木结构建筑。颇具特色的是大成门有14扇大门，组成屏风式，高大敞亮（图3）。大成门东侧为名宦祠，西侧为乡贤祠。由大成门进去为天井，东西两侧为庑房，主要用于安放历代先贤先儒神位。内为大成殿（图4—图5），殿内外有16根柱子，面阔三间，进深三间，重檐歇山顶，并设有回廊，回廊上有清早

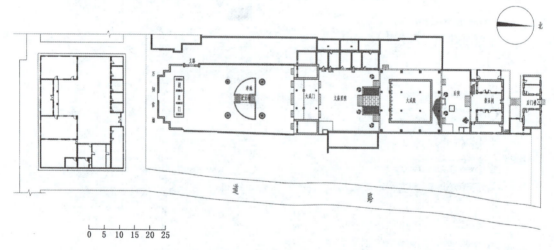

图1　武宣文庙总平面图

图2　武宣文庙纵剖图

期的壁画。目前，室内放置着玻璃钢塑筑的孔子像，通高 4.5 米。崇圣祠（图 6）居于大成殿后侧，为祭祀孔子五代祖先的场所。

武宣文庙曾在"文革"期间遭遇破坏，仅大成殿、大成门、崇圣祠、尊经阁、明伦堂等主体建筑保存下来，其余均被毁。从 20 世纪 80 年代至今，先后对武宣文庙进行了维护与修复。武宣文庙是极具南方地方特色的古代建筑，对于研究我国历史、文化及艺术均有重要的意义。

图 4　武宣文庙大成殿

图 3　武宣文庙大成门

图 5　武宣文庙大成殿梁架

图 6　武宣文庙崇圣祠

5 武宣北门城楼

Wuxuan North Tower

级　别	自治区级
年　代	清
地　址	武宣县武宣镇北街4号
看　点	屋顶样式
开放方式	免费参观

武宣北门城墙原为筑土墙,后改为砖墙。城门为内外两层式卷顶,外层宽3.1米,高2.8米,内层宽、高均为4.1米。城上建有二层城楼,通高15米。其中,城高6米,楼高9米,建筑面积250平方米。城楼面阔三间,单进深,抬梁砖木结构,重檐歇山顶,四面翼角、绿色琉璃滴水(图1)。

整座建筑古朴雄伟,对于研究明清时期的军事防御具有重要的历史意义。

武宣北门城楼,又称尚武门,位于来武宣县武宣镇北街4号,于2009年5月被公布为自治区级文物保护单位。

武宣北门城楼,俗称北楼,原在武宣县城东南二十里的旧县村。在明宣德六年(1431年)正式迁县城到今址。前期在各向城楼设兵马司,分别驻兵10名。明崇祯八年(1635年)将二帝庙神位迁入北楼,清康熙年间知县翁年伦又将北楼作县义学,后于雍正十三年(1735年)改为养济院,以栖流犯。现存武宣北门城楼为乾隆三十一年(1766年)重修。民国初年将民团局设立于此,民国二十二年(1933年)改为武宣镇公所。"文革"期间,其余三座城楼破坏拆除,仅留北门城楼一座。

图1　武宣北门城楼立面

6 武宣刘氏庄园

Wuxuan Liu's Manor

级　别	国家级
年　代	清
地　址	武宣县河马乡莲塘村
看　点	中西结合的庭院式庄园
开放方式	免费参观

古庄园整体基本保存完好,按照中国传统的四合式院落的平房建筑,呈长方形布局,坐北朝南,采用九厅十八井,分为主、副、人行巷道三位一体统一协调的格式建造,首厅门前设大院,两侧的房

武宣将军第,亦称刘氏古庄园,位于河马乡莲塘村,始建于清嘉庆六年(1742年),占地面积120000平方米,建筑面积21000平方米。沿武宣至平南二级路到东乡华乐路口,再往河马方向沿柏油路走一段,右边田间可见。共有清代、民国两处庄园。清庄园位于武宣县东乡镇下莲塘村,住宅在莲藕塘的下方,故名下莲塘村,又称莲塘寨,距县城31公里,距国家AA级自然风景区百崖大峡谷公路1公里,背靠金龙庙。

图1　武宣刘氏庄园鸟瞰

屋与主体的九厅十八井互相通连。房屋系青砖、青瓦、三合土、石、木混合结构。房屋四周用卵石砌成高4米、底宽2.5米的跑马围墙。围墙四角均筑有岗楼,岗楼比围墙高出一倍多,跑马墙和岗楼均设有瞭望孔和枪眼,村中房屋具有营寨的特点,故新中国成立前一直被称为莲塘寨。古庄园设有南、北、西三个出入大门,在南大门头墙壁原有"将军第"三个大字。

2019年10月7日,武宣刘氏庄园入选第八批全国重点文物保护单位名单。

图2　武宣刘氏庄园前景

图3　武宣刘氏庄园细节

图4　武宣刘氏庄园全景

7 武宣郭氏庄园

Wuxuan Guo's Manor

级　　别	国家级
年　　代	民国
地　　址	武宣县桐岭镇雅岗村
看　　点	中西结合的园林建筑
开放方式	免费参观

郭松年庄园距离武宣县城 18 公里，离 209 国道 1000 米左右。民国九年（1920 年）开始雇请外地建筑工匠建设，历时 5 年，共花白银 18 万两，建成一座共 99 间房屋的中西结合庄园。其中大门左右侧为二层 10 间，上下厅 29 间，两侧横房 40 间，后排房 14 间，四角设 4 个炮楼，前庭有卫生间 2 间。整座建筑呈四方集群状，左右严格对称。设有前庭后院，前庭有半圆形的池塘，在岭南建筑的基础上引进了欧式建筑艺术，中西结合，布局完整，功能齐全，下料严谨，用工考究，自成一体。内外墙壁上古松、花草、飞鸟、走兽等浮雕，栩栩如生。

2019 年 10 月 7 日，武宣郭氏庄园入选第八批全国重点文物保护单位名单。

图 1　武宣郭氏庄园内景

图 2　武宣郭氏庄园远景

图 3　武宣郭氏庄园鸟瞰

图 4　武宣郭氏庄园细节

象州县

8 纳禄村古建筑群
Nalu Ancient Architectural Complex

级 别	第一批国家级历史文化名村
年 代	明
地 址	象州县罗秀镇纳禄村
看 点	雕刻
开放方式	免费参观

纳禄村四面环水,建于明代,距今已有400年历史,历史悠久,文化资源丰富。

村落建筑整体保存完整,房屋多为坐北朝南,尚存的古建筑有26座,极富岭南建筑特色。平面布局合理,庭院相互畅通,房屋方正笔直,青砖灰瓦。门窗雕塑也非常丰富,在门额上雕塑鱼跃龙门等图案,木窗上雕刻花鸟等精致图案。院内的影壁做法也相当考究,在影壁方心上嵌有"祝""寿""吉星高照"等寓意吉祥的文字(图1)。

据说,罗秀镇纳禄村古村落为朱氏皇帝后裔皇房建筑群。明代末年,李自成起义,朱元璋后裔靖江王为躲避李自成的追杀,逃亡到广西象州。据当地老人说,当时靖江王选址在此后,一天请百余个工匠建造房屋。此后百年来,朱氏后裔直保存皇家严谨淳厚的治家之风,训诫子孙勤奋躬耕,好学上进,培养出很多人才。还保存着完整的清光绪五年(1879年)授予朱庭熙进士牌匾。

图1 纳禄村街巷近景

金秀瑶族自治区

9 《大瑶山团结公约》石牌
Da yao Shan Solidarity Convention Stone

级 别	自治区级
年 代	现代
地 址	金秀瑶族自治县金秀镇功德路
看 点	碑文
开放方式	免费参观

《大瑶山团结公约》石牌,位于金秀瑶族自治县金秀镇功德路,于2009年被公布为自治区级文物保护单位。

大瑶山瑶族包含盘瑶、茶山瑶、花篮瑶、坳瑶、山子瑶等五个支系。瑶山会剿结束后,为解决好当时瑶族自治县存在的两种矛盾,一是汉族与瑶族之间的矛盾,一是瑶族内部各支系之间的矛盾,1951年,在中央政府的指导下,由大瑶山的区、乡人民政府组织群众自己订立团结公约。1951年8月28日会议上通过《大瑶山团结公约》,29日将其镌刻在石碑上(图1)。主要内容为:长毛瑶放弃过去各种特权;瑶区各族可以自由开荒、打鸟、钓鱼、放网;按劳分配,谁种谁收;长毛瑶和汉人不再收租,瑶族内部原有水田的租佃关系由双方协定;保护水源、水坝、祖坟、牛场和防旱防水树木,防止烧森林;保护老山原主特产。该项公约解决了特权这一矛盾焦点,加强了民族团结,促进了民族发展。

《大瑶山团结公约》石牌具有民族自治地方单行条例的性质,对我国民族区域自治具有非常重要的意义。

图1 《大瑶山团结公约》石碑

10 下古陈村古建筑群

Xiaguchencun Ancient Architectural Complex

级　　别	国家级
年　　代	明清
地　　址	金秀瑶族县六巷乡
看　　点	夯土建筑、黄泥鼓、舔火
开放方式	免费参观

金秀瑶族县六巷乡下古陈村民居根据当地地形，依山而建，就地取材，村寨的寨门、巷道等大多用石头垒砌。房屋多以石块为基，以夯筑泥土或是石块、黄泥土、草筋砌筑墙体。房屋一般建两层，下层为厅、卧室、厨房，上层为楼。一般还设有围墙，菜园也多为石材砌筑。下古陈村是以坳瑶为主的小村，高低不一，错落有致，被费孝通誉为"世界瑶族文化研究中心"，对我国乃至世界瑶族研究提供了重要的实物及文化资源，有广西唯一的坳瑶博物馆之称（图1—图2）。

在下古陈村还有很多流传下来的文化资源，如古朴的舞蹈、古老的绝技，瑶族服饰更是让人惊艳。

在这丰富多样的舞蹈中，黄泥鼓舞最为古朴优雅。当地坳瑶人为了以掌击鼓时鼓声更响，传得更远，便在鼓两端牛皮鼓面糊上一团黄泥，于是"黄泥鼓"便成为下古陈特有长鼓的名称。

瑶族引以为傲的绝技为舔火，一般只在瑶族特有的节日或是有病人要"镇邪"时才可以看到。表演的人念着古老的咒语，手里拿着一把锈蚀的老剑，在熊熊燃烧的火苗中拿出一根通红的炭头，开始把火红的炭头舔灭，而自己却毫无损伤。这些掌握舔火技术的人，也被尊称为师公，是坳瑶人心中最神奇的族人。下古陈村坳瑶男子服饰多为黑色或是深蓝色，裤子为唐装，腰缠白色腰带，头上缠着绣有几何图案花纹的头巾。女子在衣沿刺绣花、虫、鸟、兽花纹或是各种几何图案，精美细致。瑶族还喜欢戴竹壳帽，帽上插着数枚小圆如星的头针。

图1　下古陈村近景

图2 下古陈村房屋

来宾市其他主要文物建筑列表

区 县	文物名称	级 别	地 址	年 代
合山市	溯河码头遗址	自治区级	溯河村下村屯西南红水河岸边	明
象州县	独鳌山摩崖石刻	自治区级	中平镇良山村	清
	文相岩摩崖石刻	自治区级	大乐镇龙屯村委龙女村	清
	六祖岩摩崖石刻	自治区级	象州镇鸡沙村委黄皮沟村	清
	南沙湾贝丘遗址	自治区级	象州镇沙兰村公所南沙湾村北	新石器时代
	娘娘村贝丘遗址	自治区级	石龙镇迷赖村公所娘娘村东	新石器时代
兴宾区	蓬莱洲象州故城遗址	自治区级	城厢乡二沟村蓬莱洲	宋
忻城县	白虎山石刻	自治区级	古蓬镇周安街	明清
金秀瑶族自治县	帽合山岩画	自治区级	桐木镇	明
	圣堂山石墙	自治区级	长垌乡圣堂山	明

14
崇左市
CHONGZUO

崇左市古建筑
Historical Architecture of Chongzuo

- 01 花山岩画
- 02 黄善璋墓
- 03 镇宁炮台
- 04 中国红军第八军军部旧址
- 05 越南共产党驻龙州秘密机关旧址
- 06 连城要塞遗址和友谊关
- 07 陈勇烈祠
- 08 法国驻龙州镇事馆旧址
- 09 业秀园（陆荣廷旧居）
- 10 龙州天主教堂
- 11 龙州铁桥阻击战遗址
- 12 伏波庙
- 13 上金旧街中山民居
- 14 大连城
- 15 平岗岭炮台
- 16 江西岸遗址
- 17 左江斜塔
- 18 太平府故城
- 19 靖边城
- 20 养利州古城门楼及城墙
- 21 万福寺

崇左市旅游图

比例尺 1:900 000
审图号：桂S（2020）52号

概　述

"崇左"是取崇善县、左县两县之首字而得名。崇左市位于广西西南部，北与百色市相邻，东邻自治区首府南宁市，东南接防城港市，西面及南面与越南接壤。地处桂西南山地丘陵区左江沿岸，地势大致呈西北及西南略高，向东倾斜，西部为大青山，南部为公母山、十万大山。地处北回归线以南，属亚热带季风气候区。左江横贯市境并流经城区，往东与右江汇合成邕江。全市总面积1.73万平方公里，壮族人口比例超过八成，境内共居住着28个民族。湘桂铁路过境，中越边境凭祥口岸及友谊关坐落市境西南部，为中国通往越南及东盟各国的重要陆路通道。

崇左历史悠久，壮族文化源远流长。公元前214年，秦王朝统一岭南。设立南海、桂林、象郡三郡，崇左属象郡地；唐初置左江镇；宋改崇善县；元至元二十九年（1292年）置太平路，治所在今崇左城区。明洪武二年（1369年），改太平路为太平府，隶左江道。清代，太平府为于太平思顺道治所。民国二年（1913年）废府存县，辖境属镇南道，治今龙州县。1930年2月1日，中国共产党发动龙州起义，建立左江革命委员会。1951年，龙州更名为崇左，专署迁驻崇善县。崇善、左江县合并为崇左市。

独特的地理位置孕育了浓郁的边关文化。散落在左江河畔的壁画至今仍是千古之谜。其岩画是左江流域岩画中的代表，也是世界同类岩画中单位面积最大、画面最集中、内容最丰富、保存最完好的一处，同时也是世界文化遗产。凭祥有著名的镇南关大捷的友谊关，崇左同时还有多处近现代建筑及红色革命文物，如法国驻龙州领事馆旧址、红八军军部旧址、越共驻龙州秘密机关旧址等丰富的文化遗产资源。

综上，本章对崇左市古建筑进行介绍，其中世界遗产1处，国家级重点文物保护单位7处，自治区级文物保护单位13处，并对其余几处文物古迹进行列表说明。

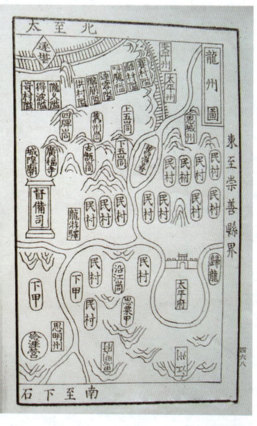

图1　龙州舆图1

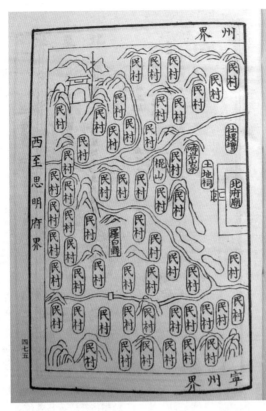
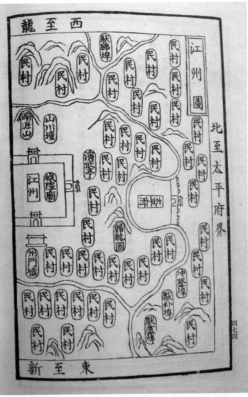

图2　龙州舆图2

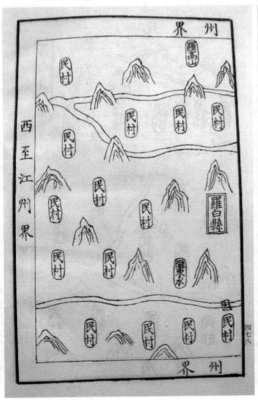
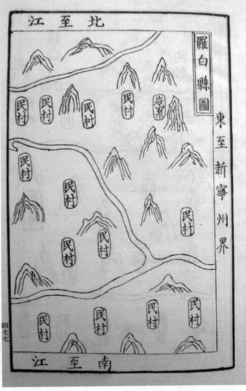

图3　罗白乡（今崇左境）

宁明县

1 花山岩画

Huashan Rock Painting

级　别	世界文化遗产
年　代	战国—汉
地　址	宁明县城中镇耀达村东北 500 米明江东岸
看　点	岩画
开放方式	购票参观

花山岩画是战国至东汉时期，岭南左江流域壮族先民骆越人的巫术活动的遗迹，是国内外著名的古代涂绘类岩画点，位于广西壮族自治区宁明县城西北约25公里处的明江河畔。花山，壮语名为"岜来"，汉译为"有画的石山"，宋、明时代已有记录。据专家考证，花山岩画的绘制年代早期可追溯至春秋战国时期，距今已有2500多年的历史。以规模宏大、场面壮观、图像众多而闻名于世，成为广西左江流域岩画的典型代表。它历经了战国、西汉、东汉等多个历史时期的不断完善，才形成这震撼人心的文化遗产。

花山岩画是左江流域岩画群的代表，也是目前为止中国发现的单体最大、内容最丰富、保存最完好的一处岩画，位于宁明县驮龙乡耀达村的花山崖壁上。现存的花山岩画长172米，高50米，面积达8000多平方米，可辨认的图像有111组1800多个，内容包括人物、动物和器物三类，以人物为主，记录了当时人们举行祭祀活动的情况，皆用赭红色颜料绘成。

人物只画出头、颈、躯体和四肢，无五官等细部。基本造型分正身和侧身两种。正身人像形体高大，最大的高达3米，最小的约0.3米，皆双臂向两侧平伸，曲肘上举，双腿叉开，屈膝半蹲，腰间横佩长刀或长剑，神情潇洒。侧身人像数量众多，形体较小，多为双臂自胸前伸出上举，双腿前迈，面向一侧，作跳跃状。

花山岩画是国内外规模最大的古代岩画之一，其融整体（左江岩画）的规模宏大、单体（自身）的气势雄伟、个体人物（岩画中）体形硕大之"三大"特征于一体，从而形成的雄阔气势为其他岩画所不能比拟。花山岩画的图像大多采取平面塑造（投影单色平涂）的创作方法，用特制的软笔在岩壁上涂抹图像轮廓，形成"剪影"般的艺术效果，造就了花山岩画粗犷的外貌及活跃的动感，具有极其强烈的艺术感染力，是壮民族先民绘画艺术的不朽杰作及传承基础。

图1　棉江花山岩画

图2　洪山岩画

图3　那岜山岩画

图4　弄镜山岩画

2 黄善璋墓

The Tomb of Huang Shanzhang

级　别	自治区级
年　代	清
地　址	宁明县明江镇后板册岭
看　点	石雕像
开放方式	免费参观

黄善璋墓位于宁明县明江镇板册村四把屯，是北宋永平寨（今宁明一带）首任土司黄善璋的陵墓，2000年7月公布为自治区重点文物保护单位。

黄善璋墓是广西宋代时期土司制的缩影。广西的土司文化素有"北祠南墓"之称，"北祠"指祈城县莫氏土司祠，"南墓"就是宁明县"黄善璋墓"。墓坐北朝南，为明代形制墓葬，占地面积约3000平方米。原墓葬3座，"品"字形分布，相传主座即黄善璋墓。两侧从墓距主座墓约3米，墓主无考。墓地前入口有石牌坊，牌坊前50米有望柱2根，石坊横担通体雕龙，非常精致，神道两侧排列有石人4个、石马2个、石兽4个，气势严肃，犹如王陵。

陵墓规模宏大，为广西土官墓之最，文物丰富，价值极高。黄善璋墓园所遗存的石雕像造型古朴、风格独特，历史价值和艺术价值较高，被史学家称为壮族的"兵马俑"。

2008年5月对古墓进行保护维修，维修内容有：加固石牌坊，修复神道、封土，立神道两旁石刻像等。在对古墓进行探掘时发现主墓一地券石，证明墓主为黄善璋后裔明代土司黄泽。

图1　黄善璋墓1

图2　黄善璋墓2

3 镇宁炮台

Zhenning Fort

级　　别	自治区级
年　　代	清
地　　址	宁明县寨安乡安阳村枯号屯
看　　点	炮台
开放方式	免费参观

镇宁炮台建于清光绪二十年（1894年），当地人称牛头山炮台。平面呈正六边形，边长20米，高6米，占地面积1100平方米，整座炮台用红砂岩料石垒砌而成。炮台大门面朝西北，门额青石匾阴刻"镇宁台"三个楷体大字，两旁刻款"光绪二十年孟春月"和"毅新副左营监修"等字样。门外约16米处建有一字照壁，照壁居中嵌青石，竖刻楷体"一品当朝"四字。炮台分一二两层，一层有兵房、弹药库、神龛、天井和台阶；二层有炮位、指挥台、战壕和垛墙。现炮位上残存一座铁质克房伯大炮炮座，炮管于1958年被盗，1993年找回，现置于县图书馆院内。镇宁台做工精致、雕刻精美，是研究广西清末边防设施的重要实物资料。2007年与连城要塞——友谊关公布为全国重点文物保护单位。

图1　镇宁台门额

图2　镇宁炮台

龙州县

4 中国红军第八军军部旧址
The Old Site of the Military Ministry of the Eighth Army of the Chinese Red Army

级　别	国家级
年　代	民国
地　址	龙州县龙州镇新街 19 号
看　点	外廊式、合院
开放方式	免费参观

中国红军第八军军部旧址位于龙州县龙州镇新街 19 号，由一幢法式风格和一幢中式的楼房组成，建筑面积 780 平方米，总占地面积 4922.5 平方米，原为龙州乃至广西西南地区有名的"瑞丰祥钱庄"，是龙州起义前后党的领导机关、红八军军部和左江革命委员会所在地。1929 年末和 1930 年初，邓小平同志先后两次到龙州领导和发动起义，开辟左江革命根据地，创建中国红军第八军，都在这里居住、办公。其中法式楼房为洋楼式砖木结构建筑，坐东向西，占地 100 多平方米，四壁为雕木花窗，分上下三层，底层堆货，二层、三层住人。邓小平于龙州工作期间在楼前亲手栽下了两棵柏树，现被录为名树。院内的一口红军使用过的水井也被当地群众称为"红军井"。

图1　正立面

图2　侧立面

图3　整体俯瞰

图4 瑞丰祥庭院

图5 瑞丰祥正立面

5 越南共产党驻龙州秘密机关旧址

The Old Site of the Secret Service of the Communist Party of Vietnam in Longzhou

级 别	国家级
年 代	民国
地 址	龙州县龙州镇南街99号
看 点	天井、陈设
开放方式	免费参观

越南共产党驻龙州秘密机关旧址位于龙州县龙州镇南街99号，始建于清末。旧址坐南向北，南临左江，北临南街，东西两侧与民居贴墙相连，为广西龙州县传统的前铺后宅、四水归堂式民居（图1）。旧址三进间，砖木结构，面阔均为三间，高两层、小青瓦屋面硬山屋顶，穿斗式木构架。1926年起，胡志明等越南革命者在龙州开展了长达18年的革命活动，旧址是越南革命者在龙州指导越南国内革命活动的重要地点之一。据统计，在旧址进行过革命活动，后来成为越南国家、军队重要领导干部的有40多人。

越南革命者在龙州秘密机关旧址由于见证了越南人民领袖、越南民主共各国的创始人胡志明及一大批越南革命者为抗击法国侵略者入侵，英勇从事复国革命活动的光辉历史，见证了中越两国人民在20世纪三四十年代的革命斗争中互相支持、共同战斗的革命友谊，已经成为中越革命斗争的一处重要遗迹（图2—图6）。

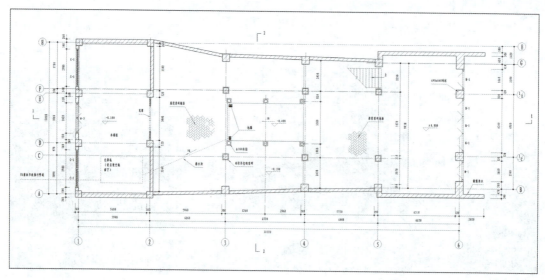
图1 越南共产党驻龙州秘密机关旧址平面图

图 2　越南共产党驻龙州秘密机关旧址正立面

图 3　越南共产党驻龙州秘密机关旧址

图 4　越南共产党驻龙州秘密机关旧址一楼展厅

图 5　越南共产党驻龙州秘密机关旧址内院

图 6　越南共产党驻龙州秘密机关旧址沿街立面

6 连城要塞遗址和友谊关
Liancheng Fortress Ruins and Friendship Customs

级　别	国家级
年　代	清
地　址	龙州县彬桥乡
看　点	关楼、牌坊、保元宫
开放方式	免费参观

连城要塞遗址及友谊关位于广西壮族自治区北海市、防城港市、宁明县、凭祥市、龙州县、大新县、靖西县、那坡县。全线分布长约1200余公里，宽约15公里。连城要塞也称垒城，有海防炮台22座，陆防炮台82座，碉台82座，关隘109处，关卡66处，构成气势雄伟的军事防御体系，是清代南疆边境抵御外敌的牢固长城。2006年5月被公布为全国重点文物保护单位。

连城要塞遗址及友谊关主要分布在崇左市辖区内的凭祥市、龙州县，其中以友谊关、大连城和小连城最重要。

友谊关位于凭祥市友谊镇卡凤村，始建于宋代，初名雍鸡关、后称界首关、大南关，明永乐改称镇南关，新中国成立后先后改为睦南关、友谊关。关楼坐北朝南，占地面积276.6平方米，通高22米，底层为料石砌筑隧道型拱城门，城门上为三层回廊式楼阁建筑，门额题刻为陈毅元帅墨迹"友谊关"三字。中法战争镇南关大捷、孙中山亲自领导的镇南关起义、标志着广西全境解放的红旗插上镇南关都发生于此。

大连城位于凭祥市凭祥镇连全村连全屯，此城四面环山，城内辟练兵场、演武厅、庆祝台、武圣宫、兵营、亭台、衙门和古井等。广西全边军事指挥中心设在东面山腰的白玉洞中，内有题刻多处。大连城用片石垒砌城墙，各山顶筑有10座中型炮台，把各山连为一体，故又称"一大垒城"。

小连城位于龙州县彬桥乡红岭村，是抗法名将苏元春将广西提督府从柳州移驻龙州后的广西全边军事指挥中心，始建于1887年，1896年建成。小连城依山设势，建有两座牌楼、两座大牌坊及楼房等建筑，保元宫内有多处壁画题刻。各山峰顶筑有主炮台1座，副炮台4座，碉台10座，帅旗台1座等，炮台间垒石成墙，成拱环之势，山上下建有亭台楼阁、寺庙兵营及演武场等，规模宏伟，设施完善（图1—图6）。

图1　友谊关

图2　小连城提督行署旧址1

图 3　小连城提督行署旧址 2

图 4　镇龙五中炮台

图 5　小连城提督行署旧址 3

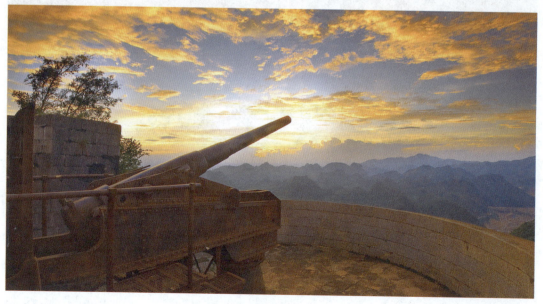

图 6　镇北炮台

7 陈勇烈祠

Chen Yonglie Ancestral Temple

级 别	自治区级
年 代	清
地 址	龙州县龙州镇南门街
看 点	檐口、装饰
开放方式	免费参观

陈勇烈祠，又名陈嘉祠。位于龙州镇南门街，南临水口河，北部为龙州粮库，东西面为民居，又名"追忠祠"，是为纪念在中法战争中牺牲的名将陈嘉而建的祭祀专祠。陈嘉英勇善战，战功显赫，后因旧创复发于1885年死于龙州。陈嘉生前获赏穿黄马褂，死后，清廷赐谥"勇烈"，国史馆立传。广西提督苏元春奉旨择址并亲自督工修建其祠，于光绪二十三年（1897年）建成。该祠占地近万平方米，现存前殿、揽秀园和昭忠祠及前面大院，有石砌宽台阶直通河边，大门旁的古炮尚存两门。该祠气势威武，飞檐盘龙，门首雕花，典型中国古建筑风格，是一座保存较好，具有较高的历史、科学、艺术价值的清代建筑（图1—图4）。

图2　正立面

图1　整体立面

图3　屋面装饰细节

图4　陈勇烈祠

8 法国驻龙州领事馆旧址

The Old Site of the French Embassy in Longzhou

级　　别	国家级
年　　代	清
地　　址	龙州县龙州镇利民街
看　　点	外廊、旋转楼梯
开放方式	免费参观

法国驻龙州领事馆旧址位于龙州镇利民街，四周皆为民居。该馆原址位于河西岸篓园角，现址原为中法合营的龙州至同登铁路龙州火车站，后铁路因轨距争执停办，领事馆遂于1908年迁入。当年法国修筑龙州铁路的阴谋因铁轨争执没有得逞，铁路停办后，法国将驻龙州领事馆从原设在水口河与平而河交汇处的篓园角迁至空置的火车站，直至1949年8月才全部撤走。

法国领事馆旧址为两幢长方形法式建筑，建于1896年，层高5米，砖墙、石质地板、旋梯和楼板全用红木精制，铣铁皮盖顶。四周是大拱门，拱门内为2米宽走廊，每幢建筑面积876平方米，总面积1752平方米，建筑周围全由高大樟木环护，时为该区第一座外国领事馆。该馆是清政府丧权辱国的产物。（图1—图3）

图1　整体立面

图2　正立面

图3　侧立面

9 业秀园（陆荣廷旧居）

Yexiu Garden (Lu Rongting's Old House)

级　　别	自治区级
年　　代	民国
地　　址	龙州县水口镇水口旧街的西北面
看　　点	合院、西式装饰
开放方式	免费参观

业秀园（陆荣廷故居），位于距离龙州县城 30 公里的水口镇水口旧街东北端，是旧桂系首领陆荣廷于民国八年（1919 年）修建的私人寓所，为纪念其父陆业秀而取名为业秀园。业秀园既是陆荣廷宴请贵宾堂室、会晤外国人士，又是陆荣廷任广西边防督办后一段时间里居住和军事指挥的地方。

业秀园总占地 7000 多平方米，平面布局颇具规模，由门楼、前后庭院、主楼、两厢、连廊、戏台及水运码头等组成。由于历史的原因现仅存主楼一座、花厅、码头等建筑。主楼坐南朝北，是一幢二层砖木结构盖瓦的中式楼房，为陆荣廷及夫人谭氏、三儿子陆裕光的居所。四开间，硬山屋顶，小青瓦屋面，白色墙壁、朱红大门。一、二层前后均有走廊，前后走廊外檐砌青砖柱子，门、窗均为券拱形上方花草图案和灰饰线条，墙体为夯土冲泥墙，一层地面为三合土，二层为木楼板；主楼虽然历经百年沧桑，但至今仍保存完好，既庄重又壮观。二层右侧有一宽 1.5 米、长约 20 米的连廊，连通主楼二层和望江亭。望江亭是整个宅院的最高处，也是观赏山河景色的最佳位置。两侧厢房、前后座及杂间，供下属、宾客及侍卫居住。花厅坐东

图1　建筑外立面

图2　庭院

朝西，硬山顶夯土泥冲墙小青瓦屋面，三合土地面，四开间；码头建于水口河西岸与门楼相接，共81级，7个平台转角。

业秀园在新中国成立后由当地驻军管理使用，几经更替，从20世纪90年代末期至今基本无人居住。这座大宅院几经风雨侵蚀，部分建筑物已经破烂不堪。近年来，龙州县政府划拨专款，按原样修复，并向游人开放。陆荣廷旧居陈列馆通过陈列大量文字、图片及实物资料，重现陆荣廷风云变幻的人生，为研究近代广西的发展提供了丰富翔实的史料。

图4　侧立面2

图3　侧立面1

图5　侧立面3

图6　正立面

10 龙州天主教堂

Longzhou Catholic Church

级　　别	自治区级
年　　代	民国
地　　址	龙州县龙州镇利民街县气象局院
看　　点	哥特立面
开放方式	免费参观

位于龙州县龙州镇利民街县气象局院内，建于清末（1896年），哥特式建筑，原为三层，长21米，宽5.4米，高12米（为现有高度，不包括已被拆掉的尖顶），占地面积113.4平方米，建筑面积340平方米，洗礼池面积约30平方米。现教堂主体结构尚好，门楣、窗楣已改，尖顶已被拆掉，大拱门已被封上。（图1—图4）

图1　天主教堂侧立面

图2　天主教堂全景

图3　天主教堂入口

图4　天主教堂鲜明的三段式立面划分

11 龙州铁桥阻击战遗址
The Ruins of the Longzhou Iron Bridge

级　　别	市级
年　　代	清
地　　址	龙州县
看　　点	铁桥遗址
开放方式	免费参观

龙州铁桥阻击战遗址位于龙州县龙州镇兴龙路南端临江处及左江南岸的丽江度假村内。1930年3月20日，国民党桂系梁朝玑部4000多人突袭龙州城，红八军二纵队为掩护主力撤退，坚守铁桥，与国民党桂系梁朝玑部进行殊死拼杀，战斗异常惨烈，400多名将士壮烈牺牲。

龙州铁桥建于民国二年（1913年），历时三年建成。桥长123米，宽3.8米，引桥长32米。南岸桥墩建在岩石上，高7.4米，宽5.3米，北岸桥墩高距水面16.5米，宽5.6米。桥头有石碑一通，碑高0.98米，宽0.62米，厚0.17米，碑首楷书，阴刻《龙州铁桥碑记》，碑文记载龙州铁桥建设经过。（图1—图4）

图1　铁桥旧照1

图2　铁桥旧照2

图3　铁桥遗存

图4　铁桥构架遗存细部

12 伏波庙

Fubo Temple

级　　别	自治区级
年　　代	清
地　　址	龙州县龙州镇利民街龙州中学
看　　点	檐口、屋脊陶艺
开放方式	免费参观

位于龙州县龙州镇利民街龙州中学大门西侧100米，是为纪念伏波将军马援而修建。东汉建武十六年（公元40年）交趾征侧、征贰叛乱，汉光武帝拜马援为伏波将军南征交趾，尽歼二征叛军，交趾悉平。马援等众将士在征战中，屡建奇功。平叛以后，在班师回朝途中，所过之处则为郡县修城廓，穿凿灌溉，以利其民。后人感其恩德，拜为英雄，为纪念他而树碑立庙。伏波庙建于何年代无考，从清雍正十三年（1735年）以后经几次重修，立有碑记。庙分前后殿，呈"凸"字形，前后对称，砖木结构。地台边上砌雕花石板，镂花屋檐，屋脊上约80厘米高的博古镶嵌有石湾艺陶，前殿前门两侧及前廊石柱上刻有对联"胜迹留双溪高标铜柱，奇勋开百粤直冠云台""聚米为山将略英雄开骆越，铭铜立柱神威赫奕护龙江"。

伏波庙现存前殿，后殿已毁，建有一座瓦房，前殿保存基本完好。原庙宇内马援塑像已不知去向，现马援塑像是1995年民间集资新塑。屋脊的雕像及艺陶部分损毁，屋顶的瓦片亦多损坏，左侧墙体开裂。现为部队产权。（图1—图3）

图1　伏波庙侧景

图2　伏波庙入口

图3　伏波庙历史照片

13 上金旧街中山民居

Zhongshan Dwellings on the Shangjin Old Street

级　　别	自治区级
年　　代	清
地　　址	龙州县上金乡中山村
看　　点	民居形制、装饰
开放方式	免费参观

该民居坐落于龙州县上金乡中山村旧街南部，是一条由清代留下的传统民居群形成的旧街。该街道呈东北—西南走向，旧街靠近明江河，状似鲤鱼，因而又名"鲤鱼街"。该街有民居71户，其中保存完好的清末民初建筑风格民居有49座。这些民居大都为两层三进木制结构砖瓦户，做工精致，布局合理。民居中央的主街道用大青石铺设而成，街头有一座大型码头与明江河相连，现状基本保存完整。上金旧街民居对壮族历史文化研究具有一定的价值。（图1—图3）

图1　上金旧街中山民居1

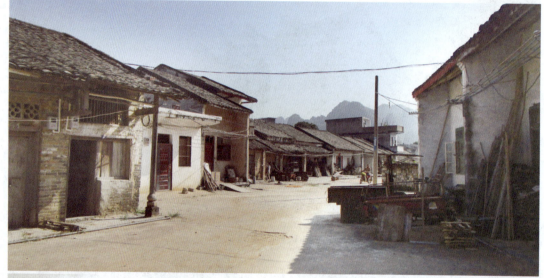

图2　上金旧街中山民居2

图3　上金旧街中山民居3

凭祥市

14 大连城

Dalian City

级　别	国家级
年　代	清
地　址	凭祥市凭祥镇连全村连全屯
看　点	白玉洞、题刻、石砌城墙
开放方式	购票参观

　　大连城位于凭祥市凭祥镇连全村连全屯，距离市区1.5公里。由南友高速公路可达。大连城原是一个山深林密、烟笼雾锁、十分荒凉的小村屯。清光绪十一年（1885年），广西提督苏元春将提督府从柳州迁到龙州，为便于指挥、调动军队，在大连城内建立提督行署并亲自坐镇防守，修筑了一系列的军事设施。此城四面环山，城内辟练兵场、演武厅、庆祝台、兵营、武圣宫、亭台、衙门、古井等，面积约4公顷。广西全边军事指挥中心设在东面山腰一洞中，洞分三层，因洞中钟乳石晶莹如玉，故名"白玉洞"。洞内设有养心处、军机处、点将台等，并有题刻多处。山坳处用石头垒砌城门，布兵把守。各山顶筑有10座中型炮台，又用片石垒砌城墙，把各个山头连为一体，故又称"一大垒城"。大连城内现存建筑有武圣宫第一进、四古井、4座砖拱桥和民居等，白玉洞存48幅石刻。还挖了"福""禄""寿""喜"不同用途的四口井，均用料石砌就。2006年进行全面维修，恢复武圣宫部分建筑，对东、西面炮台也进行了维修；其余各炮台杂草丛生，遭到不同程度损坏。大连城是清末广西边境线上规模宏大、布局严谨、工事坚固、军民合居的政治军事中心，已和连城要塞——友谊关一起公布为全国重点文物保护单位。（图1—图6）

图1 白玉洞石刻

图2 咘更山炮台（拱卫大连城要塞的10座中型炮台之一）

图 3　派连山炮台（拱卫大连城要塞的 10 座中型炮台之一）

图 4　大连城苏元春先锋营兵营遗址发掘现场 1

图 4　大连城苏元春先锋营兵营遗址发掘现场 2

图 5　大连城武圣宫第一进

图 6　大连城武圣宫第一进侧面

15 平岗岭炮台
Pinggangling Artillery

级　别	自治区级
年　代	清
地　址	凭祥市白云镇平而村百标屯东北平公
看　点	地下营垒
开放方式	免费参观

位于凭祥市友谊镇平而村。炮台建于清光绪年间，平面呈"工"字形，占地面积约1530平方米，由南北炮台和连接两台的地下营垒组成，为砖石结构。两炮台呈环状形，底部周长各为70米。地下营垒为券顶，青砖砌筑，全长240米，高、宽2.45米，设24个对称出口处。地下坑道两侧暗开出口，两炮台地下通道最底部交汇处东面设有五间并列兵房。北台大炮原有德国克虏伯厂造的12英寸生炮，1921年被陆荣廷折迁至南宁"镇宁炮台"。南台大炮只剩炮筒，现存放于凭祥市博物馆。南台保存基本完好，北台地上建筑全毁。平岗岭炮台已和连城要塞——友谊关一起公布为全国重点文物保护单位。（图1—图2）

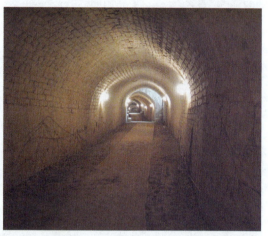

图2　平岗岭炮台地下营垒

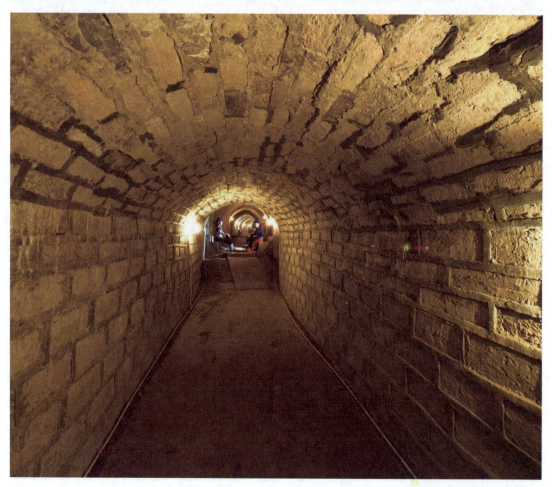

图1　平岗岭地下营垒

扶绥县

16 江西岸遗址
Jiangxi Shore Ruin

级　别	自治区级
年　代	新石器时代
地　址	扶绥县新宁镇城厢村江西岸屯
看　点	出土文物
开放方式	免费参观

江西岸遗址，位于扶绥县新宁镇城厢村江西岸屯、左江拐弯的北岸，与县城一水相隔，东、西、南三面被左江环抱，形成一舌形台地，为旱作耕地区，地表散布大量的螺壳、蚌壳、石器等，高出水面约20米，北面1公里多为斗矛山、大山、笔架山，从遗址到山脚之间是一片开阔地。遗址临江的东面和南面被水冲刷，可见螺壳堆积层厚约2米。（图1）

1973年广西文物工作队对遗址进行了试掘，试掘面积16平方米，出土了大量石斧、石锛、石凿、蚌刀、蚌匕、骨锛、骨笄等器物，这些器物对于研究我区人类历史有着一定的参考价值。该遗址现为自治区文物保护单位。（图2）

2014年4月以来，为配合广西郁江老口水利枢纽工程建设，广西文物保护与考古研究所对敢造遗址、江西岸遗址进行了抢救性发掘，并取得重要考古成果。在遗址中，发现了墓葬、石器、陶片、青铜器和动物骨骸等文化遗存，其中不乏珍奇之处。发掘中还发现了大石铲和青铜器这两个时期的文化遗物，例如发现了一件残缺的青铜矛。大石铲是广西最具特色的文化遗物之一，但除了石铲外，少有其他遗物遗迹可供佐证此次敢造遗址发掘出土的材料和明确的地层叠压关系，这为破解广西史前文化的内涵、特征和发展序列提供了重要资料。

图1　江西岸贝丘遗址

图2　江西岸遗址发掘现场

江州区

17 左江斜塔
Zuo River Leaning Tower

级别	国家级
年代	明清
地址	左江中心石头岛
看点	塔身
开放方式	免费参观

左江斜塔，原名归龙塔，又名水宝塔、歪塔，古称镇海宝塔。位于江州区东北两公里处的左江中心石头岛鳌头峰上，始建于明天启元年（1621年），初建三层，清康熙三十五年（1629年）加建二层，是一座五层八角形楼阁式砖塔。在鳌头岛顶上用片石围砌外层内夯填三合土修筑直径约11米，高4.8米的塔基。塔身通高约17.6米，塔腔八角形，在砖塔壁内砌砖踏步沿着塔腔由一层盘旋折上五层，每层设木楼地面。底宽6米，一层塔壁厚1米，一层设正门、侧门和1窗；以上各层设窗2个，各层用菱角砖和挑檐砖叠涩出短檐；八角攒尖顶，葫芦形塔刹。塔顶置圆形铁锅一口，历经数百年风吹雨打，仍未生锈。修筑砖塔时匠师有意将塔身建成向来水方向倾斜1.41米，是建塔工匠在建塔时考虑到江心风力和地基等因素而精心设计的。整个宝塔依山顺势结构稳固，造型和谐，自建成屡遭洪水冲刷，日晒风吹雨打，但仍然屹立不倒，足见我国古代人民建筑技术的高明。左江斜塔曾被评为世界八大斜塔之一，是唯一设计倾斜的塔。2019年10月被公布为国家级文物保护单位。（图1—图5）

图1 全景照

图2 崇左左江斜塔

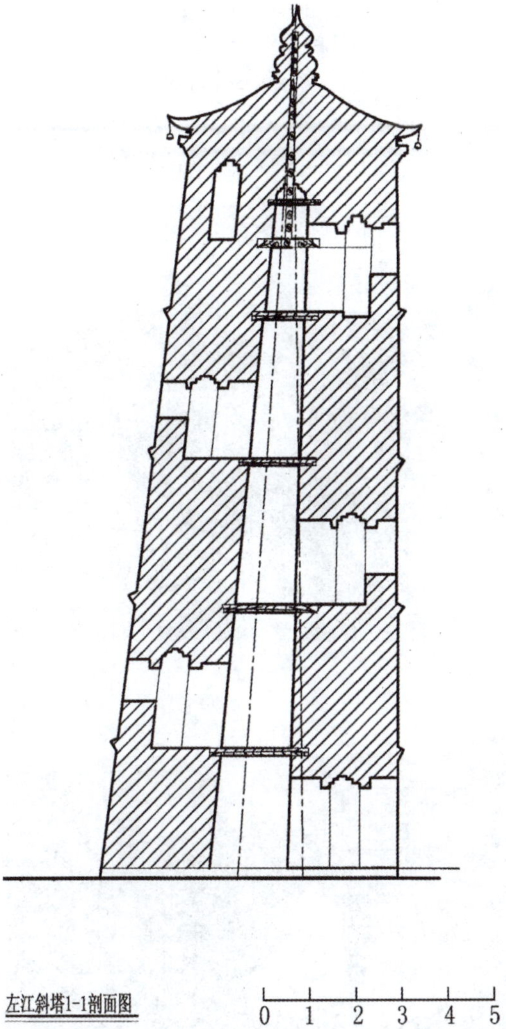

二层平面图　　　三层平面图

四层平面图　　　五层平面图

左江斜塔1-1剖面图

图3　崇左左江斜塔剖面图

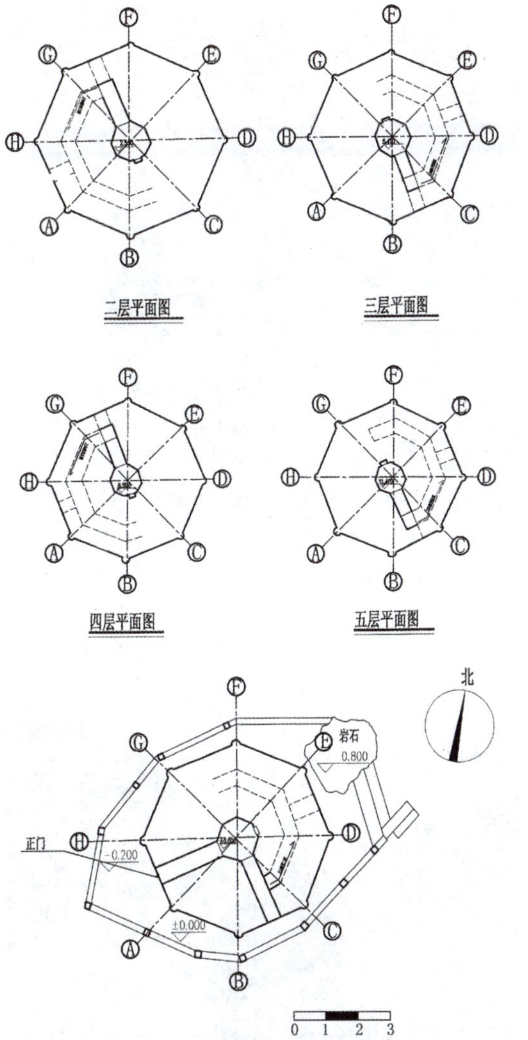

图4　崇左左江斜塔各层平面图

图5　左江斜塔

18 太平府故城

Taiping Mansion Old City

级　　别	自治区级
年　　代	明
地　　址	崇左县太平镇
看　　点	石城墙、城门
开放方式	免费参观

太平府故城位于江州区太平镇中山社区。建于明洪武五年（1372年），当时为土墙，高2.1丈，厚1.5丈，周长642丈，置东（长安门）、南（镇安门）、西（2个，分别是小西"远安"、大西"镇边"）、北（拱辰门）共5个城门。明永乐六年（1408年）左江大水，城垣被淹400多丈。新中国成立以来因扩大城建，古城被拆除夷平，砖石被拿去铺设街道。现存朝阳门、大西门、小西门（安远门）和1360米城墙。

城墙为方整石垒筑或砌筑，厚约45厘米，内夯泥土，城墙总厚度5至15米，高4.65米。朝阳门为城砖垒砌，门高3.3至3.75米，宽3.2至3.85米，深15.4米；大西门为方整石垒筑，高2.7至4米，宽2.65至3.4米，深11.8米；小西门为方整石垒筑，高2.7至3米，宽2.65至2.95米，深12米。据调查，太平府故城是迄今广西保存最完整的明代府治石城。（图1—图4）

图1　朝阳门

图2　大西门

图3　小西门

图4　太平府故城西城墙

大新县

19 靖边城
Jingbian City

级别	国家级
年代	清
地址	大新县硕龙镇下侧屯西南山岗上
看点	城墙、拱门
开放方式	免费参观

位于大新县硕龙镇礼贤村侧屯。靖边城为中法战争后广西提督苏元春率边民所建，占地面积3000平方米。城墙为料石结构，中开拱门，城门向西南；墙高5.8米，宽5米，厚1.9米；拱门高2.8米，宽2.9米。靖边城对研究中国近代史有参考价值，现已与友谊关和连城要塞一起公布为全国重点文物保护单位。（图1—图2）

图1　靖边台

图2　靖边城（从东南向西北拍摄）

20 养利州古城门楼及城墙
Ancient City Gate and Wall in Yangli State

级别	自治区级
年代	明—民国
地址	大新县桃城镇旧城区
看点	城门、城墙
开放方式	免费参观

养利州，北宋置羁縻州。明为正州，属太平府。弘治间迁治今大新县。1912年废州为县。因养利州古城城形似桃果，故又名桃城。初为土城，明万历年间改为石城，是崇左市保存完好的一座古城。养利州城墙，为原养利州之城垣，位于广西壮族自治区大新县桃城镇民生街。始建于明弘治十四年（1501年），明万历十七年（1589年）改建，清乾隆三十二年（1767年）重修。城墙两侧料石砌置，中间填土，周长1300米，高4.2米，宽3.5米。现仅

存东门、南门、西门、水闸门和北楼西侧一段长约150米的城墙。该遗址对研究当地社会历史有参考价值，2009年列为自治区重点文物保护单位。2015年，当地文物主管部门拨款对南门楼进行了全面维修，维修后其呈拱形，料石结构，门洞宽3.2米、深7.7米、高3.3米。通高14米。（图1—图4）

图1　养利州古城东门

图2　养利州古城南门

图3　养利州古城西门

图4　养利州古城西门门楼

天等县

21 万福寺
Wanfu Temple

级　别	自治区级
年　代	清
地　址	天等县向都镇
看　点	木构造、崖洞、石刻
开放方式	免费参观

位于天等县向都镇中和村往北约1公里处的独隆山（万福山）。此山曾是古代镇安府向武州一胜景。山下坡地坦荡，绿树迎风，一泓清溪蜿蜒流过；山上杂树葱茏，野花点点。两棵柚树拥着山前古朴的门楼，匾曰"万福寺"。清康熙八年（1669年）当地民众依凭崖洞山势建筑寺庙，从下而上建有前门、文武、观音、如来等四殿以及护花庙，还在崖洞最高处搭建了一座木质天桥。洞内立有清道光十一年（1841年）刻《万福寺重建碑》，字迹可辨，古迹犹存。（图1—图5）

整个寺庙占地350平方米，建筑面积286平方米。前殿为砖木结构；文武、观音、如来殿为木结构建筑，登山栈道有护栏。万福寺因洞而建，虽巧而险，别出心裁。整个建筑鳞次栉比，层次分明，很有地方民族建筑特色。洞内有石刻、摩崖楷书。洞府明亮，玲珑剔透，奇景天成，是广西西南部仅存的一处石窟寺，有较高的历史和艺术价值。

图1　万福寺远景

图 2　万福寺近景

图3　万福寺鸟瞰

图4　依山而建的寺庙

图5　登山道

崇左市其他主要文物建筑列表

区　县	文物名称	级　别	地　址	年　代
大新县	歌寿岩遗址	自治区级	大新县榄圩乡新球村逐标屯歌寿山	新石器时代
	邕字山摩崖石刻	自治区级	大新县恩城乡邕字山	元—明
	穷斗山摩崖造像	自治区级	大新县全茗镇灵熬村朋大屯东穷斗	明
	庙山岩洞葬	自治区级	大新县福隆乡福隆村北庙山	明
江州区	板麦石塔墓	自治区级	崇左县江州镇板麦村六郎岭	明
扶绥县	敢造遗址	自治区级	扶绥县扶南公社长沙大队	新石器时代
	同正遗址	自治区级	扶绥县中东公社金光农场同正分场附近	新石器时代

参考文献（References）

（一）古籍地方志

[1] （明）林富，黄佐. 广西通志（嘉靖）. 济南：齐鲁书社，1998.
[2] （明）杨芳. 殿粤要. 南宁：广西民族出版社，1993.
[3] （清）谢启昆. 广西通志. 南宁：广西人民出版社点校本，1988.
[4] （清）顾祖禹. 广西方舆纪要序. 北京：中华书局，2005.

（二）现代著作

[5] 吴良镛. 中国人居史. 北京：中国建筑工业出版社，2014.
[6] 中华人民共和国住房和城乡建设部. 中国传统建筑解析与传承（广西卷）. 北京：中国建筑工业出版社，2017.10.
[7] 雷翔. 广西民居. 南宁：广西民族出版社，2005.
[8] 谢小英. 广西古建筑（上、下）. 北京：中国建筑工业出版社，2016.1.
[9] 张复合. 中国近代建筑研究与保护（一—七）. 北京：清华大学出版社，1999.9.-2010.6.
[10] 曹婉如. 中国古代地图集（清代）. 北京：文物出版社，1997.
[11] 丘富科. 中国文化遗产词典. 北京：文物出版社，2009.06.
[12] 国家文物局，中国文物报社. 中华文明遗迹通览：第五批全国重点文物保护单位518处. 上海：上海古籍出版社，2002.
[13] 国家文物局. 全国重点文物保护单位：第六批. 北京：文物出版社，2008.
[14] 张柏. 全国重点文物保护单位. 北京：文物出版社，2004-2008.
[15] 杨宽. 中国古代都城制度史研究. 上海：上海古籍出版社，1993.
[16] 中科院自然科学史研究所. 中国古代建筑技术史. 北京：科学出版社，1985.
[17] 谭其骧. 简明中国历史地图集. 北京：中国地图出版社，1991.
[18] 曹劲. 先秦两汉岭南建筑研究. 北京：科学出版社，2009.
[19] 钟文典. 广西通史（1—3卷）. 南宁：广西人民出版社，1999.
[20] 钟文典. 广西客家. 桂林：广西师范大学出版社，2005.
[21] 钟文典，刘硕良. 中国地域文化通览（广西卷）. 北京：中华书局，2013.
[22] 广西大百科全书编纂委员会. 广西大百科全书（历史卷）. 北京：中国大百科全书出版社，2009.
[23] 中国国家博物馆，广西壮族自治区博物馆. 瓯骆遗粹. 北京：中国社会科学出版社，2006.
[24] 蒋廷瑜. 桂岭考古论文集. 北京：科学出版社，2009.
[25] 广西文物考古研究所. 广西考古文集（第三辑）. 北京：文物出版社，2007.
[26] 广西文物考古研究所. 广西考古文集（第四辑）. 北京：科学出版社，2010.
[27] 广西文物考古研究所. 广西文物考古报告集（1991—2010）. 北京：科学出版社，2012.
[28] 蔡凌. 侗族聚居区的传统村落与建筑. 北京：中国建筑工业出版社，2007.
[29] 第七批国保申报材料. 王金峰，林风. 巧夺天工——岩画. 长春：吉林出版集团有限责任公司，2013.
[30] 郭顺利，尚杰，陈远璋. 中国古建筑文化之旅：广东、广西、海南. 北京：知识产权出版社，2004.
[31] 罗竹林. 广西名胜古迹旅游图典. 桂东、桂东南卷. 北京：中国画报出版社，2004.
[32] 古镇书编辑部. 古镇书：叁拾贰座经典古镇. 广西. 石家庄：花山文艺出版社，2004.
[33] 容小宁. 超越·崛起：广西古村落文化十大品牌. 南宁：广西人民出版社，2008.
[34] 超星数图信息技术有限公司，柳州市地方志编纂委员会办公室. 柳州宗祠. 南宁：广西人民出版社，2007.
[35] 李克. 玉林文化遗产. 北京：红旗出版社，2009.
[36] 钟文典. 广西近代圩镇研究. 桂林：广西师范大学出版社，1998.

[37] 陆元鼎. 中国民居建筑. 广州：华南理工大学出版社，2003.

[38] 孙大章. 中国民居研究. 北京：中国建筑工业出版社，2004.

[39] 钟文典. 广西客家. 桂林：广西师范大学出版社，2005.

[40] 覃炳岸. 河池名胜古迹. 南宁：广西人民出版社，2009.

[41] 戎荣光，罗竹林，刘联友. 广西名胜古迹：桂北卷. 北京：中国画报出版社，2004.

[42] 郭顺利，尚杰，陈远璋. 中国古建筑文化之旅：广东 广西 海南[M]. 北京：知识产权出版社，2004.

[43]《古镇书》编辑部. 广西古镇书. 北京：生活·读书·新知三联书店，2004.

[44] 钟毅. 桂林名胜古迹. 南宁：广西民族出版社，1995.

[45] 桂林市文物管理委员会. 桂林石刻. 桂林：桂林市文物管理委员会，1977.

[46] 潘琦. 广西环北部湾文化研究. 南宁：广西人民出版社，2002.

（三）期刊论文

[48] 潘安. 客家聚居建筑研究. 华南理工大学学位论文，1994.

[49] 熊伟. 广西传统乡土建筑文化研究. 华南理工大学博士学位论文，2012.

[50] 赵冶. 广西壮族传统聚落及民居研究. 华南理工大学博士学位论文，2012.

[51] 房鹏. 牟氏庄园的地域建筑文化特性及现代启示. 西安建筑科技大学硕士论文，2007.

[52] 谢小英，熊伟，赵冶. 广西古戏台初探. 南方建筑，2013(06).

[53] 周开保. 桂林古建筑研究概述·下篇. 广西城镇建设，2015(04).

[54] 周开保. 桂林古建筑研究概述·上篇. 广西城镇建设，2015(03).

[55] 邹传龙，韦才寿. 广西三江侗族木结构古建筑建造工艺. 四川建材，2017（4）.

[56] 刘圆圆. 广西传统园林风水研究. 广西大学硕士学位论文，2012.

[57] 胡雨孜，覃媛媛，吕明，廖宇航. 广西客家建筑聚落研究. 山西建筑，2014（3）.

[58] 欧阳雨. 广西容县真武阁如意斗栱分析. 建筑与文化，2017（7）.

[59] 赵冶. 广西壮族传统聚落及民居研究. 华南理工大学博士学位论文，2012.

[60] 熊晓庆. 柳侯祠：经典砖木结构古建筑——广西木制建筑赏析之十一. 广西林业，2015（8）.

[61] 何丽. 柳州城市发展及其形态演进（唐—民国）. 华南理工大学博士学位论文，2011.

[62] 雷翔，欧阳东. 人居环境的地域性与可持续发展——以广西传统民居保护与利用为例. 建筑学报，2006（3）.

[63] 章凌燕，吴少华. 在时光流转中品味——观广西玉林庞村古建筑群有感. 规划师，2002（9）.

[64] 高洪利，寇正，满雯佳，谢小英. 广西汉族戏台建筑类型及形制浅析. 中华民居，2014.

[65] 熊晓庆. 百柱庙——岭南宋式木构建筑代表，2015.

[66] 熊晓庆. 富川风雨桥群：石券廊桥的范例. 广西木制建筑赏析之八，2015.

[67] 韦东. 黄姚——广西民盟的发祥地. 文史春秋，2015.

[68] 彭家威. 神圣与世俗的空间——广西贺州古戏台考察研究. 广西师范大学硕士学位论文，2011.

[69] 杨旭乐. 从历史街区看贵港沧桑. 当代广西，2014.9.

[70] 颜莉莉，潘洌，李欢，廖荣昌，廖宇航. 广西贵港客家聚落的祭拜空间. 中国民居，2014.

[71] 唐凌论昆仑关战役遗址的意义及其遗址的利用价值. 抗战文化研究第二辑，2007.

[72] 方建诠. 昆仑关战役遗址保护和建设概况. 抗战文化研究第二辑，2008.

[73] 袁娟，朱栗琼，徐艳霞，杨丽梅. 广西古典园林明秀园的古建筑探析，2016.

[74] 藤兰花. 清代广西伏波庙地理分布与伏波祭祀圈探析. 广西民族学院学报，2006.

[75] 甘冠蓝. 钦州骑楼建筑初探. 2015.

[76] 徐明煜，卢蓬军. 广西民族特色古村落建筑艺术空间布局设计研究——以钦州灵山县大芦村为例. 教育教学论坛，2016.

[77] 廖建夏. 梧州城市近代化特征分析. 社会与经济分析，2002.

[78] 廖毅斌. 梧州城建——穿越历史与现代. 当代广西，2005.

[79] 毛健. 梧州——中国骑楼博物馆. 八桂文化漫谈，2017.

图片来源（Illustrations）

1. 南宁市

编号	文物点	图片名称	图片来源
本章封面		魁星阁	李海霞/摄
概述		南宁府总图（明）	谢小英/供
1	昆仑关战役遗址	图1 昆仑关阵亡将士纪念塔	第六批国保申报资料
		图2 昆仑关六角碑亭	
		图3 昆仑关古关楼	
		图4 桂南会战检讨会旧址正立面	
		图5 昆仑关阵亡将士墓园	
3	新会书院	图1 新会书院平面图	第七批国保申报资料
		图2 新会书院大门正立面照	
		图3 新会书院天井	
		图4 新会书院门楼正脊	
7	广西省土改工作团第二团团部旧址	图1 广西省土改工作团第二团团部旧址总平面图	
		图2 原团部食堂	
		图3 胡绳旧居	
		图4 唐明照、艾青旧居	
8	扬美村古建筑群	图7 魁星楼底层平面图	
		图8 魁星楼剖面图	
9	木村古建筑群	图1 木村古建筑群鸟瞰	广西大学提供
10	三江坡古建筑群	图1 村落远景	新华网广西频道
11	邕宁五圣宫	图1 五圣宫总平面图	谢小英/供
		图2 五圣宫正门	
		图3 俯瞰五圣宫屋顶、山墙	
12	顶蛳山遗址	图1 顶蛳山遗址	广西壮族自治区文物局
13	邕江防洪古堤	图1 邕江防洪古堤	第七批国保申报资料
		图2 古城墙	
		图3 邕州古城墙及邕江防洪古堤	
		图4 古堤上"第贰拾层"题刻	
14	明秀园	图1 明秀园总平面图	
		图2 明秀园大门	
		图3 荷风篱亭	
15	惠迪公祠	图1 惠迪公祠平面图	谢小英/供
		图2 门厅	
		图3 享堂背面	

续表

编号	文物点	图片名称	图片来源
16	伏波庙	图1 伏波庙总平面图	第七批国保申报资料
		图2 伏波庙全景图（从东南角看）	
		图3 前殿正立面	
		图4 前殿陶塑脊饰	
		图5 横县伏波庙纵剖面图	谢小英/供
		图6 伏波庙东立面	
		图7 中殿正立面	
		图8 伏波庙西立面	
17	施恒益大院	图1 施恒益大院鸟瞰	第七批国保申报资料
		图2 施恒益大院一层平面图	
		图3 施恒益大院二层平面图	
		图4 施恒益大院纵剖面图	
		图5 施恒益大院瞭望室	
18	笔山村古建筑群	图1 屋顶鸟瞰	南宁市博物馆
		图2 笔山村民居	
19	思恩府试院	图1 思恩府试院俯瞰	谢小英/供
		图2 思恩府试院正面	
20	宾州南桥	图1 宾州南桥立面、剖面图	
		图2 宾州南桥雕刻	
21	智城城址	图1-1、图1-2 智城遗址远景	南宁市博物馆
		图2 智城碑碑文	网络
其他			李海霞/摄

2. 柳州市

编号	文物点	图片名称	图片来源
本章封面		马胖鼓楼侧面	谢小英/供
1	柳侯祠碑刻	图1 柳侯祠入口	李海霞/摄
		图2 石碑长廊	
		图3 荔子碑	
		图4 讲堂	
4	廖磊公馆	图1 廖磊公馆入口	
		图2 外围墙	
		图3 半圆形阳台	

续表

编号	文物点	图片名称	图片来源
6	胡志明旧居	图1 南洋客栈	李海霞/摄
		图2 南洋客栈室内	
		图3 乐群社旧址外观	
		图4 乐群社旧址室内	
7	柳州旧机场及城防工事群旧址	图1 机场旧址20世纪六七十年代礼堂	第七批国保申报资料
		图2 机场旧址20世纪40年代旧营房B区	
8	张公岭环山工事	图1 张公岭碉堡入口	
		图2 张公岭碉堡内部射击口	
11	马鞍山鱼峰山石刻	图1 马鞍山摩崖石刻	李海霞/摄
		图2 马鞍山《新殿记》摩崖石刻	
		图3 鱼峰山摩崖石刻1	
		图4 鱼峰山摩崖石刻2	
23	融安南朝古墓群	图1 融安县南朝砖室墓墓室	马余健/摄
		图2 融安县南朝墓出土花纹砖	
		图3 融安县南朝墓出土滑石买地券	
		图4 融安县南朝墓出土鸡首壶	
		图5 融安县南朝墓出土滑石俑1	
		图6 融安县南朝墓出土滑石俑2	
24	邑团桥	图1 邑团桥全景	谢小英/供
		图2 邑团桥供牲畜通行的小桥	
25	和里三王宫	图1 和里三王宫全景	第七批国保申报资料
		图2 和里三王宫附属建筑：人和桥	
		图3 三王宫院内院落	
		图4 三王宫后院天井	
		图5 三王宫总平面图	
		图6 三王宫剖面图	
26	程阳永济桥	图3 程阳永济桥立面、平面图	谢小英/供
		图4 程阳永济桥剖面图	
27	马胖鼓楼	图1 马胖鼓楼	
		图2 马胖鼓楼侧面	
28	丹洲古城	图1 丹洲岛全景	第七批国保申报资料
		图2 丹洲古城全景	
		图3 丹洲古城北门	
		图4 丹洲古城东门	
		图5 治定门北帝楼	

续表

编号	文物点	图片名称	图片来源
28	丹洲古城	图6 闽粤会馆屋脊装饰	第七批国保申报资料
		图7 闽粤会馆	
		图8 丹洲书院	
34	真仙岩摩崖石刻	图1 真仙岩摩崖石刻	融水县博物馆
其他			柳州市文物局

3. 桂林市

编号	文物点	图片名称	图片来源
本章封面		白茆坞牌坊	谢小英/供
概述		明代《荔浦县图》	
1	芦笛岩—大岩壁书	图1 芦笛岩—大岩壁书	桂林市文物保护与考古研究院
2	宋静江府城墙	图1 宋静江府城墙	
		图2 东镇门段	
		图3 宝积山藏兵洞	
		图4 古南门	
3	西山摩崖造像	图1 西山摩崖造像龙头峰石刻	
		图2 西山摩崖造像	
4	独秀峰摩崖石刻	图1 独秀峰	
5	还珠洞摩崖造像	图1 还珠洞摩崖造像1	桂林市文物局
		图2 还珠洞摩崖造像2	
6	隐山摩崖石刻	图1 隐山摩崖石刻	桂林市文物保护与考古研究院
		图2 宋张栻书"招隐"	
		图3 宋詹体仁王仲寅等三人题名	
		图4 清阮元《隐山铭》	
7	骝马山摩崖造像	图1 骝马山摩崖造像	
8	广西省立艺术馆	图1 1943年正在建设中的广西省立艺术馆	第七批国保申报资料
		图2 欧阳予倩与夫人刘向秋在艺术馆建筑工地	
		图3 一层平面现状图	
		图4 二层平面现状图	
		图6 K轴剖面残损图	
		图8 北面四小花窗	
		图9 广西省立艺术馆内景	
9	叠彩山石刻	图1 叠彩山石刻	桂林文物局
		图2 风洞内一角	

续表

编号	文物点	图片名称	图片来源
10	桂州城图	图1 桂州城图位置	桂林市文物保护与考古研究院
		图2 桂州城图1	
		图3 桂州城图2	张益桂 南宋《桂州城图》简述
11	木龙洞石塔	图1 木龙洞石塔	桂林市文物保护与考古研究院
		图2 木龙洞石塔菩萨像	
		图3 木龙洞石塔佛像	
12	虞山石刻	图1 宋方信孺《古相思曲》石刻	
		图2 清李秉绶《兰竹图》石刻	
13	宝积山摩崖石刻	图1 宋咸、萧固等七人游华景洞题名	
14	铁封山石刻	图1《平蛮颂》石刻	
		图2《瘗宜贼首级记》石刻	
		图3《大宋平蛮碑》石刻	
17	万寿山舍利塔	图1 舍利塔远景	
		图2 舍利塔近景	
18	象鼻山普贤塔	图1 象鼻山普贤塔1	桂林文物局
		图2 象鼻山普贤塔2	
19	象鼻山摩崖石刻	图1 水月洞南壁	
		图2《朝阳亭记》	
		图3《复水月洞铭并序》	
20	南溪山摩崖石刻	图1 南溪山白龙洞	桂林市文物保护与考古研究院
		图2 宋吕渭刻《养气汤方》碑	
		图3《刘仙岩形胜全图》碑	
21	虹桥	图1 虹桥	
22	花桥	图1 花桥水桥	
		图2 花桥廊桥	
		图3 花桥旱桥	
23	普陀山摩崖石刻	图2 普陀山摩崖石刻2	桂林市文物局
24	龙隐洞摩崖石刻	图1 龙隐洞石刻	桂林市文物保护与考古研究院
		图2 龙隐岩石刻	
		图3 唐张浚、刘崇龟《杜鹃花唱和诗》	
		图4 宋《元祐党籍碑》	
25	中共桂林市城市工作委员会旧址	图1 中共桂林市工委联络站旧址全貌	桂林文物局

续表

编号	文物点	图片名称	图片来源
26	靖江王府王陵	图1 城墙	谢小英/供
		图2 "三元及第"匾额	
		图3 承运门正面	
		图4 承运门背面	
		图5 承运殿	
		图6 承运殿前台阶	
28	双凤桥	图1 双凤桥	临桂区文物管理所，何厚霖
		图2 双凤桥中段	
29	六塘清真寺	图1 六塘清真寺剖面、平面图	谢小英/供
		图2 六塘清真寺大门	
		图3 六塘清真寺二门	
		图4 六塘清真寺大厅	
		图5 六塘清真寺大殿	
30	兴坪古镇	图1 兴坪古镇街巷	桂林市文物局
		图2 万年戏台大门	李海霞/摄
		图3 万年戏台	
31	渔村	图1 渔村民居大门	桂林市文物局
		图2 渔村	
32	旧县村	图1 旧县村古民居	
		图2 作为民宿的古民居	
35	朗梓村	图1 朗梓村1	
		图2 朗梓村2	
36	留公村	图1 留公村得月楼	
		图2 留公村古民居	
37	碧莲峰石刻	图1 碧莲峰王元仁"带"字石刻	
		图2 碧莲峰陈起龙"江山锁钥"石刻	
		图3 碧莲峰吴迈诗碑	
39	江头村	图1 江头村鸟瞰	谢小英/供
42	迪塘村	图1 毓水培风门楼	桂林市文物局
		图2 迪塘民居	
		图3 福字	
43	四方灵泉	图1 四方灵泉正面	第七批国保申报资料
		图2 四方灵泉侧视	
		图3 四方灵泉三块石碑	

续表

编号	文物点	图片名称	图片来源
45	大桐木湾村	图1 大桐木湾村	灵川县文物管理所
		图4 状元楼前的石坊	
		图6 唐亨琦宅	
		图7 白果王	
46	湘山寺（含妙明塔）	图1 湘山寺鸟瞰	第七批国保申报资料
		图2 妙明塔	谢小英/供
		图3 妙明塔一层平面图	
		图4 妙明塔剖面图	
		图5 1070年摩崖石刻	第七批国保申报资料
		图6 大圆鉴翁老和尚塔	
		图7 觉传和尚墓塔	
		图8 飞来石摩崖石刻	
		图9 湘山摩崖碑刻	
47	燕窝楼	图1 蒋氏宗祠鸟瞰图	第六批国保申报资料
		图2 燕窝楼牌楼	谢小英/供
		图3 燕窝楼额枋雕刻及横匾	第七批国保申报资料
		图4 燕窝楼如意斗栱	
		图5 燕窝楼前刻有双凤朝阳的小狮	谢小英/供
		图6 叶向高题木刻楹联	第七批国保申报资料
48	南石祠	图1 南石祠	谢小英/供
		图2 南石祠内院	
		图3 南石祠雕刻	
49	白茆坞牌坊	图1 白茆坞牌坊	
50	精忠祠	图1 精忠祠平面图	
		图2 精忠祠正立面、侧立面图	
		图3 精忠祠戏台	
		图4 精忠祠门厅梁架	
51	柴侯祠	图1 柴侯祠中殿	全州县文物管理所
		图2 柴侯祠后殿	
		图3 柴侯祠山墙犀头	
53	秦城遗址	图1 秦城遗址航拍	兴安县文物局
		图2 护城河遗址	
		图3 考古发掘现场	
54	严关	图1 古严关	

续表

编号	文物点	图片名称	图片来源
57	红军堂（三官堂）	图1 红军堂	兴安县文物局
		图2 红军堂面向湘江	
58	永宁州城	图1 永宁州城的城墙	第七批国保申报资料
		图2 永宁州城西门楼	
		图3 永宁州城南门楼	
		图4 永宁州城南门楼城墙	
		图5 永宁州城北门楼	
		图6 永宁州城西门桥	
59	百寿岩石刻	图1 百寿岩	桂林市文物局
		图2 "寿"字石刻	
60	崇山村	图1 崇山村的古民居	
		图2 崇山村	
		图3 李熙垣故居石柱础	
61	关帝庙（慧明寺）	图1 关帝庙平面图	谢小英/供
		图2 关帝庙剖面图	
		图3 关帝庙马头墙式硬山亭	
		图4 关帝庙大殿	
62	月岭村	图1 月岭村鸟瞰	
		图2 牌坊正面	
		图3 牌坊正面细部	
		图4 牌坊背面	
		图5 牌坊背面细部	
		图6 月岭村街巷	
		图7 月岭村石雕柱础	
63	江口村	图1 唐景崧故居	桂林市文物局
		图2 故居木椅	
		图3 古石桥	
64	洞井村	图1 洞井村巷道	
		图2 洞井村古民居	
65	平等鼓楼群	图1 伍氏鼓楼	龙胜县文物管理所
		图2 衙寨胡氏鼓楼	
		图3 吴氏鼓楼	
		图4 罗氏鼓楼	
		图5 寨官杨氏鼓楼	
		图6 衙寨小鼓楼	

续表

编号	文物点	图片名称	图片来源
65	平等鼓楼群	图7 杨氏鼓楼	龙胜县文物管理所
		图8 寨官吴氏鼓楼	
		图9 松树坳雅方鼓楼	
		图10 松树坳鼓楼	
		图11 陈氏鼓楼	
		图12 石氏过街鼓楼	
		图13 寨江鼓楼	
66	红军楼（杨氏鼓楼）	图1 红军楼	
		图2 过街式鼓楼	
67	红军桥（顺风桥）	图1 顺风桥1	
		图2 顺风桥2	
		图3 风雨桥内	
68	榕津村	图1 榕津古街	桂林市文物局
		图2 榕津妈祖庙	
		图3 榕津古街古戏台	
69	平乐粤东会馆	图1 平乐粤东会馆一层平面图	谢小英/供
		图2 平乐粤东会馆立面图	
		图3 平乐粤东会馆	桂林市文物局
70	荔浦塔	图1 荔浦塔1	谢小英/供
		图2 荔浦塔2	
		图3 荔浦塔平面、剖面图	桂林市文物局
71	恭城文庙	图1 恭城文庙剖面、平面图	谢小英/供
		图2 棂星门及泮池	
		图3 大成门	
		图4 大成门明间梁架	
		图5 大成殿	
		图6 大成殿月台及御路	
		图7 崇圣祠	
72	恭城武庙	图1 恭城武庙平面及剖面图	《广西民族传统建筑实录》
		图2 恭城武庙戏台	谢小英/供
		图3 恭城武庙戏台藻井	
73	周渭祠	图1 周渭祠平面、剖面图	《广西民族传统建筑实录》
		图2 周渭祠门楼	谢小英/供
		图3 周渭祠门楼前廊梁架	
		图4 周渭祠大殿	
		图5 周渭祠大殿梁架	

续表

编号	文物点	图片名称	图片来源
74	恭城湖南会馆	图1 恭城湖南会馆戏台平面图	谢小英/供
		图2 恭城湖南会馆戏台剖面图	
		图3 恭城湖南会馆戏台立面图	
		图4 恭城湖南会馆门楼	
		图5 恭城湖南会馆戏台	
75	朗山村	图1 朗山民居全景	恭城县文物管理所，秦保义
		图2 朗山村建筑	桂林市文物局
		图3 村中的碉楼	
		图4 朗山工艺	恭城县文物管理所，秦保义
		图5 朗山壁画	桂林市文物局
76	豸游周氏祠堂	图1 豸游周氏祠堂	恭城县文物管理所
		图2 豸游周氏祠堂圆形门	
		图3 豸游周氏祠堂彩绘	
其他			李海霞/摄

4. 梧州市

编号	文物点	图片名称	图片来源
本章封面		白鹤观牌坊	李海霞/摄
1	梧州中山纪念堂	图1 梧州中山纪念堂前座正立面	
2	梧州近代建筑群	图1 梧州市近代建筑群地理位置图	第七批国保申报资料
		图2 梧州海关旧址分布图	
		图3 海关旧址A座整体照	
		图4 美孚石油公司旧址正立面	
		图6 思达医院旧址近景	
		图7 梧州邮局旧址正立面	
		图8 新西酒店整体照	
		图9 天主教堂正立面	
3	白鹤观	图1 白鹤观入口牌坊	李海霞/摄
		图2 白鹤观鸟瞰	
		图3 三清殿	
4	李济深故居	图1 李济深故居外院	谢小英/供
		图2 李济深故居内院	
5	太平天国永安活动旧址	图1 武庙全景	
		图2 武庙正门	

续表

编号	文物点	图片名称	图片来源
5	太平天国永安活动旧址	图 3 冯云山指挥所旧址正面	谢小英 / 供
		图 4 冯云山指挥所旧址室内神龛	
		图 5 智井	
		图 6 西城墙保护标志	
9	邓公庙	图 1 岑溪邓公庙平面图	
		图 2 邓公庙前殿	
		图 3 邓公庙拜亭	
		图 4 邓公庙龙柱	
10	石村古建筑群	图 1 梁氏围屋鸟瞰	梁定东 / 摄（微信：岑溪梁氏）
		图 2 梁氏围屋近景	
		图 3 牌坊正面	谢小英 / 供
		图 4 "五世衍祥"匾额	
		图 5 牌坊细部装饰	
12	罗斗坡古建筑群	图 1 唐家大屋正立面	廖思华 / 摄
其他			梧州市文管处

5. 北海市

编号	文物点	图片名称	图片来源
本章封面		石康塔	谢小英 / 供
4	大士阁（四牌楼）	图 1 大士阁正面	
		图 2 大士阁侧面	
		图 3 大士阁平面图	
		图 4 大士阁剖面图	
		图 5 大士阁侧立面图	
5	惠爱桥	图 1 惠爱桥全景	第七批国保申报资料
		图 2 惠爱桥桥面	
		图 3 惠爱桥匾额	
7	海角亭	图 1 海角亭正立面	
		图 2 海角亭门楼	
		图 3 门楼匾额	
9	东坡亭	图 1 合浦东坡亭正面	
11	石康塔（顺塔）	图 1 石康塔	谢小英 / 供
		图 2 石康塔内部	
其他			张复合 / 摄

6. 防城港市

编号	文物点	图片名称	图片来源
本章封面		罗浮天主教堂钟楼	防城港博物馆
全部			

7. 钦州市

编号	文物点	图片名称	图片来源
本章封面		冯子材旧居入口	广西大学
1	刘永福旧居	图1 刘永福故居外立面	钦州博物馆
		图2 刘永福故居济民仓	
		图3 刘永福塑像	
3	久隆古墓群	图1 久隆古墓群远景	钦州博物馆
4	冯子材墓	图1 冯子材主墓	
5	黄明堂墓	图1 黄明堂墓正立面	
6	钦州广州会馆	图2 钦州广州会馆内院俯视	腾讯博主1日贯通
7	大芦村古建筑群	图1 大芦村全貌	第七批国保申报资料
		图2 古建筑门楼	
		图3 大芦村古建筑庭院	
8	钦江县故城遗址	图1 钦江县故城遗址现状	钦州博物馆
9	苏村古建筑群	图1 灵山苏村鸟瞰	《中国传统建筑解析与传承》
		图2 灵山苏村民居	
10	其他		谢小英/供

8. 贵港市

编号	文物点	图片名称	图片来源
本章封面		桂平东塔	谢小英/供
3	金田起义地址	图1 地址平面图	刘光泽/供
		图2 傅家寨	
		图3 韦昌辉塑像	
4	辛亥革命黄花岗起义平南县五烈士纪念碑	图1 平南五烈士纪念塔正面碑文	第七批国保申报资料
		图2 五烈士纪念碑正面全貌	
7	南江古码头遗址	图1 南江古码头正面	
		图2 亚魁牌楼（明代）与古驰道	
其他			谢小英/供

9. 玉林市

编号	文物点	图片名称	图片来源
本章封面		黄绍竑别墅主体	廖祥勇/供
概述		玉林州	《殿粤要纂》
1	高山村古建筑群	图1 高山村鸟瞰	《中国传统建筑解析与传承——广西》
		图3 牟绍德祠	《广西传统乡土建筑文化研究》
		图5 玉林高山村广府式三间两廊	
3	中共广西省委机关	图2 中共广西省委机关全貌	谢小英/供
		图3 中共广西省委机关正立面	
4	经略台真武阁	图1 经略台及真武阁平面图	郑红彬/摄
		图2 真武阁全貌	
		图3 真武阁一层前檐轩棚梁架	谢小英/供
		图4 真武阁建筑平立剖图示	《广西民居》
		图5 真武阁侧剖面图	谢小英/供
7	谢鲁山庄	图1 山庄入口	第七批国保申报资料
		图2 折柳亭	
		图3 琅环福地门坊	
		图4 湖隐轩正面	
		图5 湖隐轩侧面	
		图6 树人堂	
9	宴石山摩崖造像	图1 宴石山1	
		图2 宴石山2	
		图3 摩崖造像	
		图4 摩崖造像局部1	
11	庞村古建筑群	图1 庞村屋面鸟瞰	全峰梅/摄
		图2 庞村古建筑风貌	《广西传统乡土建筑文化研究》
		图3 庞村梁氏宗祠	杨斌/摄
		图4 庞村156号宅平面图	《广西传统乡土建筑文化研究》
		图5 庞村建筑装饰	全峰梅/摄
		图6 庞村建筑山墙装饰	
其他			廖祥勇/供

10. 百色市

编号	文物点	图片名称	图片来源
本章封面		那坡丹桂塔	
1	中国工农红军第七军军部旧址（粤东会馆）	图1 粤东会馆鸟瞰	谢小英/供

续表

编号	文物点	图片名称	图片来源
1	中国工农红军第七军军部旧址（粤东会馆）	图2 会馆正立面	李海霞/摄
		图3 中座立面	
		图4 门楼庭院	
		图5 斗栱梁架	
		图6 墙楣壁画	
2	中国工农红军第七军政治部旧址（清风楼）	图1 正立面	
3	灵洲会馆	图1 灵洲会馆正立面	
		图2 侧立面	
		图3 中庭	
		图4 灵洲会馆平面图	第七批国保申报资料
		图5 灵州会馆剖面图	
4	右江工农民主政府旧址（经正书院）	图1 经正书院俯瞰	谢小英/供
		图2 经正书院讲堂	
		图3 经正书院后院	
5	西林教案遗址	图1 田林县定安镇全景	第七批国保申报资料
		图2 "西林教案"遗址侧面	
		图3 神父住房	
		图4 "西林教案"遗址教堂正门	
6	岑氏家族建筑群	图1 西林岑氏家族建筑群全貌	
		图2 岑氏家族建筑群复原图	
		图3 将军庙全景	
		图4 宫保府入口	
		图5 宫保府鸟瞰	
		图6 宫保府正立面	全峰梅/供
		图7 宫保府内部梁架	谢小英/供
		图8 南阳书院	第七批国保申报资料
		图9 荣禄第全景	
		图10 荣禄第内院	谢小英/供
		图11 岑氏祠堂头门	第七批国保申报资料
		图12 思子楼侧面	
		图13 孝子孝女坊	
7	达文屯	图1 达文屯平面图	谢小英/供
		图2 达文屯的木构干阑建筑	
9	丹桂塔	图1 那坡丹桂塔	
16	那雷屯	图1 那雷屯干阑建筑	
其他			百色市文广局

11. 贺州市

编号	文物点	图片名称	图片来源
本章封面		瑞光塔外观	谢小英/供
1	临贺古城	图1 临贺故城城址分布图	谢小英/供
		图2 护城河	
		图3 粤东会馆	
		图4 魁星楼	
		图5 廖氏宗祠	
2	黄田戏台	图 黄田戏台	贺州市文物局博文科
4	孝穆皇太后先茔	图 孝穆皇太后先茔石碑	当代广西杂志
5	开宁寺	图 开宁寺近景	谢小英/供
6	祉洞古寨建筑群	图1 古寨远景	贺州电台
		图2 古寨屋顶鸟瞰	
		图3 古寨柳氏宗祠	谢小英/供
7	凤凰塘村古建筑群	图1 凤凰塘村巷道近景	红豆社区网站
		图2 凤凰塘村鸟瞰图	
8	龙井村古建筑群	图1 龙井村张廷辅故居	谢小英/供
10	富川旧城	图1 城门	
		图2 古戏台	
11	慈云寺和瑞光塔	图1 瑞光塔外观	
		图2 瑞光塔壁边折上式塔梯	
12	凤溪瑶寨古建筑群	图1 七星庙戏台平面图	《中国古代戏台测绘图(四)》
		图2 七星庙戏台立面图	
		图3 七星庙戏台剖面图	
13	秀水村古建筑群	图1 秀水村民居	谢小英/供
14	福溪村古建筑群	图1 福溪村建筑近景	
		图2 百柱庙平面图	
		图3 百柱庙屋顶示意图	
		图4 百柱庙明间纵剖图	
		图5 百柱庙正立面	
		图6 百柱庙北殿明间金柱间梁架	
15	大莲塘古建筑群	图1 富川大莲塘村民居	
16	深坡村古建筑群	图1 深坡村玑公祠门厅	
		图2 深坡村玑公祠梁架	
18	英家起义地址	图1 英家起义地址总平图测绘图	
		图2 英家起义地址正立面测绘图	
		图3 英家起义地址正殿	

续表

编号	文物点	图片名称	图片来源
18	英家起义地址	图 4 英家起义地址纪念亭	
20	石龙桥	图 1 钟山县石龙桥外观	谢小英 / 供
		图 2 钟山县石龙桥雕刻	
		图 3 钟山县石龙桥平面、立面图	
21	莲花戏台	图 1 莲花戏台正面	
		图 2 莲花戏台平面图	
		图 3 莲花戏台立面图	
22	玉坡村古建筑群	图 1 玉坡村古民居	谢常喜 / 摄
		图 2 玉坡村廖氏宗祠	李洋 / 摄
		图 3 恩荣牌坊正面	
		图 4 恩荣牌坊细部装饰	
24	黄姚文明阁	图 1 黄姚文明阁近景	谢小英 / 供
		图 2 黄姚文明阁远景	
25	黄姚古戏台	图 1 黄姚古戏台近景	
		图 2 黄姚古戏台正立面	
		图 3 黄姚古戏台平面、剖面测绘图	
26	北陀古墓群	图 1 铜人吊灯	http://www.zpol.cn
		图 2 兽形铜笔座	
其他			第七批国保申报资料

12. 河池市

编号	文物点	图片名称	图片来源
本章封面		魁星楼	第六批国保申报材料
1	红军标语楼	图 1 中国工农红军第七军河池宿营部标语楼旧址	广西壮族自治区文化厅
		图 2 旧址第一进会议室	
		图 3 红军标语	
2	会仙山摩崖石刻	图 1 会仙山远眺	第七批国保申报材料
		图 2 白龙洞口摩崖石刻	
		图 3 宋代摩崖造像	
		图 4 摩崖石刻	
		图 5 明代石刻	
		图 6 五百罗汉名号碑	
		图 7 翼王石达开及其部将唱和诗石刻	
		图 8 翼王石达开唱和诗石刻	
3	恒里红军岩	图 1 恒里红军岩	www.guiwind.com

续表

编号	文物点	图片名称	图片来源
5	东兰劳动小学旧址	图1 东兰劳动小学旧址	河池文物站
7	中共红七军前委旧址(魁星楼)	图3 魁星楼内部	东兰廉政网(dllz.gov.cn)
8	平洛乐登桥	图1 平洛乐登桥	河池文物站
9	凤腾山古墓群	图1 凤腾山古墓群1	河池文物站
9	凤腾山古墓群	图2 凤腾山古墓石刻	河池文物站
10	北宋村石牌坊	图1 北宋村石牌坊近景	
10	北宋村石牌坊	图2 北宋村石牌坊正立面	
其他			第六批国保申报材料

13. 来宾市

编号	文物点	图片名称	图片来源
本章封面		文辉塔	来宾文广局
1	莫土司衙署	图2 莫土司衙署大门	
1	莫土司衙署	图3 莫土司衙署正堂	
2	三界庙	图1 三界庙平面图	
2	三界庙	图2 三界庙明间剖面图	
2	三界庙	图3 三界庙正门	
2	三界庙	图4 三界庙正殿轩棚梁架	
2	三界庙	图5 三界庙正门正脊陶塑	
3	文辉塔	图1 文辉塔全景	谢小英/供
3	文辉塔	图2 文辉塔平面图	
3	文辉塔	图3 文辉塔立面、剖面图	
4	武宣文庙	图1 武宣文庙总平面图	
4	武宣文庙	图2 武宣文庙纵剖图	
4	武宣文庙	图3 武宣文庙大成门	
4	武宣文庙	图4 武宣文庙大成殿	
4	武宣文庙	图5 武宣文庙大成殿梁架	
4	武宣文庙	图6 武宣文庙崇圣祠	
9	《大瑶山团结公约》石牌	图1 《大瑶山团结公约》石碑	
10	下古陈村古建筑群	图1 下古陈村近景	
10	下古陈村古建筑群	图2 下古陈村房屋	
其他			来宾文广局

14. 崇左市

编号	文物点	图片名称	图片来源
本章封面		万福寺全景	崇左市文物局
概述		图1 龙州舆图1	龙州县文管所
		图2 龙州舆图2	
		图3 罗白乡（今崇左境）	
1	花山岩画	图1 棉江花山岩画	第七批国保申报资料
		图2 洪山岩画	
		图3 那邦山岩画	
		图4 弄镜山岩画	
4	中国红军第八军军部旧址	图1 正立面	李海霞/摄
		图2 侧立面	
		图3 整体俯瞰	
		图4 瑞丰祥庭院	
		图5 瑞丰祥正立面	
5	越南共产党驻龙州秘密机关旧址	图3 越南共产党驻龙州秘密机关旧址	
		图5 越南共产党驻龙州秘密机关旧址内院	
		图6 越南共产党驻龙州秘密机关旧址沿街立面	
6	连城要塞遗址和友谊关	图1 友谊关	马赤农/摄
		图6 镇北炮台	禤培广/摄
7	陈勇烈祠	图1 整体立面	
		图2 正立面	
		图3 屋面装饰细节	
		图4 陈勇烈祠	
8	法国驻龙州镇事馆旧址	图1 整体立面	
		图2 正立面	
		图3 侧立面	
9	业秀园（陆荣廷旧居）	图1 建筑外立面	李海霞/摄
		图2 庭院	
		图3 侧立面1	
		图4 侧立面2	
		图5 侧立面3	
		图6 正立面	
10	龙州天主教堂	图1 天主教堂侧立面	
		图2 天主教堂全景	
		图3 天主教堂入口	
		图4 天主教堂鲜明的三段式立面划分	

续表

编号	文物点	图片名称	图片来源
11	龙州铁桥阻击战遗址	图1 铁桥旧照1	龙州县文管所
		图2 铁桥旧照2	
		图3 铁桥遗存	李海霞/摄
		图4 铁桥构架遗存细部	
12	伏波庙	图1 伏波庙侧景	
		图2 伏波庙入口	
		图3 伏波庙历史照片	
13	上金旧街中山民居	图1 上金旧街中山民居1	
		图2 上金旧街中山民居2	
		图3 上金旧街中山民居3	
14	大连城	图1 白玉洞石刻	马赤农/摄
15	平岗岭炮台	图2 平岗岭炮台地下营垒	
17	左江斜塔	图2 崇左左江斜塔	谢小英/供
		图3 崇左左江斜塔剖面图	
		图4 崇左左江斜塔各层平面图	
19	靖边城	图1 靖边台	许海萍/摄
		图2 靖边城（从东南向西北拍摄）	
其他			崇左市文物局

后记

位于祖国西南边陲的广西壮族自治区，一个少数民族聚居的省份，一直笼罩着些许神秘和光环，吸引着众多热衷于民族文化和聚落民居的人士来此探寻。在十年前，我接到广西北海骑楼街环境整治和建筑修缮的项目时，广西一带的风土人情，丰富又有民族痕迹的古建筑类型就给我留下了很深的印象。首先，因为广西地理交通和经济形态的相对滞后，很多价值很高的古建筑遗存幸好没被城市建设所湮灭。当时在很多其他城市已经荡然无存，或者已经变了味儿的村镇、祠堂、寺庙、戏台，在广西都有完整的分布，并且维持了原有功能，保持了最大的原真性。其次，不管是什么类型的建筑，都与当地的自然、气候、环境及其适应。不同于附近的广东和闽南一带的骑楼，广西的骑楼建筑也有其独特的属性，保持了自身较大的适应性，比如梧州骑楼的水文化特色，彰显出独特的地理文化内涵。

本册的组织编写工作主要由王贵祥先生领导的历史研究所负责。总体规划和资料汇编主要由李海霞负责，地图的绘制由唐丽、奥京、张瑞、周夏娟、李泓铮完成。文字稿主要由李海霞、谢小英、唐丽、奥京、黄娟娟、刘光泽负责，调研工作也主要依托于各位编者，尤其是《广西古建筑》编写组提供的大量照片及测绘资料。

本书在编写过程中还得到了很多单位和热心人士的支持，在此一并致谢！

感谢广西大学土木建筑工程学院广西民族建筑研究中心全体教师在广西古建筑研究方面的辛勤付出，感谢广西自治区文物局赵晋凯处长、桂林市文物局董语昌老师、柳州市文物局李义成老师、崇左市文物局吴肖桦老师、百色市文广局罗伟绩科长、防城港博物馆何守强馆长、梧州市文管处梁雄杰主任、广西文物局陶鹏主任、来宾文广局陆金广科长、南宁博物馆黄强主任、玉林市规划院廖祥勇老师、华蓝集团全峰梅女士的资料信息支持。

感谢清华大学张复合教授、王贵祥教授、武廷海教授，以及廖慧农、黄大鹏、李菁等诸位老师对本书出版的心血和付出。同时，感谢北京清华同衡规划设计研究院的霍晓卫副院长，以及遗产中心的诸位同人，在遗产板块的项目实践和专业情怀让我在本书的调研和编写中，不忘初心，砥砺前行！

最后感谢未曾谋面的古建热心人士，本书某些偏远文物点的图像资料基于你们的博客资源，信息社会提供了便捷畅通的传播渠道，谢谢你们的攻略和分享，正是由这样深爱中国传统古建文化的你们，才搭建起中华灿烂文明传承的未来。也希望此书的出版，让更多读者加入到探寻广西壮族自治区古建筑文化的旅程中来，收获各种各样的美好，丰富我们的内心，走向辉煌的明天。

李海霞
2023 年 5 月